2019 年
江苏发展分析与展望

ANALYSIS AND PROSPECT ON DEVELOPMENT OF JIANGSU (2019)

主　编／夏锦文

社会科学文献出版社
SOCIAL SCIENCES ACADEMIC PRESS (CHINA)

本书编委会

主　编　夏锦文

副主编　陈爱蓓　樊和平　章寿荣

委　员（以姓氏笔画为序）

　　　　　丁　宏　叶扬兵　孙克强　孙肖远　张　卫
　　　　　张远鹏　胡发贵　胡传胜　胡国良　钱宁峰
　　　　　徐永斌　徐志明　徐　琴　韩璞庚

主编简介

夏锦文 江苏省社会科学院党委书记、院长，法学博士，二级教授，博士生导师，国家级教学名师。十三届江苏省委委员、省十二届人大代表。2000年被评为首届"江苏省十大优秀中青年法学家"；2006年被人事部等7部委评为"新世纪百千万人才工程"国家级人选；2007年被评为江苏省"333高层次人才培养工程"首批中青年科技领军人才；2010年享受国务院政府特殊津贴；2020年被评为中宣部文化名家暨"四个一批"人才。兼任教育部高等学校法学类专业教学指导委员会副主任委员、中国法学会法律史研究会常务理事、中国法学会法学教育研究会常务理事、中国法学会比较法学研究会常务理事、中国法学会法理学研究会理事、中国儒学与法律文化研究会执行会长、江苏省哲学社会科学界联合会副主席、江苏省法学会副会长、江苏省法学会法学教育研究会会长、江苏省人大常委会立法专家咨询组组长等。

主要研究领域为法学理论、法律文化的传统与现代化、现代司法理论、区域法治发展、法治理念与社会治理现代化。先后主持国家社科基金课题重点项目、重大招标项目子项目和一般项目4项，教育部哲学社会科学研究重大课题攻关项目子项目2项，全国教育科学规划课题1项，中国法学会重点项目1项，司法部重点项目1项，江苏省哲学社会科学规划等其他项目20余项。

在 *Annual Survey of International & Comparative Law*（U.S.A）、《法学研究》、《中国法学》、《传统文化与现代化》、《中外法学》、《法学家》、《政法论坛》、《法律科学》、《法学》、《法制与社会发展》、《法学评论》、《比较法研究》、《法商研究》、《江海学刊》、《江苏社会科学》等期刊发表学术论文

140 余篇；在《人民日报》《光明日报》《新华日报》等报刊发表理论宣传文章数十篇；公开出版《社会变迁与法律发展》、《冲突与转型：近现代中国的法律变革》、《传承与创新：中国传统法律的现代价值》、《法哲学关键词》、《法治思维》、《唐律与中国现行刑法比较论》、《行政诉讼代理方略》、《区域法治发展的文化机理》、《法学概论》（教育部规划教材）等著作和教材 30 余部。学术论文、著作、教材和成果获省部级一等奖 2 项、二等奖 4 项、三等奖 4 项。

摘　要

　　《2019 年江苏发展与分析展望》是江苏省社会科学院加强决策咨询服务工作的重要成果。该系列图书从 1997 年开始编写，一直持续至今。

　　本书收录研究报告 26 篇，分为经济篇、社会篇和文化篇。经济篇聚焦于江苏全面建成小康社会、先进制造业、自贸区发展、金融与绿色发展等内容；社会篇主要研究社会公共服务、法治建设、党的组织建设；文化篇聚焦于文脉建设、文化高质量发展等。本书以江苏经济、社会、文化发展为主线，采取理论研究、实地调研和数据分析相结合的方式，对江苏重大社会现实问题进行深入分析研究，内容全面、视角多元、数据翔实。它既是对江苏经济、社会、文化工作的总结与展望，又为相关部门提升治理水平提供科学依据。

　　关键词：经济　社会　文化　江苏省

目 录

Ⅱ 社会篇

Ⅲ 文化篇

经 济 篇

Economic Reports

高水平全面建成小康社会冲刺阶段
巩固提升对策

顾丽敏 *

摘　要： 本文从经济发展、创新引领、人民生活、文化发展、民主法治、生态文明建设等方面，从全面性和高水平两个角度回顾和总结了 2018 年江苏小康社会建设情况，对江苏高水平全面建成小康社会冲刺阶段的趋势进行了展望，即在产业结构、居民增收、创新能力等方面巩固既有优势，在区域协调、文化发展、生态文明等方面提升短板。2019 年，江苏要继续抓重点、补短板、强弱项，在高水平全面建成小康社会冲刺阶段，继续以经济发展为重点，着力巩固创新引领发展能力和共同富裕的优势；补齐民生和乡村发展短板，着力构建高水平普惠型社会保障体系和城乡融合发展的新格局；做

* 顾丽敏，江苏省社会科学院区域现代化研究院副研究员。

强区域协调和生态环保的弱项，着力优化区域发展格局和生态文明建设。

关键词： 全面建成小康社会 小康指标 江苏省

党的十九大报告强调，从十九大到二十大，是"两个一百年"奋斗目标的历史交汇期。我们既要全面建成小康社会，实现第一个百年奋斗目标，又要乘势而上开启全面建设社会主义现代化国家新征程，向第二个百年奋斗目标进军。从全面建成小康社会到基本实现现代化，再到全面建成社会主义现代化强国，是新时代中国特色社会主义发展的战略安排。当前已处于高水平全面建成小康社会冲刺阶段，按照习近平总书记对江苏小康社会建设的指示，江苏坚持"五位一体"整体推进，按照紧扣"高水平"的目标，推动高质量发展，丰富提升全面小康建设的内涵和标准，在产业发展、科技创新、基础设施建设、公共服务、生态环境、社会治理等方面树立更高目标，确保高水平小康圆满收官，走出一条具有江苏特色的高水平全面建成小康社会的发展路径。

一 2018年江苏高水平全面建成小康社会总体情况

高水平全面建成小康社会既强调小康社会建设的"全面性"，也强调小康社会建设的"高水平"。习近平总书记在党的十八届五中全会第二次全体会议上指出："全面建成小康社会，强调的不仅是'小康'，而且更重要的也是更难做到的是'全面'。"所谓全面小康，包含三点含义。一是覆盖的领域要全面，指的是"五位一体"都要全面进步，不仅经济要发展，政治、文化、社会、生态都要一起全面进步。二是覆盖的人口要全面，要惠及全体人民。全面小康是全体中国人民的小康，不能出现有人掉队。三是覆盖的区域要全面。全面小康决不能是城市繁荣而农村荒芜，农村贫困地区也要实现小康。"高水平"则在全面小康的基础上，按照"创新、协调、绿色、开放、共享"五大理念，进一步提升小康建设的内涵和标准，更加强调发展的质量、创新的引领以及人民群众的获得感。

（一）江苏高水平全面建成小康社会取得良好进展

全面建成小康社会的评价体系通常包括经济建设、民主法治建设、人民生活、文化建设、社会治理建设和生态文明建设等内容。参考国家统计局《全面建成小康社会统计监测指标体系》（2013 年版）（以下简称国家版指标体系）和《江苏省全面建成小康社会指标评价表》（2013 年版）（以下简称省定指标体系）等指标体系，以及关于高水平全面建成小康社会的目标内涵，江苏以省为单位的全面小康实现程度已接近 100%。其中经济总量、人均水平、产业结构、人民生活、民主法治等各类指标具有较明显的优势。从设区市来看，苏南、苏中、苏北各市的实现程度均有所提升。考虑到高水平全面小康社会的要求，创新驱动、文化发展等要素的重要性进一步提升。由于高水平全面小康社会是开启基本现代化建设新征程的基础，本文在参考上述指标体系和小康目标内涵之外，也参考了基本现代化建设的相关指标和内涵，选取若干核心指标，对江苏省高水平全面建成小康社会进行分析。

1. 经济发展：综合实力不断增强

经济发展是高水平全面建成小康社会的基础。作为经济大省，江苏经济综合实力不断增强。考虑到经济总量、人均水平、产业结构调整以及城市化进程，采用地区生产总值、人均地区生产总值、服务业增加值占 GDP 的比重以及城镇化率等指标来衡量。2018 年，江苏全年实现地区生产总值 92595.4 亿元，比上年增长 6.7%。全省人均地区生产总值 115168 元，比上年增长 6.3%。同时，产业结构加快优化调整，三次产业增加值比例为 4.5∶44.5∶51，服务业增加值占 GDP 的比重为 51%，比上年提高 0.7 个百分点。全省新型城镇化建设步伐加快，常住人口的城镇化率为 69.6%，比上年提高 0.85 个百分点①，比全国水平高出 10 个百分点。

2. 创新引领：新旧动能加速转换

创新是高水平全面建成小康社会的动力。江苏正在开展高水平创新型省份建设，强化创新在发展全局中的核心位置，推动新旧动能加速转换，加快构建以创新为引领的经济体系。从科技进步贡献率等创新发展关键指标来看，江苏科技创新能力不断增强，区域创新能力连续多年居全国前列，为经济发展新动能培育和改造提升传统动能提供了支撑。2018 年，江苏科技进步贡献率超过63%，比上年提高了 1 个百分点，高于全国平均水平 4.5 个百分点，超过了"十三五"国家科技创新规划设定的 2020 年末实现科技进步贡献率达到60%的标准 3 个百分点。R&D 经费投入占地区生产总值比重提高到 2.64%（新口径），万人发明专利拥有量为 26.45 件，高新技术产业产值占规模以上工业产值比重为 43%，均超过了 2020 年的目标值，实现程度达到了 100%，高水平地达到了全面小康标准（见表1）。

表1　江苏部分创新发展指标与"十三五"国家科技创新规划目标值的比较

指标	2018 年实现值	2020 目标值	实现程度（%）
科技进步贡献率(%)	63	60	100
R&D 经费投入占比(%)	2.64	2.5	100
万人发明专利拥有量(件)	26.45	12	100
每万名就业人员中研发人员(人年)	164 *	60	100
高新技术产业产值占规模以上工业产值比重(%)	43	40.1 **	100

注：*根据江苏研发人员 78 万人和就业人口 4750.9 万人计算。

**《"十三五"国家科技创新规划》中2020 年的目标值为高新技术企业营业收入达到 34 万亿元，缺少同类可比指标，在此借用《江苏省国民经济和社会发展第十三个五年规划纲要》中高新技术产业占比的 2020 年目标值。

3. 人民生活

人民生活水平提高是高水平全面建成小康社会的根本目标。在指标选取

---

① 数据来源：《2018 年江苏省国民经济和社会发展统计公报》，http://www.js.gov.cn/art/ 2019/3/25/art_ 64797_ 8284235.html。

上，综合考虑了人民生活和就业水平、各项社会保障的覆盖水平和应对老龄化社会的需要。2018 年，江苏居民人均可支配收入为 38096 元，比上年增长 8.8%，按 2010 年不变价计为 31149 元，比国家版指标体系 2020 年目标值高出 24.6%。其中，城镇居民人均可支配收入 47200 元，增长 8.2%；农村居民人均可支配收入 20845 元，增长 8.8%，分别比省定指标体系 2020 年目标值高出 2.6% 和 4.2%（见表 2）。精准扶贫方面，67.5 万建档立卡低收入人口增收脱贫，244 个省定经济薄弱村实现达标，低收入人口占比下降到 1% 以下。城镇登记失业率、劳动年龄人口平均受教育年限、基本养老保险覆盖率、基本医疗保险覆盖率、每千名老人养老床位数等指标，江苏也已提前实现了国家版指标体系全面小康和省定指标体系全面小康标准，小康建设的全面性和高水平都在不断提高。

表 2　2018 年江苏人民生活相关指标实现值与 2020 年目标值比较

指标	2018 年实现值	国家版指标体系 2020 年目标值	省定指标体系 2020 年目标值
江苏居民人均可支配收入(2010 不变价)(元)	31149	25000 元	—
城镇居民人均可支配收入(元)	47200	—	46000 元
农村居民人均可支配收入(元)	20845	—	20000 元
城乡居民收入比(%)	2.3	≤2.8	—
城镇登记失业率(%)	2.97		<4
劳动年龄人口平均受教育年限(年)*	11.3	≥10.5	
基本社会保险覆盖率(%)	—	≥95	
基本养老保险覆盖率(%)	97.8	—	97
基本医疗保险覆盖率(%)	97.8	—	97
每千名老人养老床位数(张)	40		32

注：*国家版指标为"平均受教育年限"。

4. 文化发展

文化发展为高水平全面建成小康社会奠定了精神基石。当前人民群众的物质生活水平已得到了很大的提高，在此基础上，人们的精神和文化需求也进一步发展。江苏公共文化服务水平不断提升，城乡公共文化服务体系不断完善。全省共有文化馆、群众艺术馆115个，公共图书馆115个，博物馆322个，美术馆31个，综合档案馆113个。广播综合人口覆盖率和电视综合人口覆盖率均达100%。全省有线电视用户达1666.82万户。文化产业方面，全年生产故事影剧片61部；出版报纸21.92亿份，出版杂志1.14亿册，出版图书6.84亿册。[①]

关于文化发展的指标评价，通常涉及财政性文化支出水平、城乡居民文化娱乐服务支出情况、"三馆一站"的覆盖水平、有线广播电视入户率等指标。由于同一类别的指标具有多种形式，考虑到可比性和数据的可获得性，江苏相关指标的实现值和目标值如表3所示。江苏人均公共文化财政支出水平较高，达245.3元，是国家版指标体系2020年目标值的1.64倍。

表3　2018年江苏文化发展相关指标实现值与2020年目标值比较

指标	2018年实现值	国家版指标体系2020年目标值	省定指标体系2020年目标值
人均公共文化财政支出(元)	245.3	≥150	—
城乡居民文化娱乐服务支出占家庭消费支出比重(%)	4.4	≥5	—
"三馆一站"覆盖率(%)	170.9	≥400平方米*	2.3平方米**

注：*《全面建成小康社会统计健康指标体系》（国家统计局，2013）中相关指标为"每万人口拥有'三馆一站'公用房屋建筑面积"。

**《江苏全面建成小康社会指标评价表》（2013年修订版）中相关指标为"人均拥有公共文化体育设施面积"，高于国家版指标体系目标值。

5. 民主法治

民主法治建设是高水平全面建成小康社会的前提和保障。民主法治建设重在坚持走中国特色社会主义政治发展道路，把党的领导、人民当家作主和依法治国有机统一起来，提升各类社会主体参与社会治理的主体意识、民主行动能力和治理技能。衡量民主法治的标准具有多角度、多层次的特点，指

① 数据来源：《2018年江苏省国民经济和社会发展统计公报》，http：//www.js.gov.cn/art/2019/3/25/art_64797_8284235.html。

标较为分散，进行统一的比较具有一定的难度。2018 年，全省基层民主参选率为 94.6%，相较于国家版指标体系 2020 年目标值，实现程度为 99.58%。全省每万人拥有社会组织数为 12 个，在全国居于前列。每万人拥有律师数为 3.3 人，高于国家版指标体系全面小康的目标值（见表 4）。

表 4　2018 年江苏民主法治相关指标实现值与 2020 年目标值比较

	2018 年实现值	国家版指标体系 2020 年目标值	省定指标体系 2020 年目标值
基层民主参选率(%)	94.6	≥95	—
每万人拥有社会组织数(个)	12	≥10*	—
每万人拥有律师数(人)	3.3	≥2.3	—

注：*资料来源：刘向兵：《社会组织人才队伍建设研究课题研究》。一般认为，发达国家每万人拥有社会组织数量一般超过 50 个，发展中国家一般超过 10 个，http://www.chinanpo.gov.cn/700108/92678/preindex.html。

6. 生态文明建设

生态文明建设是高水平全面建成小康社会的必然要求。生态文明既表现为发展方式的转型，又表现为民生福祉的增进，是一场涉及生产方式、生活方式、思维方式和价值观念的整体性变革。[1] 江苏加大环境污染治理力度，加强环境监管执法，环境质量改善显著。2018 年，在全省地区生产总值持续中高速增长和城镇化率不断提高的情况下，PM2.5 浓度持续下降，空气质量优良天数不断提高，太湖治理连续 11 年实现"两个确保"[2]，污水集中处理指数和生活垃圾处理指数均达到 100%，单位 GDP 能耗（2010 年不变价）降至 0.38 吨标准煤/万元，单位 GDP 用水量（2010 年不变价）降至 55.7 立方米/万元，高标准达到了国家和省定全面小康相关指标的标准（见表 5）。

---

[1]　郗戈：《生态文明建设促成"全面小康"》，《中国社会科学报》2015 年 10 月 29 日。

[2]　太湖治理"两个确保"是指"确保饮用水安全，确保不发生大面积湖泛"。

表5　2018年江苏生态文明建设相关指标实现值与2020年目标值比较

	2018年实现值	国家版指标体系 2020年目标值	省定指标体系 2020年目标值
污水集中处理指数(%)	100	≥95	90*
生活垃圾处理指数(%)	100	≥90**	—
单位GDP能耗(2010年不变价)(吨标准煤/万元)	0.38	0.55	0.62
单位GDP水耗(2010年不变价)(立方米/万元)	55.7	≤105	—

注：＊省定指标为"城镇污水达标处理率"，2020年目标值为90%。

＊＊国家版指标为"城市生活垃圾无害化处理率"，2020年目标值东部地区为≥90。

（二）江苏全面建成小康社会的高水平特征日趋明显

江苏的全面建成小康社会，强调贯彻新发展理念，体现"强富美高"新江苏的要求，突出"高质量发展"和"高水平建设"的特征。

1. 经济发展质量不断提高，发展新动能不断增强

2018年，全省人均地区生产总值居全国各省区市首位，按照2010年不变价，人均地区生产总值为101982元，比国家版指标体系2020年目标值高出75%，比省定指标2020年目标值高出13%。不论从经济总量水平还是人均水平来看，江苏都高标准、高质量地提前达到了标准。按2010年不变价计算，苏南、苏中和苏北地区人均地区生产总值分别为151107.3元、102856.1元和63331.3元，分别是国家版指标体系2020年目标值的2.61倍、1.77倍和1.09倍，与上年比较，分别提升了6.7%、8.2%和5.1%。从产业构成来看，高新技术产业产值比上年增长11.0%，战略性新兴产业产值比上年增长8.8%，创新在经济发展中的作用更强，贡献更多，科技进步贡献率比2017年提高1.1个百分点。从地区发展来看，苏南国家自主创新示范区和苏南现代化建设示范区建设正在扎实推进，苏南的创新引领带动作用明显。从表6可以看出，苏南五市创新相关指标领先于全省水平，创新已成为苏南地区最鲜明的特征和最强劲的发展动力，带动全省创新引领发展的能力持续提升。

表6　2018年苏南五市部分创新发展指标实现值

	南京	苏州	无锡	常州	镇江
科技进步贡献率(%)	64.6	64.5	64.8	63.7	63.4
R&D经费投入占比	3.07	2.78	2.85	2.78	2.55
万人发明专利拥有量	59.71	53	38*	32.8	37.56
高新技术产业产值占规模以上工业产值比重(%)	—	47.7	43.23	47.3	—

注：*无锡市数据为万人有效发明专利拥有量。
资料来源：苏南五市2018年统计公报。由于各市发布指标略有不同，表格中部分指标空缺。

2. 文化持续繁荣发展，民主法治持续进步

江苏大力发展文化事业与文化产业，推动文化大省加快向文化强省迈进。举办2018戏曲百戏（昆山）盛典、紫金文化艺术节等活动，推动艺术创作持续繁荣。加强公共文化服务体系示范区建设和基层综合性文化服务中心建设，提升公共文化服务效能。认真落实大运河文化带建设国家战略，设立省级大运河文化发展基金，启动实施大运河国家文化公园江苏段建设，打造江南文化、运河文化品牌，加强文化遗产保护传承利用。民调结果显示，城镇居民和农村居民对当地公共文化设施满意率分别达96.8%和80.7%。民主法治建设方面，随着"平安江苏""法治江苏"的推进，公共安全体系更加健全，民主法治日趋完善，社会公平正义得到保障，社会治理现代化水平不断提高。民调结果显示，群众对当地社会治安情况满意率为98.4%。①

3. 民生福祉更加增进，生态环境更加优美

2018年，江苏全省居民人均可支配收入为38096元，比上年增长8.8%。尤其是江苏城乡收入差距不断缩小，2018年城乡收入比为2.3，远低于国家统计局设定的2020年目标值。全民参保计划的实施，扩大了城乡基本养老保险、基本医疗保险的覆盖面。江苏人均预期寿命为78.07岁，比全国人均高1.37岁，居全国第五。同时，环境保护和节能降耗效果明显，全省PM2.5年均浓度为48微克每立方米，化学需氧量、二氧化硫、氨氮、

---

① 民调数据来源：江苏省统计局。

氮氧化物四项主要污染物排放量削减指标均完成国家下达的目标任务。生活垃圾处理、生活污水处理、村容村貌提升和厕所革命大力推进，城乡人居环境持续改善。节能减排方面，加快淘汰低水平落后产能，关闭高耗能高污染及"散乱污"规模以上企业3600多家；关停低端落后化工企业1200家以上。全省规模以上工业综合能源消费量同比下降2.5%。①

二 江苏高水平全面建成小康社会冲刺阶段的趋势和展望

2019年是江苏冲刺高水平全面建成小康社会的关键之年，小康建设的"全面性"特征、"广覆盖"特征、"高质量"特征更加凸显，重点表现为对既有优势的巩固和对短板和弱项的提升，通过由面到点、精准施策冲刺高水平全面建成小康社会，为高起点开启社会主义现代化建设新征程打下坚实基础。

（一）巩固既有优势

巩固既有优势，在经济发展、人民生活等方面抓住重点，进一步提高水平，在创新引领方面进一步培育发展新优势。

一是聚焦产业转型升级和结构调整，壮大新兴动能。保持经济平稳健康发展，进一步提高人均地区生产总值。围绕制造强省目标，推动产业加快向全球价值链中高端迈进。加快工业化和信息化、制造业和服务业的融合发展，进一步提高服务业比重。作为进出口大省，进一步提高服务贸易和高新技术产品贸易在对外贸易中的比重。加快培育新的经济增长点，进一步提高战略性新兴产业和高新技术产业在制造业中的比重。

二是聚焦居民增收和精准脱贫，提高收入水平。努力提高居民人均可支配收入增长幅度，提高劳动者报酬在GDP中的占比，重点提高农民增收，

---

① 数据来源：《2018年江苏省国民经济和社会发展统计公报》，http：//www.js.gov.cn/art/2019/3/25/art_64797_8284235.html。

进一步降低城乡收入比。实施乡村振兴战略，落实打赢打好脱贫攻坚战三年行动实施意见，针对低收入人口、经济薄弱村和重点片区，强化到村到户到人的精准帮扶措施，完成 60 万左右建档立卡低收入人口脱贫任务，现有 97 个省定经济薄弱村全部实现达标，12 个省级重点帮扶县（区）全部达到"摘帽"标准。

三是聚焦基础研究和成果转化，提升创新能力。江苏 R&D 支出占 GDP 比重为 2.64%，但与韩国的 4.29% 以及同为新兴经济体的以色列的 4.11% 相比，仍有很大的提升空间。重点加强基础研究投入，提高原始创新能力。打通科技成果转化通道，突破传统产学研模式，在更高水平上推动企业与科研院所的合作。

（二）提升短板和弱项

补齐全面建成小康社会中存在的短板，化解发展中的"不平衡""不充分"，在区域协调、文化发展、生态文明等方面高标准地补齐短板、补强弱项，实现更高质量、更有效率、更加公平、更可持续的发展。

一是聚焦区域协调，推动共同发展。苏南苏中苏北三大区域总体进程存在差距。从时序上看，苏南全面小康社会的综合实现程度除个别指标外均已达标，尽管苏中苏北推进速度加快，但实现进度均落后于苏南。贫困县、扶贫片区均在苏北，仍有若干低收入人口尚未脱贫。另外，从城乡区域角度看，2018 年城乡居民收入比为 2.3，高于浙江的 2.07 和上海的 2.26，与大多数国家小于 1.6 的水平还有很大差距，且城乡收入比降低难度较大，绝对收入差距有继续扩大的趋势。农村社会保障、公共卫生、基础设施等福利性收入远远低于城市水平。

二是聚焦社会发展，促进人的发展。相对于经济发展指标，江苏教育、文化、卫生等社会事业发展滞后。社会保障省级统筹水平、教育现代化水平、文化产业发展水平均有待提升。另外，与全国稳步提高的趋势不同，江苏财政支出中教育支出连续多年保持在 17.8% ~ 18.9%，占 GDP 总量的 2.22%，低于全国 4.22% 的水平；文化支出绝对量略有下降，仅占财政支出的 1.77%；医疗卫生支出尽管逐年增加，占财政支出比重达 7.5%，但与世界平均水平 10.60% 尚有较大差距。社会保障方面，原有广覆盖、低水平的保障体系已经不能适应新时代社会发展需要。居民最低生活保障、新型农村医疗、城镇居民医疗、新型农村居民养老等保障项目水平仍很低；不同职业群体的城乡养老保险、医疗保险待遇水平差别较大，仍有为数不少的非公有制企业从业人员、灵活就业人员、进城农民工、被征地农民还游离于养老保险体系之外。跨统筹区域的社会保障关系转移存在障碍。城乡割裂、地区分割、职业区分的碎片化的社会保障格局需要在发展中破解。

三是聚焦污染防治和生态建设，实现可持续发展。江苏人口密度高，生态环境容量小，水资源、森林面积等指标居全国各省份末位，高强度的开发建设、高密度的产业布局导致生态环境保护难度大。尽管江苏经济增长对能源的依赖性大为降低，能源弹性系数降为 0.17，但由于产业结构偏重，高能耗行业比重偏高，2017 年全省能源消费总量为 31430 万吨标准煤，分别比广东和浙江高出 9% 和 49.5%；2018 年，全省工业废水排放总量为 14.36 亿吨、工业二氧化硫排放量为 30.66 万吨，工业烟（粉）尘排放量为 33.28 万吨。江苏经济发展与生态环境共赢存在压力。

三　思路与对策

2019 年，江苏高水平全面建成小康社会进入冲刺的关键阶段，仍然要以经济发展为重点，着力突出创新引领、共同富裕，在民生福祉和乡村振兴方面补齐短板、在生态建设和区域协调方面提升弱项，实现更高质量、更有效率、更加公平、更可持续的发展。

（一）以经济发展为重点，着力巩固创新引领发展能力和共同富裕的优势

一是完善区域创新体系，提高创新引领经济转型发展的能力。以提高创新效率为出发点，建立符合创新规律的体制机制。进一步强化企业的创

新主体地位和主导作用，形成一批有国际竞争力的创新型领军企业，支持科技型中小企业健康发展。围绕产业链布局创新链，围绕创新链布局服务链，促进产学研用协同，形成创新资源有序流动、综合集成和高效利用，科技创新成果转化运用研发、服务网络。重视 R&D 活动中智力要素的作用，扩大高校和科研院所科研自主权，赋予创新领军人才更大的人财物支配权、技术路线决策权。建立科研人员成果转化收益分享机制，调动科研人员创新热情。

二是突出共同富裕导向，形成城乡居民收入增长长效机制。要从三个层面调整优化收入分配格局：政府、企业和居民之间的分配比重，劳动、资本、技术等生产要素在收入分配中的比重，居民之间收入分配基本格局。保持较快的经济增长速度，把经济结构调整和扩大就业结合起来，大力发展服务业、劳动和知识密集型产业，支持中小企业和非公有制经济发展，增加就业机会。关注产业结构调整升级中"机器换人"的职业替代，强化职业技能培训，化解结构性就业矛盾。鼓励"双创"，提高居民经营性收入水平。针对贫困地区和贫困人口，因人因地施策，灵活应用产业对接、职业培训、兜底保障等方式实现精准脱贫。对"病残孤老灾"特殊贫困人口和重点经济薄弱村，采用"点对点"模式进行精准"滴灌"，使这部分人口和地区尽早摆脱贫困。

（二）补齐民生和乡村发展短板，着力构建高水平普惠型社会保障体系和城乡融合发展的新格局

一是增进民生福祉，推动社会保障向更高水平的普惠模式转型。顺应城乡民众社会保障新需求，以增强公平性、适应流动性、保证可持续性为重点，加快完善覆盖城乡、人人享有、保障更好的社会保障体系。建立稳定的财政投入机制，逐步提高社会保障支出比例。建立更加公平更高水平的多层次社会保障体系，发挥市场机制在部分社会保障领域中的补充作用。破解养老保险"双轨制"难题，提升城乡居民养老保险制度一体化水平，逐步缩小城乡居民医保待遇差距。加强社会保险与社会救助制度的衔接，进一步做

好困难群众基本生活保障工作。

二是实施乡村振兴战略，促进城乡融合发展。重视乡村价值，重新定位城乡关系。乡村是农民生活、农业发展、生态涵养、传统文化的空间和载体，城市和乡村的关系转向融合发展，要求构建城市和乡村平等发展的新格局。因地制宜发展有机农业、科技农业、观光农业，优化农业产业结构，推动农业规模化经营，提升农业现代化水平。加大乡村公共服务和基础设施投入。农村公共服务和基础设施严重滞后于城市是造成农村空心化的重要原因。加大财政投入，缩小城乡教育、医疗、养老等公共服务和基础设施供给水平差异，吸引农民回流，让农业人才待得住、留得下。

（三）做强区域协调和生态环保的弱项，着力优化区域发展格局和生态文明建设

一是促进资源要素互联互通，推动区域协调发展。加强"一带一路"、长三角区域一体化、长江经济带、沿海经济带以及乡村振兴等国家及区域性重大战略倡议的互联互通；加快出台人才、土地、财税等差异化区域政策，促进公共服务区域均等，要素、资源有序流动，特别是苏南优质资源向苏中、苏北地区流动，通过生态补偿机制有效平衡限制和禁止开发区与其他地区之间的利益关系。加快推进快速交通基础设施建设，在铁路、机场、公路、水运等领域针对薄弱环节加大投入，以建设高速快速铁路、打造航空枢纽、完善广覆盖公路网、构建绿色水运通道等为重点，形成无缝对接的高密度跨区域交通网络。加快应用新一代信息技术，将创新链、要素链、产业链、价值链等连接成为跨区域联动发展的纽带，强化区域经济技术联系。创新干部政绩考核制度，建立制度化联动工作机制，引导、保障不同功能区差异化发展。

二是树立生态文明理念，建设美丽江苏。按照尊重自然、顺应自然、保护自然的生态文明理念，加快转变经济发展方式、开发应用生态技术，实现绿色发展、循环发展、低碳发展，降低经济发展对资源和环境的消耗。积极推动绿色消费，以消费倒逼生产方式生态化转型。完善生产者责任延伸制

度，结合"互联网+"行动计划实施，推行绿色供应链管理，大幅减少生产和流通过程中的能源资源消耗和污染物排放。培育生态文化，倡导勤俭节约、绿色低碳、文明健康的生活方式和消费模式，提高全社会生态文明意识。建立政府、企业、公众共治的环境治理体系，推进多污染物综合防治和环境治理，实行联防联控。

江苏社会主义现代化建设试点的战略与路径

章寿荣　岳少华*

摘　要： 开展社会主义现代化建设试点，旨在通过局部地区的现代化实践，积极探索社会主义现代化的现实路径。总体而言，六个试点地区具备了良好基础，但也面临着新旧动能转换困难、人的现代化相对滞后以及公共文化服务供给不平衡不充分等问题。要紧紧围绕经济发展现代化、民主法治现代化、社会发展现代化、文化发展现代化、生态文明现代化和人的现代化等六个方面开展试点，坚持创新引领，推动经济高质量发展；坚持全面推进，提升区域民主法治水平；坚持多元共治，推动社会治理专业化法治化；坚持人民导向，以文化引领新时代江苏实践；坚持防治并举，推进生态文明现代化；坚持"两个强化"，促进人的全面发展。

关键词： 试点　现代化　创新驱动　社会治理

2019 年 5 月，江苏省委、省政府决定，在南京市江宁区、南京江北新区、苏州市昆山市、苏州工业园区、无锡市江阴市、常州市溧阳市开展社会主义现代化建设试点。试点主要围绕六个方面展开：经济发展现代化、民主

---

* 章寿荣，江苏省社会科学院副院长、区域现代化研究院院长，研究员；岳少华，江苏省社会科学院区域现代化研究院助理研究员。

法治现代化、社会发展现代化、文化发展现代化、生态文明现代化和人的现代化。试点旨在通过局部地区的现代化实践，为全省、全国的现代化积极探索社会主义现代化的现实路径。

一 开展社会主义现代化建设试点的意义

（一）实现现代化"两步走"战略目标的时代要求

习近平总书记在党的十九大报告中向全党全国人民描绘了在 2020 年全面建成小康社会后向第二个百年奋斗目标进军的宏伟蓝图。党和国家事业发展的新目标，是分两步走全面建设社会主义现代化国家。第一个阶段，从 2020 年到 2035 年，在全面建成小康社会的基础上，再奋斗 15 年，基本实现社会主义现代化。第二个阶段，从 2035 年到本世纪中叶，在基本实现现代化的基础上，再奋斗 15 年，把我国建成富强民主文明和谐美丽的社会主义现代化强国。这是一个划时代的战略安排，中国将面临新的历史转折点。

新的战略目标已经确立，理论研究和实践探索已经成为紧迫要求。在此背景下，江苏开启现代化建设试点研究，不仅可以为全国的现代化提供动力，而且可以突破小康社会思维，回答建成什么样的现代化、怎样建的问题，为丰富和发展中国特色社会主义现代化理论提供实践支撑，为世界现代化提供新的样板和动力。

（二）建设"强富美高"新江苏的现实需求

受发展现状限制，中国必须采取梯度发展战略，鼓励部分区域率先实现现代化，以此带动其他区域，最终实现国家现代化。江苏经过 40 余年的改革开放，在经济、政治、社会、文化、生态建设等方面均取得巨大成就，同时也面临着新的社会矛盾。开启基本实现现代化新征程，可以调动发展的积极性、提供新的发展动力，既是进一步发展的现实需求，也是解决现阶段矛盾的必然要求。2017 年 10 月，江苏省委书记娄勤俭在省委常委会上，就学习贯彻十九大精神明确要求，"努力探索符合客观规律、具有中国特色、体现江苏特点的区域现代化之路"。开展社会主义现代化建设试点，是江苏省立足全国发展大局作出的战略部署，是建设"强富美高"新江苏、推动高质量发展走在前列的内在要求和迫切需要。

（三）为全国社会主义现代化建设探路的使命担当

习近平总书记对江苏发展一直寄予厚望。2009年4月，习近平在江苏调研时就指出，"像昆山这样的地方，包括苏州，现代化应该是一个可以去勾画的目标"。2014年在视察江苏的重要讲话中明确指出，"为全国发展探路是中央对江苏的一贯要求"。作为东部沿海发达省份，江苏全面小康社会进程一直走在全国前列。在现代化实践上，也理应为全省、全国的现代化探索路径、做出示范。2013年4月，国家发改委印发《苏南现代化建设示范区规划》，明确到2020年把苏南地区建成全国现代化建设示范区，到2030年全面实现区域现代化、经济发展和社会事业达到主要发达国家水平的目标。2019年5月，江苏省委办公厅、省政府办公厅联合印发了《关于在苏南部分县（市、区）开展社会主义现代化建设试点工作的实施方案》。

江苏区域内部发展也存在苏南、苏中、苏北的差异，是中国区域发展差异的缩影。选择苏南部分地区开展现代化建设试点，有利于探索以系统化思维推动区域全面现代化的经验，有利于在保持平衡的基础上探索多样化的发展路径。江苏应继续增强使命意识和担当意识，为全国现代化做出表率、提供动力，为全国发展贡献江苏智慧、江苏经验，提供江苏样板、江苏方案。

二 开展现代化建设试点地区的现实基础

改革开放特别是东部地区率先发展战略实施以来，江苏省苏南地区经济社会发展取得了重大成就，经济实力较为雄厚、创新能力全国领先、开放优势比较突出、社会文明程度较高、城乡发展比较协调、社会事业相对发达、人居环境较为良好、社会保持和谐稳定，全面建设小康社会走在全国前列。

2017 年苏南地区人均地区生产总值超过 15 万元，按当时汇率折算超过 2.2 万美元，县域经济发达，在全国百强县前 10 名中占有 6 席。

社会主义现代化建设试点地区的选取标准包括三个方面：一是在总体发展水平上处于全省前列，试点地区应在经济发展、创新驱动、人民生活、文化建设、社会治理和生态环境等主要方面具有较为突出的综合优势，或者是针对全省现代化建设的短板和薄弱环节，具有较为突出的单项优势并兼顾综合优势；二是兼顾不同类型的县级行政单元，试点地区可以包括县、县级市、成建制转化的区，也可以包括国家级新区、国家级高新区、国家级开发区等具有产城融合形态的行政单元；三是突出扬其所长、补其短板的导向，选取的试点地区应具有较为鲜明的发展特色，通过试点工作可以为全省分类指导开展现代化建设提供实践经验。入选试点的六个地区，总体发展水平较高，特色鲜明，总体具备了试点的现实基础。

（一）试点地区的主要优势

1.经济发展高水平高质量

2018 年，昆山市、苏州工业园区、江宁区地区生产总值分别达 3832 亿元、2570 亿元、2163.6 亿元；增长率均超过 7%，分别达 7.1%、7.2%、8.3%。南京江北新区直管区全年地区生产总值同比增长 13%，远高于江苏全省 6.7% 的水平。特色产业体系规模日趋壮大。昆山市拥有 1 个千亿元级 IT 产业集群、12 个百亿元级产业集群，高新技术产业、新兴产业产值占规上工业比重分别达 48%、47.5%。苏州工业园区形成了 "2+3" 特色产业体系，即电子信息、机械制造 + 生物医药、人工智能、纳米技术；江宁区则是生物医药和高性能医疗器械、绿色智能汽车、智能电网、高端智能装备制造、节能环保和新材料、新一代信息技术六大主导产业。江北新区在发展智能制造、生命健康、新材料、高端装备制造等先进制造业以及现代物流、科技和金融等生产性服务业的 "4+2" 产业体系基础上，进一步聚焦建设 "两城一中心"，即建设 "芯片之城"、"基因之城" 和 "新金融中心"。

2. 创新驱动成效明显

昆山打造国家一流的产业科创中心，主动承接国家战略项目、重大科技专项，全力在自主可控上攀高峰；不断推动产业迈向市场价值链高端；提升人力资源协作水平，加快引聚人才科创，实施人才科创631计划。苏州工业园区在全球范围汇聚配置创新资源，集聚高层次国内科研院所42家，新型研发机构559家，哈佛等世界顶级高校在园区设立研究机构；覆盖创新型企业全周期的科技金融服务体系较为完善。南京江北新区进入"双区叠加"时代，围绕产业链布局创新链，聚焦科技与产业深度融合，建设自主创新先导区，打造国际创新策源地。

3. 改革开放高质量优势凸显

昆山主动融入长三角一体化发展，发起创立"4+2"（昆山市、嘉定区、青浦区、松江区+张江国家自主创新示范区、虹桥商务区）更高质量一体化发展实践联盟；昆山深化两岸产业合作试验区条例作为正式项目列入省人大常委会五年立法规划，立法调研和起草工作积极推进。苏州工业园区积极先行先试，主导对接复制上海自贸区经验。工业园区完成进出口总额1035.7亿元，增长20.7%；实际利用外资9.8亿美元，增长6%；在22个共建"一带一路"国家和地区投资布局，协议出资额达34.4亿美元，园区模式成功在中白、中阿、中哈等合作项目上辐射推广。南京江宁区全年完成进出口总额1006.9亿元，增长4.6%；对外承包工程完成营业额9.8亿美元，增长30.7%。

4. 社会治理的能力和效率得到提升

昆山推进全要素网格化服务管理，提升社会治理体系和治理能力现代化水平。完善政府公共服务、优化营商环境。打造1330服务体系，优化政府服务；推进法治政府、法治社会建设；推行"一窗受理"审批服务新模式，全面实现"3550"阳光高效审批，推进社会信用体系建设；南京江宁区以社区网格为基础，科学划格建网，切实做到了治理网格全覆盖，实现了社会治理信息的数字地理化，逐步形成了治理单元、运行机制、服务阵地、保障措施"四位一体"，专业化队伍、信息化手段"两翼驱动"的全要素网格化社会治理体系走出了一条"精细化管理、信息化支撑、精准化服务"的新路子。

5. 文化建设高质量发展

昆山入选新时代文明实践中心建设省级试点城市，成为全国文明城市提名城市。着力打造昆曲和顾炎武两张文化"金名片"，公共文化服务体系逐步健全，文化旅游融合发展态势良好，文艺精品创作卓有成效。苏州工业园区坚持把提升文化软实力摆到重要战略地位，全面实施"文化强区"战略，弘扬以"借鉴、创新、圆融、共赢"为内核的"园区经验"。南京江宁区成功创建国家公共文化服务体系示范区，经过三年时间，按照"强基础、广覆盖、高效能、出亮点、可持续、成示范"的工作思路，以群众满意为最高标准，立足实际、因地制宜、积极探索，聚焦公共文化服务优质均等、便民高效精准发力，走出了一条政府主导、多方参与、立足本土、联动协同的公共文化发展之路。

6. 生态文明建设形成美丽宜居新优势

昆山创成江苏省级生态文明建设示范镇 4 个、示范村 6 个，大力促进土地资源集约利用，完成低效用地再利用 12364 亩。苏州工业园区坚持"一张蓝图绘到底"，坚持产城融合发展，园区整体通过 ISO14000 认证，是全国首批"国家生态公园示范园区"。江宁获得国家首批"生态文明建设示范区"命名，10 个街道全部通过省级"生态文明建设示范街道"考核验收，2 个村建成省级"生态文明建设示范村"。常州溧阳市立足生态与城市美誉、生态与城市格局、生态与产业培育、生态与区域合作四大关系，整合现有基础条件和特色优势，以生态作为连接城乡融合发展的纽带，打造"宁杭生态经济带最美副中心城市"。

（二）试点地区的主要问题及诉求

1. 新旧动能转换存在一定难度

推动经济发展新旧动能转换是经济发展现代化的重点和难点。消解传统经济增长方式的惯性难以在短时间内完成；土地、资金等资源的市场化配置程度不足影响了要素资源的利用效率；新技术、新业态、新模式成为新动能仍需时间。尤其在中美贸易摩擦的影响下，培育新动能的瓶颈凸显。调研发现，提升创新能力是现代化试点建设中普遍需要解决的问题。昆山、江宁等试点都反映，区域经济大而不强，新旧动能转换步伐不快，在国际技术贸易环境变化的形势下，自主可控的现代产业体系亟须构建。苏州工业园区提出，新旧动能转换过程中，创新层次有待提升，当前的高端技术主要来源于美国及欧洲国家，国际环境短时间内难以有突破性进展，如何在卡脖子技术和关键核心技术上突破，需要提前进行系统性谋划。

2. 人的现代化发展相对滞后

人的现代化是社会主义现代化建设的根本目的。调研发现，试点地区普遍存在人的现代化发展相对滞后的问题。对标国外发达经济体，江宁区、昆山市以及苏州工业园区经济发展水平虽然较高，且已经接近发达经济体平均水平，但在精神文明建设和人的文化素质等方面，试点地区与相同经济发展水平的发达经济体仍然有较大的发展差距。此外，人的现代化发展的城乡差距依然较大，不均衡不充分现象比较突出。

3. 公共文化供需发展不平衡不充分

党的十九大报告指出，中国特色社会主义进入新时代，我国社会主要矛盾已经转化为人民日益增长的美好生活需要和不平衡不充分的发展之间的矛盾。调研发现，随着人民群众对美好生活的要求越来越高，试点地区存在着人民群众对日益增长的文化需求与高质量文化产品供给不足的矛盾，公共文化服务领域的供给侧改革迫在眉睫。具体表现为，与多样化的居民需求相比，文化服务内容和方式不够丰富，供给的有效性、精准性欠缺；公共文化服务的城乡差距大，乡村文化建设的短板突出。

4. 试点地区普遍存在赋权增能的诉求

试点地区承担着先行先试的任务，会遇到各种各样的问题和挑战。调研发现，各地区普遍存在赋权增能的诉求，以突破试点工作存在的体制性障碍。如要求对列入省重大项目的能耗指标给予一定的倾斜、按照经济总量要素合理配置机构编制以及事权审批权限下放等。

三 江苏社会主义现代化建设试点的战略重点

（一）经济发展现代化

经济发展现代化既是现代化的重要内容，也是全面现代化的前提和基础。试点地区要切实转变发展方式，以创新引领新旧动能转换，构建高质量的现代产业体系。一是提升创新能力和效率，增强经济发展新旧动能转换的内生动力。找准创新引领发展过程中面临的主要问题，紧跟全球科技发展步伐，加速科教资源向现实生产力转化，突破若干"卡脖子"关键核心技术，打造自主可控的产业体系。二是加快供给侧结构性改革，推动产业协同发展。以智能制造为主攻方向，深入推进信息化与工业化深度融合，加快改造提升传统产业，着力培育战略性新兴产业；培育先进制造产业集群，以若干龙头企业和知名品牌，以及一批中小型"隐形冠军"企业为重点，形成高效协作的产业创新和生产网络；顺应制造服务化趋势，大力发展现代服务业，积极培育新业态和新商业模式。三是提升对内对外开放水平，拓展开放型经济新空间。构建内外联动、东西互济的新格局，促进内需和外需平衡、进口和出口平衡、引进外资和对外投资平衡，实现资源的全球优化配置。以企业为主体积极融入长三角一体化、长江经济带等国家战略，加快产业协同和资源优化配置。四是建设良好营商环境，提升区域发展软实力。以降低实体经济成本、减轻企业负担为重点，继续深化集成改革试点工作，着力提高政府服务的能力和质量，发挥政府在新旧动能有序转换中的作用。五是实施乡村振兴战略，实现城乡高质量融合发展。推动城区和农村在资源、要素、产业、空间等方面的"共建共享"，实现城乡之间土地、资本、技术、劳动力等要素的互补互通。

（二）民主法治现代化

民主法治现代化意指在一个社会治理单元下，制度体系完善，各项公共政策从根本上体现人民意志，保障公民权利；宪法和法律得以有效实施。公民积极参与社会公共事务。试点地区要着重在以下几方面予以推进。一是推进地方立法工作。重点做好省级法规规章的体系建构,上承上位立法机关的立法规划、立法精神、立法内容,下启省内各地方立法主体的立法工作。二是加强法治政府建设。以权力监督为抓手,以行政公开为原则,重点推进依法决策、依法行政、执法体制改革、政府信息公开等工作。三是优化法治文化建设。研究区域法治文化特色,以科学的制度体系为基础、公平的司法环境为保障、持续开展的普法工作为常态,以依法防范风险、化解矛盾、维护权益为突破口,形成有江苏特色的法治文化建设路径,培育群众法治素养,可持续提升江苏民主法治现代化水平。

(三)社会发展现代化

社会发展现代化是一个连续不断的历史过程,主要表现在以科学技术进步和创新为先导,以工业化、城市化为主要内容,社会治理、教育普及、社会保障、城乡一体化等方面由传统社会向现代社会转变的过程,最终形成结构稳定、秩序良好的社会。试点地区一是要坚持以人民为中心的发展思想,打造共建共治共享的社会治理格局。充分尊重和发挥人民群众在社会治理中的首创精神,引导基层群众通过依法理性有序地参与社会治理和公共服务,实现自我治理、自我服务、自我教育、自我发展。同时,通过党建推动不同治理主体之间的协作,使党组织成为社会治理中链接体制内外和不同治理主体的新平台。二是打造社会治理法治化,把法治方式和法治思维贯穿于社会治理的全过程中。一方面,要把基层实践中创造的带有普遍意义的好经验好做法及时上升为制度规范,初步形成包括社会治理主体培育、基层公共服务供给、利益表达与协调等机制在内的制度框架。另一方面,要认真反思社会矛盾冲突背后的体制性、政策性问题,运用法治思维构建起社会行为有预期、管理过程公开、责任界定明晰的社会治理体系。

(四)文化发展现代化

文化发展现代化是对传统的以财富积累和经济增长为价值取向的经济现

代化的超越，是在经济社会发展的同时文化软实力不断增强的历史过程。作为国家现代化的一个重要组成部分，文化发展现代化主要是指物质文明和制度的现代化，突出表现为文化设施、文化制度与观念、文化产业、公共文化服务体系的现代化。试点地区一是要把创新摆在文化发展全局的核心位置，促进文化理念、内容、制度、业态协同创新。二是要强化政府的文化产品和服务供给。实现基层文化服务中心全覆盖，辐射形成标准统一、功能综合、便捷通达的城乡惠民文化服务网络，巩固现代化建设的文化基础。打通公共文化服务的"最后一公里"。推进城乡基本公共文化服务均等化，推动重心下移、资源下移、服务下移，实现公共文化服务方式多样化。

（五）生态文明现代化

生态文明现代化是利用人类智慧去协调经济发展和生态进步的社会过程，也是生产和消费模式的生态转型过程。试点地区一是优化产业结构和能源结构，打造生态型产业体系，从源头上把控环境污染。调整产业结构，淘汰落后产能，立足各地区实际，大力发展环保产业、清洁生产产业和清洁能源产业，推进资源全面节约和循环利用。利用已有的产业基础，促进绿色工业、生态农业、现代服务业、生态旅游业发展。优化能源结构，进一步节能减排，降低煤炭等能源的消耗量，减少污水排放量，形成资源低消耗、污染物低排放和资源利用高效率的"两低一高"的发展方式。二是培养简约适度、绿色低碳的生活方式，反对奢侈浪费和不合理消费。从绿色建筑、绿色办公、绿色出行和绿色消费四个方面构建绿色生活方式。三是防治并重，针对环境质量的短板，对标找差，提升治理体系能力。积极推进与生态环境部共建"生态环境治理体系和治理能力现代化"试点，扎实推进城乡垃圾、污水、固废、危废等处置能力建设。

（六）人的现代化

人的现代化是现代化的核心，没有人的现代化就没有真正意义上的现代化。人的现代化最终体现为人的素质、思维方式和思想观念的全面提高。试点地区促进人的全面发展，要以社会保障和载体建设为第一要务。一是强化社会保障。要坚守底线，多措并举推动居民收入加快提升，实现富民增收与经济发展同步、劳动报酬与生产率提高同步，使城乡居民生活水平发生实实在在的提高，全面建成覆盖民生、城乡统筹、权责清晰、保障适度可持续的多层次社会保障体系。要突出重点，围绕教育、医疗、养老等群众关注度高的领域，增加优质公共服务供给，着力完善就业创业、教育、医疗、养老等基本公共服务的"隐形财富"功能，提升富民的含金量。二是加强载体建设。要以文明实体创建活动、文明行为规范和文明社区载体建设为抓手，着力推动城乡居民养成良好的现代文明习惯和行为规范。通过深入推进文明单位（行业）、文明岗位、文明村镇（街道、园区）、文明家庭、文明校园等文明实体创建活动，着力提升文明行业、文明机关、文明单位服务质量和发展水平；通过鼓励和支持各地制定实施市民文明行为规范，引导居民养成良好的文明行为规范；通过丰富社区文化活动，提升广大社区居民整体文化生活水平。

四 推进江苏社会主义现代化建设试点的路径

（一）坚持创新引领，推动经济高质量发展

一是坚持在开放环境下开展创新，加大对基础研究和应用基础研究的投入，构建开放、协同的创新生态。以苏州工业园区、昆山市、江宁区、江北新区、江阴市等创新能力较强的地区为节点，构建全球创新网络。依托优势产业和重点产业，加强对全球创新资源和创新成果的整合利用和消化吸收。二是加快构建现代产业体系。紧扣新一代信息技术产业、生物医药、新材料、高端装备制造、节能环保等战略性新兴产业培育高质量先进制造业集群。三是扩大对内对外开放。搭建国际经济技术交流与合作平台，以产学研的全球化协同创新整合国际创新要素，加强对关键核心技术和环节的攻关突破。四是激发市场主体活力。优化营商环境，盘活要素资源，降低企业经营性和制度性成本。培育一批掌握关键核心技术、有国际影响力的隐形冠军企

业，树立一批具有国际竞争力的品牌企业。弘扬优秀企业家精神，营造"鼓励创新、宽容失败"的创新创业氛围。

（二）坚持全面推进，提升区域民主法治水平

一是建设参政议政工作互联平台，特别是虚拟交互平台。建立平台的同时，还应开展大数据搜集、分析工作，由专业机构主动分析社情民意。二是充实民主法治文化建设内涵。综合推进法治宣传教育和法律服务，将法律服务情况纳入法治文化建设各项考核指标内，进一步提高县（市、区）、街、村（社区）三级法治文化阵地的建成率标准，充实法治文化建设的内涵。三是完善行政工作人员监督保护体系。一方面应全面贯彻《公务员法》的规定，确保公职人员的职业发展合法合理，保障其作为一名普通劳动者的申诉控告等基本人权；另一方面，当其涉嫌违法违纪时，相应的法律服务保障也应到位。四是提升司法工作人员职业素养。提高司法工作信息化水平，加强司法人员职业素养、技能更新，以适应当前"人与人""人与机""机与机"等多元协作工作模式。

（三）坚持多元共治，推动社会治理专业化法治化

一是健全基层党建责任体系。县（市、区）委履行第一责任，街道/乡镇党工委履行直接责任，社区党工委履行具体责任，落实党的组织建制和工作力量。二是坚持社会组织广泛参与。推行政社分开、政社互动，改革创新社会组织管理制度，降低服务型社会组织设立门槛，扶持和培育一批体制外服务组织和社会工作专业人才。大力培育"枢纽型"社会组织。三是强化社会治理中的政府责任。深化街道职能转变和机构改革，建立完善街道办事处工作职责清单，推动街道工作重心从"抓经济"转到公共管理、公共服务、公共安全上来。四是加快社会治理领域立法进程。及时把社会治理创新的成功经验上升为制度和地方性法规，制定完善与社会治安综合治理、人口服务和管理、突发事件应急管理、社会稳定风险评估、社会组织管理、社区居民自治等配套的规章制度，以法律为社会利益调节的最高权威，提高政府

依法决策、依法行政的能力。五是着力提升社会治理的智能化和信息化水平。建立全面覆盖、动态跟踪的大数据社会治理基础信息平台。充分运用大数据系统，提升社会治理的精准度。

（四）坚持人民导向，以文化引领新时代江苏实践

一是创新公共文化服务体制。建立以需求为导向的文化产品供给机制。依托第三方开展独立的公共文化服务需求和绩效评估，准确把握不同地域、不同收入居民的文化需求动态，实行差别化服务。着力深化"三个坚持"。坚持公共文化服务主体多元化、公共文化基础设施运营社会化以及公共文化服务群众的参与制度化。创新公共文化服务供给方式，充分利用"互联网＋"等现代科技手段，促进线上线下互动融合。二是系统推进大运河文化带建设。坚持有所为、有所不为。构建和完善大运河文化带建设的准入和退出机制，严守"入口关"，坚决淘汰和杜绝各类不符合大运河文化带建设定位的产业。逐步厘清政府与市场的边界，政府要强化在大运河文化带建设规则制定、市场监管和公共产品提供等方面的职能。三是加快培育新型乡贤文化。依托各级新时代文明实践中心（所、站），整合各种资源，用中国特色社会主义文化牢牢占领农村思想文化阵地，凝聚民心、引导群众，以文化人、成风化俗。建立乡贤人才资源数据库。通过合理政策设计使"走出乡土"的企业家、知识分子、退休官员回到农村，为社会治理事务建言献策，致力于乡村发展。

（五）坚持防治并举，推进生态文明现代化

一是优化国土开发空间。实施主体功能区战略，健全空间规划体系，逐步优化空间布局，坚守生态、土地、水资源三条红线，构建"资源集约、人地和谐、生态良好、永续利用"的国土空间开发格局。二是调整产业结构、能源结构，大力发展绿色环保产业。依据绿色生产要求，调整产业结构，大力发展绿色工业、生态农业、现代服务业、生态旅游业。调整能源结构，降低煤炭利用总量，提高清洁能源、可再生能源的利用率。三是推进资

源全面节约和循环利用，倡导简约适度、绿色低碳的生活方式。推行节能建筑标准，鼓励研发、生产和使用节能器具。推广新能源，加强交通换乘衔接，提倡绿色出行新风尚。提倡节能、节电、无纸化办公模式。贯彻简约适度的生活消费理念，拒绝过度消费和浪费。四是完善自然资源资产产权制度、国土空间开发保护制度、空间规划体系、资源总量管理和全面节约制度；建立资源有偿使用和生态补偿制度、环境治理体系、环境治理和生态保护市场体系；完善生态文明绩效评价考核和责任追究制度。五是加强大气污染、水污染和土壤污染治理力度。完善垃圾分类收集、分类运输和分类处理体系，提高生活垃圾分类覆盖率、回收利用率，确保生活垃圾无害化处理率。

（六）坚持"两个强化"，促进人的全面发展

一方面，强化改善和保障民生。一是把稳就业放在更加突出的位置。完善就业培训和服务体系，积极帮扶各类群体小微创业。充分发挥数字经济、共享经济、现代供应链等新经济领域培育就业新潜能，在促进新产业、新模式、新业态加快成长的过程中拓展就业空间。加快建立健全以社会保障卡持卡人基础信息库、用人单位基础信息库为基础的就业信息资源库。二是稳步推进各类社会保障建设。把准"适当降低社保费率、减轻企业负担"和"提高群众社保水平"的政策平衡点，做好社会保险扩面征缴工作，落实好医保惠民政策，逐步提高低保、残疾人补助、特困人员供养等救助标准。加快完善多层次的住房保障体系，坚持"房子是用来住的，不是用来炒的"，保持房地产市场健康稳定发展。另一方面，强化新时代文明实践中心建设。要按照理论、科技、体育、文化、教育一体整合的总体思路，在县（市、区）设立新时代文明实践中心，在镇（街、园、区）设立新时代文明实践所，在村（社区）设立新时代文明实践站，通过健康促进和体育服务、科技与科普服务、理论宣讲、教育服务、文化服务、融媒体信息发布等一批服务平台，打通宣传群众、教育群众、关心群众、服务群众的"最后一公里"。

长三角区域高质量一体化目标下的
江苏担当与策略

摘　要：　2019年上升为国家战略的长三角区域一体化给江苏带来了新
的机遇，同时也提出了新的要求。本文在总结长三角区域一
体化发展的战略演进历程及其最新目标定位的基础上，首先
阐释和描述了高质量一体化目标下江苏发展的战略定位、基
础优势和短板表现。然后认为在长三角区域高质量一体化目
标下，江苏可以在经济创新驱动发展、产业高端高效发展、
区域协调联动发展、社会公平和谐发展以及生态优先绿色发
展等方面有所担当与作为。最后，提出江苏应实施以互联互
通与共建共享推动基础设施一体化、以协同创新推动产业创
新一体化、以都市圈一体化发展推动省内全域一体化，以及
以共同构建生态经济走廊推动生态环保一体化等策略，从而
助力长三角区域高质量一体化发展。

关键词：　长三角　一体化　高质量发展

　　长江三角洲（以下简称"长三角"）地区包含上海、江苏、浙江、安徽
三省一市，是我国经济发展最活跃、开放程度最高、创新能力最强的区域之

　　* 杜宇玮，江苏省社会科学院区域现代化研究院副研究员，博士。

一，是我国第一大经济圈以及经济中心、亚太地区重要国际门户、全球制造业中心，目前已跻身六大世界级城市群。

长三角作为我国重要的经济增长极，是目前我国区域一体化起步最早、基础最好、程度最高的地区，一直被认为是我国区域一体化和区域协调发展的主要"试验田"和"排头兵"。进入高质量发展的新时代，长三角区域一体化发展逐渐上升为国家战略，从而被赋予了更丰富的时代内涵和更重要的历史使命。江苏作为长三角地区的核心成员之一，始终是长三角区域一体化发展的积极倡导者、有力推动者和坚决执行者。在新形势和新机遇下，江苏应当准确把握中央对长三角区域一体化的最新战略定位和实践要求，奋力抢抓重大机遇，在融入一体化、服务一体化、推动一体化中，明确江苏定位、用好江苏优势、扛起江苏担当、提出江苏策略、做出江苏贡献。

一 长三角区域一体化发展的战略演进及其新目标

在经济全球化和市场化背景下，伴随资源的流动性增强，经济活动的地域行政管制将难以为继，区域一体化发展逐渐成为我国经济发展战略的重要组成部分。[①] 长三角地区作为我国对外开放的前沿阵地和重要的经济增长极，具备较好的区域一体化所需的经济基础和社会条件，从而也较早地开始了探索区域一体化之路。

（一）长三角区域一体化发展战略的演进历程

早在 1961 年，国家就在上海成立了华东局作为长三角省市合作发展的协调机构。改革开放以来，为了顺应市场经济发展的需求，长三角区域合作进一步加强，长三角一体化发展逐渐成为区域协调发展的重要议题。1983年，国务院成立上海经济区来协调江苏、浙江、安徽、江西和福建等五省的

---

① 参见吴柏均、钱世超等《政府主导下的区域经济发展》，华东理工大学出版社，2006。

区域合作，并于 1992 年组织召开长三角及沿江地区规划座谈会。此后，相关政府部门还试图通过召开长三角城市经济协调会（1996 年）、长三角城市市长联席会（1997 年）以及长三角城市市长峰会（2003 年）等形式来促进长三角区域一体化发展。2007 年，国务院召开的长三角地区经济社会发展专题座谈会首次从国家层面提出了"长三角一体化发展战略"，并随后相继出台了《国务院关于进一步推进长江三角洲地区改革开放和经济社会发展的指导意见》（2008 年）、《长江三角洲地区区域规划（2011 ~ 2020）》（2010 年）和《长江三角洲城市群发展规划》（2016 年），长三角一体化发展的战略内涵、合作领域、体制机制都不断拓展，从此进入了发展的快车道。

党的十八大以来，我国进入了迈向经济高质量发展的新时代，区域一体化发展也迎来了新的战略机遇。"一带一路"倡议、京津冀协同发展、长江经济带发展规划、粤港澳大湾区建设等国家战略规划的相继出台，意味着我国开始由东部率先的区域非均衡发展阶段，进入强调拓展优化经济地理空间的区域一体化均衡协调发展阶段。长三角地区作为国际市场竞争的重要角力场以及"一带一路"和长江经济带的重要交汇点，更是承载了提升国家竞争力和多重国家战略交叠的责任和功能。

2018 年，党中央要求上海进一步发挥龙头带动作用，苏、浙、皖各扬其所长，使长三角地区实现更高质量的一体化发展。2018 年 3 月，三省一市联合组建的长三角区域合作办公室已在上海挂牌成立，努力促进长三角区域率先发展、一体化发展。2018 年 6 月 11 日，长三角地区发布《长三角地区一体化发展三年行动计划（2018 ~ 2020 年）》，明确未来将基本建立区域协调发展新机制，将长三角地区建设成为全国贯彻新发展理念的引领示范区。2019 年的国务院政府工作报告中则正式提出将长三角一体化发展上升为国家战略，编制实施发展规划纲要，标志着长三角一体化发展成为继京津冀协同、粤港澳大湾区建设之后的又一国家级经济发展战略，必将推动长三角一体化发展朝着更深层次迈进。2019 年 5 月 13 日召开的中共中央政治局会议，审议了《长江三角洲区域一体化发展规划纲要》。会议强调，把长三角一体化发展上升为国家战略是党中央作出的重大决策部署。长三角区域高质量一体化发展，已成为新时代服务国家大局的战略支撑，是我国区域一体化发展的重要实践。可以说，把长三角区域一体化发展上升为国家战略，是全球竞争新态势下党中央对长三角区域发展高度重视下的智慧举措，也是党中央顺应新时代国家发展需求所作出的正确的重大决策部署。

（二）长三角区域高质量一体化发展的战略目标与定位

在高质量发展目标要求下，推动长三角区域一体化发展，就是要深入贯彻落实新发展理念，按照更高质量的一体化发展、更好引领长江经济带发展、更好服务国家发展大局的要求，加快推动长三角地区质量变革、效率变革、动力变革，在创新驱动、经济转型升级、改革开放和区域一体化发展等方面继续走在全国前列，努力成为全国贯彻新发展理念的引领示范区，成为全球资源配置的亚太门户，成为具有全球竞争力的世界级城市群。

《长三角区域一体化发展规划纲要》明确了长三角"一极三区一高地"战略定位，即成为全国经济发展强劲活跃的增长极、全国经济高质量发展的样板区、率先基本实现现代化的引领区、区域一体化发展的示范区以及新时代改革开放新高地。新时代长三角区域一体化发展上升为国家战略，是要紧扣"一体化"和"高质量"两个关键，带动整个长江经济带和华东地区发展，形成高质量发展的区域集群。

我们认为，这个最新战略定位的具体内涵要求包括：第一，成为全国经济发展强劲活跃的增长极，关键是要转变经济发展方式，培育塑造经济增长新动能。第二，成为全国经济高质量发展的样板区，关键是要构建现代化经济体系，提升经济增长的质量和效率。第三，成为率先基本实现现代化的引领区，关键是要落实新发展理念，实现经济、政治、社会、文化、生态的全面现代化发展。第四，成为区域一体化发展的示范区，关键是要建设统一大市场，促进商品和要素在区域内充分自由流动和配置。第五，成为新时代改革开放新高地，就是要解放思想、勇于创新，通过体制机制的完善，推进更高起点的深化改革和更高层次的对外开放，与"一带一路"建设、京津冀协同发展、长江经济带发展、粤港澳大湾区建设相互配合，完善中国改革开放空间布局。

二 长三角区域高质量一体化目标下的江苏定位与基础

（一）战略定位

毋庸置疑，长三角区域一体化发展上升为国家战略，是江苏加快转型发展的重大机遇，同时也加大了江苏"为全国发展探路"的重要责任。江苏应当"扬长补短""争先增优"，积极加快推进自身参与长三角一体化发展最重要、最紧迫的事情。江苏省委书记娄勤俭指出，要把握"高质量"的目标取向，把"推动高质量发展走在前列"作为江苏对长三角区域一体化最重要的贡献。具体战略定位包括①：

一是要建设高质量产业体系的引领区。发挥制造业集群规模和水平全国领先的优势，推进供给侧结构性改革，促进产业链与创新链双向融合，加快构建自主可控的现代产业体系，建成代表和引领长三角、具有国际竞争力的先进制造业基地。

二是建设高层次科技创新的聚集区。发挥创新资源丰富的优势，深化科技创新体制改革，激活创新要素，打造基础研究原始创新的策源之地、产业技术创新的蝶变之地、创新人才集聚的凤栖之地、创新活力奔涌的丰沃之地，为长三角高质量发展提供澎湃动力。

三是建设高水平对外开放的先行区。以"一带一路"交汇点建设为总揽，扩大全方位对外开放，努力在全国率先建成开放强省，为长三角在更高层次参与国际合作竞争发挥更大作用。

---

① 参见郑晋鸣、苏雁《扛起使命责任 服务战略大局——访江苏省委书记、省人大常委会主任娄勤俭代表》，《光明日报》2019 年 3 月 11 日。

（二）江苏经济高质量发展的基础优势和短板表现

按照高质量发展的战略要求以及对照以上江苏发展战略定位，江苏已经具备哪些基础条件，又有哪些不足和短板，需要如何补齐这些短板？对这些问题的回答，成为江苏更好地融入长三角区域一体化发展的关键所在。可以说，改革开放以来，江苏正是凭借特殊的区位优势，成为国内经济最具活力、创新能力最强、开放程度最高的区域之一，从而也为长三角区域一体化发展奠定了良好的产业体系基础、资源要素基础、对外开放基础和制度环境基础。

1. 产业体系基础：实体经济实力雄厚

江苏是实体经济大省，实体经济占全省经济总量的80%以上。改革开放以来，以集体经济为主要特征的"苏南模式"、以外资经济为主要特征的"新苏南模式"助力江苏发展出雄厚的实体经济，形成了全国规模最大的制造业集群，夯实了长三角区域一体化发展的产业体系基础。目前，江苏制造业总产值超16万亿元，约占全国的1/8、全球的3%左右，全国超过1/5的高新技术产品出口来自江苏。江苏工业制造业规模连续多年位居全国第一，规模以上工业企业、中小企业数均居全国首位，是名副其实的制造大省。江苏工业和信息化厅数据显示，2018年，江苏工业主营业务收入和利润总额分别为12.8万亿元和8491.9亿元，均居全国第一，占全国比重分别约为12.5%和12.8%。江苏省统计局数据显示，江苏战略性新兴产业、高新技术行业产值分别占规模以上工业总产值的32%和43.8%。党的十九大报告指出，"建设现代化经济体系，必须把发展经济的着力点放在实体经济上"。对江苏来说，实体经济基础无疑是其更好地融入长三角区域一体化的主要优势，促进实体经济提质增效也合乎逻辑地成为推动长三角地区更高质量一体化发展的重要内容。

2. 资源要素基础：科教创新资源丰富

江苏科教资源丰富，多项指标都位列全国第一。比如，高校数量和在校生人数，中外合作办学机构和项目数量，国家教学成果奖中的特等奖、一等奖及获奖总数,国家高等教育教学成果奖一等奖以上奖项等。江苏还是"院士大省",在苏两院院士数量居全国第三,两院院士中江苏籍占1/5。作为创新型省份建设试点,江苏的研发创新力量也十分雄厚,拥有苏南国家自主创新示范区,区域创新能力连续多年居全国之首。国家知识产权局的《2018年中国知识产权发展状况评价报告》显示,2018年江苏知识产权综合发展指数位居全国各省区市第二,仅次于广东。另据中国科学院大学《中国区域创新能力评价报告2018》,江苏综合创新能力位居全国第三,仅次于广东和北京,超过上海。2018年江苏全社会R&D经费占地区生产总值比重为2.64%左右,已达到部分先进国家水平,同年江苏国家科技奖获奖总数继续位居全国第一。在长三角区域高质量一体化进程中,江苏需要进一步将科教资源的数量优势转化为质量优势,将研发创新能力的潜在优势转化为现实优势,以科技创新引领长三角区域高质量发展。

3. 对外开放基础:外向型经济发达

在经济高速增长阶段,对外开放条件下的出口贸易作为拉动经济增长的"三驾马车"之一,可以直接促进区域经济增长。在基于GDP增长的竞争中,江苏采取的一个重要策略就是发展外向型经济,为地方经济"招商引资"。江苏发展外向型经济的首要经验是"开发区经济"或"园区经济",即将开发区(园区)打造为外向型经济的主要载体。比如,1994年成立的苏州的"新加坡工业园",从建立以来都是全国开发区(园区)的典范,园区综合发展指数名列全国开发区前茅。据我们测算,江苏的开放指数总体上高于长三角其他省份,2012年达到最高值,为82.85,2013年下降至71.22,此后又恢复增长,长期居于长三角地区首位,这充分体现了江苏作为外向型经济大省的地位和角色。① 自2003年以来,江苏实际利用外资规模连续12年稳居全国第一。据江苏省统计局数据,2018年,江苏省实际利用外资255.9亿美元,同比增长1.8%,规模位居全国第一。其中,服务业

---

① 本文的开放指数,我们采用出口额、实际使用外资金额、对外承包工程营业额、国际旅游(外汇)收入这四个指标,先分别进行无量纲化处理,再进行等值加权后乘以100计算得到。

实际利用外资占全省实际利用外资的比重达到50.1%，比上年提高了7.2个百分点；以先进制造业为主的十大战略性新兴产业实际利用外资占比达48.4%，比上年提高了5.1个百分点。此外，在以城市化和工业化为导向的外向型经济发展模式下，江苏经过多年的发展，在长江沿岸形成了一批外向度和城镇化水平较高的城市群，从而也加强了长三角区域一体化发展的社会基础。新形势下，江苏更要立足对外开放的良好基础和优越条件，继续实施开放型经济发展，推动形成全面开放新格局，通过对外开放集聚全球创新要素，为长三角区域一体化发展提供高质量的要素支撑。

4. 制度环境基础：地方政府作用高效

受历史文化因素的影响，江苏经济发展一直带有强烈的政府主导特征。从乡镇企业发展到乡镇企业改制，再到外资经济发展，都离不开地方政府部门的强力推动。在工业化初期，强势政府不仅可以通过直接介入经济迅速和有效组织起社会闲散人力和物质资本进行生产活动，而且可以通过提供基础设施和优惠政策吸引和集聚外来资本，从而促进了经济快速发展。江苏政府部门包容开放的态度及完善的政策配套措施，为外资经济的高速成长与发展创造了条件。其中，外向型经济的重要载体——经济技术开发区模式取得成功的关键正是在于政府在基础建设上的高标准和行政管理上的高效率。以苏州工业园为典型的"园区经验"，开放型经济运行管理新模式如行政审批、行政执法等方面的探索，就一直是兄弟省份考察学习的重要模板。在推动长三角一体化方面，江苏曾经在2003年承办长三角16个城市市长峰会，并发表了以"城市联动发展"为主题的《南京宣言》，这为长三角区域一体化发展奠定了良好的制度基础。在转向高质量一体化发展阶段，也必须在发挥市场在资源配置中决定性作用的同时，更好地发挥政府作用，为长三角区域一体化发展提供制度支撑与保障。

同时，我们也需要认识到，江苏第一轮发展所采取的粗放式外向型经济发展模式，在促成区域经济高速增长的同时，也带来了一些矛盾，从而成为制约高质量发展的短板。主要表现在：一是传统优势丧失与科技创新不足的"增长动力短板"；二是产业低端化与产能过剩普遍的"产业结构短板"；三是苏南、苏中、苏北三大经济区域之间差距显著的"区域发展短板";四是收入差距与经济实力不符的"收入分配短板";五是能源资源和生态环境约束趋紧的"资源环境短板"。因此,江苏融入长三角区域高质量一体化发展,首要是"扬长补短"。也就是说,既要继续发扬和加强上述产业体系、资源要素、对外开放以及制度环境方面的基础,也要充分认识并补齐上述短板,最终促成创新驱动的经济增长方式、高端高效发展的现代产业体系、协调联动的区域空间结构、兼顾公平与效率的收入分配格局以及生态优先的绿色发展模式。

三 长三角区域高质量一体化目标下的江苏担当

江苏作为我国改革开放的前沿阵地,是在第一轮赶超发展中走在全国前列的省份,从而在很多方面都具有先行先试的基础条件。习近平总书记对江苏"为全国发展探路"的要求,正是体现了江苏要在新时代下更有担当、更有作为。遵循长三角区域一体化发展的国家战略目标及其对江苏的定位要求,立足江苏现实基础,着眼于突破高质量发展的瓶颈,江苏至少可以在经济创新驱动发展、产业高端高效发展、区域协调联动发展、社会公平和谐发展以及生态优先绿色发展等方面有所担当和主动作为,为实现长三角区域更高质量一体化发展先行探路和率先示范,并为全国基本实现现代化提供样板。

(一)经济创新驱动发展担当:构建以企业为主体、市场为导向、产学研相结合的科技创新体系

创新驱动型增长是指经济增长依靠知识资本、人力资本和激励创新制度等无形要素的投入,实现要素新组合,更多地依靠科技创新、制度创新、管理创新和商业模式创新等驱动。这种经济增长方式强调通过提高生产要素的产出率即全要素生产率,来提升经济增长的质量和效益,从而实现经济内生增长。不同于过去单纯依靠物质资本、劳动力推动经济增长的传统模式,创

新驱动型经济以科学技术为核心，强调知识的生产、存储、分配和消费在经济发展中的作用，强调技术创新与组织方式的变革带来的全要素生产率的提高。

2014 年习近平总书记在视察江苏时提出，深化科技体制改革的关键在于强化科技同经济、创新成果同产业、创新项目同现实生产力、研发人员创新劳动同其利益收入的"四个对接"，促进科技创新与经济社会发展的紧密结合。落实"四个对接"，释放科技创新活力，体现科技创新效果，成为江苏实施创新驱动发展战略的重要标准。关键是通过深化科技体制改革和完善创新政策，构建起以企业为主体、市场为导向、产学研相结合的科技创新体系。要抓住江苏创新型试点省、苏南自主创新示范区建设的契机，利用丰富的科教创新资源，江苏可以在科技体制改革、创新资源开放共享、协同创新、科技金融发展等方面先行先试。

（二）产业高端高效发展担当：构建"四个协同"和自主可控的现代产业体系

党的十八大提出促进新型工业化、信息化、城镇化、农业现代化同步发展，党的十九大进一步提出要建设实体经济、科技创新、现代金融、人力资源协同发展的产业体系，从要素层面对现代产业体系的内涵进行了界定。其本质就是强调技术、资本、人才等生产要素与实体经济发展的协同，通过要素资源的结构升级、质量提高、配置优化来促进产业均衡发展和产业竞争力提升，使实体经济增长真正依靠科技进步、资本配置优化和劳动者素质提高，从而为经济高质量发展提供坚实的生产力基础。因此构建现代产业体系，必须从供给侧结构性改革出发，不断完善科技创新、现代金融、人力资源促进实体经济发展的协同机制。

党的十九大以来，中共江苏省委根据我国及江苏面临的复杂国内外形势，提出要充分发挥科技创新的强引擎作用，着力构建自主可控、具有国际竞争力的现代产业体系；并指出未来江苏产业发展着力点要放在控制力和竞争力上，把丰富的产业、科技、人才资源整合起来，这是对党的十九大提出的构建现代化产业体系的江苏贡献。因此，对于外向型经济特征显著的江苏来说，构建自主可控的现代产业体系也是未来一段时期内的重要目标。

（三）区域协调联动发展担当：构建基于国内价值链治理与分工的产业链和产业空间布局

苏南地区凭借优越的地理条件、政策制度等外生比较优势，承接制造业国际产业转移加入全球价值链，率先开启了工业化进程，成为改革开放的最先受益者。然而这种"两头在外"的国际代工模式割裂了苏南与苏中、苏北之间的产业关联，导致苏中、苏北地区普遍"塌陷"，总体上形成了"南强北弱"的区域发展格局，成为制约江苏高水平全面建成小康社会的主要障碍之一。这也是造成我国东部沿海与中西部内陆地区差距的主要机制所在。

在高质量发展要求下，江苏应当发挥区域差异化互补优势，建立以国内价值链为基点的产业链治理关系，以此调整苏南、苏中、苏北的产业布局关系，强化各区域之间的产业关联互动，从而构建起一套可以示范区域统筹协调发展的长效机制。一方面，根据江苏各地市资源禀赋和发展特点，发展具有比较优势的特色产业和产业链环节，避免区域产业同质化，促进产业跨区域联动发展，进而提高区域产业整体竞争力。另一方面，依托"一带一路"倡议、长江经济带战略、沿海开发战略等，协同培育世界级产业集群和扬子江城市群，以产业集群和城市群建设促进区域高质量一体化发展。

（四）社会公平和谐发展担当：构建机会均等、利益共享的收入分配格局

在第一轮非均衡发展战略下，长三角地区在经济领域取得巨大成就的同时，社会阶层和利益群体日益分化。主要表现为经济快速发展与分配制度改革相对滞后的矛盾所导致的贫富差距、城乡差距、行业差距持续扩大，进而诸多有关社会道德和社会稳定的问题也伴随而来。经济高质量发展，必须要求在注重经济效率的同时，还要强调社会公平。

高质量发展要求把"惠民生"放在与"稳增长"和"调结构"同等重要的位置，提高居民劳动报酬、拓宽居民增收渠道、缩小贫富差距、促进社会公平与和谐，尽可能地让人民群众共享改革开放成果。为此，重点是要推进基本公共服务均等化，其关键在于通过全方位的社会保障制度改革和创新，切实增加医疗、养老、失业救济、最低生活保障等公共产品供给和民生建设，并逐步扩大保障覆盖面，提高保障水平和标准，缩小收入分配差距。江苏应当抓住被列为全国新型城镇化试点省份以及苏州城乡一体化综合配套改革纳入国家试点的良好机遇，通过就业、教育、医疗、社保等方面的制度改革和创新，缩小区域差距、城乡差距和贫富差距。

（五）生态优先绿色发展担当：构建以生态产业和低碳产业为核心的绿色循环经济体系

绿色发展建立在环境容量和资源承载力的约束条件下，是一种有利于资源节约和环境保护的新发展模式。当前，绿色发展已成为国际竞争中的一个重要趋势和新一轮工业革命的潮流，而基于新能源的循环经济产业可能成为未来技术革命和产业革命的重点之一。目前许多发达国家围绕绿色发展和新能源进行科技创新和科技储备，加快发展节能环保产业，积极推广应用低碳技术，实现了由"能源经济"向"绿色经济"的转型。

在高质量发展阶段，拥有良好制造业基础、全国科教资源丰富、区域创新能力强的江苏，应当把握以低碳经济为核心的绿色能源革命带来的机遇和挑战，发展循环经济，积极发展生态化和低碳化产业，大力推进节能减排和可持续发展。围绕绿色发展进行科技创新，积极推广应用低碳技术，大力发展节能环保和清洁能源产业，宣传绿色发展理念，以生态宜居为标准推行新型城镇化和新农村建设，加快向绿色经济转型。

四　助力长三角区域高质量一体化发展的江苏策略

江苏要在长三角区域高质量一体化发展中有所作为、扛起担当，在目标路径上，是要致力于解决本省高质量发展面临的问题；在策略行动上，则要沿用一体化思维，在基础设施一体化、产业创新一体化、省内全域一体化、生态环保一体化等方面取得有效突破，从而为长三角区域一体化发展提供示范。

（一）以互联互通与共建共享推动基础设施一体化

一体化首先是基础设施一体化，加快推动基础设施互联互通，构建现代化基础设施网络是长三角区域一体化的内在要求，也是长三角区域高质量发展的必由之路。

第一，打破行政壁垒。这不仅需要理念更新，同时还需要规划、组织和技术等的协同跟进。在理念上，弱化行政区划概念，牢固树立合作共赢、积极向上、"没有输家"的理念，打造江苏全区域参与的开放一体化体系。在制定相关发展规划时，要注重加强区域之间的交流与合作，通过开展跨区共享战略协同研究，共同制定出彼此契合的联合规划和协同战略。在组织上，着重加大省内各区域特别是与长三角其他省市交界处的社会组织的培育力度，充分发挥多元主体在区域共享机制构建中的作用。在技术上，将"互联网＋"运用到基础设施共建共享和互联互通领域，提升基础设施建设和利用效率。

第二，构建区域基础设施网络。以服务支持长三角建设世界级城市群为目标，系统化、高标准推进综合交通运输一体化，包括铁路、公路、机场、港口等连接联通、规划运营、布局安排的一体化，有效对接和融入长三角现代化综合交通体系，加快实现水陆联运、海陆互动，打造海、陆、空"三位一体"的跨境立体综合交通网络。同时，加快电网、信息通信、教育和卫生保健、能源供给、环境治理等现代综合性基础设施的互联互通与共建共享，从而促成要素资源的自由流动和优化配置。此外，还可以将江苏的很多城市和设施与上海进行衔接，做好长三角西翼和北翼的文章。

第三，建立权威的、有执行力的跨区域协调机构。成立跨省层面的行政协调机构并不能由江苏单方面决定，但是江苏可以由本省政府出面，成立江苏省的相关基础设施管理机构，对省内机场、港口等区际外部性较强的大型交通枢纽，以及产业园区的配套交通基础设施进行统筹规划和协调，从而最大限度地提高其利用效率，发挥辐射带动作用。

（二）以协同创新推动产业创新一体化

产业创新一体化，关键在于加强产学研协同创新和区域协同创新，以建设具有全球影响力的科技产业创新中心和具有国际竞争力的先进制造业基地为战略目标，构建自主可控的现代产业体系。

第一，加强产学研协同创新。一是增强企业自主创新和研发能力。鼓励支持企业研发创新和技术改造，加大对高新技术企业的扶持力度，培育企业自主创新意识，提高生产率。通过设立技术研发基金和产业投资基金、加强知识产权保护、鼓励江苏高校和科研院所向企业派驻科技人才和专家等创新政策手段，来激发和提升企业研发创新的积极性和能动性。[①] 二是推进科技创新成果产业化。促成现有开发区从传统产业集群向创新集群转型升级，打通产学研对接通道。根据各个地市的经济水平和产业特点，因地制宜选择政府推进型、科研机构推动型、龙头企业带动型、金融机构拉动型等不同的创新集群建设模式，不断完善创新创业功能，通过创业将科研成果产业化。[②]三是培养和引进高端创新人才。依托省内雄厚的高校、科研院所和企业培训资源，建立创新型人才培训和实训基地，重点培养高层次研发、创新和应用人员。制定有吸引力的人才引进和双向流通制度，留住本地人才，通过项目资助、政府津贴等方式引进外地高层次创新人才，鼓励企业和创新创业团队对新经济人才的引进使用。引进培育一批猎头公司，强化对创新型人才招引的市场化运作。

第二，培育梯度分工的地方特色产业集群。针对当前省内产业园区布局

---

① 参见杜宇玮《以创新驱动推动经济高质量发展》，《群众》2019 年第 16 期。

② 参见杜宇玮、顾丽敏《培育壮大创新集群推动科研与产业有效衔接》，《群众》2017 年第 12 期。

混乱、同质化竞争严重的现状，必须重新规划布局，鼓励兼并重组，走特色化、差异化、规模化发展道路。沿江产业园区应当按照专业化、社会化、分工协作原则，大力发展先进制造业、高新技术产业、现代物流业、文化旅游业、金融保险和电子商务等其他生产性服务业、现代农业和农产品加工业，着力打造长三角核心区的特色现代产业集群。而且，各地在主导产业上要各具特色，避免恶性竞争，防止产业同构。同时，各地特色产业集群不是孤立的"铺摊子"的产业园，而是相互之间具有明确合理的梯度分工，从而形成一系列比较完整的产业链。① 比如，作为江苏最邻近上海的地区，苏州、南通等城市可以适当推进金融保险、电子商务、设计创意、信息咨询、技术服务、法律事务等智力要素密集度高、产出附加值高、资源消耗少、环境污染少的一些生产性服务业发展，为上海国际金融中心建设提供配套服务，同时也为本地的船舶、纺织服装、电子信息等制造业做研发设计外包。

第三，打造长三角一体化协同创新示范区。协同创新，由于涉及多个不同主体、不同区域，关系错综复杂，并且受到地理邻近性的影响，因此也需要在较小的地理空间内进行示范。苏南地区的部分城市（县级市）或城区，在地理空间、交通条件和资源基础上拥有较为显著的优势，有望通过培育壮大创新主体、打造科技成果转化新高地，集聚整合创新要素、打造开放创新发展先行区，构建完善科技创新服务平台体系、打造创新资源共享的试验区，以及制定和实施创新政策、打造创新生态环境样板区，来率先发展、先行先试，主动对接长三角一体化发展，打造长三角一体化协同创新示范区。

（三）以都市圈一体化发展推动省内全域一体化

经济圈的建设不仅可以集聚优势资源和创新要素、形成庞大的市场规模和释放出巨大的潜在生产力，而且通过融合协作分工使经济圈内各地区的优势产业和产品形成专业化生产，再通过市场进行优势互补，从而成为经济发展的新引擎。由于地理区位因素，长期以来融入长三角区域一体化的主要是

---

① 参见章寿荣、杜宇玮《长三角：抱团建设全球先进制造业基地》，《唯实》2019 年第 2 期。

苏南地区，而苏中特别是苏北地区则比较孤立。高质量发展阶段，江苏省提出要通过省内全域一体化更全面融入长三角一体化发展，主要是指通过提升省内经济圈（主要是都市圈）的一体化程度，"组团"融入长三角一体化进程中。

就目前现有条件来说，重点是推动宁镇扬、苏锡常都市圈一体化发展，推进锡常泰、苏通跨江融合，以及推进南京都市圈、徐州淮海经济区中心城市建设。并且要定位高远，立足现有优势基础，力争将宁镇扬同城化示范区、苏锡常产城融合示范区提升为国家战略，争取更多的国家政策支持。

上述经济圈建设应当以推进新型工业化、新型城镇化和构建现代产业体系为核心，推进交通一体化、市场一体化和城乡一体化发展，加强圈内各地区在市场空间、产业功能、资源要素、基础设施、产业政策等方面的对接融合，争取建成发展活力充足、创新能力较强、产业素质较高、服务功能强大、生态环境优美、社会文明和谐的一体化区域，从而成为促进江苏全域协调发展和引领江苏创新转型的战略高地，成为长江下游流域要素承载能力最强、产业集聚程度最高、可持续发展能力最强的地区之一，成为长三角地区对外开放的重要门户。

（四）以共同构建生态经济走廊推动生态环保一体化

生态环保一体化要求江苏省内及其与长三角其他地区和城市之间，协同推进水资源保护、水污染防治、水生态修复。长江沿线地区要共抓长江大保护，太湖流域地区则要实施水环境综合治理。要通过推进宁杭生态经济带、淮河生态经济带、大运河文化带的建设，共同构建生态经济走廊，打造"水韵江苏"名片。

第一，在生态环保理念上，生态节约化概念应该贯穿在整个城市建设中的各个环节。包括从宏观到微观的战略选择、布局、管理和监督，以及技术改造，乃至流通和消费领域各个环节，使生态化贯穿在整个产业链。

第二，在区域产业选择与结构调整上，一方面，积极发展低碳技术和绿色制造。着力推进节能减排，着力推进能源、原材料等传统重化工业的高新化、集约化、清洁化和循环化，加快推进产业发展由传统的"高投入、高排放"模式向"高效益、低排放"的可持续发展模式转变；另一方面，在产业结构调整升级过程中，不能仅仅通过将污染型产业转移出去来进行产业升级，而应该"就地升级"，即积极利用技术创新进行工艺流程升级、产品升级、利用先进生产技术和现代商业模式来改造传统高能耗、高污染的产业，同时淘汰部分落后产能，严禁上马"两高"项目，从根本上减少这些产业对生态环境的污染。

第三，在生态环境保护的治理机制上，必须摒弃以往"九龙治水""单打独斗"的局面，从调整高能耗、高污染行业的产业布局入手，在坚持"谁污染、谁治理"原则的基础上，同时建立生态环境补偿机制，相关城市和企业共同分享生态环境改善的收益，共同分担治理生态环境的成本。

第四，在构建生态环境补偿机制时考虑的利益平衡上，要沿用经济圈（城市群）思维而不是单个城市思维，即从经济圈（城市群）的整体利益出发，通过制度设计来促进圈内各地区自发地进行产业分工与协调，共建共享、共同治理生态环境。

（本研究报告的主要内容已发表：杜宇玮《长三角区域一体化发展目标下的江苏方略》，《江南论坛》2019 年第 12 期）

江苏经济保持合理增长区间的对策

李　慧*

摘　要： 2019年是新中国成立70周年，也是我们决胜高水平全面建成小康社会的关键之年。能否使江苏经济增速保持在合理的增长区间，对于江苏能否有效应对国内外环境变动带来的挑战、推动"六个高质量"发展具有至关重要的意义。本文分析了2018年以来江苏经济运行的主要特征，并阐释了当前及未来一段时间影响江苏经济增长的有利与不利因素，对江苏2019年经济合理增长区间进行了研判，在此基础上提出了保持江苏经济合理增长区间、挖掘江苏潜能的对策建议。

关键词： 增长区间　新动能　下行压力　潜能

一　2018年以来江苏经济运行特征

（一）经济增长保持稳定

2018年，江苏实现地区生产总值92595.4亿元，按可比价格计算，同比增长6.7%，增速高出全国0.1个百分点。2019年上半年，江苏实现地区生产总值48582.7亿元，按可比价格计算，同比增长6.5%，增速高出全国0.2个百分点。

---

* 李慧，江苏省社会科学院经济研究所副研究员。

与鲁沪浙粤四省市相比，2018年全年、2019年上半年江苏GDP总量仅次于广东。从增速的比较来看，2018年江苏GDP增速低于浙江和广东，2019年上半年江苏增速与广东持平，仅低于浙江（见表1）。

表1　沪苏浙鲁粤地区生产总值比较

省市	2018年		2019年上半年	
	地区生产总值（亿元）	同比增速（%）	地区生产总值（亿元）	同比增速（%）
江苏	92595.40	6.7	48582.7	6.5
广东	97277.77	6.8	50501.17	6.5
山东	76469.67	6.4	41823.3	5.4
浙江	56197.15	7.1	28256.3	7.1
上海	32679.87	6.6	16409.94	5.9

资料来源：2018年数据来源于国家统计局网站，2019年上半年数据来源于Wind金融终端。

（二）经济结构持续改善

1. 产业结构持续优化

从2015年开始，江苏第三产业占GDP比重开始超过第二产业，第三产业已经成为经济增长的第一动力（见图1）。2018年，江苏完成第三产业增加值47205.16亿元，占GDP比重达到51.0%，比上年提高0.7个百分点。2019年上半年，江苏完成第三产业增加值25673.4亿元，占GDP比重达52.8%，江苏服务业总体比重进一步提高。

2. 投资结构持续优化

2018年，江苏固定资产投资完成额同比增长5.5%，同期工业投资增长8.0%，其中工业技术改造投资增长10.7%，占工业投资比重达55.0%，工业技术改造投资增速高于工业投资增速，反映了江苏省传统产业转型升级速度的加快。高新技术产业投资增长15.2%，其中电子及通信设备、计算机及办公设备、新能源制造业投资分别增长23.9%、22.6%和19.0%。高新技术产业投资增速远高于固定资产投资增速，反映了江苏省对新动能投入力度的加大。第三产业内部投资也在不断优化，表现为现代服务业投资比重的

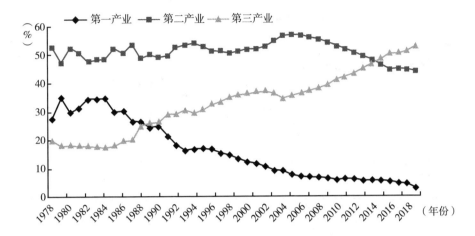

图1 江苏历年三次产业结构比重

增加。第三产业投资中,科学研究和技术服务业 2019 年同比增长 6.8%,文化、体育和娱乐业增长 8.5%,均高于同期第三产业 3.7% 的增速。民间投资同比增长 10.8%。民间投资的增加有助于投资效率的进一步提高。2019 年上半年,全省固定资产投资同比增长 4.1%,同期工业技术改造投资增长 10.1%,高新技术产业投资同比增长 9.5%,民间投资同比增长 4.7%,占全部投资比重已上升到 72.2%。

3. 收入分配结构有所改善

按照收入法计算,GDP = 劳动者报酬 + 生产税净额 + 固定资产折旧 + 营业盈余。劳动者报酬占 GDP 比重反映了居民收入在初次分配中的比重。改革开放以来,江苏劳动者报酬占 GDP 比重变动基本上呈 U 形曲线,由开始的下降趋势,在 2007 年达到最低点,2010 年后,呈逐步上升趋势,2017 年重新升至 43.6%（见图2）。反映了江苏收入分配结构较之前有所改善。2018 年,全省居民人均可支配收入 38096 元,同比增长 8.8%,居民人均可支配收入在全国各省区市中位居第五。2019 年上半年,全省居民人均可支配收入 21624 元,同比增长 8.7%。

同时,江苏城乡居民收入差距也在逐渐缩小。2014 年,江苏城乡居民收入比为 2.3∶1,2019 年上半年已缩小至 2.19∶1（见表2）。

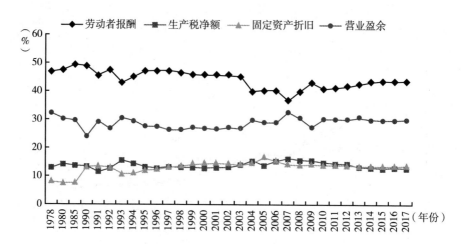

图2 按收入法计算江苏地区生产总值结构

表2 2014年以来江苏城乡居民收入情况

年份	城镇居民人均可支配收入(元)	城镇居民收入增长率(%)	农村居民人均可支配收入(元)	农村居民收入增长率(%)	城乡居民收入比
2014	34346	8.7	14958	10.6	2.30
2015	37173	8.2	16257	8.7	2.29
2016	40152	8.2	17606	8.8	2.28
2017	43622	8.6	19158	8.8	2.28
2018	47200	8.2	20845	8.8	2.26
2019年上半年	26595	8.3	12156	8.6	2.19

资料来源：历年《江苏统计年鉴》、江苏统计局网站。

（三）经济增长新动能快速成长

1. 高新技术产业发展迅速

2018年，江苏高新技术产业产值同比增长11.0%，占规模以上工业总产值比重达43.8%，比2011年提高了8.5个百分点（见图3）。规模以上高新技术企业研发机构建有率保持在90%左右，全省已建成国家级高新技术特色产业基地160个。2019年上半年，全省高新技术产业产值同比增长6.4%，占规模以上工业总产值比重达44.69%，比2018年又有了进一步提高。

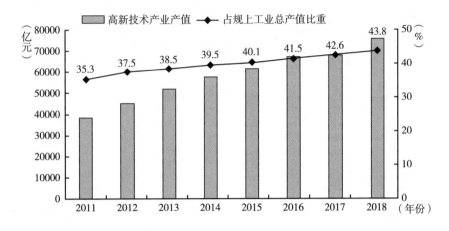

图3 江苏高新技术产业产值及比重

2. 新兴产业规模持续增长

2010年江苏战略性新兴产业实现销售收入20647亿元，2015年销售收入突破4.5万亿元。根据江苏省科技发展战略研究院发布的《江苏新兴产业创新发展报告》，江苏新材料、节能环保、新能源等产业规模居全国第一，其中光伏产业占全国比重近50%。2018年江苏战略性新兴产业产值比上年增长8.8%，占规模以上工业总产值比重已达32%。2019年上半年江苏战略性新兴产业销售收入同比增长8.2%，占规模以上工业总产值比重进一步提高至32.5%。

3. 科技创新能力持续提升

在科技创新产出方面，江苏专利申请量、授权量持续增长。2018年江苏专利申请量、授权量分别达600306件、306996件，其中发明专利授权量达42019件，万人发明专利拥有量达26.45件，较2015年增长了86%。2019年上半年江苏专利申请量、授权量分别达到250995件、154538件，其中发明专利授权量达21543件（见表3）。

表3 2015年以来江苏科技创新成果

年份	专利申请量(件)	专利授权量(件)	发明专利授权量(件)	万人发明专利拥有量(件)
2015	428337	250290	36015	14.22
2016	512429	231033	40952	18.5

年份	专利申请量(件)	专利授权量(件)	发明专利授权量(件)	万人发明专利拥有量(件)
2017	514402	227187	41518	22.5
2018	600306	306996	42019	26.45
2019 年上半年	250995	154538	21543	—

资料来源：历年《江苏统计年鉴》《江苏省国民经济和社会发展统计公报》《江苏省"十三五"知识产权发展规划》，江苏知识产权局网站。

4. 新业态新模式发展迅猛

数字经济、信息消费等持续升温。2018 年江苏限额以上批发和零售业通过公共网络实现零售额同比增长 25%；住宿和餐饮业通过公共网络实现餐费收入同比增长 49.4%。2019 年上半年，全省限额以上批发和零售业通过公共网络实现零售额 620.9 亿元，同比增长 6.5%，占限额以上零售总额的比重为 9.6%，比上年同期提高 0.5 个百分点。2018 年商务服务业、软件和信息技术服务业、互联网和相关服务业营业收入比上年分别增长 8%、15.2% 和 39%。2019 年上半年江苏互联网和相关服务业营业收入增长 31.3%，软件和信息技术服务业增长 16%。根据《2018 年中国数字经济发展报告》，江苏省 2018 年在阿里巴巴平台上的销售总额排在全国第三，人均消费额排在全国第四，同比增长 16.5%。《数字中国指数报告（2019）》中，江苏数字指数仅次于广东排在第二。

（四）经济运行风险依然存在

1. 实体经济面临很多困难

受成本抬升、产能过剩、发展转型、外部环境等多重因素影响，江苏实体经济也面临着诸多挑战。2018 年江苏规模以上工业增加值同比增长 5.1%，增速比上年回落 2.4 个百分点。2019 年 1～6 月，江苏规模以上工业增加值同比增长 6%，增速较上年同期回落 0.2 个百分点。工业企业利润增长也出现大幅下滑，2018 年江苏工业企业利润总额同比增长 9.38%，增速较上年回落 3.03 个百分点。2019 年 1～6 月，江苏工业企业利润总额出现了负增长，同比下降3%，增速较上年同期回落10.94个百分点（见图4）。

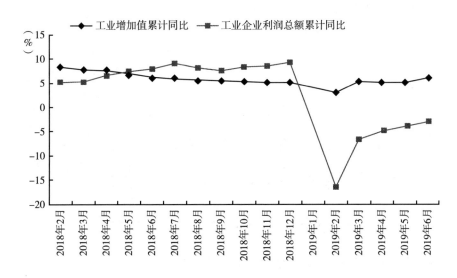

图4 江苏省工业增加值与工业企业利润额累计同比增速

资料来源：Wind金融终端。

2.消费需求增长乏力

由图5可知，近年来，江苏省社会消费品零售总额增长速度呈现不断放缓趋势。2018年，江苏社会消费品零售总额同比增长7.9%，增幅较上年回落2.7个百分点。其中批发和零售业零售额同比增长7.7%，增速较上年回落2.8个百分点；住宿和餐饮业零售额增长9.7%，增速较上年回落1.7个百分点。2019年1~6月，江苏社会消费品零售总额同比增长7%，增速较上年同期回落2.2个百分点。

3.进出口贸易形势恶化

由于美国是江苏最大的出口贸易市场，中美贸易摩擦对江苏的影响程度正日益加深，进出口贸易额都出现了明显下滑趋势。2018年，江苏出口额4040.4亿美元，同比增长11.3%，增幅较上年回落2.6个百分点；进口额2600.0亿美元，同比增长14.2%，增幅较上年回落5.6个百分点（见图6）。

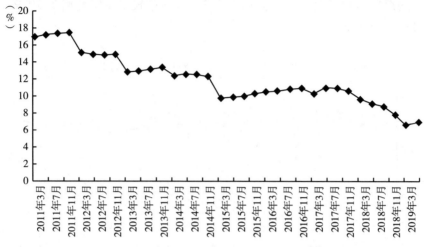

图5　江苏省社会消费品零售总额累计同比增速

其中对美国出口增长 8.7%，增幅较上年回落 10.6 个百分点；对美国进口下降 3.9%，增幅较上年回落 27.1 个百分点。2019 年 1~6 月，江苏出口额下降 0.3%，增幅较上年同期回落 15.8 个百分点；进口额下降 10.6%，增幅较上年同期回落 31.5 个百分点。其中对美国出口下降 9.4%，增幅较上年同期回落 21.4 个百分点；对美国进口下降 30%，增幅较上年同期回落 42.1 个百分点。

4. 就业压力增大

2018 年底召开的中央经济工作会议将稳就业列为"六稳"之首。2019 年《政府工作报告》中提到"稳增长首要是为保就业"，"实施就业优先政策"。对于江苏而言，就业形势也出现下行压力。2018 年末全省就业人员 4750.9 万人，比上年末减少 6.9 万人；而 2017 年末就业人员总量比 2016 年增加了 1.6 万人。2017 年城镇新增就业 148.56 万人，比 2016 年增加了 5.34 万人；而 2018 年城镇新增就业 153 万人，比 2017 年增加了 4.44 万人，增幅较 2017 年有所收窄。2018 年上半年新增就业 78.88 万人，同比增长 9.4%；而 2019 年上半年新增就业 80.38 万人，同比增长仅 1.9%，增幅严重收窄。加之实体经济遭遇困难，企业用工人数出现明显下降，2019 年江苏就业形势不容乐观。

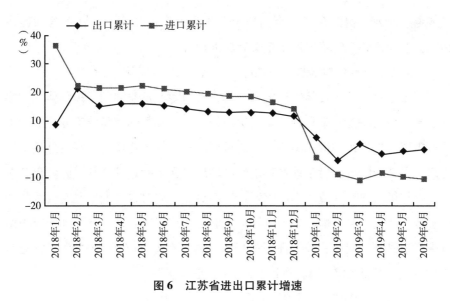

图6　江苏省进出口累计增速

资料来源：江苏省商务厅网站。

二　影响江苏经济增长的有利与不利因素

（一）推动江苏经济增长的有利因素

1. 未来经济稳定增长的长期发展格局不会变

尽管近几年江苏经济的增长率有所下降，未来江苏经济增长仍然存在一些不确定性，但总体来讲，未来江苏经济稳定增长的发展格局不会发生重大改变。一是江苏省内需的拉动作用有所上升，三大需求对经济增长的拉动作用逐步趋于协调，经济运行的内生性和稳定性得到加强。二是中共江苏省委十三届三次全会提出"六个高质量"发展任务，即经济发展高质量、改革开放高质量、城乡建设高质量、文化建设高质量、生态环境高质量、人民生活高质量，为江苏未来一段时期的发展指明了方向。"六个高质量"首要一点就是经济发展高质量，重点体现在：推动江苏制造向江苏创造转变；推动江苏速度向江苏质量转变；推动江苏产品向江苏品牌转变；推动江苏高质量发展走在前列。相信在"六个高质量"发展任务的指引下，江苏各项经济指标会更加稳健，经济发展质量会有较大提升。

2. 外部环境的影响机遇大于挑战

当今世界正处于百年未有之大变局，大国博弈日益加剧，国际体系和国际秩序正面临深度变革和调整。以美国为代表，其国际贸易政策变化成为影响世界贸易自由化和世界经济增长的重要因素。外部环境对江苏的外贸出口也产生了不利影响。对于外在环境的严峻形势和不确定性增加，我们仍需看到危中有机。外部环境的不利因素，反而更让我们对自己的不足有清醒的认识，从而注重自身修炼，更加重视创新驱动，重视完善产业链并加快向价值链中高端攀升。因此，外部环境的影响，对于传统的发展模式而言可能是"危"，而对于我们推进高质量发展来说则是"机"。

3. 多重战略叠加带来历史性机遇

党的十八大以来，中央在深化改革的同时，对实施新一轮对外开放作出了重大部署与布局，提出"一带一路"倡议。江苏处于长江流域经济带、丝绸之路经济带中国段和21世纪海上丝绸之路的交汇点，连同长三角一体化战略、江苏沿海开发战略、苏南现代化建设示范区战略和自由贸易区战略，从而形成了多项国家战略在江苏的密集叠加。2019年3月5日，李克强总理在政府工作报告中指出，将长三角区域一体化发展上升为国家战略，编制实施发展规划纲要。长三角一体化升级为国家战略，将加快长三角区域一体化发展进程，为长三角世界级城市群高质量发展注入强劲动力，同时也为江苏的发展带来重要的战略机遇。2019年8月，国务院同意设立中国（江苏）自由贸易试验区，印发了《中国（江苏）自由贸易试验区总体方案》，设立江苏自贸区是江苏省推进全方位高水平对外开放的重大战略机遇，将对江苏改革开放产生重要影响。

4. 江苏产业基础好、经济韧性强

江苏是闻名全国的制造业大省，截至2018年，江苏制造业的规模连续8年保持全国第一，第二产业增加值41248.5亿元，占全国比重超过13%，高于广东、浙江。同时，江苏制造业门类齐全，产业链比较完备，已形成从初级产品到深加工比较完整的产业链，为建立现代化产业体系奠定了良好基础。良好的产业基础以及背靠中国巨大的内需市场，使江苏经济增长在面临不利因素影响时韧性更强。

（二）制约江苏经济增长的不利因素

1. 当前经济形势严峻导致江苏经济下行压力大

从经济增长的三大动力因素来看，固定资产投资完成额 2018 年、2019 年上半年增速实际上是在不断回落的；消费需求增长也同样出现了放缓现象；而受中美贸易摩擦影响，外部不确定性在增加，出口回落压力进一步提升，净出口这一增长动力势必也对江苏经济增长产生不利影响。当影响经济增长的"三驾马车"都出现增长速度放缓时，经济增长速度下行压力势必增大。

2. 新动能对经济增长的支撑作用有待于进一步提高

科技创新方面，中国科技发展战略研究小组、中国科学院大学中国创新创业管理研究中心组织编写的《中国区域创新能力评价报告》是以我国区域创新体系建设为主题的综合性、连续性年度研究报告，连续出版多年，此前，根据此系列报告，江苏连续 9 年区域创新能力保持全国各省区市首位，而 2017 年报告显示，江苏创新能力排在广东省之后，2018 年报告显示，江苏创新能力排在广东和北京之后，位居第三。虽然名次的下降并不意味着江苏创新能力差，但速度慢于广东、北京仍值得重视。江苏省知识创造、知识获取优于广东，但在企业创新、创新环境和创新绩效方面，仍然不如广东。新兴业态方面，以独角兽企业为例，根据科技部发布的《2017 年中国独角兽企业发展报告》（以下简称《报告》），北京有 70 家独角兽企业，上海有 36 家，广东有 19 家，浙江有 18 家，而江苏仅 7 家。除数量少以外，入选的江苏独角兽企业估值偏低。排名最靠前的满帮估值为 20 亿美元，并列排在榜单的第 47 位。而《报告》中排名前十的独角兽，估值都在 100 亿美元以上。消费动力方面，江苏消费对经济的贡献作用也明显偏低。2017 年江苏省最终消费率为 50.1%，低于全国平均水平 3.5 个百分点，在全国各省区市中仅居第 21 位。

三 江苏经济合理增长区间研判

图 7 给出了改革开放以来江苏经济增长率与全国的比较。改革开放以来，江苏经济增长率基本上高于全国（1980 年、1989 年、1991 年除外）。差距最大的是 1978 年，江苏 GDP 增长 24.6%，高出全国 12.9 个百分点，其次是 1992 年，江苏 GDP 增长 25.6%，高出全国 11.4 个百分点，其他大多数年份江苏 GDP 增长率与全国相比不超过 5 个百分点。总体而言，江苏经济增长率波动趋势与全国一致，近年来江苏与全国经济增速的差距在缩小。2018 年江苏比全国高 0.1 个百分点，2019 年上半年江苏比全国高 0.2 个百分点。

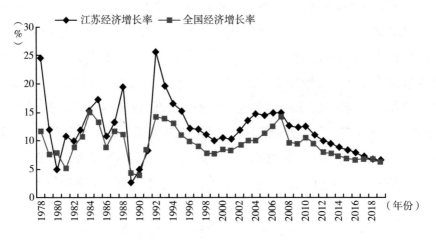

图 7   江苏与全国经济增长率比较

资料来源：《江苏统计年鉴 2018》《中国统计年鉴 2018》，国家统计局、江苏统计局网站，Wind 金融终端。

为了测算江苏经济增长率区间，本文构建了江苏 GDP 与全国 GDP 的回归模型，根据回归模型得到的系数和给定的全国的增长目标，测算江苏 2019 年的经济增长率。在此本文利用 Wind 金融终端中 2002 年四季度以来江苏季度 GDP 累计增速与全国季度 GDP 累计增速，拟合出江苏 GDP 增速

（y）与全国 GDP 增速（x）的回归方程：

$$\ln(\hat{y}) = 0.1031733 + 1.038442\ln(\hat{x}) \qquad (1)$$
$$(0.95) \qquad (21.17)^{***} \qquad F \text{值} = 448.11 \quad R^2 = 0.8733$$

李克强总理在 2019 年政府工作报告中提出，2019 年全国经济社会发展的主要预期目标是：国内生产总值增长 6% ~ 6.5%，提出要"加强政策协调配合，确保经济运行在合理区间，促进经济社会持续健康发展"[①]。

将全国经济增长率为 6% 的假定代入公式（1），得出江苏经济增长率的下限约为 6.5%，这与《2019 年江苏省政府工作报告》中提出的江苏 2019 年地区生产总值增长的主要预期目标为"6.5% 以上"相一致，而将全国经济增长率为 6.5% 的假定代入公式（1），得出江苏经济增长率约为 7%。也就是根据本文构建的回归方程测算出江苏 2019 年经济增长区间在 6.5% ~ 7%。

但根据现实情况，无论是从 GDP 年增长率还是从季度 GDP 累计增长率来看，江苏 GDP 增速与全国之间的差距都是在逐渐缩小的，甚至在 2018 年第三季度，江苏季度 GDP 累计增速与全国一样，均为 6.7%。再比较广东省的 GDP 增速目标，根据《2019 年广东省政府工作报告》，广东省 2019 年 GDP 增速目标为"6% ~ 6.5%"，与全国一致，而根据表 1，2018 年广东 GDP 增速高于江苏 0.1 个百分点，2019 年上半年广东 GDP 增速与江苏持平，因此广东的目标为经济结构调整、高质量发展留出了更大空间。

从江苏目前增长动力的发展趋势来看，尤其是经济发展的基本面仍面临很多不利因素，适当调低 GDP 增长目标既符合预期、符合实际，也更为稳妥。我们应将关注重点更多地放在如何有质量地发展。由于 2017 年以来江苏与全国经济增长率之间的差距保持在 0.1% ~ 0.4%，因此本文认为，2019 年江苏经济增长率合理区间应设为 6.1% ~ 6.7%。

[①] 李克强：《政府工作报告》，《人民日报》2019 年 3 月 17 日。

四 保持江苏经济合理增长区间、挖掘江苏 潜能的对策建议

（一）推动传统产业优化升级

一是借力工业互联网对传统产业优化升级，发展先进制造业。出台工业互联网发展支持政策，培育工业互联网平台，推进省内行业龙头企业与省内外互联网企业、基础电信运营商开展深度合作，重点打造一批在国内有较大影响力的跨行业跨领域的工业互联网平台。支持省内骨干企业整合资源，加大投入，加快企业级工业互联网平台建设发展。推动企业"上云"。深入推进星级上云企业、工业互联网标杆工厂、"互联网＋先进制造业"特色基地建设等重点工程建设。二是推动实施品牌标准战略。要以江苏优势企业和品牌为依托，提高品牌在研发、设计、生产、销售、物流、服务以及宣传推广各环节的整合能力；支持有实力的企业瞄准国际知名品牌标杆开展对标，推进品牌国际化，不断提高品牌的国内外市场占有率和品牌价值。鼓励企业采用国际标准和国外先进标准，积极参与各类标准的制（修）订工作。三是提升传统产业节能环保水平。对于高污染、高能耗和效益低下的企业，立刻关停整顿。加强对使用、生产、销售国家明令淘汰或不符合强制性能源效率标准的生产工艺、用能设备和产品的执法力度。实行节能减排执法责任制，努力提升监管效能。

（二）以创新培育壮大新动能

一是做大做强战略性新兴产业，使之成为新动能的主体力量。增强新兴产业创新能力，发挥江苏省科技人才密集的优势，在一些产业业态的关键领域、产业链的关键环节，力争突破国外专利和技术封锁，实现重大原始创新。依靠特色小镇等载体，建设一批高水平的战略性新兴产业集群，以集聚高端要素为核心，以新技术、新产业、新业态和新机制为重点，努力建成有

影响力的产业科技创新中心、有国际竞争力的特色产业基地。二是努力提升江苏区域创新能力，促进科技和产业融合发展。努力构建以企业为主体的区域技术创新体系。强化基础研究和应用研究，围绕国际先进技术和新兴产业，建设产业技术创新平台。鼓励企业与高校、科研院所共同建设高水平研发机构，对于企业开展关键核心技术攻关和引进先进技术进行成果转移转化的予以一定的财政奖励。积极落实国家促进科技成果转化的有关法律法规和政策措施，建立科技成果市场化定价机制，完善科技人员股权和分红激励办法。大力培育创新型领军企业，支持其开放配置全球创新资源，融入全球研发创新网络。深入实施科技"小巨人"企业培育计划、科技型创业企业孵化培育计划，精心培育一批"隐形冠军""独角兽"企业，以及具有颠覆性技术的小微企业。

（三）以改革激发市场活力

一是为各类市场主体营造良好的营商环境。积极落实2019年上半年省政府出台的《聚焦企业关切大力优化营商环境行动方案》，着力破解企业投资限制障碍、深化涉企商事制度改革、降低企业生产经营成本、营造公平诚信市场环境、推动市场监管改革创新、拓展"放管服"改革广度深度、保障营商环境持续优化。尽快建立营商环境评价指标体系，将营商环境建设作为各级政府推动地方高质量发展的重要评价指标。二是进一步优化双创生态环境，深入推进"大众创业、万众创新"发展。对新业态、新模式实施包容创新的审慎监管，降低创业门槛，推动双创基地建设，加强人才、科技、财政、金融等对双创的支持和服务力度，倡导创新创业文化，强化知识产权保护，通过政府、市场和全社会的共同努力，不断营造鼓励创新的良好环境，激发江苏创新创业活力。

（四）优化投资结构

一是继续加大先进制造业、高新技术产业、战略性新兴产业的投资力度，同时加强对工业技术改造的投资，以投资结构优化推动产业转型升级，使经济增长、高质量发展的动力更加稳定。二是加大基础设施补短板的投资力度。认真贯彻《关于进一步加大基础设施领域补短板力度的实施意见》，聚焦交通、能源、水利、城乡建设、环保、民生等重点领域，加快推进重大项目建设，努力转变当前江苏基础设施投资增速下降的现状，提升经济增长动力。三是进一步激发民间投资活力。拓宽市场准入通道，落实全国统一的市场准入负面清单制度，鼓励和引导民间资本进入法律法规未明确禁止准入的行业和领域，引导民间资本投资基础设施等项目。

（五）增强消费对经济发展的基础性作用

一是提高消费供给质量，不断适应和满足消费者的新需求。引导消费朝着智能、绿色、健康、安全方向转变，积极培育信息、旅游、文化、健身、培训、养老、家政服务等符合居民多样化需求、提升生活品质的消费热点，促进消费结构优化升级。鼓励企业积极应用新技术、新工艺、新材料，研究开发具有核心竞争力、高附加值和自主知识产权的创新性产品和服务，升级产品功能，不断满足居民新的消费需求。二是促进消费体制机制建设。进一步放宽服务消费领域市场准入条件。落实《江苏省完善促进消费体制机制行动方案（2019～2021年)》，进一步放宽涉及文化、旅游、体育、健康、养老、家政和教育培训类的服务机构的市场准入条件。建立和完善多元化的消费者纠纷解决机制，加大消费维权工作力度，努力改善和提升消费环境。

（六）推进全方位的对外开放

一是积极推动江苏自贸区建设。根据国务院印发的《中国（江苏）自由贸易试验区总体方案》，江苏自贸区实施范围涵盖南京、苏州、连云港三个片区119.97平方公里，功能划分为建设亚欧重要国际交通枢纽、集聚优质要素的开放门户、共建"一带一路"国家交流合作平台。江苏自贸区建设，既要学习、借鉴上海等自贸区的经验，更要凸显自己的特色和优势。通过自贸区建设，更好地利用全球资源推动江苏先进制造业和实体经济创新发展。二是推动出口市场多元化。面对中美贸易摩擦的不利影响,多层次全方位地开拓国际市场,提升江苏与共建"一带一路"国家以及新兴经济体的贸易规模,减轻出口回落对经济增长带来的压力。

江苏自主可控先进制造业体系建设策略

沈宏婷*

摘　要： 江苏是实体经济大省，制造业规模居全国首位，制造业门类较为齐全，产业配套比较完备，拥有全国最大规模的制造业集群。近年来，江苏制造业质效稳步提升，市场主体实力不断增强，但仍存在技术对外依赖度较高、行业领军型企业缺乏、产业集群引领性偏弱、平台载体建设滞后、高端要素供给不足等一系列问题。面对国内外经济发展环境变化带来的机遇和挑战，根据中共江苏省委十三届四次全会提出的建设自主可控先进制造业体系的要求，从技术创新、产业链整合、产业集群培育、信息化引领、标准助力、制度支持等多个方面提出江苏自主可控先进制造业体系建设的策略。

关键词： 江苏　自主可控　先进制造业体系

江苏是实体经济大省，制造业规模约占全国的 14.2%，一批产业集群特别是新兴产业集群发展态势良好，产业层次在国内总体处于中高端。但与国际水平比较，还要加快从全球产业链价值链中低端迈向中高端的步伐。中共江苏省委十三届四次全会提出，集聚创新资源，布局创新力量，着力建设自主可控的先进制造业体系，既是江苏应对国内外环境变化做出的必然选择，也为江苏制造业发展明确了目标和方向。面对更高的发展要求，江苏需

---

* 沈宏婷，江苏省社会科学院经济研究所副研究员。

要进一步放大优势，补齐短板，推动制造业高质量发展走在全国前列，实现从制造大省向制造强省的转变。

一 江苏自主可控先进制造业体系建设的内涵及意义

按照中共江苏省委十三届四次全会的部署要求，江苏建设自主可控先进制造业体系的内容主要包括增强关键技术控制力、产业集群带动力、产业链条整合力、信息化引领力、标准主导力，为建设制造强省、推动经济高质量发展走在前列提供强大的基础支撑。其中关键技术控制力处于核心地位，是建设自主可控先进制造业的核心标志。通过科技创新和高端要素集聚，掌握高端制造工艺和装备的核心技术，不断向产业链的高端攀升，形成完整的产业链，带动产业集群式发展，并用信息技术推动制造业产业模式和企业形态发生根本性转变，最终成为行业的引领者和标准的制定者，打造知名品牌，推动江苏制造实现高质量发展。

建设自主可控的先进制造业体系的重要意义在于，它不仅是江苏积极应对世界经济形势变化、抢占全球制造业竞争话语权和制高点的迫切需要，也是实现高质量发展、建设"强富美高"新江苏的重要保证。

二 江苏建设自主可控先进制造业体系
面临的机遇和挑战

在经济发展进入新常态的背景下，江苏制造业发展的内外环境也呈现不同以往的重大变化，全球制造业格局的重大调整，国内经济发展环境的重大变化，使江苏建设自主可控先进制造业体系既面临前所未有的机遇，也面临巨大的挑战。

（一）机遇

1. 新一轮科技革命引发全球产业发展方式变革

当前，信息技术、新能源、新材料、生物技术等重要领域和前沿方向的革命性突破和交叉融合，正在引发新一轮产业变革，将对全球制造业产生颠覆性的影响，并改变全球制造业的发展格局。尤其是随着新一代信息技术的深入推进，制造业的数字化、网络化、智能化使得制造模式理念、技术体系、价值链发生重大变化，工业互联网、互联网金融、网络购物等新业态新模式不断涌现，信息物理系统（CPS）、智能车间、智慧工厂加快普及，智能制造、服务制造和绿色制造成为新型生产方式。

江苏具有较好的制造业发展基础，在纳米、超级计算、生命科学、太阳能光伏、物联网等领域拥有一批位居国际前沿的重大技术和战略产品。如果能顺应全球新科技革命和产业革命的潮流，抓住信息技术革命和产业革命所带来的跨界大融合的机遇，从技术研发、设计、生产、人才、渠道市场等方面改造传统工业制造业，促进生产方式、产业组织方式和商业模式创新，则可抢占新经济发展的制高点，借此推动经济向形态更高级、分工更复杂、结构更合理的阶段演化。

2. 供给侧改革提供产业结构优化动力和突破口

供给侧改革是在经济新常态背景下以习近平同志为核心的党中央着眼于我国经济发展的全局作出的重大战略部署。供给侧结构性改革以"去产能、去库存、去杠杆、降成本、补短板"为主要任务，通过对整个生产体系的结构调整，优化要素配置，激发市场活力，提高全要素生产率。

江苏按照中央的决策部署，围绕"三去一降一补"五项重点任务，规划建设具有全球影响力的产业科技创新中心和具有国际竞争力的先进制造业基地，以"一中心""一基地"建设作为推进供给侧结构性改革的重要抓手，从政策创新和企业自主创新两端发力，狠抓改革攻坚，以此激发市场活力，促进工业提质增效，培育转型升级新动能。可以预见，伴随供给侧改革的深入推进，改革的红利不断释放，影响制造业发展的体制机制障碍不断破除，江苏将开始形成更有利于企业创新和工业发展的环境，为制造业由大变强提供持续动力和坚强保障。

3. 多重国家战略叠加增创内外开放新优势

为了释放需求潜力，开拓新市场，培育新的经济增长动力，十八大以来，党中央、国务院作出了一系列事关我国经济社会发展全局的重大战略部署。其中"一带一路"倡议和长江经济带战略从统筹对外开放和区域协调发展的角度出发重塑区域空间格局,为各地区拓展发展空间、优化资源配置带来了新机遇。

江苏作为沿海经济最为发达的省份之一,在全国具有重要的战略地位,也成为多重国家战略密集叠加的区域。这些战略不仅对江苏局部区域的发展产生重要影响,也为江苏整体参与长三角城市群、长江经济带、"一带一路"等不同尺度的区域发展提供有利条件。在新的全球经济发展形势下,充分利用政策优势,在更深程度上参与全球资源优化配置,充分利用广阔的国外市场、丰富的国际资源,不断深入进行国际产能合作,有利于带动江苏企业、江苏装备、江苏技术、江苏服务、江苏标准"走出去",促进江苏经济深度融入全球价值链,为参与全球竞争培育竞争优势。

(二)挑战

1.比较优势动态变化重塑国际产业分工体系

在新一轮全球经济和产业竞争中,发达国家纷纷把发展制造业上升为国家战略,力图重振制造业,如德国推出工业4.0战略,通过大力发展智能制造业,使德国成为新一代工业生产技术的主导国家,巩固其制造业的全球领先地位;美国推行"制造业回归"计划,力求争夺全球高端制造业的竞争制高点;欧盟启动实施以国际前沿和竞争性科技难点为主要内容的"地平线计划"。这些战略决策使得高端制造领域出现"逆转移"态势。

江苏高端制造业规模优势显著,成长势头良好,但对核心技术掌握不够,导致高新技术产业发展与高技术发展并不同步,对外商投资存在较大依赖性。在土地、劳动力等要素成本优势逐渐减弱的情况下,发达国家高端制造回流不仅会影响到投资水平,增加吸引外资的难度,还会通过产品竞争对江苏省高端制造业产生较大冲击,挤占它们的发展空间。

2.国际贸易保护主义强化引发更为激烈的经济贸易摩擦

由于高端制造技术面临的国际竞争日趋激烈,国际贸易保护主义强化与全球贸易规则重构相交织,江苏省面临国际贸易环境变化的新挑战。一是国际贸易保护主义进一步强化。经济增长缓慢、失业率走高、财政紧缩、贸易失衡成为一些国家实施贸易保护主义的借口。作为对外依存度较高的省份,江苏一直是遭遇国际贸易摩擦的"重灾区",产业发展向高端跃升面临发达国家的技术、标准等多重壁垒。二是美国等发达国家通过主导跨太平洋伙伴关系协议(TPP)、跨大西洋贸易与投资伙伴关系协议(TTIP)、诸(多)边服务业协议(TISA)等贸易投资协定谈判,力图推行代表发达国家利益的高标准的贸易投资规则。全球贸易投资秩序的重建,不仅将进一步削弱江苏省工业出口产品的成本优势,也将影响江苏省工业实施的"走出去"战略。

3. 供需错配占用大量宝贵资源

产能过剩是经济转型中的最大风险点。产能过剩不仅造成环境污染,企业利润增速不断下滑,也对区域经济持续健康发展产生很大影响。产能过剩行业占据大量的土地、人力和信贷资源,制造业中存在的大量僵尸型企业,降低了市场供给质量,挤压了其他有利于经济转型的行业的生长空间,抑制整体技术水平和全要素生产率的提高。

江苏产业结构偏重。在钢铁、水泥、平板玻璃、光伏、风电设备、船舶制造等我国主要产能过剩行业中,江苏的产量占比较高。供给结构虽然在逐步改善,但未能跟上需求变化的步伐,供给体系质量和效率不高的问题日益凸显。在竞争激烈的国内外环境中,如果江苏不把握好供给侧结构性改革的力度和节奏,不及时释放创新驱动的潜能,不抢抓"窗口期"强力落实,则改革就难以推进,矛盾和问题就难以化解,未来的发展可能面临更大的挑战。

三　江苏先进制造业体系建设的现状分析

(一)主要进展

1. 制造业规模优势显著

江苏作为制造业大省和全国制造业基地,制造业规模居全国首位。统计数据显示,2018年江苏第二产业增加值41248.52亿元、规模以上工业企业利润总额 8491.89 亿元，占全国的比重分别为 11.3% 和 12.8%，均领先广东排在第一位，高于江苏 GDP 在全国的比重。

江苏制造业门类较为齐全，产业配套比较完备，拥有全国最大规模的制造业集群。从全国来看，江苏省新材料、节能环保、医药、软件、新能源、海洋工程装备等产业规模居全国第一，新一代信息技术产业规模居全国第二。节能环保产业占全国比重达 25%，光伏产业占全国比重近 50%，海洋工程装备产业占全国市场份额超过 30%。工业机器人、新能源汽车、3D 打印等智能制造逐步实现产业化。机械、石化、纺织行业主体装备 40% 达到国际先进水平，85% 的骨干企业实现生产装备自动化。在制造业 31 个细分行业中，江苏有 8 个行业收入排名位居全国第一、6 个行业位居第二。

2. 制造业质效稳步提升

从发展质量来看，江苏制造业的中高端化取得明显进步，先进制造业发展明显提速，工业结构不断优化升级。省统计局数据显示，2018 年全省高技术产业和装备制造业增加值同比分别增长 11.1% 和 8%，分别高于规模以上工业 6 个和 2.9 个百分点；战略性新兴产业、高新技术产业产值分别增长 8.8% 和 11.1%，占规模以上工业总产值比重分别达 32% 和 43.8%；工业技改投资增长 10.7%，比全部投资、工业投资分别高出 5.2 个、2.7 个百分点；新旧动能加速转换，新产品产量增长迅猛，新能源汽车、城市轨道车辆、3D 打印设备、智能电视、服务器等新产品产量同比增长分别为 139.9%、107.1%、51.4%、36.4% 和 26.2%。

在高新技术产业、战略性新兴产业快速成长的同时，高耗能行业增加值增长 2.5%，低于规模以上工业 2.6 个百分点，全省范围水土气等环境质量明显改善。2017 年，全省化学需氧量、氨氮、二氧化硫、氮氧化物排放量比 2012 年分别下降 35.3%、33.9%、58.6%、38.7%。

3. 市场主体实力不断增强

2017 年江苏省拥有营业收入超百亿元的制造业企业 131 家。这些企业大多处于产业链高端，是行业排头兵，具有明显的资金、技术和规模优势，具有很强的资源整合和集成创新能力，是经济发展的重要支柱。2018 年全省营业收入亿元以上企业超过 2 万家，行业细分领域的"单打冠军"超过 2000 家。超 500 亿元制造业企业增至 16 家，恒力、沙钢、悦达集团、中天钢铁 4 家制造企业营业收入超千亿元。制造业上市公司 288 家，总市值超 2.5 万亿元，均居全国前列。在福布斯发布的 2018 年全球最具创新力企业榜单上，恒瑞医药成为唯一入榜的中国制药公司，市值突破 3000 亿元的恒瑞医药成为江苏市值最大的企业。昆山好孩子是中国最大的专业从事儿童用品设计、制造和销售的企业集团，主持或参与制定、修订国家标准 25 项，并推出企业标准 200 余个。龙头企业、专精特新中小企业等市场主体竞争力不断增强，成为引领江苏省制造业向中高端迈进的主要力量。

4. 集群化发展趋势明显

分区域看，2018 年上半年苏南、苏中制造业发展总体稳定，苏南规模以上工业增加值增长 7.1%，增幅比上年同期提高 0.3 个百分点；苏中增长 8.1%，与上年同期持平。从物联网到集成电路，从大医药健康产业到新能源汽车，在江苏省沿江八市，地标产业相继崛起，集群从点向块、带状发展特征明显。如南京智能制造装备、智能电网、电子信息产业集群，无锡集成电路专用设备、物联网产业集群，常州智能制造装备（先进轨道交通装备）、新材料（石墨烯及应用）产业集群，苏州新能源汽车、人工智能、新材料（纳米材料）等新兴产业集群，起步早，发展迅速，特色初显，在国内具有较大的影响力。此外，江苏还形成了一些特色传统产业集群，如苏南的纺织服装产业集群、苏中的食品加工和轻工产业集群等。

（二）存在的问题

经过近 40 年的发展，江苏制造业集聚、集群化发展优势明显，培育先进制造业集群的条件和基础具备，但不可否认的是，全省制造业普遍缺乏核心技术，产业集聚度还不高、领军企业还不够多、品牌影响力不够强，"有高原、缺高峰"的现象比较明显。

1. 技术对外依赖度较高

江苏在核心领域的技术创新，大多仍停留在基于国际先进核心技术、根据实际应用需求加以改进创新的层面，高新技术、新兴产业的关键技术及装备受国外控制，产业发展依赖性较强，缺乏原生态创新，也缺乏拥有强大技术实力和核心竞争力的龙头企业。来自江苏省经信委和中国科技发展战略研究院的材料显示：江苏省新兴产业整体对外技术依存度高达65%（发达国家仅为2%），新材料领域仅有4.5%的技术处于全球领跑和并跑水平，信息、先进制造、能源领域只有3%的全球并跑技术，高端装备核心零部件和关键配套设备主要依靠进口，对人工智能、量子通信、区块链、基因工程等未来产业跟进不紧、抢位不快。

2. 行业领军型企业缺乏

标志性企业是打造地标特色产业集群的主导力量和重要依托。江苏一大突出问题是具有国际影响力的本土领军型企业少、自主品牌少。江苏汽车产业在全国占有较大份额，但整个江苏没有一个自主汽车品牌。新一代信息和软件服务业总量也很大，却没有华为、阿里巴巴这样的龙头企业。从江苏各地特色产业集群的发展实际看，多数产业集群普遍缺乏产业带动力强、市场影响力大的龙头企业，导致特色产业集群的市场话语权不强，限制了特色产业集群市场竞争能力的提升。拥有核心技术的创新型本土企业（机构）数量不足，与江苏集群规模、集群数量不相匹配，基于集群的科技创新效应尚未形成。

3. 产业集群引领性偏弱

江苏制造业中传统产业占比接近70%，制造业多处于国际分工体系的中低端加工组装环节，缺乏自主终端品牌产品；即便属于高新技术行业，仍然有多数企业主要以加工贸易方式参与全球产业链分工，自身研发设计能力相对薄弱，营销渠道和品牌建设较为滞后。加工贸易占比高，加工制造与当地产业缺乏联系，产业"链"联系不明显，知识与技术溢出效应不明显，对制造业转型升级的引领性不足。围绕制造环节的技术、金融、知识产权、信息咨询等生产性服务配套总体滞后，先进制造业集群的制造业服务化、服务型制造尚未成为主流发展模式，个性化定制、精准供应链管理等刚刚起步，云计算、大数据、物联网与制造业深度融合度不足，产业智能化水平偏低。

4. 平台载体建设较为滞后

江苏促进信息化与工业化融合发展、推行智能制造新模式起步较早，但因缺乏影响力较强的工业互联网平台企业，面广量大的中小企业信息化转型较慢。创新成果标准转化亟待加速。科技创新成果多但及时转化为标准少。2017年，江苏省制造领域共有授权发明专利13030项，但同年立项的国家标准计划数只有196项。制造业领域重点建设的22个省级重点创新平台中有标准化功能的平台仅2个，13个重点培育的先进制造业集群及其子领域中，多数领域缺少技术标准转化平台，从而导致科研单位和企业科技研发标准化意识缺失。

5. 高端要素供给不足

随着优惠政策的不断弱化和成本要素价格的不断上升，江苏建设自主可控先进制造业体系越来越需要科技、金融、人力资源等高端要素的保障。但实体经济的利润比较薄，尤其是高新技术产业、民营企业和小微企业要创造较高的利润率并不容易。近年来全国都出现实体经济领域投资不足的问题，主要表现在工业尤其是制造业的新增投资比例持续下降，而江苏这方面的问题更加突出。在人力资源方面，无论是先进制造业发展所需的科研人员、企业家，还是工匠都较为欠缺。

四 江苏自主可控先进制造业体系建设的策略

（一）着力攻破关键核心技术，抢占产业发展制高点

没有自主可控的技术支撑，就不可能在全球价值链中拥有产业核心竞争力。习近平总书记多次强调，核心技术要不来、买不来、讨不来，必须掌握在自己手中。

1. 强化源头技术创新

加快技术创新，必须加强对共性基础技术的研究，强化源头创新。先要

摸清底数，系统梳理产业技术短板，比较分析产业发展优劣，围绕人工智能、增材制造、高性能碳纤维、高端工程机械、工业软件等关键领域，布局建设一批能够汇聚全省优势资源的制造业创新中心，发挥体制机制优势，在高端装备制造、关键基础材料、核心零部件等环节，组织资源与人员集中攻关、重点攻关，逐步解决制约江苏省产业发展的核心技术问题、共性技术问题和质量技术问题，努力抢占产业发展制高点。

2. 强化创新体系建设

企业是产业升级的主体，其创新能力直接关系到产业升级的水平。强化企业在创新中的主体地位和主导作用，以技术创新为核心，推动组建一批国家级、省级企业技术中心，以解决产业行业共性关键技术为重点，鼓励引导企业与高等院校、科研单位创建产业技术创新战略联盟，打造为创新提供投入要素的创新资源平台和支持创新活动顺利进行的创新服务机构，营造"大众创业、万众创新"的良好环境，促进高校、科研院所与企业深度合作、协同创新，及时转化重大创新成果，加快构建以企业为主体、市场为导向、产学研相结合的技术创新体系。

3. 强化技术推广应用

要加强智能机器人、物联网等先进制造技术突破和应用，通过制造业创新中心、产业技术联盟等多种形式，夯实产业技术创新基础，积极促进适用性先进制造技术的扩散和推广，形成制造技术群体性突破和创新生态。加快建设一批能够提供知识流动、人才交流、创新成果转化和应用以及创新资金支持的综合性创新服务平台，为制造业技术创新和转化提供配套资源和信息的支持。制定相关政策措施，鼓励企业加大技术改造力度，促进先进适用的工艺技术、产品技术、组织管理方式在传统产业和中小微企业的扩散和高效应用，实现由传统制造转向智能制造、绿色制造、定制化制造、成套型制造和服务型制造。

（二）加快培育龙头企业，加强对产业链的整合力

围绕主导和优势产业，注重全产业链招引和培育，着力引进产业链缺失

项目和大型重点项目，延伸上下游，进一步完善产业配套体系，形成完整产业链。培植更多全产业链控制力强的领军型企业，提高产业自给率和核心竞争力。

1. 做强产业链龙头企业

以培育世界一流企业为目标，聚焦规模优势明显、具备产业链整合能力的龙头企业，尤其是终端产品和整机企业，支持企业开展重大技术攻关、智能化改造、创新平台建设、高端并购等，打通产学研用协同创新通道，引导企业围绕主导产业和产品向两端延伸、向高端发展，以核心环节的高端技术突破和商业模式创新结合的方式，形成产业链全链条上的竞争优势，增强对中小企业的凝聚力和带动力。

2. 加强上下游协作配套

引导各地聚焦优势主导产业，围绕龙头企业延伸产业链，引进、配套制造企业，推动强链补链固链，同步布局创新链。聚焦专业基础好、创新意识强、发展潜力大的专精特新中小企业，形成一批具有一定国际影响力的隐形冠军，提升规模效应。推进专业化分工，形成企业之间的"链"联系，构建大中小微企业分工协作的产业生态体系。

3. 推动产业链并购重组

抓住全球制造业正发生产业链重构、价值链整合、信息链融合的契机，重点支持省内有实力的企业"走出去"开展高端并购重组，整合更多的国际生产要素，以拥有促可控，通过关键环节核心技术引进消化吸收促进再创新能力提升，不断提高产业自主可控力和整体竞争力。

（三）培育若干世界级制造业集群，充分发挥引领带动作用

先进制造业集群是指在一个区域里围绕先进制造领域密切联系的企业和机构合作共生的网络化产业组织形态，是地区经济发展的主导力量和制造业高质量发展的重要标志。培育先进制造业集群不仅要注重产业的"规模效应"，也要注重产业发展的"内生动力"，以全产业链深度协作为纽带，以13个先进制造业集群为载体，坚持全省"一盘棋"，对现有产业进行全面梳

理、垂直整合，优化制造业区域空间组织和地理布局，充分发挥产业集群对制造业转型升级的引领带动作用，提升区域经济整体竞争力。

1. 提高产业集聚度

在有比较优势的区域，依托省级以上经济开发区、高新区、产业示范基地等产业集聚载体，按照专业化、特色化、集约化的要求，积极整合行业优势资源，提高集成电路、工程机械、新型电力等 13 个先进制造业集群产业集聚度和规模效应，完善研发、检测、认证、信息服务、人才培训、创业辅导等公共服务功能，从而形成一批产业特色鲜明、综合竞争力强的产业集聚区，带动区域经济实力和辐射影响力不断提升。

2. 完善产业生态网络

充分发挥产业集群在产业、企业、技术、人才和品牌集聚协同融合发展上的综合竞争优势，聚焦 13 个先进制造业集群，组织建立多样化的制造业技术联盟和产业联盟，引导联盟成员在价值链多环节的战略合作，强化制造业全产业链的协同创新，完善集群品牌、文化、科技、金融等生产性服务功能，创新产业发展组织方式，构建产业发展生态网络。

3. 增强品牌影响力

深入实施商标品牌战略，建立和完善品牌服务体系，形成产品品牌、企业品牌、区域品牌系列，加强品牌宣传，提升品牌文化内涵，推进商标品牌国际化建设，形成江苏国际知名品牌。通过有计划引导，发挥市场主导作用，形成若干在技术创新、产业实力和品牌效应方面具有全球影响力和竞争力的先进制造业集群。

（四）以制造业的智能化为动力，促进跨界融合

借助互联网、云计算、大数据、物联网等先进技术和理念，以信息平台建设为抓手，以资源整合和开放共享为重点，不断创新商业模式，衍生新业态。引导传统行业积极引入"互联网＋"，改变传统产业的生产与消费模式，在组织管理方式、产品形态、经营形态等方面实现新的发展和突破，催生新的产业链和产业集群，在创造新经济增长点的同时，不断引发新的消费

服务需求，进而形成巨大的新兴市场。

1. 推进新一代信息技术与制造业融合创新

要围绕制造业重点行业领域，深入利用新一代信息技术，引进智能机器人、智能化数控机床、3D打印装备等现代智能装备，开展制造业智能化改造，培育一批数字化车间、智能工厂，形成与先进制造业发展相适应的产前、产中、产后完整的生产服务体系，积极推进智能制造、网络协同制造、个性化定制和服务型制造，推动生产方式向数字化、网络化、智能化、柔性化转变，提升柔性制造能力，缩短产品开发周期，提高资源配置效率，实现全价值链的多元化增值。

2. 完善信息化发展的平台载体建设

以"深化互联网＋先进制造业，发展工业互联网"为重点，全力推进江苏省重点工业互联网平台建设和应用，力争建成企业级、行业级和区域级工业互联网平台20个，争取1~2家获批工信部重点支持的工业互联网平台；制定工业互联网标杆工厂、"互联网＋先进制造业"特色基地建设标准和认定办法，重点建设3家工业互联网建设与应用创新中心、打造20家工业互联网标杆工厂、在全省重点产业园区中创建5家"互联网＋先进制造业"特色基地；深化工业云平台建设，建立服务全省、辐射全国的智能制造大数据云服务平台，大力推进江苏省"企业上云"三年行动计划的实施。

3. 利用信息化技术加强资源整合

利用互联网、云计算、大数据、人工智能等信息化技术，汇聚整合制造企业、互联网企业等"双创"力量和资源，打造为制造业创新服务的综合性平台，激发制造企业创新活力、发展潜力和转型动力。利用互联网平台构建网络化创新中心，创新中心平台汇集创意设计、研发资源、科研信息、知识产权信息等内容，利用云计算、大数据等技术对行业数据汇集、挖掘和分析，打造供应链上下游融通发展的信息共享平台，推动企业运用大数据开展个性化制造和精准营销服务，提升企业柔性制造能力和精益生产能力。

（五）以标准助力转型发展，掌握行业话语权

标准，是国际竞争最重要的话语体系，谁主导国际标准，谁就具备行业

控制力。强化战略引领，系统性突出标准在制造业发展规划、产业政策、市场准入条件等方面的支撑作用。深入推进技术标准战略，组建标准联盟组织，发布实施联盟标准，要支持有条件的企业参与和主导国际、国家及行业标准的制修订，让更多"江苏标准"走向全球，增强市场控制力和行业话语权。打通科技成果向技术标准转化的渠道，以科技提升标准水平，以标准促进自主可控的关键核心技术产业化、市场化，助推"江苏制造"向"江苏标准"转变。结合江苏省制造业产业集群发展需要，加快国家技术标准创新基地建设，争取更多的全国标准化专业技术组织落户江苏，提升江苏制造标准国际影响力。重点参与共建"一带一路"国家标准体系建设，宣传和推动各国采用中国标准特别是"江苏标准"，自觉运用标准增强江苏产品在共建"一带一路"国家的客户黏性，巩固和提升江苏制造业在共建"一带一路"国家的市场占有率。

（六）加强政策扶持，营造良好环境

建设自主可控的先进制造业体系，要坚持改革法治双轮驱动，在加强法律制度规范的同时，深入推进行政审批制度改革，加强政府对先进制造业的政策支持，完善创新人才培养体制机制，加强先进制造业发展的高端要素保障，构建配置资源能力强、政务服务高效便捷、创新氛围浓厚、人才资源丰富的营商环境。一是加大政府对企业技术创新活动的支持力度，对研发投入超过导向标准的优势企业给予一定的鼓励支持。二是加大对企业智能化、信息化改造的信贷支持力度。通过货币政策工具运用、差别化监管、风险补偿等手段，引导各类金融机构不断增加智能化、信息化改造信贷投放规模。鼓励对符合智能化、信息化改造方向的项目贷款给予优惠利率。三是加大人才政策支持力度，量身定制不拘一格、灵活务实的人才引进政策，让新型研发机构更好面向全球精准吸引人才、集聚人才、使用人才。四是优化整合政府部门职能，形成各司其职又通力协作的高效公共服务体系，统筹产业发展领域的各类政府资金及优惠政策等，形成政策支持合力，提高公共资源的使用效率。

江苏构建与优化创新生态路径对策

吕永刚*

摘　要： 近年来，江苏全方位构建与优化创新生态系统，区域创新能
力持续提升，稳居全国前列，成为江苏高质量发展走在全国
前列的强力支撑。新形势下，江苏构建与优化创新生态，要
重点推动特色优势系统集成，探索构建最优产业生态，推动
创新生态关键性突破，同时积极拓展创新主体源泉，优化创
新主体结构；持续打造政府与市场"双强引擎"，提升创新
资源配置效率；紧扣产业发展需求，着力优化产业创新生态；
挖掘区域创新文化基因，彰显创新文化区域特质。

关键词： 创新生态　创新驱动　创新集群　江苏省

区域创新生态系统是指一个区域内各类创新物种、创新种群、创新群落
及外部环境之间，通过物质流、能量流、信息流实现创新资源的联结传导，
形成共生竞合、动态演化的开放性复杂系统。良好的区域创新生态系统具有
多元共生性，表现为创新物种品类多样，在竞争性合作共生中推动系统不断
演化发展；具有自组织性，即系统具有自我进化以持续接近动态最优目标的
内生动力机制，创新成为各类创新物种、种群、群落的自觉行为；具有开放
协同性，即系统内各主体相互联系并保持着与外界的密切关联，促使创新生
态系统不断发生着物种竞争、群落演替，甚至系统的整体涨落。构建良好的

---

* 吕永刚，江苏省社会科学院经济研究所副研究员。

区域创新生态，是提升区域创新能力的战略路径。近年来，江苏锚定建设创新型省份的战略目标，全方位构建与优化创新生态系统，区域创新能力持续提升，稳居全国前列，成为江苏高质量发展走在全国前列的强力支撑。

一 江苏构建与优化创新生态的实践进展

2016 年 11 月，江苏省第十三次党代会对"聚力创新"进行系统部署，提出要形成全方位、多层次、宽领域的大创新，这种"大创新"包含了对打造江苏版区域创新生态的战略谋划。江苏作为全国最早提出创新驱动发展战略的省份，较早开始推动经济发展动能从要素驱动向创新驱动转型，区域创新动能不断累积，已具备构建一流区域创新生态的基础条件。近年来，江苏加大构建与优化创新生态力度，一些长期制约区域发展的创新短板得到补齐，区域创新生态持续保持向好态势。

1. 优化创新主体结构，新型创新物种持续涌现

创新物种、创新种群等创新主体数量丰富、结构多元且有新物种持续涌现，是良好区域创新生态的重要标志。江苏创新主体在数量、结构、种类和丰裕度上均拥有较强优势。2018 年，江苏拥有研究与试验发展（R&D）人员 78 万人、两院院士 98 人、国家和省级重点实验室 171 个、科技服务业平台 277 个、经国家认定的技术中心 117 家、省级以上众创空间 746 家，科技创新主体数量处于全国前列；拥有普通高校 142 所，是全国领先的高等教育重镇。丰富的科教资源、为数众多的创新主体成为江苏打造一流创新生态的厚实基础。这种创新优势成为江苏区域创新能力全国领先的可靠依托。同时也要看到，江苏创新主体数量与结构仍存在一些不容忽视的短板，如著名高校和研发机构数量偏少、缺乏领军型企业以及创新主体区域分布不均衡等，成为江苏构建区域创新生态的薄弱环节，也成为江苏区域创新能力提升的结构性障碍。近年来，江苏着力补齐创新主体结构性短板，如强化"双一流"高校建设，引进、培育世界一流科研机构和国家实验室，提升国家自主创新示范区、国家级新区、国家级高新区等战略性平台的创新功能，推进区域创

新协同，强化企业的创新主体地位，全省创新主体结构的一些关键性短板加速补齐。例如，高新技术企业是创新活动的关键主体，在区域创新生态构建中扮演至关重要的角色。2018年，江苏省新认定国家高新技术企业超过8000家，企业整体创新素质显著提升。再如，江苏高度重视培育"独角兽"企业等新型创新物种，2018年仅南京市就新生独角兽企业5家，正成为优化区域创新生态的关键构建者。

2. 做强重点创新群落，先进制造业集群发展壮大

拥有具有强大竞争力和旺盛生命力的创新种群，是构建优良区域创新生态的重要前提。作为产业大省，产业集群是江苏培育壮大创新群落的主要进路；相应地，创新群落也成为推动产业集群向创新集群进化的内生动力。党的十九大报告提出培育若干世界级先进制造业集群的战略任务。江苏拥有全国规模最大的制造业规模，在全球制造业体系中占有一定地位，必然要在培育世界级先进制造业集群中扛起担当。为此，江苏主动谋划、积极作为，以打造一批优势制造业集群为重点，培育壮大江苏版区域创新群落。一是选择有基础、有潜力的重点产业，全力打造彰显江苏特色优势的世界级先进制造业集群，力求在全球有影响力、有话语权乃至有控制力。2018年6月，江苏省政府印发《关于加快培育先进制造业集群的指导意见》，提出在新型电力（新能源）装备、工程机械、物联网等13个重点领域打造一批产业"航空母舰"，做到产业链分工协同紧密从而"拆不散"、产业根植性强从而"搬不走"、拥有核心竞争力和产业链控制力从而"压不垮"，具有自主可控的鲜明特质。在国际产业前沿竞争日趋激烈的背景下，江苏以培育13个先进制造业集群为战略抓手，整体提升全省制造业水平，将成为江苏代表国家产业参与国际产业前沿竞争的关键体现。国际经验表明，特定区域要培植世界一流的产业集群，不仅要在技术、人才、成本等单个领域形成优势，同时必须形成良好的创新生态，支撑产业前沿创新力的持续生成。江苏从构建企业主导创新体系、推进企业技术改造升级、培育行业龙头骨干企业、提高开放合作水平、促进"制造+服务"融合发展、强化要素保障等方面系统发力，致力于为培育壮大世界级先进制造业集群的发展创造有利发展条件。随

着产业创新生态的改善，江苏优势产业集群的持续壮大，全省创新种群呈现不断发展壮大的积极态势。2018 年，江苏电子、医药、专用设备等先进制造业均实现两位数增长，新能源汽车、城市轨道车辆等新产品产量比上年分别增长 139.9%、107.1%，成为江苏先进制造业集群快速发展的生动缩影。

3. 营造包容性创新生态，创新动能更加强劲

科技创新是创新生态的重要维度，形成强大的科技创新能力是评价区域创新生态的核心标尺。江苏科教资源丰富，是全国领先的高校、科技人才富集区，科技创新基础雄厚、特色鲜明、潜力巨大。但长期以来，受到体制机制等复杂因素影响，江苏丰富的科教资源并未充分转化为现实创新优势和产业优势。为破解科技创新体制束缚及产业化不足等难题，江苏扭住科技创新牛鼻子，积极探索构建促进科技创新的适宜创新生态。2018 年 8 月，江苏省委、省政府印发《关于深化科技体制改革推动高质量发展若干政策》，明确为科技创新营造包容性创新生态。例如，对于重大原创成果给予特殊支持，包括可直接提名参与国家科学技术奖评审、团队可 100% 享受成果转让收益等举措；为鼓励科研人员特别是青年科研人员全身心投入基础研究和应用基础研究，多出基础性、原创性成果，专门在省科学技术奖中增设基础重大贡献奖和青年科技杰出贡献奖，为从事基础研究的科研人员提供强力支持；针对科技创新活动具有高度不确定性的特点，明确对由技术路线选择有误等原因导致的省级重大产业技术研发项目未达到研究预期，可酌情建立创新补偿机制，支持团队继续开展相关研究；对于创业失败但主要责任人已尽到勤勉和忠实义务的，在尊重科技型中小企业自身意愿的前提下，支持地方政府向企业主要负责人发放创业补助，保障创新创业活动不致中断；对于科技创新及产业化过程中出现的一定偏差失误，建立创新尽职免责机制，解除科技创新人员的后顾之忧。实践证明，江苏推出的科技创新政策举措含金量高、针对性强，在调动科技人员积极性方面产生了立竿见影的效果，全省科技创新创业生态更趋优化。

4. 推动创新成果落地见效，产业科技能力显著提升

创新主体与创新资源为区域创新活动提供了基础条件，但评价一个区域

创新能力关键还在于实现创新成果产业化，即形成现实产业优势。江苏紧紧抓住科技创新产业化这一关键，从多个角度对提升产业科技能力进行部署。2018年8月，江苏省政府办公厅印发《关于促进科技与产业融合加快科技成果转化的实施方案》，对建立符合科技创新规律和市场经济规律的科技成果转移转化体系，推动科技与经济紧密结合、创新成果与产业发展紧密对接等提出系列政策举措。江苏深入实施重大科技成果转化专项，重点部署推动100多项高水平的科技成果转化及产业化项目，谋求实现关键领域重大突破。从实践效果看，2018年，江苏省全社会研发投入占比达2.64%（新口径），高出全国平均水平0.45个百分点；全省科技进步贡献率达63%，高出全国平均水平4.5个百分点。从创新产出看，2018年江苏全省专利申请量、授权量分别达60.03万件、30.7万件，PCT专利申请量达5500件，增长19.8%；万人发明专利拥有量达26.45件，增长17.56%，全国15.1%的领跑技术分布在江苏，江苏已成为全国名副其实的创新高地。

5. 鼓励发达地区先行探索，打造创新生态标杆区

苏南地区拥有发达的创新型城市群，是江苏构建与优化创新生态的核心区域。一是强化苏南自主创新示范区的创新引领作用，以国家级高新区、经济开发区为重点，发挥创新型城市、创新型园区、创新型产业、创新型企业、创新型人才以及综合创新环境等集成优势，以产业创新为重点，以打造最优营商环境为突破口，启动建设一批特色战略新兴产业科技成果产业化基地，放大江苏自贸区（江北新区片区、苏州工业园区片区）示范引领作用，合力提升区域创新生态，全方位提升区域创新能力。二是南京、苏州等新一线城市聚力优化区域创新生态，整体创新力快速提升。南京明确提出实施"121"战略，即建设创新名城，打造综合性国家科学中心和科技产业创新中心，构建一流创新生态体系，将构建优良创新生态作为建设创新名城的核心任务之一。南京市通过实施新型研发机构落地、科研成果项目落地、校地融合发展的"两落地一融合"工程，从创新机制、创新文化、创新人才等多维度出台系列举措，致力于构建一流创新生态体系，取得显著成效。2018年，南京市全年高新技术产业实现制造业产业增长19.1%，规模以上服务

中高技术服务业营业收入增长 21.3%，保持高速增长态势。苏州致力于高标准解答"创新四问"，以培育前沿性创新成果及创新型产业为核心，发挥好在全省创新格局中的引领性作用；以提升自主创新能力为依托，聚力培育一批原创性成果；以苏州工业园区、自贸区苏州片区以及引进大院大所等为抓手，打造一批制胜未来的标志性创新平台；以开放性和包容性为取向，打造独具魅力的创新生态系统，形成强大的创新虹吸效应。到 2018 年底，苏州市拥有省级以上科技孵化器 112 家、国家级众创空间 52 家，各类众创空间共孵育创新团队 4000 余个，全市创新生态达到较高水平。三是注重加强区域协同，既注重强化区域内部创新协同，又注重高质量参与长三角地区创新协同，并在跨江融合中探索扬子江城市群的创新协同发展之路，区域创新协同正成为江苏构建优良创新生态的可靠依托。

6. 培植一流营商环境，涵养最优区域创新生态

近年来，区域竞争日益从要素成本之争演变为环境生态之争，营商环境成为吸引资本、技术、人才等创新要素的核心指标，成为影响区域创新生态的关键变量。对标世界一流水平、打造最优营商环境，成为涵养区域创新生态的有效路径。江苏以深化"放管服"改革为引领，积极培植一流营商环境。经过多年改革实践，"不见面审批"已成为江苏标志性的改革品牌，"放管服"改革探索走在全国前列。2019 年 1 月，江苏省审改办印发《加快推进"不见面审批（服务）"进一步优化营商环境的实施意见》，重点破解影响营商环境改善的深层次矛盾问题，加强优化营商环境政策协同。2019 年 5 月，江苏省政府出台《聚焦企业关切大力优化营商环境行动方案》，系统集成 7 类 30 条 150 项任务清单，着力降低企业运营成本，针对制约营商环境的"堵点""痛点"寻求突破点，组织对 13 个设区市全面开展营商环境评价，优化营商环境行动向纵深推进。在前期改革基础上，江苏持续深化"放管服"改革，将围绕"市县扁平管理、一层全链审批"，争取再将一批基层所需的省级审批事项下放给基层，并积极探索让基层"接得住、管得好"的具体路径，防止出现"监管真空"，确保简政放权取得实效；推动"不见面审批"的标准化建设，在清单公布、实现方式、基本流程等方面做

到省、市、县三级统一；巩固"3550"改革成果，进一步提高审批效率，加快开放区等重点板块"放管服"改革。通过系列举措，江苏整体营商环境持续改善，在吸引投资、集聚创新要素等方面显示出积极成效，推动区域创新生态持续优化。

二　江苏构建与优化创新生态的关键路径

1. 把握创新生态内在规律，注重特色优势系统集成

经过较长时间的探索，江苏区域创新生态在创新种群、创新群落、创新环境等领域均形成较强的特色优势，南京、苏州等地区综合创新生态成效彰显。面对更高标准、更强竞争，江苏构建与优化创新生态，需要更加深化对创新生态内在规律的把握，不仅要研究区域创新生态体系的一般性规律，还要研究区域创新生态形成演化特殊性规律和特色化表现，为构建具有江苏特点的区域创新生态提供理论依据和实践指导。为此，江苏在新形势下谋划区域创新生态，已不能停留在单兵突进、分散用力阶段，而要注重对短板劣势的弥补和对特色优势的综合运用，形成特色优势的系统集成，构建江苏区域创新生态的整体优势。

2. 紧扣实体经济发展需要，探索构建最优产业生态

实体经济发达是江苏经济的鲜明特点和基础底色。江苏构建与优化创新生态的重要出发点，是为实体经济发展创造最优产业生态。改革开放以来，江苏形成了以农业和制造业为核心的实体经济主导形态，在产业环境建设上经历了从开发区经济、产城融合到平台经济、产业生态系统的高级化过程。新形势下，江苏要更加注重产业生态建设，为实体经济发展创造有利环境。打造江苏版最优产业生态，一方面要构建新型产业链子系统，在动力结构上表现为资本、劳动力、土地、技术、制度等生产要素的多样化组合，在产业形态上表现为研发设计、加工制造、品牌营销、服务集成等产业链条的集成；另一方面要优化产业环境子系统，产业内部环境主要包括要素供给、要素配置、产业链上下游联结、产业集聚、产业协同、产业创新，产业外部环

境主要包括产业运行的基础设施、产业政策支持、市场秩序、消费环境、营商环境、法律系统、经济体制、产业文化，等等。

3. 鼓励各地进行个性化探索，推动创新生态实现关键性突破

区域创新生态建设没有固定模式，更没有完美的标准答案。把握规律、因地制宜是构建与优化区域生态的"一体两面"，即既遵循规律，又尊重现实，鼓励各地区进行个性化的实践探索，集聚有限资源突破关键点，尽快释放创新生态的巨大能量。一是特色制胜，谋划如何塑造差异化特色优势，超越同质化竞争。对于苏南等基础条件较好的区域，鼓励其对标世界一流水平，构建引领型区域创新生态；对于苏北等欠发达地区，则注重对本土创新特质的挖掘，在若干具有优势的领域寻找突破。二是补齐短板，重点分析各地区在构建创新生态体系中要补齐哪些短板，如何选择补短板的重点和先后顺序，如何找准补短板的路径，如何把补短板与提升城市竞争力结合起来，让补短板成为区域发展强劲驱动力。三是活力为魂，构建生命力旺盛、根植力强大的复合生态系统，提升创新浓度，形成创新"场效应"，让各类创新要素集聚耦合、裂变反应，释放强大的活力与能量。

三 江苏构建与优化创新生态的对策建议

1. 拓展创新主体源泉，优化创新主体结构

创新主体是构建区域创新生态的基础性力量。针对江苏创新主体数量丰富、结构多元但存在关键性短板的特点，要持续拓展创新主体，提升创新主体素质。一是更加注重发挥企业在创新生态构建中的关键性作用。企业是市场经济的微观主体，也是创新活动的主力军。在持续加强企业创新基础能力的同时，要通过政策引导、加强知识产权保护、形成稳定预期等举措，引导企业加大创新投入，靠创新打开市场、赢得市场竞争。补齐江苏缺乏领军型企业的短板，要注重生产市场终端产品类企业和平台型企业的培育，力争形成一批直接面向市场和消费者的高能级领军型企业。二是更加注重大院大所和战略性创新平台的引领作用。充分发挥高等院校、大院大所在基础创新、

原始创新、重大产业创新中的关键性作用，紧扣主导产业发展需要和未来产业发展趋势，加快推进科技创新成果产业化进程，为江苏构建自主可控现代产业体系提供强有力的创新支撑。三是更加注重新型创新主体的引进培育。既注重引进世界一流人才、机构和创新型企业，也注重加强区域和国际创新合作交流，加强体制机制创新，大胆探索不拘一格、灵活使用外部创新要素的最佳途径。四是更加注重双创在区域创新生态中的基础性作用，调动一切可以调动的力量推进创新，总结提炼前期双创经验，面向未来探索江苏版双创新思路，形成更加浓厚的双创氛围。

2. 持续打造"双强引擎"，提升创新资源配置效率

创新生态系统是一个涵盖创新物种、创新群落、创新环境等创新要素的综合性系统，其整体效能的发挥程度取决于多个方面的因素，其中资源配置效率是关键因素。资源配置效率的改善，有助于发挥各个创新主体的作用，进而达到提升区域创新生态整体效能的结果。实践证明，发挥市场机制在资源配置中的决定性作用是改善区域资源配置效率的根本途径。江苏省委提出打造政府与市场"双强引擎"为新定位，就是要在厘清政府、市场边界的基础上，积极探索"有效市场"与"有为政府"的最佳组合。一是持续深化市场化改革，以"放管服"改革为牵引，破除制约发挥市场在资源配置中发挥基础性作用的体制障碍，杜绝行政机关及相关业务主管部门不适当的行政介入，激励和保障创新活动合法有序进行，从体制机制上防止创新资源因不当行政介入而错配。二是积极发挥"有为政府"在创新资源配置中的积极作用，在规划引导、政策支持等方面为创新资源高效流动提供权威保障。三是注重发挥社会力量的自组织功能，支持各类创新活动开展。鼓励发展科技类社会组织，推动行业协会、商会等科技类社会组织自主良性发展，提高创新活动的自组织能力，为产业创新转型提供有力支撑。

3. 紧扣产业发展需求，着力优化产业创新生态

江苏作为产业大省特别是制造业大省，产业基础厚实，产业要素齐全，产业体系完备，是全国最有条件率先建成适宜创新型经济发展的产业生态体系的地区之一。新形势下，江苏围绕产业发展需要，要以打造一批世界先进

制造业集群为重点目标导向，积极探索构建具有江苏特点的区域产业创新生态。一是注重发展专业服务子系统，策应江苏打造世界级先进制造业集群的现实需求，全方位提供支撑制造业做强做优所需的专业服务。策应产业创新转型需求，发展服务技术扩散、成果转化、科技评估与检测认证等专业性服务，形成服务型制造新优势。二是在重点领域加强全产业链布局，深化重点产业在产业链各环节之间的分工协作，促进产业深化、细化，同时积极推进关联性产业间融合渗透，催生新产业、新业态，延伸产业链条，拓展产业发展新空间，实现产业竞争力提升与价值增值。三是优先培育发展产业公共平台，充分发挥公共平台的战略性、引领性和正外部性作用，进一步丰富完善产业公共平台。重点推进产业协同创新平台、双创平台以及产业化成果转化平台等重点产业平台建设。

4. 挖掘区域创新文化基因，彰显创新文化区域特质

国内外经验表明，良好的创新生态从来离不开发达的创新文化。从历史上看，江苏人从来不乏创新创业精神，改革开放中涌现出的"四千四万"精神就是江苏人创新精神的生动写照，是江苏千百年来绵延不绝的创新基因的延续。新形势下，江苏构建与优化创新生态必然要强化创新文化的引领。一是深入挖掘深藏于历史血脉与当代实践中的创新文化基因，彰显江苏创新之魂，厚植深层的创新底蕴。二是积极营造包容多元、敢为人先的创新文化氛围，从根本上扬弃偏于保守的传统文化，同时葆有其珍视传统的珍稀价值，形成包容与严谨、宽容与自律、继承传统与推陈出新的高度统一。三是大力倡导创业精神，充分汲取江苏老一辈创业者的优良传统并在新时代发扬光大。面对全新的创新环境和创新使命，新一代江苏创业者更要从"四千四万"精神中汲取丰富的创新养分，涵养深厚的创新底蕴，用更强的创新能力去适应时代的"千变万化"，创造发展前沿的"千姿万态"，以富有时代气息的创新文化赋能创新生态，推动江苏区域综合创新能力向更高水平迈进。

江苏促进消费的政策体系创新研究

摘　要:　消费问题是市场经济下的重点研究领域。目前,江苏消费还存在如下问题:实物消费和服务消费空间亟须拓展,收入增长缓慢带不动消费需求,消费环境不够理想抑制消费意愿。本文认为,提高居民收入,增加就业,完善社会保障体系是基础,属于消费需求侧政策。实施有利于促进消费的产业政策、财税政策、金融政策、区域政策是支撑和手段,属于消费供给侧政策。规范消费流通市场和管理消费市场秩序则是媒介和保障,分别属于消费流通侧政策和消费保障侧政策。通过组合运用这些政策,并形成政策体系创新,才能推动江苏促进消费进程进入新阶段,为发展新江苏征程打下坚实的基础。

关键词:　消费政策　新型消费　江苏省

一　背景分析

没有消费,生产就没有目的。这是马克思的观点,也是被实践检验的观点。消费是市场中的最终需求,市场经济也是在供需中产生,可以说市场经济也是需求导向经济。所以消费问题是市场经济下的研究重点领域,进入新

---

* 范玮,江苏省社会科学院财贸研究所助理研究员;孙克强,江苏省社会科学院财贸研究所所长,研究员。

时代，人民的物质文化生活水平得到大幅度提高，研究促进消费的政策体系对推动改革开放和经济发展具有重要意义。

当前，消费对经济增长的基础性作用不断增强、产生的影响日趋凸显，已当之无愧地成为我国经济增长的"稳定器"和"主引擎"。提振消费需求、促进消费升级，也是促进产业升级的根本方法之一。^① 促进消费是江苏经济发展的重点内容，改革开放 40 年来，江苏城乡面貌发生了翻天覆地的变化，城乡居民收入不断向更高水平攀升，消费水平不断提高，人民生活相继越过温饱和基本小康，正在向全面的更高水平的小康迈进。但自 20 世纪90 年代以来，江苏城乡居民消费水平对比沪粤鲁浙等兄弟发达省份，对比世界中等乃至高收入国家，对比人均国内生产总值大体相当的国家和地区，依然有较大的提升空间。

纵观我国的消费政策，根据国情国力的发展变化，基本经历了从重积累到促消费的过程。改革开放 40 年来，在我国经济发展的不同阶段，国家采取了不同的鼓励或抑制的消费政策，国家的消费政策对居民消费的增长具有较强的引导和鼓励作用。近年来，国家在一系列重要文件中一再提出要促进消费，各地也都在研究促进消费的政策。近十年来，江苏陆续出台了不少关于促进消费的办法与政策措施。2008 年，应对美国次贷危机，江苏将扩大内需作为经济调控的主旋律，将增加就业、扶持创业、夯实商业、加强农村网点建设作为施政要点，旨在通过政府增加资金扶持，打开内需市场。2014年，国家出台《国务院办公厅关于促进内贸流通健康发展的若干意见》（国办发〔2014〕51 号），提出要充分发挥内贸流通的作用。江苏充分贯彻落实国家指导意见，提出推动内贸流通促进消费实施意见。旨在进一步完善消费供给与消费需求的流通渠道，以保障民生，促进经济新增长。2018～2019年，国家密集出台关于消费的意见和方案，包括《关于完善促进消费体制机制进一步激发居民消费潜力的若干意见》和《关于印发完善促进消费体制机制实施方案（2018～2020 年）的通知》，要求突出市场作用，结合现阶

① 《关于聚焦富民持续提高城乡居民收入水平的若干意见》，《新华日报》2017 年 1 月 3 日。

段以及潜在的消费热点进行深度挖掘，突破消费体制机制的瓶颈，精准合力促进消费。随后，江苏省委、省政府出台《关于完善消费体制机制进一步激发居民消费潜力的实施意见》以及《江苏省完善促进消费体制机制行动方案（2019～2020年)》。其中，"实施意见"提出要在实物消费、新型消费、消费能级、消费生态、消费环境、消费动能等方面有更高的要求，而"行动方案"给出了23条意见，更加全面并具体落实到实物消费升品质、消费供给补短板、消费市场宽准入、消费环境提水平、消费保障有保障、消费信用更健全等影响消费的因子上。

消费政策是经济政策的重要组成部分，有宏观政策，也有微观政策。围绕消费政策如财政税收政策、货币政策等对扩大消费需求和供给起到积极作用，又如消费自身的政策，消费者权益保护、消费信用等对改善消费环境，增加人民消费意愿起到积极作用。消费不仅是经济问题，也是社会问题。因此，促进消费不是就消费谈消费，而是应该跳出消费，研究消费问题的产生原因，从相互交织纵横的政策中归纳出政策逻辑。影响消费的政策很多，必须从江苏实际出发，创造性地落实中央促进消费的方针政策。本文认为，收入分配、就业保障、产业、财政税收、金融、区域以及消费市场监管等政策是当前促进消费的法门，需要将它们进行组合运用，以期发挥最大效用。其中，提高居民收入、增加就业、完善社会保障体系是基础，属于消费需求侧政策。加快发展各种产业经济特别是服务业，实施有利于促进消费或者收入—消费导向的产业政策、财税政策、金融政策、区域政策是支撑和手段，属于消费供给侧政策。规范消费流通市场和管理消费市场秩序则是媒介和保障，分别属于消费流通侧政策和消费保障侧政策。通过组合运用这些政策，并形成政策体系创新，才能推动江苏促进消费进程进入新阶段，为发展新江苏征程打下坚实的基础。

二 现状和问题

新中国成立以来，江苏消费品市场规模不断扩大，市场结构发生深刻变化，消费也成为经济增长的强大动力。

消费品市场历经旧商业改造期、商业建立完善期、市场改革起步期、市场机制建设期、市场快速发展期以及市场转型升级期。近年来，江苏市场规模持续扩大，社会消费品零售总额已经在 2017 年突破 30000 亿元，限额以上批发零售和住宿餐饮企业从 2000 年的 1781 个增长到 2018 年的 25225 个。从江苏统计数据看，2018 年实现社会消费品零售总额为 33230 亿元，比上年增长 7.9%。其中农村增速高于城镇增速，住宿餐饮增速高于批发零售增速。苏南社会消费品零售总额依然遥遥领先，苏中增速略高于苏南，苏北总量落后，速度略低于苏南。从城市看，南京、苏州的社会消费品零售总额处于第一梯队，无锡、常州、南通、扬州的增速均超过 9%。2019 年上半年，全省社会消费品零售总额同比增长 7.2%，网上零售占比提升，限额以上批发零售通过公共网络实现零售额同比增长 6.5%，占限额以上零售总额的比重达到 9.6%。全省居民人均可支配收入 21624 元，同比增长 8.7%。其中工资性收入 12676 元，增长 8.9%；经营净收入 2949 元，增长 6.4%；财产净收入 2139 元，增长 14.2%。消费对江苏经济增长的贡献率达 65.8%

从典型数据上可以看出：江苏居民收入持续增加，2018 年，江苏城镇居民家庭平均每百户家用汽车、彩色电视机拥有量分别达 52.5 辆、171.3 台，农村居民家庭平均每百户家用汽车、彩色电视机拥有量分别达 27.8 辆、149.9 台。江苏城乡市场协同发展取得进展，2018 年，江苏城镇市场实现零售额 29600.3 亿元，农村市场实现零售额 3630.1 亿元，分别是 2012 年的 1.8 倍和 2 倍，年均增长 10.3% 和 12%。苏南地区零售额占比 57.9%，苏中地区零售额占比 17.8%，苏北地区零售额占比 24.3%。消费结构转型升级在增速，2018 年，江苏国内旅游收入为 12851.3 亿元。江苏餐饮业实现零售额为 3179.1 亿元，是 1978 年的 981 倍。新兴业态方兴未艾，2018 年，江苏网上零售额突破 9000 亿次，总量居全国第三位，仅次于广东和浙江，占全国网上零售比重达 10.3%。经营主体呈多元化，2018 年末，江苏全省共有批发零售和住宿餐饮私营企业 88.8 万个、个体工商户 401.9 万户。截至 2018 年末，全省限额以上批发零售业和住宿餐饮业内资企业、港澳台商投资企业和外资企业数量，分别是 2001 年的 12.7 倍、15.5 倍和 11.9 倍。①

消费已成江苏经济增长的第一驱动力，但是也必须看到，2018 年江苏社会消费品零售总额增幅 8 年来首次跌至个位数。影响百姓持续扩大消费意愿的因素如下：一是实物消费和服务消费空间亟须拓展。实物消费产品供给不足，尤其是品质型消费产品供需错配，个性化、多样化的高质量消费有限。而旅游、文化、健康、养老等服务消费供给明显滞后于人们的消费需求。二是收入增长缓慢带不动消费需求。劳动者报酬占 GDP 比重不高导致即期消费受影响，就业环境和社会保障水平不高导致支出预期被放大，老龄化的社会人口结构导致消费倾向趋于降低，社会平均消费倾向低导致总体消费水平难以提升。江苏 2018 年边际消费倾向比浙江和一些东部沿海省市低，说明收入中用来消费的比重相对低。三是消费环境不够理想抑制消费意愿。欺骗性消费、强制性消费、伤害性消费等一些损害消费者利益的行为和现象还存在于消费品市场上，这些现象如果不能及时整治，对提升消费者信心、扩大消费欲望都将产生负面影响。

如前文所说，近十年来，江苏出台了不少关于促进消费的办法与政策措施，效果不是很明显，新出台的实施意见和行动方案效果还未显现。本文认为，要从消费需求侧（包括居民收入以及消费理念）、消费供给侧（包括消费空间、消费能级）、消费流通和服务（包括物流体系、"互联网＋"消费以及供应链创新）以及消费环境与保障政策等四个方面研究并综合收入分配、就业保障、产业、财政税收、金融、区域以及消费市场监管等政策，合力实现江苏促进消费的政策体系创新。

三　江苏促进消费的政策体系分类与创新

（一）消费需求侧政策

增加居民收入，做好社会保障，是消费需求侧的施政点。理论上，居民

---

① 资料来源：江苏省统计局，江苏统计网。

的消费需要是无限的，但是这种无限的需要在现实生活中受到消费者购买力的制约，表现为需求的有限性。缩小无限的需要和有限的需求之间的差距要靠消费者的购买力，即居民可支配收入。因此，提高居民可支配收入，实行公平且有效率的初次分配和二次分配就是促进消费的基础。而扩大就业是提高收入来源的根本所在，完善的社会保障体系可以为居民消费免除后顾之忧，提升其消费意愿。因此，扩大就业与完善社会保障政策是江苏促进消费的重要组成部分。不论江苏消费结构升级到什么程度，敢消费、能消费才是江苏促进消费首先要解决的问题。在消费需求侧政策中也涉及产业政策、财政政策与金融政策等的配合使用。

1. 运用居民收入与分配政策让百姓能消费

党的十八大提出要千方百计增加居民收入，十八届三中全会提出要形成合理有序的收入分配格局，十八届五中全会提出要在提高发展平衡性、包容性、可持续性的基础上，到 2020 年实现城乡居民人均收入比 2016 年翻番。聚焦富民是江苏高水平全面建成小康社会的核心要义，围绕国家有关精神，按照 2016 年江苏出台《关于聚焦富民持续提高城乡居民收入水平的若干意见》33 条的要求，首先要确保城乡居民收入增长与 GDP 同步增长，确保劳动报酬增长和劳动生产率同步提高。提高居民收入在国民收入分配中的比重。引导劳动者工资的合理增长。完善企业、机关、事业单位工资决定和增长机制，对基层工作人员给予政策倾斜，推行企业工资集体协商制度，保护劳动所得。对增收潜力大，带动能力强的重点人群，如技能人才、新型职业农民、科研人员、小微创业者、高校毕业生、有劳动能力的困难群体、企业经营管理人员、基层干部队伍等八大群体实施差别化收入激励。运用税收、转移支付等手段进行再分配，增加中低阶层的工资性、财产性、转移性以及经营性收入。按照江苏《省政府办公厅关于动员组织社会各方面力量参与扶贫开发的实施意见》，通过创新扶贫方式，实施精准扶贫，尽早形成中等收入者比重上升，低收入者收入明显增加，农村居民收入增幅高于城镇居民收入增幅，人均年收入 6000 元以下的农村低收入人口全部脱贫，共建共享的格局。

其次要结合江苏居民经营性收入和财产性收入比浙江、上海低的实际，鼓励居民创业，运用财政补贴、财政贴息、降低税收利率、融资担保等措施解决就业困难人员、大学生以及退役军人、返乡农民工的融资难问题。通过鼓励居民投资经营项目，支持新建房开展租赁等措施，多渠道增加居民财产性收入，支持居民财产向资本转变。鼓励社会资本与政府合作进入公共产品、公共服务以及基础设施领域获得相应投资收益。通过发展普惠金融满足居民财富管理需求，普及相关金融知识，引导居民远离非法活动，增强居民投资抗风险能力。引导居民合理运用保险降低风险支出。

最后，要将公共资源重点用于保障和改善民生，提高公共财政用于民生保障支出的比重。

2. 运用就业与社会保障政策让百姓敢消费

就业政策的核心要素是创业富民与高质量就业。进一步推进商事制度改革，简化审批流程，优化创业环境，加强创业载体建设，加快建设集"互联网＋"工作空间、网络空间、社交空间和资源空间为一体的全新创业载体。运用财政税收政策完善一次性创业、带动就业、创业基地运营经费、场地租金等补贴政策，对规范登记的网络商户，同样享有平等的创业优惠。通过"政府＋平台＋资源"合理建设有区域特色的返乡下乡人员创业创新园区。加大金融支持创业力度，优化完善"小微创业贷""科技贷款资金池"等政策措施，鼓励金融机构开发符合返乡下乡人员创业所需的信贷产品和服务，改变农村目前只有农商行进行融资的现状，更多地开放融资窗口。普通农户按照分级分类标准享受贫困户的无抵押贷款或者少量抵押贷款。对于贫困失业人口提升其技能，将资金后补变为前补或者前补一半，将补助流程合理化，加大劳动技能培训。将大学生创业者、农村创业者、引进人才和归国创业人才作为高质量就业人群，吸引高层次人才汇聚江苏。

提高社会保障体系质量。强化社会救助托底功能，落实临时救助政策。促进社会救助与慈善事业的互补。加大教育惠民力度，根据物价水平动态调整中小学教育补助，增加对民办幼儿园的教育资助，更多地设立普惠幼儿园和公办幼儿园，让学前儿童更好地就近入学。推进分级诊疗制度，试点家庭医生服务。扩大江苏省互联网医院试点范围。增加公立医院的智能服务，简化省、市医保的就医程序，减轻居民就医负担。推进廉租房等建设。发展居家养老、智慧养老，增加老年大学、老年活动中心等。

（二）消费供给侧政策

目前，影响江苏居民持续扩大消费意愿的主要因素有三个：一是实物消费急需拓展新空间，二是服务消费期待提升新能级，三是敢于消费以及收支结构问题。和消费供给侧相关的政策集中于因素一和因素二。江苏消费产品供给不足，尤其是品质型消费产品供需错配，个性化、多样化的高质量消费有限，同时旅游、文化、健康、养老等服务消费供给明显滞后于人们的消费需求。如今健康、绿色、智能的高品质消费理念深入人心，提高消费能级，培育江苏知名品牌，提高消费供给的效率和质量，是消费供给侧政策的施政点。产业政策和区域政策在消费供给侧政策中起到关键作用。

1. 运用产业政策创新消费供给

促进服务消费释放内需潜力。在江苏省出台的《完善促进消费体制机制进一步激发居民消费潜力的实施意见》中，文化消费、旅游、体育、健康、养老、家政、教育培训作为提升消费新能级的重点产业。江苏居民的中等收入群体规模在逐渐扩大，人们对生活品质的要求也越来越高。江苏应继续推动"商文旅"模式，并结合其他产业，将文化、旅游、体育、健康、乡村产业等融合提升消费能级。加快产品创意研发，支持社会资本参与文化消费项目配套建设。加大民宿品牌打造，将风景和服务打包出售，配套运动、养生等休闲概念，实现将乡村生产、生活、生态价值同步显现。推动健康养老产业发展。建设国家和省级健康产业园，加快发展医疗服务业，推动医疗服务与健康旅游、康护养老服务结合。降低社会力量举办养老机构的准入门槛，鼓励有条件的地区设立"老龄产业发展投资基金"。推动汽车产业"互联网＋"消费。在网约拼车、自有车辆租赁、旧物交换利用等新兴共享经济领域，鼓励发展共享型、节约型、社会化的汽车流通体系。

运用电商平台精准发力。虽然江苏区域发展不平衡，但在消费能力上，

三、四线城市正在成为消费新蓝海。电商渠道下沉拉近了三、四线城市消费者与优质商品和服务的距离，产生了明显的带动效应。江苏电商平台应抓住网络化的购买特征这一机遇，带动更多江苏品牌开拓好三、四线城市的消费市场。同时，电商可以精准发力，比如电商扶贫、培育新的消费热点等，可以激活有潜力的农村市场，包括贫困人群的消费。电商企业则要提高服务客户能力，增强服务客户黏性，满足多元化分级、消费升级的需求。

2. 培育知名品牌提高消费供给质量

提升先进制造业品牌。品牌是一个企业的无形资产，大力提高江苏优势企业和优势品牌的知名度，整合研发、生产、销售以及推广能力。积极将省内有条件的企业进行国际化推广，加大对国内外商标注册、专利、地理商标、老字号商标的保护力度。努力形成一批世界级制造品牌，提高"江苏制造"的全球影响力和竞争力。

培育现代服务业品牌。适应消费结构升级需求，培育提升一批批发、零售、住宿餐饮、居民服务等生活性服务品牌，对有发展潜力、具备优势特色的服务企业和重点行业鼓励争创知名、著名、驰名商标，推动服务业向高质量转变，不断丰富服务产品种类，满足人民群众多样化需求。

（三）消费流通侧政策

流通和服务的效率决定了多少供给变成需求。因此，建立更便捷抵达消费者的渠道将成为突破口。同时需要依托新技术新模式新业态将消费者的需求信息和产品供给信息更好地对接起来，从而实现流通渠道最优化。在互联网语境下将社交与消费融合，加大供应链创新。

1. 推动内贸流通健康发展

2015 年，江苏省在国务院的统一部署下，出台了《省政府办公厅关于推动内贸流通健康发展促进消费的实施意见》，旨在通过将流通基础设施纳入城乡规划，提高商圈建设水平和服务水平，促进居民消费。因此，要加快实施这些举措，努力提升内贸流通的健康度。将商业网点规划作为各级政府组织制定国民经济和社会发展规划、城乡规划的重要组成部分，在总体规划中统筹安排内贸流通发展的用地需求。在新型城镇化规划中建设农村流通体系，保障建设用地。结合江苏"一带两圈"的总体布局以及城市转型发展，制定商圈发展规划并促成实施，体现南京商圈、徐州商圈以及苏锡常商业带的发展特色和方向，整合产业资源，扩大区域辐射力。

推动更多的社区服务中心建设，推广苏宁快消集团与易果集团在生鲜供应链等领域的升级合作，鼓励大型成熟零售企业向社区下沉，在全省乃至全国布局。鼓励商贸物流企业做大做强，形成具备国际竞争力的现代化物流企业集团。健全城市配送体系，扶持家政网络平台等公共服务平台建设，加大财政、金融、税收支持力度，支持流通业进一步发展。

2.改善城乡物流网络，促进农民便利消费

加快农村经济转型升级，支持供销合作社、邮政系统、大型连锁企业和加工企业发展直接为农民生产生活服务的现代流通业。建立县、乡、村网络资源共享机制，县以批发零售或者专业性、特色性市场为主，乡镇重点打造小规模零售市场，建设直营店。村则建设加盟店。以配送和采购的双向功能，实现日用品和农产品的双向流通。从城市向农村扩散的商业网点应了解农村的消费环境、农民的购买能力，多生产价格适中、操作简单、不易损坏、使用面广的产品，并进行售前引导以及送货上门、安装调试等售后服务，为农民营造一个具有快捷的运营渠道、完善的服务功能的消费市场。

（四）消费环境侧政策

消费环境对消费者的体验至关重要。目前消费环境存在的短板包括：消费市场整治有待加强、消费金融未形成良性竞争、消费相关基础设施建设短缺等。

1.完善消费市场的整治与规范

创新市场监管方式、体系，构建大市场格局，做到市场监管执法、市场准入、产品质量监管、食品安全监管四个统一。构建公平的市场环境。运用大数据提高监管质量与效能，杜绝假冒伪劣、虚假销售等现象。以"大消保"为工作理念，强化综合协调和事前防御机制，推进消费维权社会化，加强消费引导和教育工作。积极发挥行业协会的作用，促进行业自律。加强舆论监督，建立行政执法部门与新闻媒体良性互动机制。鼓励诚信经营，加强市场主体信息的互通性，完善社会诚信建设。加强对网购等新兴消费市场的监督和监管。加强宣传资源节约型、环境友好型的消费方式，营造安全健康的消费社会环境。

2. 优化消费者体验短板

便捷式消费、体验式消费是现阶段消费升级的表现。在消费支付方面，提高移动支付覆盖度，重点提高文旅消费的互联网消费便捷度，引导文化娱乐演出等场所使用互联网售票。积极将文化消费嵌入消费市场的各个方面，运用城乡、社区生活服务中心、通信邮政网点打造文化消费网点。对有条件可改造的传统商业综合体嵌入文体元素，转型为文体商旅综合体。运用文化旅游元素提高消费品质。提升江苏旅游宣传水平，开发适应国外游客的旅游景点、特色商品、人文路线等。提升餐饮、购物、住宿、公共交通等场所的多种语言服务水平。

3. 促进消费金融有序竞争

对消费金融实施规范化管理，创新金融监管工具和政策，鼓励消费金融机构细化，引导金融机构合规开展业务。鼓励互联网形式的民营征信机构加入征信体系中，实现消费者、政府、市场数据的共享。创新和居民消费相关的金融产品，将消费者贷款服务多样化。加大金融对居民消费支持的力度，给予农民工创业信贷优惠，加强农村地区的消费信贷政策宣传和落实。严厉打击挪用消费贷款，严格控制个人贷款违规流入房地产市场。加快开发新型消费信贷产品，打造智能化消费金融服务平台。

破难题、解新题的江苏实践

——江苏主动应对重大经济金融风险挑战对策研究

丁敬雯　焦文婷*

摘　要： 面对国内外风险挑战明显增多的复杂局面，要通过深化改革来破难题、解新题。江苏省选择主动，从被动应付向主动应对转变；主动应对，包括主动防范和积极进取，不仅是防守也要"以攻为守"抢抓机遇、抢占制高点。基本思路，是以中央关于应对风险挑战的方针为指导，以省域经济金融活动的特点和江苏省省情为出发点，探索增强应对风险能力可供选择的对策思路、可行的政策建议和可操作的实施措施。

关键词： 经济金融风险　被动应付；主动应对；抵御风险能力

2019 年以来，我们面对国内外风险挑战明显增多的复杂局面。经济发展面临新的风险挑战，外部不确定因素增多，国内经济下行压力加大。习近平主持召开中央全面深化改革委员会第八次会议指出，面对风险挑战"要坚持通过深化改革来破难题、解新题，加快改革创新，推动任务落实，强化制度集成，增强经济发展内生动力，增强应对挑战、抵御风险能力"。为贯彻中央"稳就业、稳金融、稳外贸、稳外资、稳投资、稳预期"的要求，

* 丁敬雯，江苏省社会科学院财贸研究所副研究员，江苏省金融研究院专职副研究员；焦文婷，江苏省社会科学院财贸研究所助理研究员，江苏省金融研究院专职助理研究员。

为实现江苏省经济稳定运行和社会稳定发展，江苏省需要主动应对重大经济金融风险的挑战。

一 应对挑战：难题和新题
——主动应对重大风险挑战的重要性和紧迫性

当前江苏省面临的重大经济金融风险挑战，既有近几年累积未解的老难题，也有最近出现的新问题。选择主动应对，破难题、解新题，是具有战略眼光和重要现实意义的抉择。

（一）江苏省面临的风险难题和新题

和全国一样，江苏省风险和不确定性增加的现实原因，是国际经济环境恶化和国内经济下行压力增大叠加。根本原因，是江苏省从高速增长阶段跨越刘易斯拐点、人口红利拐点和房地产长周期拐点进入中低速增长阶段的一种必然现象。不能因为目前江苏省在全国各省区市中经济运行和社会发展总体较好，而对存在的经济金融风险掉以轻心。需要有清醒的认识，高度重视。

难题一：经济下行压力明显增大。我国经济增长从 2010 年 GDP 年增长 10.2%，逐步降低至 2018 年的 6.6%，进入下行通道。2018 年江苏省经济增长率也降到 6.7%。2019 年 1~8 月工业增长 5.9%（比 1~7 月回落 0.1 个百分点）、投资增长 4.5%（比 1~7 月提高回落 0.3 个百分点）、消费增长 6.6%（比 1~7 月放缓 0.2 个百分点）。[①] 有专家预测，如果国际经济环境恶化和国内经济下行压力叠加状态没有明显改变，"十四五"期间我国经济增长速度可能降至 5% 以下。江苏省经济总量大，遏止下行和复苏回升，都需要付出更大的努力。

难题二：地方政府债务压力大。国家审计部门审计公布的我国地方政府债务是 17.9 万亿元左右。有人认为，如果包括城投、交投和开发区投等各

---

① 资料来源：江苏省统计局，2019 年 9 月 25 日。

种政府融资平台，估计综合性债务超过 30 万亿元。近几年来，江苏省地方政府债务在各省区市中是一直比较高的，压力也一直较大。

难题三：房地产价格高、抵押融资规模大的压力。据估计，我国房地产抵押融资规模已超过 30 万亿元，南京、苏州、无锡等城市房价超高，部分二线城市价格也较高，三线城市和县城房地产空置率则较高。居民面临高负债、高杠杆风险，同时也制约了消费的增长。

难题四：金融风险的巨大压力和实体经济乏力问题依然存在。从 2014 年开始，我国 M2 的增长就远远高于名义 GDP 的增长速度，这种 M/GDP 比重的上升趋势表明，货币流通速度和资金使用效率下降，资金流向低效率部门沉淀，金融与实体之间的"裂口"为过去 20 年所少有。加上由于"长期债务增加、杠杆比率上升"、金融领域存在的"脱实向虚"和违法违规"金融乱象"等，金融风险特别是系统性金融风险的压力巨大。金融风险和乱象又直接使实体经济特别是制造业、中小微企业的发展面临巨大困难。江苏省在这方面面临的风险挑战也非常大。

融资结构、资金流向和资产负债率等情况表明，地方融资平台，三、四线城市房地产和产能过剩重化工国企形成了当前资金需求的"黑洞"。这四大难题，也是全国性的难题特别是东部经济较发达地区的难题。

新题一：江苏省作为外贸外资大省受国际经济环境恶化特别是中美贸易摩擦的影响巨大。外贸风险挑战是全国性难题，但对江苏省又是挑战极为严峻的新问题。江苏省外贸出口额，从 2000 年起已连续 19 年位居全国第二，早已确立外贸大省地位，2018 年进出口总额达 6640.4 亿美元。外贸对经济增长、就业和财税的贡献率一直很高。近两年国际经济环境恶化，对江苏省外贸乃至整个经济发展的影响是巨大的。2018 年，江苏实现外贸进出口总额 43802.4 亿元，同比增长 9.5%，江苏省 2019 年 1~8 月外贸进出口总额为 28340 亿元，比上年同期增长 1.6%，占同期我国进出口总额的 14.1%。其中，出口 17790.8 亿元，增长 6.3%；进口 10549.2 亿元，下降 5.6%。

新题二：金融风险出现新的复杂因素。一是中美贸易摩擦等因素的影响，世界金融风险因素的传导，国内货币发行、房地产波动以及金融应用新技术产品、工具和手段的负面影响等，都增大了传统金融机构、体系和体制机制转型中的不确定性。二是陷入漫长的去杠杆化周期，也增加了金融风险的复杂性。

新题三：民生改善的诸多方面面临新的压力，包括就业压力、收入增长放缓压力和老年化压力等。江苏省从2012年至今，就业总量进入稳中有降阶段。经济增速放缓带来总量性就业减少，产能过剩和产业转型升级增加结构性失业，同时面临庞大农民工和大学毕业生巨大的就业压力。就业比重自1990年起持续下降，人口老龄化是个重要因素。2018年全省60岁及以上老年人口比重达到20.9%，规模超过1000万人。GDP、人均GDP的增速下行，必然使居民收入增长放缓，影响居民的消费和投资。返贫和新发生的贫困人口可能增加。

新题四：江苏省数字经济的安全风险增加。江苏省是数字经济大省，数字技术大大提高了经济生活的效率，也增大了信息安全风险和监管难度。前几年，在互联网金融热潮中，江苏省就遭遇过P2P等风险。同时客户信息被盗、内部人员泄露客户信息和黑客攻击等事件屡有发生。

总之，这些难题和新题背后，都隐藏着可能的小概率造成巨大冲击的"黑天鹅"。

这些难题和新题的出现，正如最近中央一系列会议指出的，确有国内外复杂的原因，包括一些发展很好的地区自身存在的"短板弱项"。

（二）主动应对风险挑战是历史的选择

江苏省面临重大风险和不确定性的历史背景，正如党的十九大报告所指出的，是我国从高速增长阶段向高质量发展阶段转换，正处在"转变发展方式、优化经济结构、转换增长动力"的"历史交汇期"，跨越"关口"的"攻关期"。也就是经济学所说的，这是在跨越中等收入陷阱过程中，高速增长阶段跨越刘易斯拐点、人口红利拐点和房地产长周期拐点进入中低速增长阶段的一种必然现象。无法回避，必须面对。

中国人民银行原行长周小川，早在党的十九大中央金融系统代表团讨论会上就提醒，我国要警惕"明斯基时刻"的出现。经济学家明斯基指出，经济长时期稳定发展将导致债务增加、杠杆比率上升，可能从内部滋生爆发金融危机和陷入漫长去杠杆化周期的风险。当这些风险头寸最终平仓时，导致市场突然且剧烈下跌，诱发系统性金融风险。① 其实，这种"明斯基时刻"现象的出现，也是经济增长换挡转型进入新阶段的一种表现。

问题是，国际环境不确定性影响的叠加，要警惕和防范贸易摩擦造成的系统性影响。周小川最近指出，"贸易摩擦有可能具有长期性，全球市场体制开始呈现一些非常显著的扭曲"②。有专家认为，历经一年多的中美经贸摩擦，中国经济发展外部环境趋紧、外部压力加大或将成为常态。③

中央明确指出，2019年以来，我们面对国内外风险挑战明显增多的复杂局面。经济发展面临新的风险挑战，外部不确定因素增多，国内经济下行压力加大。这说明，重大经济金融风险挑战无法回避、必须面对。江苏省提出主动应对是敏锐而有魄力的历史性选择。

风险应对的一般要求，一是它是基于对风险有认识和准备的自觉行为；二是不同地区经济发展的结构和态势不同，面临的风险状态和程度也不同，防范措施具有明显的区域特点；三是防范手段措施要合法合规措施，变通措施要有法律法规依据；四是防范目的是实现预期目标，防范效果用预期目标实现程度衡量。

"主动应对"具有新的含义：第一，既要贯彻自上而下的部署要求，更要体现自下而上的积极性、创造性和责任感。第二，具有自主敏锐的"事前""事中"意识和行动。第三，运作中部门、机构间应协调共济而不是推诿卸责等。

（三）关注把不确定性引入经济分析的方法和工具

富兰克·H. 奈特早在20世纪20年代，就在经济学中引入了不确定性

---

① 资料来源：2017年10月19日新华社报道。
② 资料来源：经济学家圈 新浪财经讯2019年8月10日消息。
③ 《全面做好六稳工作办好自己的事系列述评之预期篇》，新华网，2019年8月4日。

概念，区分了两种不同意义的不确定性概念，即风险和不确定性，指出"在经济活动过程中，再没有什么现象比不确定性更普遍"①。

萨缪尔森等认为"经济生活就是一场充满风险的交易"；经济学，在一定程度上也是"风险和不确定性经济学"②。有专家还极而言之："人类发展的历史是一连串黑天鹅事件（小概率致命冲击）。"③

"现代经济学已经找到了一些有用的工具将不确定性引入对企业和家庭行为以及对金融市场的分析当中"，"考察市场在空间和时间上如何分散风险的机制；提出在不确定因素发生作用的条件下个人行为理论；并说明保险市场运行的原理"。④

今天，我们增强应对挑战、抵御风险的能力，需要关注经济学引入不确定性的方法和工具。社会主义市场经济中的个人、家庭、企业和政府，面对风险和不确定性，除行政手段和政治、道德、心理因素外，还需要了解市场和市场经济能提供什么理论方法和工具，能提供什么共担和分散风险的体制和机制。作为区域经济的研究，更需要高度关注市场在空间和时间上扩散风险机制。

国内对金融风险防范应对已形成基本共识。十八届三中全会和十九大以来，中央提出了防范金融风险特别是系统性金融风险的基本思路和大政方针，央行、银保监会、金融系统和理论界进行了广泛深入研究。基本思路是，一要高度重视金融风险防范，增强忧患意识；二要严格控制高杠杆风险源头，促进金融和实体经济、房地产以及金融体系内部的良性循环；三要认真整治金融乱象，健全金融监管体系。但是，对防范一般经济风险和防范区域性金融危机的体制机制还有待系统研究。比如，社会主义经济和政治体制下的持续经济下行和经济衰退问题，以人民为中心体系中由失业、破产导致的相对贫困和社会救助问题，坚持对外开放过程中由国际环境恶化带来的经

---

① 〔美〕富兰克·H. 奈特：《风险、不确定性和利润》，商务印书馆，2006。
② 〔美〕萨缪尔森等：《经济学》，人民邮电出版社，2014。
③ 汪丁丁：《新政治经济学讲义》，上海人民出版社，2013。
④ 〔美〕萨缪尔森等：《经济学》，人民邮电出版社，2014。

济安全、金融安全乃至国家安全问题。又比如，在现行宏观经济调控体系下，各省区市面对地区性风险和不确定性事件，运用财政货币政策工具和行政手段的处置权限、边界和底线问题等，都需要在实践中摸索研究。这些，都是主动应对重大经济金融风险的题中应有之义。

二　主动应对：防范和进取
——主动应对重大风险挑战的思路和目标

选择主动应对，意味着江苏省面对重大风险挑战时理念和思路的转变。理念，从被动应付向主动应对转变；主动应对，包括主动防范和积极进取，不仅仅是防守，也要"以攻为守"抢抓机遇、抢占制高点。基本思路，是以中央关于应对风险挑战的方针为指导，以省域经济金融活动的特点和江苏省省情为出发点，探索增强应对风险能力可供选择的对策思路、可行的政策建议和可操作的实施措施。

（一）主动防范的目标、重点和基本思路

主动应对，首先是明确主动防范的目标、重点和基本思路。

1. 主动防范的目标：守牢底线，稳中有进

遏止经济继续下行势头，守牢发展底线，保持稳中求进。即守住经济发展年均增长不低于4%的底线，尽快由下行转向回升。

2. 主动防范的重点：防止区域性金融事件和区域性群体事件发生

一是防止区域性金融事件发生。江苏省是货币流通、投融资总量居于全国前列的金融大省，是地方政府债务总额居于全国前列的"债务大省"，也是互联网金融、科技金融和金融科技活跃的大省。防范金融风险，在按照中央部署防范系统性金融风险的同时，要重点防范区域性金融事件的发生。

二是防止区域性群体事件发生。江苏省是人口大省、人口密度最高省、就业大省和"老年化大省"。目前形势下，防范经济风险的重点，是防止由就业、收入、债务、"幼学劳住弱病老"社会保障和救助等民生问题引发的

群体事件频发。

基本对策是：稳就业、稳外贸，保增长、保民生。

3. 主动防范的基本思路

坚持经济工作稳中求进的总基调，坚持供给侧结构性改革的主线，坚持新发展理念、推动高质量发展，坚持推进改革开放，坚持宏观政策要稳、微观政策要活、社会政策要托底的总体思路，坚持统筹国内国际两个大局，统筹做好稳增长、促改革、调结构、惠民生、防风险、保稳定各项工作，促进经济持续健康发展。

同时，结合江苏实际，突出主动防范特色：防范立足点主动前移，从事后转向事前事中，针对短板弱项主动梳理，主动消解风险苗头，防患于未然；主动探索经济金融风险防范的制度性机制、管理性机制和技术性机制；主动为金融提供服务：为金融机构提供安全稳定的资金筹集环境和良好的经营环境；保障金融机构顺利实现筹集和经营货币资金获取正常利润的经营目标；促进金融机构资金筹集和资金经营决策的合理化与科学化。

（二）主动进取的目标、重点和基本思路

1. 主动进取的目标

通过激发企业和民众活力、优化空间结构和区域布局，增强发展内生动力、培育新增长点和新动能，争取2~3年经济发展回到正常年景高于全国平均速度1~2个百分点的水平，强势进入"强富美高"的高质量发展的新阶段。

2. 主动进取的重点和路径

江苏省面对重大风险积极进取的重点和路径，主要针对江苏省的短板弱项，依托江苏省良好态势、发挥江苏省比较优势，从五个方面发力。

——在空间区域领域，重点是增强中心城市和城市群发展优势，形成高质量发展的区域经济布局。

——在产业企业领域，重点是提升产业基础能力和产业链水平，促进"独角兽"大企业与"专精特新"小企业共生共荣。

——在民生保障领域，重点是推进创业、增加就业、增加收入和加强社会保障社会救助。

——在市场机制领域，重点是深化改革强化制度集成，探索通过市场分散风险的体制机制。

——在政策体系领域，重点是统筹政策的贯彻实施，建立区域应对风险政策的协调体系。

（三）破难题解新题、主动进取的五大路径

按照落实中央部署、主动防范对策、积极进取目标与梳理地区短板弱项四结合，根据中央一系列要求部署，做好破难题解新题江苏特色的五张答卷。

1. 空间区域的进取路径：增强中心城市和城市群发展优势、形成高质量发展的区域经济布局

2019年8月26召开的中央财经委员会第五次会议指出，"当前我国区域发展形势是好的，同时经济发展的空间结构正在发生深刻变化，中心城市和城市群正在成为承载发展要素的主要空间形式"。习近平总书记要求"要根据各地区的条件，走合理分工、优化发展的路子，落实主体功能区战略，完善空间治理，形成优势互补、高质量发展的区域经济布局"。

根据中央的这些要求，江苏省主动应对重大风险，在空间区域发展上，针对发展不平衡不充分的一些突出问题，进一步完善合理分工、优化发展的路子，增强中心城市和城市群等经济发展优势，优化区域发展的空间形式和空间结构，形成高质量发展的区域经济布局。

江苏省交通运输发展水平已走在全国前列，全省综合交通运输基础设施、运输结构等总体达到世界先进水平。形成了支撑重大产业布局和提升社会公众出行快捷性自由度的交通大通道。截至2018年底，全省公路总里程达15.9万千米，其中高速公路4711千米，高速公路面积密度为4.4千米/百平方千米，居全国各省区市之首，高于德国的3.6千米/百平方千米、日本的2.1千米/百平方千米和美国的0.8千米/百平方千米。农村公路全国领

先，年底将完成90%的单车道改双车道四升级改造任务。全省亿吨大港数、港口通过能力、万吨级及以上泊位数等多项指标均居全国第一。千吨级航道面积密度约为2.1千米/百平方千米，高于德国的1.5千米/百平方千米和美国的0.3千米/百平方千米。江苏铁路骨干网络正加快形成，全省通用机场已达10个，9个运输机场的布局规划已全面落地。①

具体对策思路是：

——统筹长三角一体化、扬子江城市群和省域一体化的发展。

——统筹南京江北新区、自贸区南京片区和南京定位"国家中心城市"的机遇，加快南京城市群的发展。

——抓好苏北沿海铁路和南通机场建设机遇，加快融入长三角城市群的步伐。

——利用交通基础设施建设开拓新空间。南京成为长江经济带的战略节点、扬子江城市群的重要龙头和南京都市圈的核心城市。徐州加快淮海经济区中心城市的建设。实施城建重点工程和经济、商贸物流、金融服务、科教文化"四个中心"的建设。连云港2019年开工建设新机场、30万吨航道二期工程和连徐高铁、连淮扬镇铁路等重大基础设施，以"大交通"带动大开放、发展大产业，构建新亚欧大陆桥。

2. 产业企业的进取路径：提升产业基础能力和产业链水平、促进"独角兽"大企业与"专精特新"小企业共生共荣

产业是经济之本，企业是经济之基。江苏省应对风险，时刻需要加固产业根本、夯实企业基础。根据中央的部署，加固江苏省经济之本就是提升产业基础能力和产业链水平，夯实江苏省经济之基就是弘扬企业家精神和工匠精神，促进"独角兽"大企业与"专精特新"小企业共生共荣。

具体对策思路是：

——实施外贸振兴工程：借形成江北新区＋自贸区三区＋开发区转型合力，补进出口缺口。

---

① 《70年巨变　江苏交通领先全国!》，微讯江苏，2019年9月22日。

——实施产业基础再造工程，提高江苏省制造业基础材料、基础工艺、基础技术和核心基础元器件的水平，推进产业基础高级化。工业领域的核心基础元器件、关键基础材料、先进基础工艺、产业技术基础（"四基"）是制约我国工业发展的最大瓶颈。

——实施产业链水平提升工程。精密制造业是制约江苏省制造业乃至整个经济最后也是最重要的一块短板，完善江苏省智能制造计划，力求在精密制造业上有所突破。推动江苏省互联网、大数据、人工智能和实体经济深度融合，抢占数字经济制高点（5G 基础设施、物联网、智能制造和"互联网 +"），在中高端消费、创新引领、绿色低碳、共享经济、现代供应链、人力资本服务等领域培育新增长点、形成新动能。实施加强上下游企业产业协同和技术合作工程（建立共性技术平台，解决跨行业、跨领域的关键共性技术问题）。

——统筹江北新区、自贸区三片区和开发区转型发展，形成外贸新增长点。

——实施"专精特新"中小企业培育工程，激发和保护企业家精神和工匠精神，建设知识型、技能型、创新型劳动者大军。江苏省的发展最终要靠活跃在各个产业中的企业，在企业发展中企业家是重要因素，创新精神、工匠精神、冒险天性和勇于承担风险的魄力等企业家精神是企业核心竞争力的基本来源。

3. 民生保障的进取路径：重点是推进创业、增加就业、增加收入和加强社会保障社会救助

面对国内外风险挑战明显增多的复杂局面，保障民生已成为至关重要的任务。目前，群众在就业、社会保障、医疗、教育、住房、养老方面面临不少难题，部分群众生活比较困难。生态环境、食品药品安全、安全生产、社会治安、执法司法等方面问题较多。城乡区域发展和收入分配差距依然较大，民生领域有不少短板，社会矛盾和问题交织叠加。保障民生，是防止区域性群体事件发生的根本。

具体对策思路是：发挥江苏省最全百强市、最多百强县和省内地区差相

对小的良好势头和比较优势。

——继续保持棚户区改造和加快保障性住房建设速度的势头，南京准备用3年时间完成全部1500万平方米棚户区改造任务。镇江学校、养老机构"明厨亮灶"的覆盖率达85%以上，加快老年日间照料中心、助餐点建设和新建升级改造公厕。宿迁市实施一批新富民项目，2019年完成10万低收入人口和40个经济薄弱村的脱贫。饮水安全一直是盐城人的心腹之患，由于大部分地域位于里下河腹地以及江水东引北调的供水末梢，苏北灌溉总渠以南地区水体的水质十分脆弱。为彻底解决500万人的饮水问题，总投资62亿元在京杭运河宝应金氾水段新建水源地。

——继续保持居住环境改善的良好势头。苏州将完成太湖4.5万亩围网养殖清理，市区新增及改造绿地350万平方米。扬州退渔还湖2万亩，恢复湿地4000亩；南通总面积12平方公里的五山森林公园项目正在推进，新增绿地430余公顷打造城市"绿肺"。淮安总投资17.3亿元的主城区控源截污项目工程正全速推进，大运河沿线的重点化工企业将全部搬迁，改善城市水环境；大幅增加投资建设白马湖森林公园和湿地公园、城区河道轮浚、清安河水生态修复，按全省"绿心"的定位进行生态空间布局。宿迁将加快100万亩生态经济林建设，更新改造杨树26万亩等。

——2018年江苏省社会消费品零售总额已超3万亿元，但实体消费占比仅为36.98%。努力开发省内国内商品消费市场的吸纳能力、消化能力，努力开发高品质的产品需求和日益多元化的服务需求，促进消费结构升级。保障市场供应和物价基本稳定。

——实施好就业优先政策，做好高校毕业生、农民工、退役军人等重点群体就业工作。促进江苏省中等收入人群进一步扩大，形成橄榄型收入结构。

4. 市场制度的进取路径：重点是深化改革强化制度集成，探索通过市场分散风险的体制机制

目前，制约江苏省高质量发展的体制机制障碍较多，经济领域诚信缺失和消极腐败现象仍然存在，一些地方政府和干部服务市场经济、落实改革开放部署和政策措施的能力不强。特别需要探索市场在空间和时间上分散风险

的机制。在全国统一开放竞争有序的商品和要素市场形成过程中，健全市场一体化发展机制，深化区域合作机制。

具体对策思路是：总结推广江苏省运用市场机制加快生态环境治理的成功经验。深化体制机制改革，增添经济发展活力和动力。

江苏省以全国 1% 的土地，养育了全国 6% 的人口，创造了超过全国 10% 的经济总量。人多地少、资源缺乏、环境容量小始终是特殊省情，率先发展的江苏率先遭遇环境问题，也在解决问题中探索前行。

2001 年，江苏省率先让价格在环保中起作用，激活污水处理市场，进行了我国第一笔排污权交易。2003 年开创了我国排污权跨区域交易的先例。2007 年率先在太湖流域试点水环境区域补偿，是上游水质不达标需赔钱给下游的率先解题者。2009 年以来全省累计发生补偿资金超过 21 亿元，激发了地方政府主动治污的积极性。2012 年江苏省在全国率先建立企业环保信用评价制度，推行差别水价、电价政策。2013 年江苏省又在全国率先建立生态红线保护监管考核和生态补偿转移支付制度，在全国率先开展生态环境损害赔偿制度改革。2014 年江苏省开启水环境"双向补偿"，成为全国首个水环境区域补偿全境覆盖省份。2018 年起生态环境损害赔偿制度在全国试行。2018 年，全省 PM2.5 年均浓度降至 48 微克每立方米，104 个国考断面水质优Ⅲ类比例提升至 69.2%、劣Ⅴ类比例降至 1%。

5. 政策协调的进取路径：统筹政策的贯彻实施，建立区域应对风险政策的协调体系

根据中央完善区域政策体系，发挥各地区比较优势，促进区域协调发展的要求，探索建立区域应对风险的政策协调体系，加强区域间互助共济，深化区域合作机制。具体对策思路是：

——统筹省内各部门、地区贯彻中央有关应对风险发展政策、改革政策、调控政策和协调政策实施细则的协调，统筹政策实施过程中各部门、地区间矛盾问题的协调处理，统筹制度性机制、管理性机制和技术性机制的协调，形成政策组合拳和集成效应。

——用好中央宏观政策逆周期调节政策，用好中央增强土地管理灵活

性，使优势地区有更大发展空间的政策。用好财政政策要加力提效，继续落实落细减税降费政策。用好货币政策要松紧适度，保持流动性合理充裕。

三 梳理短板弱项 厉行实招硬招
——主动应对风险的对策措施

补短板强弱项，敢出实招硬招，化危为机。这是主动应对风险的指导思想，也是江苏省的成功实践。

（一）完善推广江苏省补短板强弱项的成功经验，保持锐进势头

江苏省委书记娄勤俭在 2018 年初就强调，"要着力在生态、民生、基础设施等重点领域补齐短板，提高发展的协调性"。2018 年江苏省推进实施 200 个"补短板"重大项目，年度计划投资 4000 亿元以上，把生态、民生、基础设施项目摆在突出位置[①]。基础设施特别是交通基础设施补短板强弱项取得明显进展。

到 2020 年，江苏省快速铁路、高速铁路将接近 3000 公里，县级以上节点城市的快速铁路覆盖率达 80% 左右，以轨道交通为支撑的"两小时江苏"成为现实。高铁里程和密度在全国排名都比较靠后的局面将改变。

江苏省交通运输发展水平位居全国前列，已成为名副其实的交通大省。全省综合交通运输基础设施、运输结构等总体达到世界先进水平。形成了支撑重大产业布局和提升社会公众出行快捷性自由度的交通大通道。截至 2018 年底，全省公路总里程 15.9 万千米，其中高速公路 4711 千米，高速公路面积密度为 4.4 千米/百平方千米，居全国各省区市之首，高于德国的 3.6 千米/百平方千米、日本的 2.1 千米/百平方千米和美国的 0.8 千米/百平方千米。万吨级以上泊位数、亿吨大港数均居全国第一。千吨级航道面积密度约为 2.1 千米/百平方千米，高于德国的 1.5 千米/百平方千米和美国的

---

① 《我省将推进实施补短板重大项目》，《新华日报》2018 年 3 月 28 日。

0.3千米/百平方千米。江苏铁路骨干网络正加快形成，全省通用机场已达10个，9个运输机场的布局规划已全面落地。目前已建成过江通道14座，包括苏通大桥、泰州大桥等一批世界级桥梁工程。共有8座过江通道在建。全省亿吨大港数、港口通过能力、万吨级及以上泊位数等多项指标均居全国第一。农村公路全国领先，年底将完成90%的单车道改双车道四升级改造任务，有6个县被评为全国"四好农村路"示范县。城市轨道交通开通里程达640千米，总里程位居全国第四。①

（二）发挥江苏省市县比较优势，能出实招敢出硬招

发挥江苏省全部地级市进入全国百强市、拥有全国最多百强县和省内地区差相对较小的比较优势。总结推广各地区能出实招、敢出硬招，"办好自己的事化危为机"的经验，保持和发展良好势头。

——苏州将完成太湖4.5万亩围网养殖清理，市区新增及改造绿地350万平方米。

——扬州退渔还湖2万亩、恢复湿地4000亩。

——南通总面积12平方千米的五山森林公园项目正在推进，新增绿地430余公顷打造城市"绿肺"。

——淮安总投资17.3亿元的主城区控源截污项目工程正全速推进，大运河沿线的重点化工企业将全部搬迁，改善城市水环境；大幅增加投资建设白马湖森林公园和湿地公园、城区河道轮浚、清安河水生态修复……按全省"绿心"的定位进行生态空间布局。

——宿迁将加快100万亩生态经济林建设，更新改造杨树26万亩……

（三）自贸试验区3片区、南京江北新区和开发区转型形成合力振兴外贸

中国（江苏）自由贸易试验区实施范围120平方千米，涵盖南京片区

---

① 《70年巨变 江苏交通领先全国！》，微讯江苏，2019年9月22日。

39.55平方千米、苏州片区60.15平方千米和连云港片区20.27平方千米。各自定位和目标，南京片区是建设具有国际影响力的自主创新先导区、现代产业示范区和对外开放合作重要平台；苏州片区是建设世界一流高科技产业园区，打造全方位开放、国际化创新、高端化产业和现代化治理高地；连云港片区是建设亚欧重要国际交通枢纽、集聚优质要素的开放门户、共建"一带一路"国家交流合作平台。江苏省商务厅与上海市、浙江省、商务部研究院分别签订合作协议。还有一批先进制造业、科技研发等项目签约。①

江苏省各类开发区建设一直在全国领先。开发区集中了全省90%左右的先进制造业、70%左右的生产性服务业；外商在江苏投资的高新技术企业90%以上设在开发区；全省引进的1亿美元以上大项目，90%以上在开发区落户。

自贸试验区加上南京江北新区和开发区转型形成合力，是江苏省弥补因贸易摩擦缩减缺口、重新振兴外贸产业的大好机遇。

（四）抓好南京明确为"国家中心城市"、南通机场建设和苏北铁路高铁通车机遇，进一步优化江苏省空间结构和区域布局

南京明确为"国家中心城市"，苏州无锡提升为国家重要中心城市，加上配套上海机场的南通机场建设，苏北铁路高铁通车，这些都是江苏省发展的新机遇。

——落实《长江三角洲区域一体化发展规划纲要》各项目标任务，细化配套方案落实配套政策。

——以省内全域一体化为重点，加快推进交通一体化、产业融合、创新协同、公共服务共享，实质性推动跨江融合发展，全面展开"六个一体化"工作布局。

——统筹各方面资源和力量，进一步调整优化江苏省经济发展空间结构和区域布局。②

---

① 微讯江苏，2019年8月30日。
② 《70年巨变 江苏交通领先全国！》，微讯江苏，2019年9月22日。

（五）挖掘江苏省和国内需求潜力，用产品和服务创新扩大消费，用改革办法拓展最终需求

发掘江苏省作为人口大省、经济大省和科教大省的需求潜力，以及国内需求潜力。

——通过民生保障和"互联网＋"，有效启动农村市场和乡村、乡镇建设，特别是苏北农村市场、乡镇建设和农居改造；苏中苏南的城镇老旧小区改造、县城和重点大镇的公共设施建设。

——通过科技创新、产品和服务开发扩大城市消费，用改革办法拓展中等收入人群的最终需求。

——针对当前养老服务有效供给不足、养老服务消费政策不健全、营商和消费环境有待改善等问题，扩大江苏省养老服务供给，促进养老服务消费，拉动内需，扩大就业，更好地满足广大老年人多样化、多层次养老服务需求。[①]

（六）开拓"独角兽"大企业和"专精特新"小企业共生之路

江苏省一直具有企业数量和企业产值总量的优势，但在具有世界和全国影响力的大企业方面一直不尽如人意。江苏省一直具有中小企业数量优势，但在"专精特新"小企业方面也一直存在短板。江苏省要增强应对挑战、抵御风险能力，增强经济发展内生动力，需要同时拥有"独角兽"大企业优势和"专精特新"小企业优势。

根据科技部发布的 2017 独角兽行业和地域榜单，江苏省没有像北京、上海、深圳等地那样涌现估值巨大的独角兽企业。独角兽企业是新经济的代表，偏向高新技术和科技企业，具有区域集中，资源、资金、人才等创新要素集聚共享特征。政府角色主要是政策鼓励和扶持吸引人才和技术。江苏省拥有数量众多的高新区、创业基地等创业创新集聚区，但缺少像北京中关

---

① 《民政部发文定 17 条措施》，中国政府网，2019 年 9 月 23 日。

村、深圳南山等集聚效应显著的地区，也没有像阿里巴巴、腾讯那样的大型平台型企业，缺少大平台的渠道和资源孵化。江苏省要摆脱这类企业数量少估值低的现状，优化企业结构，开拓"独角兽"大企业（包括行业领军企业、产业链龙头企业、大型平台型企业等）和"专精特新"小企业共生之路。

（七）加强统筹协调，形成江苏特色

上面千条线、下面一根针，无论是贯彻落实中央的战略部署方针政策，还是应对重大经济金融风险，都需要突出统筹策略，在统筹协调中形成江苏特色。

——统筹协调发展机制。"统筹稳增长、促改革、调结构、惠民生、防风险、保稳定"，统筹协调"稳就业、稳金融、稳外贸、稳外资、稳投资、稳预期"。

——统筹协调金融发展和实体经济、实体经济和数字经济，统筹协调提升产业基础水平和提升产业链档次，统筹协调智能制造企业和传统制造业企业，统筹协调中心城市群和农村乡镇，等等。

——统筹协调应对风险的主动防范、积极进取与梳理短板弱项结合。

——统筹各项政策，形成组合力，提高协调性。政策组合包括财政引导、税收减免、行政收费、行政审批、购买社会服务、社会资金、慈善捐赠、质押贷款创新、专门鼓励政策、供地引导、建设发展平台；完善财政转移支付制度，完善能源消费总量和强度双控制度，全面建立生态补偿制度，健全区际利益补偿机制和纵向生态补偿机制。推动苏北主动调整经济结构、加快产业多元化发展的步伐。

（八）主动探索和系统化区域金融风险防范的体制机制

1. 把江苏省和我国实践经验及国际经验体制机制化

包括制度性机制，有关法律法规、政府部门的政策、金融市场监管机构的要求等；管理性机制，法人机构内部的管理制度、管理体制、管理程序、

管理活动等；技术性机制，运用各种（技术和）指标监控相关行为，运用各种权益机制制约重要的决策和投资行为，运用现代电子技术手段及时掌握各种行为的动向和市场的其他信息，等等。

2. 细化主动防范的三项措施

包括如何实施防范立足点主动前移，从事后转向事前事中；如何主动有针对性和合法合规地规避风险；如何主动消解风险苗头防患于未然。

3. 加强对潜在金融风险的防范措施

——针对金融领域法律风险增大，信贷风险和信用风险明显上升，市场风险和流动性风险明显增加，操作风险不时出现等新情况，增强对日常经济运行中潜在金融风险的危机意识。

——针对贷款融资对象平民化趋势，出现的差别化信贷新课题；针对贷款融资来源开发系列的变化，由间接融资为主向直接融资为主的转变、风投和创投系列的增加和投贷联动、转贷等趋势，以及普惠金融和草根金融的发展等，加强潜在金融风险防范。

——针对风险监管系列的改革变通的灵活性，贷款融资保障的多样化（信用体制和文化，保险、担保系列，信用支持和保障），加强潜在金融风险防范。

——加强防范风险中有关金融部门和部门之间、部门和地方之间关系的协调，加强金融创新与加强金融监管之间关系的协调，执行政策过程中激励与约束关系分寸的把握，等等。

（九）试行省域经济风险控制管理计划

目的是降低风险事件发生频率和减小损失程度，途径是通过经济风险控制方法集成，实施风险管理计划。

探索风险控制方法的集成。包括实施风险自留（即以自身财力建立负担风险损失的特别储备或基金）、风险转移（即通过合法交易方式和业务手段向专业保险公司投保、担保、租赁、套头交易等将风险尽可能转移出去）、风险组合（将多项类似但不同时发生的风险组合，进行风险损失和补偿的替代）、风险预防（事先采取有针对性的措施）、风险回避（有意识回避某种可能带来风险损失的经济活动。有风险又无法回避的活动委托专业机构进行）。

　　尝试编制江苏省风险控制管理的长期计划和年度计划。设立风险管理的专门机构，设立专职或兼职的风险管理人员。建立内部历史资料和外部环境风险信息。同社会保险机构联系，综合各地区各部门对各类风险的分析、决策、控制和处理意见，提出省上的指导意见。

江苏驱动绿色发展的思路与对策

高 珊 曹明霞*

摘 要: 绿色发展是国家五大发展理念之一。作为江苏省高质量发展的重要指向,全省绿色发展已经取得良好成效,主要表现为推动经济结构绿色转型、注重能源资源节约利用、污染减排顺利进行、生态修复效果显著、管理手段不断健全等。由于禀赋约束及阶段限制,仍然存在产业结构偏重、资源能源压力大、环境污染复杂、激励机制不完善、社会行动待提升等障碍。面对国内外绿色经济增长的宏观趋势和生态文明建设的重大机遇,提出江苏省在制度、措施、平台、项目等方面要创新思路,实施优化产业结构、提高资源能源利用水平、攻克生态治理难题、完善管理机制、激发社会力量等建议。

关键词: 绿色发展 污染减排 生态修复 江苏省

党的十八届五中全会把"绿色发展"上升为国家五大发展理念之一,党的十九大报告提出在全国范围内加快形成绿色发展方式和生活方式。以习近平总书记对江苏工作的新要求为根本遵循,江苏省贯彻落实绿色发展理念,深入实施生态文明建设工程,努力构建人与自然和谐发展的现代化新格局,为江苏高质量发展厚植生态底色。

---

* 高珊,江苏省社会科学院农村发展研究所研究员;曹明霞,江苏省社会科学院农村发展研究所副研究员。

一 江苏省驱动绿色发展的主要成效

准确分析江苏省驱动绿色发展现状，探寻全省绿色发展过程中的关键性制约问题，总结绿色发展的规律性轨迹，为构建江苏省未来的绿色发展方案提供有益启示。

（一）重大进展

江苏省全方位践行绿色发展，在经济结构、能源资源、污染治理、生态修复、管理手段等方面取得重大进展，全省生态文明建设不断推向纵深。

1. 经济结构绿色转型

大力培育绿色低碳循环发展的经济体系。根据江苏省统计公报，2018年，江苏省的三次产业结构比例达到4.5：44.5：51。其中，服务业增加值占比比2017年提高0.7个百分点。全省高新技术产业和战略性新兴产业的产值分别比2017年增长11.0%和8.8%，这两项占规模以上工业总产值的比重分别达到43.8%和32%。各类新兴生产性服务业均呈现两位数增长。

重点行业进行战略性调整。第一，加快淘汰落后产能。2018年，江苏省压减钢铁产能80万吨、水泥产能210万吨、平板玻璃产能660万重量箱。关闭高耗能高污染及"散乱污"规模以上企业3600多家。关停低端落后化工企业1264家，升级改造1161家。① 第二，大力引导产业升级。目前，江苏省产业规模居全国第一位的有新材料、节能环保、医药、软件、新能源、海洋工程装备等行业。机械、石化、纺织行业的主体装备40%达到国际先进水平，85%的骨干企业实现生产装备自动化。② 第三，低碳农业发展势头良好。2018年，江苏省化肥使用总量为292.91万吨（折纯），比2017年削

---

① 《数说江苏70年：能源结构显著优化，节能降耗成效巨大》，江苏省统计信息网，2019年9月17日。
② 顾巍钟、宋晓华、梅剑飞等：《江苏重点打造十三个先进制造业集群，动能切换唱响新时代"长江之歌"》，《新华日报》2019年1月6日。

减 2.35% ；全省农药用量为 6.95 万吨，实现负增长；全省秸秆综合利用率达到 93% 。①

2. 能源资源节约利用

节能减排收效明显。"十三五"前三年，单位 GDP 能耗和单位 GDP 二氧化碳排放量这两个指标的降低速度均超额完成江苏省年度考核目标要求和"十三五"时序目标进度，继续处于全国领先水平。2018 年，全省规模以上工业综合能源消费量比 2017 年下降 2.5% 。以重点耗能企业的主要单位产品综合能耗指标为例，2018 年吨钢、单位烧碱、单位乙烯分别下降了 13.3% 、21.3% 和 6.6% 。②

提高水土资源利用效率。严格土地用途管制。全省坚守耕地保护红线，加大轮作休耕保护和中低产田改造力度，确保耕地与基本农田的质量不下降、数量不减少。落实建设用地总量和强度"双控"行动，形成集约发展的空间硬约束。加强水资源节约利用。2018 年，江苏省用水总量为 456.7 亿立方米，其中，工业用水量为 123.4 亿立方米，这两项分别比 2012 年下降 17.3% 和 36.1% 。单位 GDP 用水量为 49.7 立方米/万元（当年价），远远低于 2012 年 102 立方米/万元的水平。③

3. 污染治理稳步推进

解决突出环境污染问题。开展"263"专项行动，打好污染防治攻坚战。2018 年，江苏省 PM2.5 平均浓度为 48 微克每立方米，比 2013 年下降 34.2% ，超额完成国家"大气十条"中下降 20% 的目标要求。2018 年，全省 104 个国考断面中，水质符合优Ⅲ类的断面比例为 69.2% 、劣Ⅴ类的断面比例为 1% 。化学需氧量、二氧化硫、氨氮、氮氧化物四项主要污染物排放量削减指标均超额完成国家下达的目标任务。长江、淮河等重点流域及近

---

① 江苏省政府办公厅：《江苏省低碳发展报告（2017~2018 年）新闻发布会》，江苏省人民政府网，2019 年 6 月 19 日。

② 《数说江苏 70 年：能源结构显著优化，节能降耗成效巨大》，江苏省统计信息网，2019 年 9 月 17 日。

③ 《数说江苏 70 年：生态文明建设成果显著，高质量发展底色更绿》，江苏省统计信息网，2019 年 9 月 17 日。

岸海域水质总体保持稳定,太湖治理连续 11 年实现"两个确保"①。

环保基础设施逐渐完善。2018 年,全省城镇生活垃圾无害化处理率达到 100%,城镇污水集中处理率达到 88.0%。同期,江苏省农村卫生厕所普及率达 97.6%,农村自来水普及率达 99.9%。2018 年,全省拥有工业废水治理设施 7138 套,处理能力达到 1921 万吨/日;工业废气治理设施 32.5 万套,处理能力达到 75.2 亿立方米/小时。截至 2018 年底,江苏省共建成危险废物集中处置设施 70 座,危险废物集中处置能力达到 163.3 万吨/年。②

4. 生态修复效果显著

严格落实生态空间管控。江苏省在全国率先划定 16 大类 480 块国家级生态保护红线区域,其中,陆域、海洋生态红线面积占比分别达到 8.2%、27.8%。③ 江苏省基本完成"三线一单"(生态保护红线、环境质量底线、资源利用上线和生态环境准入清单)编制工作。

加强矿山生态环境管理。科学编制矿山复绿工作方案,重点恢复治理"三区两线"(重要自然保护区、景观区、居民居住区的周边,重要交通沿线、河流湖泊直观可视范围)的矿山地质环境。2012 年到 2018 年的 6 年间,江苏省累计新增矿山恢复治理面积 6812.9 公顷。④

生态保护力度加强。自然保护区面积稳定。2018 年底,全省设立的自然保护区有 31 个,其中国家级自然保护区 3 个,陆域自然保护区面积达到 3692 平方公里。林木覆盖率稳步提高。2018 年,全省林木覆盖率达到 23.2%,比 2012 年提高 1.6 个百分点,自然湿地保护率达到 49.0%。⑤

---

① 吴政隆:《2019 年江苏省政府工作报告》,《新华日报》2019 年 1 月 24 日。

② 《数说江苏 70 年:生态文明建设成果显著,高质量发展底色更绿》,江苏省统计信息网,2019 年 9 月 17 日。

③ 吴琼:《全省今年生态环境保护定下"十大任务",打好治污主动仗留住美丽乡愁》,《新华日报》2019 年 3 月 1 日。

④ 《数说江苏 70 年:生态文明建设成果显著,高质量发展底色更绿》,江苏省统计信息网,2019 年 9 月 17 日。

⑤ 江苏省林业局:《江苏:努力为长江经济带镶上更多"绿宝石"》,《新华日报》2019 年 3 月 12 日。

5. 管理手段不断健全

探索绿色发展的体制机制。大力响应中央指导安排，在全国率先颁布《江苏省生态文明建设规划》，并率先建成全国生态文明建设示范区。主动适应经济发展新常态，在全国率先探索绿色发展评估体系，对全省及各省辖市经济社会发展情况进行"绿评"。树立底线思维，在全国率先出台生态红线保护规划。在全国先试先行并不断深化包括水环境"双向"补偿、排污权有偿使用和交易、生态环境损害赔偿、环保信用评价、环保"垂改"等一批制度改革。江苏省被生态环境部确定为全国唯一的生态环保制度综合改革试点省。①

加大绿色发展的公共财政投入。2018 年，全省环境污染治理投资总额达到 1026.4 亿元，比 2012 年增长了 34.4%。近年来重点投入方向有②：一是支持节能环保建设。2013 ~ 2017 年，全省一般公共预算节能环保支出1359.55 亿元，年均增长率达到 10.7%。二是支持绿色制造项目。2015 ~ 2017 年，全省安排专项资金 4.8 亿元，支持企业开展环保改造等项目 1000余个。三是落实生态补偿转移支付制度。2013 ~ 2017 年，省级财政累计安排转移支付资金 70 亿元，重点用于生态红线区域的生态补偿、环境保护和生态修复。

（二）存在的问题

总体来看，江苏省的绿色发展还处于建设阶段。全省经济体量大、环境容量小、资源能源相对匮乏等刚性约束无法改变，生态环境质量尚未根本好转，粗放式发展格局难以在短期内扭转。

1. 产业结构依然偏重

高耗能行业仍占据工业产业主导地位。全省业已形成十大行业支撑的发

---

① 杭春燕、许海燕、吴琼：《江苏坚决打好污染防治攻坚战　生态文明建设五大成就表现亮眼》，《新华日报》2019 年 3 月 2 日。

② 胡士春、严建中、高玮：《支持江苏绿色发展的财政政策研究》，《财政科学》2019 年第2 期。

展格局,分别是电子、电气机械及器材制造、化工、通用设备制造、钢铁、汽车、纺织、专用设备制造、金属制品、非金属矿物制品业。2018年,这些支柱行业的产业增加值占全省规模以上工业企业的比重近七成,对规模以上工业增加值增长的贡献率达71.2%。[①]

多个行业能源消费总量呈现增长趋势。根据江苏统计年鉴,2013~2017年,农林牧渔水利业、工业、交通运输仓储邮电通信业、批发零售贸易餐饮业以及生活消费,这五大行业的能源消费量分别增长了23.85%、3.44%、25.98%、15.06%和21.96%。在能源终端消费中,工业行业增长了5.28%。

2. 资源能源压力加大

土地资源紧缺。目前,江苏省人均耕地面积为0.85亩,低于全国平均水平,逼近联合国提出的0.8亩国际人均耕地警戒线。全省土地开发强度已经超过20%,苏南五市土地开发强度更高。沿江地区高强度的土地利用,在一定程度上压缩了沿江生态用地空间并导致破碎化,降低了生态系统的质量。

能源结构不尽合理。全省80%以上的一次性能源主要依赖外地供给。2018年,江苏能源消费总量超过3亿吨标准煤,煤品燃料消费量占能源消费总量的比重仍为60%左右,其中电煤又占6成左右。[②]

重要矿产资源储量不足。据统计,全省90%以上的铁矿石、98%以上的有色金属资源都依赖省外和国外市场供给,2/3的大中型矿山企业面临严重的资源危机。

3. 环境污染更加复杂

空气质量改善空间收窄。臭氧污染逐渐凸显,成为影响空气质量优良天数比例的重要因素。2018年,江苏省臭氧浓度与2017年同比持平,全省酸

---

① 《数说江苏70年:砥砺奋进七十载,江苏工业铸辉煌》,江苏统计信息网,2019年9月11日。

② 《今年底全省10万千瓦以下煤电机组将全部实现超低排放》,《新华日报》2019年3月11日。

雨平均发生率为 12.1%。局部地区的 PM2.5 浓度水平依旧较高。与 2017 年相比,2018 年江苏省 PM2.5 高值区裸地面积增加了 13%。① 按照《江苏省重污染天气应急预案》,2018 年全省共发布 5 次蓝色预警、5 次黄色预警和 1 次橙色预警。

水环境治理难度加大。江苏省好水比例还需提高。监测地表水断面的环境质量问题仍有发生。农村地区污水处理设施不足,污水尚未实现全收集、全处理。农村河道水污染监管力度不足,超标排放现象依然存在,农村饮用水源存在安全隐患。沿江地区的"重化围江"污染防治、城市黑臭水体治理、太湖治理等需要进一步加强。

4. 激励机制尚不完善

顶层设计期待更大突破。一是市场化推进机制尚不健全。排污许可、排污权交易、第三方监管、政府购买服务、资源环境价格改革、碳交易平台等有待深化。二是分散于众多部门主管的相关举措还不能同步推进。相互配合程度不高,难以形成政策合力。相关规定的实施缺乏监督主体,执行效果不尽理想。三是试点示范影响力有待加强。缺乏能够整体推进的可复制、易推广的典型经验做法。

投入来源较为单一。江苏省乃至国家层面,驱动绿色发展的投入来源仍主要依靠财政拨款,缺乏长期稳定的多种资金储备。尤其是市、县等地方政府受财政收入增速下降的影响,较难维持绿色发展投入的持续增长。各类金融机构担心无法通过市场交易的方式将用能权、碳排放权、排污权和节能项目收益权等转化为质押权,导致银行等主体的绿色金融业务推广力度不足。

5. 社会行动有待提升

大众心态和行为方式的真正改变需要一个长期过程,任重而道远。当前,全社会的绿色发展意识呈现"认同度高、知晓度低、践行度不够"的

---

① 许海燕:《2018 年江苏空气质量成绩单出炉 市县 PM2.5 年均浓度"双降"》,《新华日报》 2019 年 1 月 9 日。

普遍状态。

从政府部门看，仍有部分决策者受传统政绩观影响，对经济发展质量和环境保护不够重视。从企业看，面对环境危机没有足够的责任感和承担意识，不能主动围绕绿色发展来更新升级设备、组织现代化的生产经营活动。从社会大众看，对于绿色发展是什么、绿色发展该如何实施、绿色发展的实现标准是什么等一系列关键性问题，还没有清晰的认识与行动。[1]

二 江苏省驱动绿色发展的战略机遇

绿色发展是 21 世纪人类发展的共同追求，更是江苏省高质量发展的指向标杆。江苏省资源环境条件先天不足，为化解经济社会发展与生态承载力之间的矛盾，全面实现绿色转型显得尤为重要。江苏省已经进入绿色发展的黄金"窗口期"和重大"机遇期"。

（一）致力绿色增长的国际导向

进入 21 世纪以来，新一轮科技革命和产业变革正在冲击全球经济结构。国际社会纷纷将"绿色"确立为本国提振经济的主色调。[2] 信息技术、生命科学、高端制造及清洁能源等重大领域突飞猛进，催生出大量新产业、新业态和新模式，全球生产方式正在向绿色化、现代化转型。[3] 积极培育新的绿色经济增长点，改善国际竞争中绿色贸易壁垒及低端产业集中转移等不利局面，加速全球生态秩序重构，是我国参与全球行动的重要目标。

近年来，以中国为代表的新兴市场国家和发展中国家群体性崛起，打破了西方国家占绝对优势的全球治理格局，国际话语权和影响力不断提升。生态危机的国际化趋势愈加明显，共建、共享人类共有的绿色家园已经成为各国的统一行动。中国多年来致力于以联合国为中心的国际社会生态环境治理

---

① 王昇：《以绿色发展实现江苏经济转型》，《群众》2017 年第 17 期。
② 王丹、熊晓琳：《以绿色发展理念推进生态文明建设》，《红旗文稿》2017 年第 1 期。
③ 陈江生：《科学把握重要战略机遇期的新内涵》，《学习时报》2019 年 9 月 11 日。

与保护合作，也将继续在全球绿色发展中发挥参与者、贡献者、引领者的作用。

（二）建设生态文明的国家任务

我国已经站在新的历史起点，是世界上对绿色发展需求最迫切、积极性最高、成功可能性最大的国家。伴随生态文明及绿色发展的治国理政思路日渐清晰，中国的生态文明治理框架初步形成。党的十九大强调必须坚定不移贯彻绿色发展理念，与世界发展潮流并行不悖，有利于赢得先机、掌握主动。绿色发展是生态文明建设的必然要求，代表了当今科技、产业及社会的变革方向，是最有前途的发展领域。

绿色发展着眼于发展的永续性，是新时代中国特色社会主义建设新发展理念的重要组成部分。在全国建立绿色的发展方式和生活方式，是生态文明发展观的深刻革命。绿色发展为我国社会深刻转型提供了指导依据和实现途径，对人与自然关系的认知达到了新高度，具有鲜明的时代特征。只有全面拓展绿色发展空间，增强绿色发展后劲，破解绿色发展难题，才能挺立时代潮头。

（三）打造美丽江苏的地方行动

江苏省情特殊，发展迅猛，比其他地区更早地遇到了资源制约和环境压力，对于绿色发展有着更强的紧迫感和自觉性。[①] 江苏省始终深入落实习近平生态文明思想，奋力推进绿色发展，更大力度建设生态文明。让"绿色"成为江苏高质量发展的鲜明底色，在经济实力领先的同时，实现资源环境代价逐渐降低、资源环境约束逐渐弱化的双赢态势，是江苏省的不懈追求。

江苏省牢记"为全国发展探路"的重任和嘱托，对于驱动全省绿色发展的机制和思路长远谋划，高质量对标。在 2020 年污染攻坚战目标实现后，美丽江苏建设将会更加重视"软手段"的作用，特别是产权、市场等新机

---

① 陈蒙蒙：《以体制机制改革创新实现江苏绿色发展》，《群众》2016 年第 5 期。

制的研究。大力发动企业、公众及民间组织，协同政府推动生态治理现代化。广泛学习借鉴国内外先进经验，全力探索江苏在全国乃至全球引领绿色发展的新路径和新方法。

三 江苏省驱动绿色发展的创新思路及路径建议

江苏省秉承发展与保护相统一的原则，依靠绿色引领和驱动，促进经济发展与生态文明相得益彰。绿色发展是环境保护与生态文明理念的总结和升华。在巩固现有成效的前提下，不断创新发展思路，优化发展路径，尽快实现由"环境换取增长"向"环境优化增长"的阶段转换，促进美丽江苏的全方位高质量发展。

（一）发展思路

推动全社会实现绿色转型是一个漫长而艰难的历史过程。它是一项系统工程，涉及经济、政治、文化、社会及生态各个领域，不可能一蹴而就，需要上下结合，内外联动。"顺应人民群众对良好生态环境的期待，推动形成绿色低碳循环发展新方式"是党中央的战略指导方针。在"十四五"甚至更长时期内，立足自身实际，江苏将从制度、措施、平台、项目四个方面形成绿色发展的新思路。

构建绿色发展驱动机制。深入践行习近平总书记提出的"绿水青山就是金山银山"的发展观和价值观，让"绿色化"成为新常态下江苏转变经济发展方式的驱动力。加快建立顶层设计转化为基层行动的优良传导机制。形成严格紧密的环境管制推动力、激励引导的生态绩效拉动力、创新创业的社会主体行动力，三力合一，共同构成绿色发展的总驱动力。[①]

推动改革措施落地见效。牢固树立绿色发展的底线思维，抢抓江苏在全国生态文明、环境管理等方面整省试点改革的重大机遇，率先在绿色发展的

---

① 夏光：《绿色发展的三大动力》，《领导决策信息》2017年第5期。

法律法规与制度改革上深入探索突破。及时制定、修订具有时代前瞻性和现实操作性的绿色发展政策体系，为全国尤其是发达地区的绿色发展方案提供决策参考。大力引导政府、企业及公众的绿色发展理念落实到生产生活中来。

激发市场平台运作活力。构建以企业为主体、资源配置高效的绿色市场体系，加速江苏经济社会的绿色转型步伐，着力解决资源环境的突出问题。充分发挥企业在绿色技术研发、绿色产业升级及绿色产品管理中的带动作用，推进"产、学、研、金、介"深度融合。切实履行企业在环境保护中的责任和义务，在资源使用、排污权及碳排放权交易、绿色金融等平台建立上率先垂范。

扩大国际交流合作项目。向国际先进水准看齐，不断加强江苏省与发达国家在绿色发展方面的经验交流与共享。主动拓展和深化国际间绿色发展的合作项目。积极争取有关发达国家对江苏开展绿色创新活动的支持，破解绿色发展中的技术、资金、能力建设等难题。推动先进技术及国际资金的转移和扩散，加快凝聚新时期江苏省绿色竞争的显著优势和目标愿景。

（二）路径建议

绿色发展事关人民福祉、民族未来。作为经济大省和资源小省的江苏，坚持绿色发展既是责任所在，也是使命担当。从国家战略与现实需求的角度，深刻理解"生态优先、绿色发展"的路径指向，突出问题导向，积极主动作为，推动产业结构优化、能源资源利用、生态环境治理、长效机制构建、社会主体参与等方面继续走在全国前列，率先建成全国绿色发展的示范区与标杆区。

1. 产业结构调高调优

积极把握长三角一体化和自贸区建设等国家战略实施机遇，大力推动产业体系向全球价值链中高端迈进。把制造业高质量发展摆在突出位置，着力实现全省三次产业的绿色转型。

主动改造传统发展方式。用环保新标准新技术倒逼传统产业实现绿色转型。推动传统产业智能化、清洁化改造。加快重点行业污染治理设施升级改造。严格控制"两高一资"行业发展，进一步压减钢铁产能，率先在钢铁行业全面完成超低排放改造任务。加强企业、园区与行业间的原料互供和资源共享，由重点工业行业向全行业推行，实施源头替代、过程削减为主的清洁生产改造。

积极构建循环经济体系。强化科技支撑。重点开发一批有重大推广意义的资源节约和综合利用技术，加快低碳绿色科研成果转化和产业化示范。全面推动新能源、储能、智能电网、绿色新材料、新能源汽车等逐步发展成为地方标志性产业。建立从源头节约、循环利用到安全处置全过程的激励机制，强化产品全生命周期的绿色管理，引导企业在清洁生产、自主创新等领域自觉加大投入。

2. 能源资源集约利用

能源资源集约利用是破解环境资源约束、保护生态环境的根本所在。提高能源资源的利用水平，是实现全省绿色转型的必然选择，更是实现生态文明和可持续发展的前提条件。

深化调整能源结构。健全能源消耗强度与能源消费总量"双控"制度。大力推动煤炭消费总量控制，削减非电行业煤炭消费总量。推广应用先进的能源清洁高效利用技术和工艺，近期全面淘汰关停不达标燃煤机组。沿江地区率先实现新能源或清洁能源电动公交"全覆盖"。持续推动钢铁、有色金属、建材、化工等重点耗能行业开展能效"领跑者"计划，树立一批节能标杆型企业。

提升资源利用水平。持续推进"耕地质量保护与提升行动"。结合"高标准永久基本农田建设工程"，全面改善农田水利设施条件。大力开展城镇建设用地提质增效工程。发展节水型产业，推动各种废弃物和垃圾集中处理并资源化利用。大幅提升危险废物安全处置能力以及规范化管理、综合利用水平。组织矿产资源绿色勘查示范工程，探索建立具有江苏特色的矿地融合发展示范区。

3. 环境治理攻坚克难

加大生态环境综合治理力度，重点解决生态环境领域的突出问题。全省以大气、水、土壤污染等为抓手，全面加强环境污染防治。按照保护优先原则，做好山水林田湖草的保护和生态修复工作。

为应对大气污染，近期实施柴油货车污染治理攻坚战专项和挥发性有机物综合治理专项。开展全省臭氧和PM2.5污染协同控制重大专项研究。加大建筑工地、道路、堆场、码头扬尘污染控制。加强重污染天气的应急管控。细化应急减排措施，有效应对重污染天气。

为应对水污染，打好长江保护修复攻坚战，深化太湖生态清淤。全面开展六大重点行业和城镇污水处理厂新一轮提标改造。加大全省13个城市的黑臭水体整治力度。开展"千吨万人"农村及乡镇饮用水源地排查行动。提升污水收集能力、处理能力和达标排放水平。

为应对土壤污染，确保《土壤污染防治法》落实，推动《江苏省土壤污染防治条例》立法进程。做好农用地土壤污染状况详查和企业用地土壤污染调查。推进全省13个土壤污染防治综合先行区建设。加快实施国家及省级土壤污染治理修复技术应用项目。

加大生态修复力度。强化红线意识，优化全省生态功能布局，确保不降低各主体功能区和生态红线区域环境质量。合理设定资源能源消耗上限，切实将经济活动限定在资源环境承载能力范围内。大幅降低生产性岸线开发使用强度，持续推进绿化造林和湿地保护。

提高环境监测能力。加快推进全省网格化监测系统建设，健全各种污染源排放清单动态数据库。推广应用卫星遥感走航观测自动检测等先进手段，提高探明污染物和排放源的准确度。增加布设重大工业园区和重点港口码头等区域的污染预警监测点。

4. 管理机制创新完善

综合运用政府和市场两种手段，完善促进绿色发展的综合政策体系。充分发挥各种政策、法规及市场交易规则的整体调控效应，建立不同行业、部门之间的长效发展机制。

探索促进绿色发展市场体系。一是完善绿色价格体系。根据"环境和资源的有偿使用"原则，通过征收环保税、增加能源消费税、颁发消费许可证以及补贴等方式，发挥好价格杠杆的导向作用。二是健全生态资源市场交易机制。落实用能权、排污权、水权以及碳汇等生态产品交易，真正实现空气、水土和能源等的生态价值。近期针对电力企业率先启动全国碳排放权交易。三是推进生态补偿市场化。在加大财政转移支付力度的同时，探索从生态环保类专项资金转移支付水、土地、矿产、森林、环境等资源费，以及从排污费、景区门票等专项收入中提取一定比例，建立绿色发展专项资金。

充分发挥政府引导管理职能。一是完善绿色发展的地方法律法规与标准。尽快清理修订现行政策制度中与实际绿色发展相冲突的内容，合理制定能耗、水耗、地耗等方面的地方标准。二是加大财政及金融支持力度。通过专项基金、补贴、奖励、贴息与担保等多样化财政资金使用方式引导社会资本进入绿色产业领域。鼓励企业发行绿色债券，在环境高风险领域建立环境污染强制责任保险制度。三是建立健全污染防治制度。尽快建立统一公平、覆盖所有固定污染源的排污许可制，依法核发排污许可证。完善污染防治区域联防联控协作机制。

5. 社会主体多元共治

绿色发展关乎每个人的切身利益，迫切需要增强全社会绿色发展的价值观和责任感，提高绿色发展行动力。建立健全全民参与机制，在全省尽快形成责权利对等及社会共治的良好局面。

采取扶持与激励、监管与约束等多种手段，推进企业、公众和社会民间组织多方参与生态治理的多元化平台建设。一是加大绿色发展信息公开力度。鼓励环境公益诉讼，积极引导社会各方参与生态治理监督、决策与评价，完善政府审议环保决策、企业环保措施审议等听证会制度。二是加强企业社会责任。各类企业广泛制定企业履行社会责任和环境责任的目标及行为准则，细化企业业务及员工的行为规范，构建企业绿色生产决策和管理体系。三是倡导公众行动。将绿色发展的知识理念纳入国民教育体系之中，培育生态文化，倡导全民绿色行动，积极创建绿色机关、绿色学校、绿色社区等载体平台。

江苏城乡融合发展的主要障碍与实现路径

刘明轩　顾纯磊*

摘　要： 城乡融合发展是城乡发展改革的延续和深化，代表了新时代新型的城乡关系。当前江苏的乡村要素市场活力增强，但城乡一体化的要素市场仍有待健全；城乡基础设施和公共服务普及，但均等化发展的制度仍需完善；农业和农村居民收入飞速提升，但尚未达到与城镇协同发展的水平。江苏的城乡融合发展，关键在于对农村土地要素进一步赋能和放活，吸引人才、资金投向农业和农村，在此基础上发挥乡村发展支持政策的功效。同时，应主要做好基础设施城乡一体化建管机制的建立，优先推进城乡教育的均等化，并努力保障医疗和养老的底线。

关键词： 城乡融合　乡村振兴　要素市场　公共服务

改革开放以来，为了迅速提升乡村发展水平，打破城乡二元经济社会结构，形成城乡发展一盘棋的格局，从十六大到十九大，党中央陆续提出了"城乡统筹发展"、"城乡一体化"和"城乡融合发展"的战略思路。作为改革的延续和深化，党的十九大报告提出要"建立健全城乡融合发展体制机制和政策体系，加快推进农业农村现代化"，这是党中央在深刻把握我国

* 刘明轩，江苏省社会科学院农村发展研究所助理研究员；顾纯磊，江苏省社会科学院农村发展研究所助理研究员。

城乡关系动态演变的基础上提出的新的城乡发展要求。江苏作为沿海经济发达省份，长期以来持续深入推进城乡一体化发展，为江苏在新时代推进城乡融合发展奠定了坚实基础。但同时也要清醒地认识到，江苏距离城乡融合发展的要求还有不小的差距，推进城乡融合发展还面临着不少的困难与障碍。本文将从城乡融合发展的内涵出发，分析当前江苏推进城乡融合发展的现状和主要障碍，并有针对性地提出解决之策和实现路径。

一 城乡融合发展的内涵

城乡融合的首倡者是恩格斯，他在1847年《共产主义原理》中最早提出了"城乡的融合"："通过消除旧的分工……以及城乡的融合，使社会全体成员的才能能得到全面的发展"[①]，城乡融合就是"将把城市和农村生活方式的优点结合起来，避免二者的片面性和缺点"[②]。英国城市学家埃比尼泽·霍华德在19世纪末创立的田园城市理论中提出"城市和乡村都各有其优点和相应缺点，而'城市—乡村'则避免了二者的缺点"，"城市和乡村必须成婚，这种愉快的结合将迸发出新的希望、新的生活、新的文明"。20世纪60年代，美国著名城市学家刘易斯·芒福德也指出："城与乡，不能截然分开；城与乡，同等重要；城与乡，应当有机结合在一起。"[③]

从城乡统筹、城乡一体化到城乡融合发展，不仅是对城乡关系持续而深入地进行改革和塑造，也体现了不同时期的工作重点。党的十六大和十六届三中全会提出"城乡统筹发展"，使农村和"三农"问题首次被置于最重要的地位，多年来农业和农村支持工业和城市的格局被颠覆，"工业反哺农业，城市支持农村和多予少取放活"的方针被确立，乡村和城镇的地位走向平等。农业税被全面取消，中央开始不断地加大对农业和农村的投入。党

---

① 《马克思恩格斯选集》第四卷，人民出版社，1958，第371页。
② 《马克思恩格斯选集》第一卷，人民出版社，1995，第204页。
③ 景普秋、张复明：《城乡一体化研究的进展与动态》，《城市规划》2003年第6期，第30～35页。

的十七大和十七届三中全会提出"城乡一体化发展",提出"尽快在城乡规划、产业布局、基础设施建设、公共服务一体化等方面取得突破,促进公共资源在城乡之间均衡配置,生产要素在城乡之间自由流动,推动城乡经济社会发展融合"。这一时期的主要工作重心在于从空间和产业布局等方面重视农村的发展,对农村的基础设施、公共服务,农村居民和转移劳动力的社会保障服务等方面进行补缺式投入。而党的十九大提出的"城乡融合发展"则标志着改革进入了深水期,将在前期改革的基础上,触碰一些较为根本和敏感的区域,在不断尝试探索的基础上,解决城乡二元结构的根本问题,实现城乡彻底的融合发展。这个时期的工作重点主要在于建立起城乡融合的要素市场,对农村土地制度、集体产权制度、户籍制度等进行改革。

因此城乡融合发展,意在打破城乡二元经济社会结构,不仅包含了"城乡统筹""城乡一体化"的含义和内容,更是在此基础上的延续和深化。其中,"融"体现了城乡的一体化、均等化,包含了两个方面的重要改变:第一,从市场角度而言,要打破以前城乡要素市场分割的状况,使城乡之间的要素能够按照市场规律自由流动,实现效益最大化的配置;第二,从政府角度而言,要改变从前基础设施和公共服务在城乡之间的不平等供给,实现基础设施、公共服务和社会保障均等化,保证城镇和乡村地区拥有平等的发展环境和发展机会。"合"则体现了最终城乡合为一体,相互合作、配合,形成虽在经济、社会、文化形态上各具特色,但总体发展水平相一致相协调的发展态势。

在这里特别需要提出的是,虽然城乡融合将城乡置于平等发展的水平,但由于历史发展原因,我国乡村地区的发展远远落后于城镇地区,所以城乡融合发展的重点和难点工作往往落在如何补齐乡村发展的短板,使乡村振兴、城乡协调发展。

二 江苏城乡融合发展的现状和障碍

从含义出发,对江苏城乡融合现状和障碍的分析主要从两方面进行:一方面，分析城乡劳动力、土地、资本要素市场的融合发展和双向流动状况；另一方面，分析公共部门提供的城乡基础设施、公共服务和民生保障的均等化状况。

（一）乡村要素市场活力增强，但城乡一体化的要素市场仍有待健全

1. 常住人口城镇化率持续提高，城乡人口素质差异较大

近年来，随着户籍制度的开放和新型城镇化的推进，江苏城乡劳动力的流动更加频繁和顺畅，农村劳动力转移数量持续增加，常住人口城镇化率也持续提高。由表1可见，2018年江苏常住人口城镇化率达到了69.6%，比2015年高出3.1个百分点，比2010年高出9个百分点。与此同时，近十年以来，江苏的常住人口城镇化率比全国平均水平稳定高出10个百分点左右。与其他发达省份相比，江苏与浙江的常住人口城镇化率旗鼓相当，但近三年来江苏一直略高于浙江；与广东相比，江苏的常住人口城镇化率尚存在一定的差距，但近三年来差距在逐渐缩小，保持在1个百分点左右。可见，江苏的常住人口城镇化率在全国处于领先水平，但仍有上升的空间。

表1　江苏与部分经济发达省份城镇化率（2010年、2013年、2015～2018年）

单位：%

	2010年	2013年	2015年	2016年	2017年	2018年
江苏	60.6	64.1	66.5	67.7	68.8	69.6
浙江	61.6	64.0	65.8	67.0	68.0	68.9
广东	65.0	67.8	68.7	69.2	69.9	70.7
全国	50.0	53.7	56.1	57.4	58.5	59.6

资料来源：历年全国及各省区市统计公报。

城乡劳动力的自由流动，在一定程度上造成了城乡人口素质的差异。对比2017年城乡人口年龄和受教育程度的分布，可以发现，与城镇人口相比，乡村人口老龄化、低学历的特点突出。从年龄分布来看（见图1），乡村地

区 60 岁及以上的人口占比最多，高达 28.5%，且明显比城镇地区要高；而20～29 岁、30～39 岁年龄段的青壮年人口比例总共只占 22%，明显偏低。从受教育程度来看（见图 2），乡村受过小学及以下，以及初中教育的人口比例占到了 80% 以上，明显要高于城镇地区；高中、大专以上教育的人口明显偏低，特别是受过大专及以上教育的人口，仅占乡村人口数的 5.8%。

城乡之间人口素质的差异，乡村人口和劳动力的老龄化和低学历化，是由当前城乡之间的劳动力报酬差异导致的，劳动力报酬差异又是由城乡产业发展的差异造成的；这一部分是由产业本身固有特点决定的，但仍有一部分是由城乡要素的双向流动机制尚未完善所造成的。特别是农村土地要素市场的不完善，使稳定的适度规模经营难以形成，对农业的大规模投资风险重重，新型农业经营主体群体很难成长和稳定，农业现代化进程受阻，农业生产效率无法持续提升。这就导致了乡村地区留不住也吸引不了人才和优质劳动力，进一步阻碍了乡村产业和经济的发展。

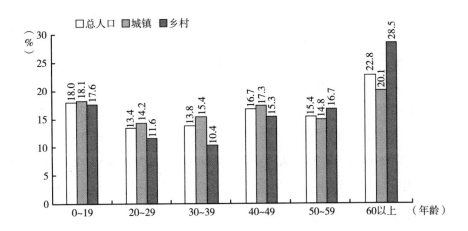

图 1　2017 年江苏城乡人口年龄分布对比

资料来源：《江苏统计年鉴 2018》。

2. 农村土地改革试点工作深入推进，三权分置带来新问题

近年来，江苏 5 个国家级农村改革试验区和 13 个省级农村改革试验区在农村土地改革方面承担和开展了多项试点工作。遵循"确权、赋能、搞

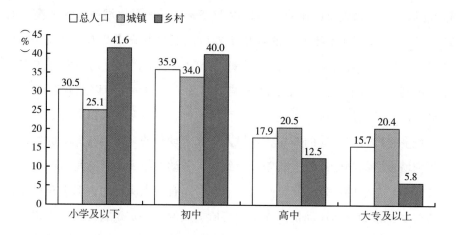

图2　2017年江苏城乡人口受教育程度分布对比

资料来源:《江苏统计年鉴2018》。

活"的总体思路,江苏农村土地要素市场逐步被激活,土地要素开始有序流转。自从2015年被农业部确定为农村土地承包经营权确权登记颁证整省推进试点省份以来,江苏探索发展出"653"工作路径,面向全省1100多万农户全面开展了承包地的确权登记颁证。截至2017年底,全省98%应确权村完善了确权合同,90%登记颁证完毕。同时,江苏采取了加强土地产权交易市场建设、规范统一土地流转合同文本、组建农村土地股份合作社、建立土地流转财政补偿机制、出台工商资本租地监管实施意见等方式,促进土地流转。到2017年底,全省农村土地流转面积达3113万亩,占全省承包地面积的60%。[①] 除此以外,苏州虎丘区、南通如皋市还开展了农村土地承包经营权自愿有偿退出的试点工作。

在农村集体经营性建设用地改革方面,常州市武进区作为全省唯一入选的试点,全面完成了入市改革的任务。武进区探索建立了"同权同价、流转顺畅、收益共享"的农村集体经营性建设用地入市制度,开发了农村集体经营性建设用地的网上交易系统,并和国有建设用地的网上交易并网运

---

① 于利中:《江苏改革年鉴》,江苏人民出版社,2018,第335～336页。

行，真正实现了城乡融合的建设用地市场。截至 2018 年底试点工作结束时，武进共完成了 9831 宗农村集体经营性建设用地入市的交易，占全国总量的88%。① 在宅基地改革方面，江苏也于 2019 年开始在南京高淳区、无锡惠山区、常州武进区等六个县（市、区）开展闲置农房、宅基地的盘活利用试点工作。

同时必须注意到，当前的农村土地改革，以所有权、承包权和经营权三权分置为主要思路，突破了法律上的一些限制，使农村土地的经营权得以交易流转，但也带来了一系列新问题。以最先改革的承包地来说，取消农业税费以后，各类与耕地捆绑的惠农支农补贴不断增加，再加上耕地承包和经营的分离（包括土地流转、代耕代种的普及推广等），承包耕地成了一件权责分离、稳赚不亏的事。在这样的前提下，多占地就多收益，确定承包权就带来了很多群众间以及群众与村集体间的矛盾和问题。此外，由于经营权只是土地的部分权能，这就造成了一部分如抵押、担保等扩展功能难以顺畅实现；与土地相关的一部分收益权，如政府补贴等也难以划分归属；通过租赁获得了土地短期的经营权而不具备土地长期承包权的经营者，也不太可能对土地抱有长期投资和投入的心态，一遇到风险很容易发生撂地、毁约的现象。此外，农村集体经营性建设用地和宅基地仍有待进一步赋能放活。

3. 集体产权制度改革归股于民，社会资本下乡仍存顾虑

促进城乡资金要素的双向流动，在由乡至城的方向上，更多地表现为保障离土离乡农民的合法财产权益，使农民的财产和由此带来的收益能够随农民的流动而转移。农村集体产权股份合作制改革，让农民变股东，则是保障农民财产收益的一环。江苏早在 2005 年就开始了农村社区股份合作制改革，要求各地尽可能地实现"资源资产化、资产资本化、资本股份化"。2014 年南京市获批为全国第二批农村改革试验区，同时在苏州、扬州、泰州等地，农村集体产权股份合作制改革的试点工作也全面展开。2018 年，江苏被确

---

① 鞠燎原、马叶星：《武进率先完成农村集体经营性建设用地入市，占全国 88%》，https://www.sohu.com/a/284549110_ 124732，2018 - 12 - 26。

认为全国农村集体产权制度改革整省试点省份，目前已经完成全市农村社区的清产核资工作，预计到 2020 年全部实现经营性资产股份合作制改革。在这一过程中，全省各地在人员认定、股权确定、三资管理等方面因地制宜实践总结出了一套合理稳当的工作方法，使改革工作顺利推进。2015 年开始，苏州市吴中区又被确定为国家级试点单位，探索实现农村集体资产股份权能的改革，开展农民对集体资产股份占有、收益、有偿退出及抵押、担保、继承权六项权能改革试点。

在推动社会资本投资乡村振兴方面，江苏也是先行省份。截至 2017 年底，江苏的农业固定资产投资已经达到了 472 亿元，其中民营资本占比 66%，比 2016 年增加 18 个百分点，高出全国平均水平 10 个百分点；加上其他社会资本，江苏的社会资本投资占农业固定资产投入超过 80%。① 2018 年底江苏省人民政府又出台了《关于引导社会资本更多更快更好参与乡村振兴的意见》，为社会资本参与乡村振兴投资明确了重点方向，细化了支持政策，健全了服务平台。同时，省财政也通过以奖代补、民办公助、政府购买服务等多种形式，对社会资本投资项目进行支持；并通过与金融机构合作，打造融资、担保、股权和债权投资等平台，以市场化的方式，撬动工商和金融资本，扶持优质企业和项目。

而阻碍社会资本投入乡村的主要障碍仍然在于土地。如前文所述，当前承包地经营权只具备部分权能，使投资者不敢投资；而农村建设用地的缺乏以及无法入市流动使投资者无处投资，投资也无法变成资产，交易、转让、再融资等十分困难。

（二）城乡基础设施和公共服务普及，均等化发展的制度仍需完善

1. 乡村基础设施建设基本齐备，长效管护制度有待建立

经过几轮对乡村基础设施建设的大力投入，江苏的乡村基础设施建设基

---

① 江苏省农业农村厅：《〈关于引导社会资本更多更快更好参与乡村振兴的意见〉解读》，http：//www.js.gov.cn/art/2019/1/2/art_32648_7991343.html，2019-01-02。

本齐备。根据第三次农业普查数据，2016 年末，全省 99.9% 的村通公路，100% 的村通电和电话，99.3% 的村通宽带互联网，99.6% 的乡镇实施集中或部分集中供水，98.6% 的乡镇生活垃圾集中或部分集中处理，98.9% 的行政村生活垃圾集中或部分集中处理，94.5% 的村完成或部分完成改厕，36.5% 的村生活污水集中或部分集中处理。并且乡村基础设施建设还在不断完善中。2018 年，全省新建农村公路 4838 千米、桥梁 2874 座、农桥 6216 座，新增 88 个乡镇开通镇村公交，开通率达到 83.7%，预计 2019 年底开通率超过 90%。①

虽然江苏形成的基础设施建设基本齐备，但基础设施初建以后，仍需要投入一定的资金和人力对其进行维护和管理，而这一套长效管护机制目前尚未建立。特别是在苏北经济欠发达地区，在基础设施建成以后，来自省市一级财政的投入便大量减少。除了财政奖补资金，行政村层面的各类基础设施建设资金仍需自筹，各类基础设施的维护和管理工作就变得举步维艰。这就使部分地区乡村道路、水利等设施老化严重，年久失修，使用效率下降，对前期建设的投资也是一种浪费。

2. 公共服务和社会保障体系逐步完善，城乡差距依旧存在

在省委、省政府的不断推进和努力下，近年来江苏的基本公共服务和社会保障体系逐步完善。2017 年，江苏省先后出台了《关于印发江苏省"十三五"时期基本公共服务清单的通知》和《江苏省"十三五"时期基层基本公共服务功能配置标准（试行）》等政策性文件，将江苏省基本公共服务清单明确为 10 个领域 86 个服务项目，对城乡基本公共服务进行了全方位和系统性的设计和规划，成为全省"十三五"时期乃至未来一段时间基本公共服务发展的重要引领。截至 2018 年，江苏基层基本公共服务体系建设和功能配置标准化的总体实现度分别达到 96.3% 和 90% 左右。江苏省统计局委托第三方专业调查公司组织开展的全省基本公共服务体系建设成效百姓满

① 郑焱、沈和、金世斌等：《2018 年江苏民生发展报告》，《唯实》2019 年第 6 期，第 26 ~ 36 页。

意度调查结果也显示，2018 年全省基本公共服务建设百姓满意度得分 82.7 分，比上年提高了 7.6 分①。在社会保障方面，积极实施全面参保计划，2018 年江苏各类城乡基本社会保险参保率在 97% 以上，且统筹层次和保障水平还在不断提高。

但是，基本公共服务和社会保障体系在城乡之间发展不平衡依然比较明显。如生活污水处理方面，目前江苏省城镇已经基本实现生活污水处理设施及配套管网全覆盖；根据《江苏省农村人居环境整治三年行动实施方案》，苏南地区和其他有条件的地方，预计 2020 年实现行政村生活污水处理设施全覆盖；而苏中、苏北地区仅有 60% 的行政村建有生活污水处理设施及配套管网。再如养老保障方面，2018 年退休人员养老金平均调整提高 5%，而企业退休人员平均调整提高超过 5.5%，在原本基数就较大的基础上，城乡差距进一步拉大。许多农村老人仅享有最低标准的城乡居民基本养老保险，每人每月 135 元（2018 年）。虽然生活成本相对较低，但农村地区很多老人除此之外并无其他收入来源，基本生活难以支撑。

（三）农业和农村居民收入飞速发展，但尚未能与城镇协同发展

1. 农业现代化加快推进，但整体发展水平仍然较低

随着农村体制机制改革不断深化，要素市场一再放活，江苏农业现代化进程也不断加快。新型农业经营主体蓬勃发展，农业基础设施和机械化水平不断提高，农业科技进步贡献率不断增长，绿色农业、智慧农业、订单农业等新业态频出，农村一二三产业融合发展欣欣向荣。截至 2018 年底，江苏高效农业占比达 19.6%，高标准农田占比达 61%，农业机械化水平达 84%，农业科技进步贡献率达 68%②。

但需要正视的是，即便如此，江苏当前的农业和乡村产业仍处于较低的

---

① 江苏省统计局专项调查处：《2018 年全省基本公共服务建设百姓满意度大幅提高》，http://tj.jiangsu.gov.cn/art/2019/9/9/art_4027_8706821.html，2019 - 09 - 09。

② 江苏省统计局、国家统计局江苏调查总队：《2018 年江苏省国民经济和社会发展统计公报》，《新华日报》2019 年 3 月 8 日。

发展水平：农业现代化、产业化、品牌化水平较低，农产品质量普遍不高，科技含量低，农业劳动生产率与城市差距较大，第三产业发展不足特别是农业生产性服务发展不足，一二三产业融合发展还存在诸多障碍等方面，农村产业总体处于产业链与价值链的中低端。农村产业转型升级明显慢于城市产业转型升级，城乡产业发展的水平与层级差异较大，制约城乡产业融合发展。

2. 城乡居民收入和消费水平差距缩小，但农民增收压力加大

在中央以及江苏省委、省政府一系列惠农支农政策的支持下，江苏省农村居民收入实现较快增长。据城乡一体化住户调查，2018 年，全省居民人均可支配收入为 38096 元，比上年增长 8.8%。按常住地分，城镇居民人均可支配收入为 47200 元，增长 8.2%；农村居民人均可支配收入为 20845 元，增长 8.8%。城乡居民收入差距进一步缩小，城乡居民收入比由上年的 2.28∶1 缩小为 2.26∶1。全省居民人均消费支出 25007 元，比上年增长 6.6%。按常住地分，城镇居民人均消费支出 29462 元，增长 6.3%；农村居民人均消费支出 16567 元，增长 6.1%。[①]

虽然江苏省农民收入持续增长，城乡居民收入比持续缩小，但是城乡居民收入差距依然较大，城乡收入比距离比较合理的 1~1.5 的区间依然较远。且随着经济下行的压力加大，处于非农产业底层的农民工工资首先会受到影响；除非产业化和规模化，否则农业经营性收入也很难获得突破性增长；而农村居民财产和资本积累原本就较为薄弱，又缺乏投资渠道，财产性收入很难提高；靠转移支付提高总体收入不是可持续发展的长久之计。由此可见，农民增收的压力，城乡居民收入和消费水平差距缩小的压力越来越大。

三　江苏城乡融合发展的实现路径

当前江苏的城乡融合发展，关键在于促进城乡要素市场的融合发展，而

---

① 江苏省统计局、国家统计局江苏调查总队：《2018 年江苏省国民经济和社会发展统计公报》，《新华日报》2019 年 3 月 8 日。

建立融合发展的城乡要素市场，核心就是要继续深化农村土地改革，对农村土地要素进一步赋能和放活。唯此才能解除创业者和投资者的顾虑，吸引人才、资金投向农业和农村。有了这些发展的必备要素，对乡村发展的支持政策才能发挥功效，真正实现乡村振兴。在城乡基础设施、公共服务和社会保障的均等化方面，江苏在前期已经打下一定的基础，且当前江苏省的农业、农村尚处于转型期，经济和社会形态还可能发生较大的改变。因此，当前的基础设施应在维持现状的基础上，主要做好城乡一体化建管机制的建立；在很难一步实现公共服务和社会保障完全均等化的情况下，要优先推进城乡教育的均等化，并努力保障医疗和养老的底线。

（一）深入推动农村土地经营权和使用权的权能改革，探索有偿退出

对农村土地的经营权和使用权进行深入的权能改革，就是要厘清农村居民和土地经营者之间的权力和利益分配关系，不让农民吃亏，也保障经营得以顺利进行。首先要建立规范的土地流转机制，引导土地流转双方签订规范标准的流转合同，通过农村产权交易平台进行交易，维护流转双方的合法权益。其次要维护经营主体从事经营所需的各项权力，积极稳妥地拓展土地经营权的权能，保障稳定的经营预期。经营者对于土地的投资有权依照合同得到合理的补偿，有权在合同到期后同等条件下优先续租土地。建立有效的土地评估机制和机构，探索土地经营权入股、抵押贷款、再流转等功能，进一步放活土地经营权。再次要探索推进农村集体经营性建设用地入市，建立城乡融合的建设用地市场；试点推进农村宅基地"三权分置"的改革，盘活闲置的农房和宅基地。最后要在苏南等有条件的地区开展承包地和宅基地的有偿退出，优化土地资源配置。

（二）创造良好的乡村营商环境，吸引创业者、投资者和技术人才

综合利用财政、金融、税收等激励机制，健全乡村创业投资服务平台，

深化"放管服"改革，营造公平、开放、透明、法治化、便利化的乡村营商环境，稳定市场主体预期，以乡愁乡情为纽带，吸引各类高端人才返乡入乡为城乡融合发展提供资金、产业、技术等支持。加大财政资金奖补力度，强化金融支持，降低各项税费等成本，构建支持社会资本投入乡村振兴的综合政策体系。加快现代农业产业园、农民创业园、农产品电商园等创业孵化平台建设，完善产权交易平台，建设科技支撑平台，为企业家创业和高端人才就业提供支持和便利。深化行政审批制度改革，完善政务公开制度，及时发布财政支农项目政策、项目申报信息等，确保项目立项公开公平公正，为乡村投资创业者提供及时公正的公共服务。

（三）完善乡村发展支持保护政策，助力城乡协同发展

完善乡村产业、生态、文化发展的支持保护机制，尽快补齐乡村发展各方面的短板。在乡村发展的空间规划上，要编制城乡统筹、多规合一的发展规划，以特色小镇建设为节点，因地制宜，分类推进村庄的建设和打造。在乡村产业方面，要以市场需求为导向，调整农业产业结构，走质量兴农、绿色兴农、品牌兴农、融合兴农之路，加快构建农业补贴政策体系，积极培育并形成稳定成熟的新型农业经营主体和社会化服务体系。支持农产品加工业、乡村电商物流以及乡村文旅产业的发展，构建一二三产业融合附加值不断升高的乡村产业发展新体系。在乡村生态方面，要明确建立政府主导、市场化运作、社会各界广泛参与的乡村生态环境可持续发展机制。推进农业绿色生产，持续改善村庄人居环境，强化对自然和生态资源的保护与修复。在乡村文化的保护传承和发展方面，要注意保护好各类乡村物质和非物质文化遗产，合理开发，适度利用，推动乡村优秀传统文化创造性转化、创新性发展。

（四）建立城乡一体的基础设施多元建管机制，保障基本生产生活条件

基础设施建设的投入成本巨大，而江苏乡村人口还在变化和流动中，

镇、村格局还可能发生改变，从资源节约和提高效率的角度而言，基础设施的建设管护需要分类有序推进。首先，从建设重点上来说，应该保障道路、水利、生活用水等涉及基本生产生活条件的基础设施，优先得到投入和升级。其次，从投资主体来说，应根据基础设施性质进行分类，进行多元化投资：对于道路、水利等必要性强、正外部性大的，应由政府主导投资；对于供水供电、物流通信、垃圾污水处理等能产生一定经济收益的设施，应引入企业投资和市场化运作。最后，应建立城乡一体化的管护机制，将道路、水利等公益性基础设施纳入一般财政公共预算，其余收益专属性较强的设施建立起谁拥有谁受益则谁管护的机制；同时，可引入专业第三方企业，提高基础设施管护的市场化程度。

（五）优先推进城乡教育的均等化，守住养老和医疗服务的底线

在基本公共服务和社会保障当中，因为教育直接关系到未来和下一代人的发展，因此要优先加以保障。优先发展农村的教育事业，建立城乡教育资源的均衡配置机制。优化城乡学校布局，健全教师交流制度，促进学校办学条件、办学经费和师资力量的合理配置，完善教育信息化发展机制，实现优质教育资源城乡共享均衡、各类教育协调发展，教育质量持续提高。对于医疗服务和养老保障要守住底线，全面建立分级诊疗制度，加强乡村医疗卫生人才队伍的建设，加快网络化服务体系的建设，鼓励建立城市大医院与县医院之间的远程医疗机制。继续完善城乡统一的基本医疗保险、大病保险和基本养老保险制度，巩固推广医保的异地就医联网结算，构建多层次的农村养老保障体系，创新多元化照料模式。

中国（江苏）自由贸易试验区
建设路径与对策

丁 宏*

摘　要： 习近平总书记指出，建设自由贸易试验区是党中央在新时代推进改革开放的一项战略举措，在我国改革开放进程中具有里程碑意义。要在深入总结评估的基础上，继续解放思想、积极探索，加强统筹谋划和改革创新，不断提高自由贸易试验区发展水平，形成更多可复制可推广的制度创新成果，把自由贸易试验区建设成为新时代改革开放的新高地。这既体现了党中央对自由贸易试验区的高度关心和期待，又为未来自由贸易试验区建设指明了方向。江苏是经济大省，也是开放大省，习总书记2014年12月视察江苏时要求，"努力建设经济强、百姓富、环境美、社会文明程度高的新江苏"，这些都为江苏省的自由贸易试验区建设提供了根本遵循。必须在充分把握新时代改革开放新形势、新要求的基础上，全面深化自由贸易试验区改革开放，始终坚持以制度创新为核心任务，以更深层次、更宽领域扩大开放为基本方向，以推动高质量发展为根本要求，努力推出更多首创性制度创新和具有较强国际竞争力的开放政策，使自由贸易试验区（以下简称自贸试验区）成为江苏省深度融入经济全球化的重要载体。

＊ 丁宏，江苏省社会科学院科研处副处长（主持工作），研究员。

关键词： 自贸试验区　制度创新　江苏省

一　新时代江苏建设自贸试验区面临的形势和机遇

1. 从国际形势看，当今世界面临前所未有之大变局，国际经贸规则发生深刻变化及充满不确定性，危机与机遇并存

大国博弈和战略竞争加剧，全球贸易投资格局面临变局。全球经济稳定增长的基础仍然脆弱，世界经济下行压力依然存在，国际经济格局将延续"东升西降"态势，新兴经济体和发展中国家群体性崛起。新技术革命加速突破，抢占价值链、创新链、产业链、供应链高端的竞争日趋激烈。中美经贸摩擦带来极大的不确定性，同时也为我们化危为机、危中求机提供了重要机遇。自贸试验区的建设，可以更好地适应国际环境中的有利条件和不利因素，提出抵御风险冲击的战略先手和应急预案，牢牢掌握战略主动，抓住用好战略机遇期，更好防范风险挑战。

2. 从国内形势看，我国将进入全面建设社会主义现代化强国的新时代，发展的重要战略机遇期大前提没有变，我国国际影响力将大幅提升，进入新型大国关系的构筑期

我国将进入由全面建成小康社会向基本实现社会主义现代化迈进的关键时期，习近平总书记在2018年底的中央经济工作会议上作出了我国发展的重要战略机遇期没有变的判断并赋予新的内涵。我国将成为世界第一出口和进口大国，将对全球贸易结构、贸易规则和增长动力结构产生重大影响。自贸试验区的建设，有助于深化创新能力开放合作，更加主动参与国际经贸规则制定，不断提升贸易投资自由化便利化水平，深度融入全球贸易、投融资、生产服务网络，促进国际产能合作，不断增强我国经济创新力和竞争力，加快培育国际合作和竞争新优势。

3. 从省内形势看，江苏省正处于高质量发展和开启社会主义现代化建设新征程的关键时期，自贸试验区的设立意味着重大政治责任和为建设新时代改革开放新高地提供了关键支撑

习近平总书记高度重视自贸试验区改革发展，亲自谋划、亲自部署、亲自推动。这次江苏自贸试验区的设立，充分体现了习总书记对江苏工作的重视和关心，承载着党中央、国务院的信任和重托。习近平总书记 2014 年视察江苏的重要讲话指示中，提出"江苏要努力在全面深化改革中走在前列"的要求，在"经济强"方面强调了产业转型升级、实施创新驱动战略、增创开放型经济新优势等重要内容，是建设中国（江苏）自贸试验区的根本遵循。江苏省有必要围绕国家战略，结合江苏特色，进行大胆创新、先行先试，找准先行先试的突破口，通过试错和风险压力测评，率先形成可供国务院复制推广的制度经验，积极推进产业转型升级，努力提升发展质量，加快构建开放型现代产业体系，形成更高层次全面开放新格局，寻求"十四五"经济社会发展新动能，为把江苏建设成为新时代改革开放新高地提供有力支撑。

二　江苏自贸试验区建设的主要方向

1. 江苏建设好自贸试验区的基础条件

（1）开放型经济发达。2018 年江苏省实施国际综合交通体系拓展等"五大计划"，新增"一带一路"沿线对外投资项目 230 个，同比增长 50%；对共建"一带一路"国家出口增长 9.6% 以上（人民币计价），占比提升到 24% 以上。进出口增长 9.6%（人民币计价），其中出口增长 8.6%，实际使用外资 255 亿美元，同比增长 1.6%。制定出台高质量推进"一带一路"交汇点建设的意见，着力打造连云港战略支点，中哈物流合作基地、上合组织（连云港）国际物流园建设高标准推进。精心组织参与首届进口博览会，累计成交金额 58.9 亿美元，居全国第二位。积极复制推广国家自贸试验区改革政策，开发区转型发展、特色发展步伐加快，国家级开发区数量及绩效位居全国前列。国家高新区在全国率先实现设区市全覆盖。

（2）实体经济基础雄厚。2018年全省地区生产总值增长6.7%，总量达9.26万亿元。固定资产投资增长5.5%，其中，工业投资、工业技改投资、民间投资分别增长8%、10.7%、10.8%。228个省重大实施项目完成投资5300亿元。社会消费品零售总额增长8.2%，限额以上网上零售额增长25%。战略性新兴产业、高新技术产业产值分别增长8.8%、11%，占比提高至32%、43.8%；高技术制造业、装备制造业增加值分别增长11.1%和8%，分别高于规模以上工业6个和2.9个百分点。实现一般公共预算收入8630亿元，增长5.6%，其中税收收入增长12%，税收占比达84.2%，同比提高4.8个百分点；规模以上工业企业利润增长8.4%。预计单位地区生产总值能耗下降5.5%，单位地区生产总值二氧化碳排放量下降4.5%，煤炭消费总量比2016年减少1800万吨以上，资源利用效益明显提升。

（3）科技创新能力强。2018年全社会研发投入占比达2.64%，万人发明专利拥有量为26.45件，比上年增加3.95件，科技进步贡献率达63%。加快培育具有自主知识产权和自主品牌的创新型领军企业、独角兽企业和瞪羚企业，新认定国家高新技术企业超过8000家。企业研发经费投入占主营业务收入比重提高至1.3%，大中型工业企业和规模以上高新技术企业研发机构建有率保持在90%左右，国家级企业研发机构达到145家，位居全国前列。把提高自主创新能力作为核心环节，聚焦产业升级需求，大力实施前瞻先导技术专项，集中力量加大对"卡脖子""牵鼻子"关键技术攻关力度，组织开展关键核心技术攻关131项。进一步完善科技成果转化政策体系，实施重大科技成果转化124项。未来网络、高效低碳燃气轮机两个国家大科学装置落户江苏省，网络通信与安全紫金山实验室启动建设，建设国家和省级重点实验室171个，国家级工程技术研究中心、国家重点实验室、国家级孵化器数量位居全国前列。

（4）试点地区优势突出。南京江北新区拥有国家级新区、自贸试验区和苏南自主创新示范区"三区叠加"的优势，将重点发展集成电路、生命健康、人工智能、物联网和现代金融等产业，建设具有国际影响力的自主创新先导区、现代产业示范区和对外开放合作重要平台。苏州工业园区有着20多年的中新国际合作优势，将充分叠加自贸试验区和自主创新示范区功能优势，以建设世界一流高科技产业园区为目标，促进开放与创新融合、创新与产业融合、产业与城市融合，打造全方位开放高地、国际化创新高地、高端化产业高地、现代化治理高地。连云港是亚欧之间重要国际交通枢纽，在国家生产力布局中占有重要地位，将充分发挥开放、改革、创新的叠加效应，基本建立同国际投资和贸易通行规则相衔接的制度体系，形成市场化、法治化、国际化营商环境。新亚欧陆海联运通道、国际航运、国际物流、国际贸易平台建设取得新突破，形成新一轮全面开放新格局，为全面推动实体经济创新发展和产业转型升级发挥更大作用。

（5）为全国探路的一贯优势。为全国发展探路，是中央对江苏的一贯要求。改革开放以来，江苏敢闯敢干，以首吃"螃蟹"的精神实现了乡镇企业的异军突起、外向型经济的突飞猛进和创新型经济的蓬勃发展，以"江苏担当"推进"江苏探索"，以"江苏智慧"贡献"江苏作为"。进入新时代，习近平总书记为江苏擘画了"经济强、百姓富、环境美、社会文明程度高"新蓝图，站在新起点，江苏以先行者的担当和奋斗者的自觉，推动高质量发展走在前列，努力在高水平全面建成小康社会的基础上，积极探索基本实现现代化新征程。

江苏的发展对标国际一流仍然存在差距，如实体经济发展面临较大困难，产业结构不平衡，经济下行压力有所加大；自主创新能力还不强，创新生态体系不完善、创新成果转化不足，构建自主可控现代产业体系任重道远；资源环境约束趋紧，大气、水、土壤等污染防治形势依然严峻；国际交通枢纽建设滞后；等等。这些都可以在江苏自贸试验区的建设过程中，采取有力有效措施，切实加以解决。

2. 主攻方向

以习近平新时代中国特色社会主义思想为指引，深入贯彻党的十九大精神，认真落实党中央、国务院关于建设自贸试验区决策部署，围绕打造"开放型经济发展先行区、实体经济创新发展和产业转型升级示范区"的战略定位，坚持和加强党对改革开放的领导，以供给侧结构性改革为主线，以制度创新为核心，聚焦定位、突出特色，深化改革、系统集成，推动全方位高水平对外开放，加快"一带一路"交汇点建设，以制度创新、平台融通、产业互动为重点，建立健全自贸试验区创新推进机制和保障体系，把自贸试验区建设成为新时代改革开放的新高地，为加快建设经济强、百姓富、环境美、社会文明程度高的新江苏注入强劲动力。

3. 基本策略

坚持国际视野，树立自贸试验新标杆。瞄准"两个一百年"奋斗目标，对标国内外自由贸易发展先进区域，全面对标找差，在更宏大的发展格局中审视自我，以更宽广的视野来理解和把握发展定位，积极探索适合自身发展的新路子，高标定位、高点起步、系统集成，全力打造国内一流、国际公认的自贸试验区，奋力走在全国自贸区建设的前列。

坚持制度创新，破解改革发展新难题。深刻领会中央设立自贸区的战略意图，以解放思想为引领、制度创新为核心、市场需求为导向、解决实际问题为着力点，在国家顶层设计框架内，在守住稳定、安全、生态、廉政四条底线的前提下，大胆试、大胆闯、自主改，抓紧推出集成创新具体清单，进行"集大成"式的复制推广，在理念、思路、机制、方法等各方面加大改革创新力度，充分展现自贸区建设的探索性创新性引领性。

坚持创新驱动，打造实体经济新引擎。要充分发挥区域科创资源密集优势，高度重视建设国际化的区域创新体系，大力集聚创新资源，加快产业结构战略性调整，发挥产业集聚和科技创新的协同效应，在创新策源地打造上取得新突破，走创新驱动、内生增长的发展道路，着力推动产业集群和产业链关键环节创新，打造世界级产业集群，使创新成为江苏自贸试验区建设的核心引擎。

坚持全面开放，构筑未来发展新格局。深度融入全球化，积极服务"一带一路"建设、长江经济带发展和长三角区域一体化发展，发挥好多重国家战略的叠加优势，主动布局双向开放，引领对接国际规则，推进江海联动、铁水联运，推进国际产能合作，打造市场化、法治化、便利化的营商环境，加快构筑全面开放新格局，以高水平开放推动自贸试验区建设。

坚持辐射带动，共享自贸试验新红利。全省上下要树立"一盘棋"思想，三个片区之间、部门和片区之间、片区与其他功能区之间要协同高效，形成改革试验的整体效应。统筹考虑自贸区与综保区、海关特殊监管区等周边平台载体的规划衔接和功能整合，促进功能外溢，实现联动发展、一体推进。抓紧制定自贸区管理条例，赋予充分的改革自主权，创新评估和督查机制，用好"三项机制"，坚持项目化推进的方式方法，切实为自贸区建设行稳致远提供有力支撑。

三　江苏自贸区建设的路径选择

1. 对接国际高标准经贸规则，提升投资贸易自由化便利化水平

一是扩大投资自由。进一步放宽市场准入，推动在电信、科研和技术服务、教育、卫生等领域，放宽注册资本、投资方式、经营范围等限制，促进各类市场主体公平竞争。支持外商独资设立经营性教育培训和职业技能培训机构。支持外商独资建筑企业承揽江苏省的中外联合建设项目，不受建设项目的中外方投资比例限制。支持总部经济全产业链发展，建设贸易中心、订单中心、结算中心，引导承接国内外产业转移，发挥规模效应。放宽外商投资企业境内股权投资限制，允许自贸试验区内非投资性外商投资企业在真实、合规的前提下，将资本项目外汇收入或结汇所得人民币资金依法用于境内股权投资。

二是深化境外投资合作。依托国家级境外投资服务示范平台、长三角境外投资促进中心，对接境外经贸合作区、产能合作区，推进对外投资项目库、资金库、信息库的网络平台建设，加强金融保险、专业咨询和法律事务所等机构对接合作，强化全球渠道网，构建相关合作机制，支持企业实施跨国经营。放宽资本项目外汇资金结汇使用限制。境内机构或个人向境外投资

者转让境内企业股权时，可直接在银行办理转让对价款结汇使用手续，无须提交资金使用的证明材料。创新境外投资服务，优化境外投资企业备案和项目备案工作"单一窗口"模式，打造企业"走出去"的窗口和综合服务平台。

三是推动贸易自由。深化复制推广"12＋1"自贸试验区（港）海关监管创新制度工作，进一步提升贸易便利化水平。创新跨境电商业务模式和监管方式，支持企业开展跨境电商进出口业务，跨境电商零售出口采取"清单核放、汇总统计"方式办理报关手续，简化出口通关手续，完善跨境电商综合试验区零售出口货物增值税、消费税无票免税配套措施，落实零售出口跨境电商企业所得税核定征收政策。积极研究推进经常项目管理便利化试点等创新业务，提升企业外贸收支便利化程度。探索将综保区卡口围网移交地方政府管理的模式。

四是推动综合保税区高质量发展。突出高端制造和新型贸易功能，积极发展研发设计、检验检测、展览展示、保税维修、融资租赁、国际供应链物流等服务业态，加快推动综合保税区功能转型、产业升级和监管创新，打造具有国际竞争力和创新力的海关特殊监管区域。探索"区内带动区外、区外支撑区内"的内外协同发展模式，充分发挥综合保税区辐射带动作用。整合保税货物供应链，允许企业根据生产需要跨直属海关关区存放保税货物。支持在自贸试验区内开展"两高一符"的保税检测、保税研发、全球维修、再制造等新业态。

五是服务融入国家重大发展战略。深化"G42科创走廊""G60科创走廊"产业园区合作，推动构筑园区合作网络，打造专业合作平台和服务体系。加快建设总部经济产业园、上市企业产业园、现代服务业产业园等现代产业集聚区，主动服务长三角区域重点产业优化布局和统筹发展。探索"飞地经济"新模式，推动产能有序梯度转移，高水平推进合作园区建设。加强"一带一路"国际产能合作，促进共建"一带一路"国家共同推进合作项目，支持企业与相关国家机构合作，参与建设境外经贸合作区、产能合作区等，推进中阿（联酋）产能合作示范园、中国—印尼"一带一路"科技产业园等项目。

2. 瞄准世界开放创新前沿，构建科技与产业融合、金融与实体经济融合的新体制机制

一是完善开放型创新生态系统。面向创新前沿，布局一批重大科技基础设施和重大创新平台，打造一批一流实验室和大科学装置。大力推进离岸创新创业基地（中心）建设，巩固做优已有海外创新中心，加快推进海外创新中心落地，初步完成海外创新中心的全面布局。全面加强区域科技合作，深化离岸孵化与国际技术转移、产业与技术育成、人才与项目引进等领域合作成果。争取在人工智能、集成电路、生物医药等优势领域建设"国家产业创新中心""国家技术创新中心""国家先进制造业集群试点示范"。加快推进省级以上高水平研发机构建设，鼓励外资企业设立研发中心，推动企业向价值链高端攀升。实施高新技术企业、瞪羚企业、高成长创新型企业、上市公司等专项培育行动。

二是深化科技管理体制改革。探索开展高新技术企业联合认定改革试点。扩大高等院校和科研院所自主权，赋予创新领军人才更大的科研人财物支配权、技术路线决策权。创新财政科技投入模式，通过"拨改投""投贷联动"等方式，充分发挥财政资金的引导和放大效应。开展政府股权基金投向种子期、初创期科技企业的退出试点，优化基金从企业退出的机制。加大对科技企业的信贷支持，建立科技企业"白名单"，引导银行类金融机构对名单内的企业探索开展无还本续贷业务、对名单内的高新技术企业提供主动授信。

三是完善知识产权保护体系。对接国际通行规则，建立包括提高损害赔偿标准、加大惩罚性赔偿力度、合理分配举证责任、实施侵犯知识产权行政处罚案件信息公开、将故意侵犯知识产权行为纳入企业和个人征信记录等在内的知识产权保护制度。依托中国知识产权保护中心，为企业提供一站式的专利快速预审、快速确权、快速维权、保护协作、导航运营等服务。探索职务发明创造所有权、处置权和收益权改革，推动由高校、科研院所与职务发明人采取约定方式确认职务发明知识产权的处置权和收益权归属。建立知识

产权重点企业保护名录。

四是建设创新人才高地。实施国际化人才高地建设行动计划，研究制定更具前瞻性、更有"含金量"的人才引进和激励政策，打好"重金揽才""事业聚才""服务留才"组合拳。探索修订引进外国人才项目管理办法，支持自贸区围绕自身发展需要，在现有政策框架内给予优先支持。组织各片区组团参加中国国际人才交流大会，赴国外开展科技人才项目对接，支持自贸区按规定组织实施因公出国（境）培训交流，促进自贸区与外国专家组织、人才机构建立更加紧密的联系与合作。开展外国高端人才服务"一卡通"试点工作调研，组织科技系统和重点引智单位引智干部规范化培训，支持在自贸区增设外国人来华工作许可服务窗口，进一步优化办理流程，简化办事程序，提供更加便利的服务。支持南京片区和苏州片区抓住"双自联动"契机，发挥苏南人才管理改革试验区有利条件，围绕产业创新需求，制定实施人才特殊支持计划，加快引进集聚掌握关键核心技术、引领未来产业变革的"高精尖缺"领域人才。深化"国家高层次人才服务窗口"建设，聚焦住房、医疗、配偶就业、子女入学等实际问题，建立广覆盖、多层次、开放式人才服务体系，抢占科技创新人才高地。积极搭建人才资源对接平台，支持各片区参与共办南京创新周、苏州国际精英创业周、全球菁英人才节等交流活动，整体提升人才招引品牌显示度。

五是强化科技金融支撑。探索设立天使母基金，做大新兴产业风险补偿资金和创投引导资金规模，做实股权投资母基金，科技金融全生命周期服务体系更加完善。聚焦创新发展的关键领域和前沿科技产业，推动政府投资基金加大对制造业技术创新和中小企业科技创新支持力度。配合省财政厅等部门探索政府投资基金投向种子期、初创期科技企业的退出机制和让利机制，使投资收益最大限度让渡给创新创业团队。支持自贸试验区加大对科技企业的信贷支持，建立科技企业"白名单"，引导银行类金融机构对名单内的企业探索开展无还本续贷业务、对名单内的高新技术企业提供主动授信。鼓励金融机构在自贸区加快发展科技支行、科技保险支公司、科技小额贷款公司等，提供科技金融服务。

3. 突出高质量发展要求，加快打造实体经济创新发展和产业转型升级新高地

一是以集群培育为抓手，打造产业共融生态圈。当前，新技术新产业发展模式正在发生深刻变化，以产业链上下游协同融合为主体，人才、资本等创新要素高度集聚的产业生态日益成为新产业培育的关键。集群是产业、企业、技术、人才和品牌集聚协同融合发展的生态系统。苏州片区重点做强电子信息、装备制造两大产业集群，加快智能化、服务化改造升级，加强产业链上下游协同联动，支持产业链上具有自主知识产权和自主品牌的本土企业提升竞争力和话语权，提高产业根植性；聚焦生物医药、纳米、人工智能等3 个新兴领域，按照培育产业生态圈的思路，吸引高层次创新人才（团队）在园区集聚或转化创新成果，深化开放合作，在每个产业领域重点培育 1～2 个高端创新平台，提高产业创新能力。指导和支持苏州纳米产业集群参加全国世界级先进制造业集群培育竞赛。南京片区重点推动化工产业绿色化、智能化改造，延伸产业链，向化工新材料升级，形成一批技术含量高、绿色发展好的新材料企业，为江苏省产业基础高级化发展提供支撑；重点支持集成电路、生命健康产业发展，依托南京科教资源丰富的优势，将科教资源纳入企业为主导的自主创新体系中，加快形成产业创新优势。连云港片区重点支持恒瑞、豪森、正大天晴、康缘等龙头企业培育新医药集群，聚焦化学药、现代中药，结合本地实际，延伸产业链，实行柔性人才或柔性合作计划，打造政策洼地，实现规模化、集聚化发展。同时，南京、苏州等有条件的地区，要把 5G 发展放在突出位置。5G 是重要的新一代信息基础设施，未来在相当多的领域具有非常广泛的应用，南京、苏州两地要争取更多支持政策，继续扩大 5G 网络覆盖范围，选择关键应用场景，形成成熟的技术、产品和服务，打造 5G 产业生态圈，特别是在工业互联网背景下探索产业转型升级新模式。

二是以龙头企业为主导，构建自主创新联合体。提升自主创新能力，必须牢牢把握以企业为主导的方向，创新目标由企业确定、创新要素由企业整合、创新成果与企业共享。在此前提下，吸引国内外创新要素向自贸试验区

聚集，构建自主创新联合体，支持开展核心技术攻关，提高创新成果转化效率和质量。支持南京片区围绕集成电路设计服务、苏州片区围绕纳米产业、连云港片区围绕现代中药培育省级制造业创新中心，以及产业链上下游联合实验室、企业技术研究院等多种创新联合体，以龙头企业为主导，整合本地区乃至全省创新资源要素，形成产业链上下游、高校、科研机构等多个创新主体联合攻关，加快关键核心技术突破。

三是以现代服务业为支撑，形成高端要素富集地。江苏制造业规模较大，但相对于制造业基础，总部经济、枢纽经济等现代服务业需要完善，相对于生产制造能力，研发、渠道、投融资等支撑体系亟须增强。因此，现代服务业领域也是南京、苏州、连云港自贸片区先行先试、制度创新的重点，围绕金融、物流、人才等领域大规模集聚高端要素，为自贸试验区产业转型升级提供支撑。扩大服务业开放。全面落实外商投资负面清单，扩大制造业和现代服务业对外开放，做好外资准入前和准入后业务管理措施的紧密衔接，争取率先推动一批全省乃至全国首创性的外资开放项目落地。加快金融业创新。提升区域金融产业发展能级，争取设立民营银行、公募基金、财产保险、财务公司等法人金融机构，积极推动金融机构从事国际业务的总部和基础设施平台落户，重点引进银行金融市场部、票据中心、金融科技中心等功能性总部，研究引进银行金融科技子公司、消费金融子公司、其他法人子公司等新型金融业态。拓展跨境金融服务功能，围绕跨国公司和大型民营企业需求，深入推进资本项目和经常项目管理便利化试点、跨国公司跨境资金集中运营、跨境双向人民币资金池等创新业务，推动跨国公司在自贸试验区设立财务结算中心等功能性总部，吸引国内大型民营企业设立地区性企业总部、资金管理总部、运营总部，打造以跨境资本流动为特色的总部经济发展模式。推动物流业高质量发展。建设好中哈物流基地和上合组织物流园。创新国际物流模式，支持第四方物流发展，完善空运直通港和空陆联程模式，加快自贸试验区物流功能提升，推动长三角区域物流设施和资源的互联互通、共享共用。建设高效兼容的物流公共信息平台，打通现有物流信息化系统数据壁垒。积极对上争取，探索与出口相关的货物装卸搬运仓储等辅助服务选择适用增值税免税政策。

4. 充分赋权赋能，营造法治化、市场化、国际化营商环境

一是深化"放管服"改革，全面推进"证照分离"改革。深化"不见面审批（服务）"改革，努力营造稳定、公平、透明、可预期的营商环境。围绕精简企业办事流程、降低企业运营成本、加强公共服务供给、优化人才服务等方面加大改革力度，着力构建最佳服务企业环境。推进"2个工作日内开办企业、3个工作日内获得不动产登记、30个工作日内取得工业建设项目施工许可证"改革。着力破解"办照容易办证难""准入不准营"问题。持续推进"多证合一"改革，积极探索"一业一证"改革，进一步推动实现"照后减证"。创新"互联网＋政务服务"模式，完善"一网通办"框架体系，建设综合服务平台，构建服务于企业、项目、自然人的全生命周期服务体系。大力推进企业开办"全链通"平台应用，完善经营范围字典库、探索在线核验住所证明材料、依托省政务服务一体化平台，优化部门间信息共享的深度和广度，通过在线获取或调用等多种方式共享申请人的登记、许可、备案等信息，切实解决群众来回跑腿、反复提交各种证明等问题，实现"一次不跑，事情办好"。

二是探索开展商事登记"确认制"改革，创新和完善事中事后监管制度。借鉴主要发达国家的通行做法，进一步凸显商事登记的"确权"功能。着重围绕全面落实商事登记形式审查的要求、建立体现商事登记确认制要求的登记规范、积极探索提升事中事后监管的有效性三个方面重点内容进行探索创新。全面推行"互联网＋登记"，对符合条件的商事主体登记实行无人工干预的智慧登记，有效破除附加在商事登记上的不合理限制，最大限度为投资者松绑。加快完善"互联网＋监管"体系，推动各类审批监管数据的归集共享、分析应用。建立健全以信用监管为核心、与负面清单管理方式相适应的事中事后监管体系。建立市场主体容错纠错机制，对市场主体首次违法、违法情节轻微并及时纠正、没有造成明显危害后果的违法行为，探索实施审慎处罚，制定免予处罚执法监管事项清单并动态调整，实现清单化

管理。

三是有机融合"双随机、一公开"监管与分级分类监管。探索建立多维度的风险发现机制，综合考虑市场主体信用状况、所属行业、所在区域等情况开展监管风险动态评估。对监管对象进行分级分类，实施差异化的监管措施。将"双随机、一公开"监管与分级分类相结合，对信用风险一般的市场主体，除按常规比例和频次以不定向抽查进行监管外，主要根据投诉举报、转办交办启动执法检查程序，依法进行监管。对违法失信、风险较高的市场主体，将其列为监管重点，适当提高抽查比例和频次，依法依规实行严管和惩戒，充分发挥行政、司法、金融、社会等部门的综合监管效能，进一步探索形成行政性、市场性和行业性等惩戒措施多管齐下，社会力量广泛参与的失信联合惩戒大格局。

四是优化资源空间布局。编制完善国土空间规划，统筹安排生产、生活、生态空间布局，促进经济社会发展格局、城市空间布局、产业规划布局与资源环境承载能力相适应。建立空间资源智慧管理信息系统，以5G、物联网、大数据和人工智能应用为基础，建立产业升级和项目落地过程中多部门审批服务信息互联共享机制，形成高效的审批和服务链。建立和完善"市场主导、政府引导"的城市更新机制，支持和鼓励市场主体参与低效用地再开发，盘活存量空间资源，提高空间资源利用效率。

五是创新国有建设用地开发利用及监管模式。探索土地利用用途负面清单制度，对土地用途按一级大类界定，并在一级类综合用途中明确负面用途清单，提高土地利用的市场灵活性。推行供地出让双合同监管模式。探索产业项目定制化用地模式，重点探索产业用地项目先租后让、租让结合、分期供地、弹性年期出让的供地方式。探索土地利用综合用地机制，进一步提高土地利用的质量和效益。研究制定地下（地上）空间建设用地使用权利用政策，完善地上、地表、地下空间分层利用制度。完善工业企业资源集约利用综合评价体系，实行资源要素差别化配置政策，推动资源要素向优质企业集聚，加大对高效益、高产出、高技术、高成长性企业的扶持力度。

四 推动江苏自贸试验区制度创新的建议

1. 积极争取国家相关部委对江苏开放型经济、实体经济和科技创新领域进行综合授权

如在海关总署支持下，允许药品、生物制品、种苗、水果、肉类等特色口岸商品转至自贸试验区属地海关实施查检，高信用等级企业的进出口货物进一步降低现场查检比例。对自贸试验区企业进口特殊物品试行长三角区域一体化作业模式，允许转至有查验条件的属地海关查检。如在商务部支持下，在自贸试验区推行"零土地"技术改造项目承诺备案制度，由自贸试验区所在国家级开发区负责承诺备案。如在一行两会支持下，根据自贸试验区内中小企业的特点，开展无形资产、订单、应收账款和存货等抵押贷款业务，支持中小企业顺利融资。适应国际贸易发展新趋势和我国对外贸易发展实际，在深入调研的基础上，认真研究支持具有真实贸易背景的跨国公司全球采购业务、境内企业境外加工贸易、境外建设等贸易新模式、新业态发展的具体举措，着力推动产业转型升级和支持总部经济发展。

2. 利用好江苏省国家级平台和重大开放政策的叠加优势，积极向上争取政策突破

如支持连云港片区港口申报汽车整车进口口岸；支持南京片区设立综合保税区；推动自贸试验区铁路口岸对外开放；支持自贸试验区内申请进境水果指定口岸、首次进口药品和生物制品口岸；促进加工贸易内销便利化，允许自贸试验区内加工贸易企业内销货物，根据企业申请，按其对应进口料件或按实际报验状态征收关税；推动跨境电商创新发展，允许电商企业在自贸试验区内设立保税展示场所，可现场下单支付，海关放行后自行提货。

3. 加快构建自贸试验区区域协调发展联动机制，全面激发基层创新活力

积极发挥自贸试验区、国家级新区、中新合作示范园区、苏南自主创新示范区、东中西合作示范区的叠加优势，率先探索政策优势叠加和创新驱动发展的制度安排，促进形成一批跨区域、跨部门、跨层级的改革创新成果，

推动实现有机衔接和互融互促。以制度对接、平台融通、产业互动为重点，加强自贸试验区和周边经济技术开发区高新技术产业园区、海关特殊监管区等各类经济功能区进行联动发展，探索在开放程度高、体制机制活、带动作用强的区域建设自贸试验区联动创新区，放大辐射带动效应，将其建成未来自贸试验区扩区的基础区和先行区。定期总结评估自贸试验区在投资管理、贸易监管、金融开放、人才流动、风险管控等方面的制度经验，制定推广清单，明确推广范围和监管要求，按程序报批后优先在江苏省进行推广实施，带动全省共享自贸试验区改革红利。积极主动对接上海（含新片区）、浙江自贸试验区，探索与安徽相应区域建设自贸试验区协作发展区，加强长三角区域自贸试验区之间的相互借鉴和合作互补，共同打造一体化程度高、具有国际竞争力和影响力的长三角自贸试验区群。

江苏"一带一路"交汇点建设新举措

张　莉*

摘　要： 2018 年以来，随着"一带一路"建设由"大写意"进入"工笔画"阶段，江苏省迅速打造了高质量推进"一带一路"交汇点建设的"1＋5＋1"政策文件框架体系进行顶层设计。在与共建"一带一路"国家的互联互通方面也取得了不少新成绩：战略对接更加深入，经贸往来持续扩大，人文交流更加密切，标杆项目效果初现。虽然江苏在国家信息中心测评的"一带一路"参与度中处于上升趋势，但总体处于第二方阵，与第一方阵的广东、上海相比，在服务全国"一带一路"建设大局方面，还存在很大的提升空间。因此，本文提出要以扬长补短的思维，通过提升供应链服务沿线国家能级、完善综合立体交通网络、更深入地参与沿线重大项目建设、实施交汇点影响力建设计划和探索自贸试验区特色创新等措施，推动江苏省更好地发挥东西双向开放优势，将其打造成具有全球影响力的"一带一路"交汇点。

关键词： "一带一路"　交汇点　参与度

一　江苏省"一带一路"交汇点建设的新举措

（一）顶层设计日益丰满

2018 年以来，江苏省积极贯彻落实习近平总书记在"一带一路"建设

---

* 张莉，江苏省社会科学院世界经济研究所助理研究员。

五周年座谈会和第二届"一带一路"国际合作高峰论坛上的发言等重要讲话精神，积极适应"一带一路"建设的新阶段和新要求，紧紧围绕"放大向东开放优势，做好向西开放文章，拓展对内对外开放新空间"的部署，深挖"交汇点"内涵，主动布局，全面系统谋划高质量推进"一带一路"交汇点建设。2018年4月，省推进"一带一路"建设工作领导小组会议通过了《江苏省2018年参与"一带一路"建设工作要点》，提出要着力加强战略研究，围绕"一带一路"建设中的突出短板，认真谋划针对性强的政策和措施①；结合习近平总书记在"一带一路"建设五周年座谈会上提出的"推动共建'一带一路'向高质量发展转变"基本要求②，并针对中央巡视反馈意见，于2018年12月印发了《中共江苏省委、江苏省人民政府关于高质量推进"一带一路"交汇点建设的意见》（苏发〔2018〕30号）（以下简称《意见》），从全省一盘棋的高度，提出了"五大计划"——国际综合交通体系拓展计划、国际产能合作深化计划、"丝路贸易"促进计划、重点合作园区提升计划、人文交流品牌塑造计划，构建各地协同推进"一带一路"交汇点建设的新格局③。此外，江苏省于2018年8月出台了《江苏省参与"一带一路"建设重点项目（2018～2020年）》，确立了首批80个重点项目，总投资超过1300亿元。进入2019年，顶层设计的步伐明显加快，在1月3日召开的全省对外开放大会上，省委书记娄勤俭提出了"以'一带一路'交汇点建设为总揽，推动全方位高水平对外开放"的总体部署④；5月7日，省推进"一带一路"建设工作领导小组会议召开，审议通过江苏省《2019年参与"一带一路"建设工作要点》和围绕《意见》中的"五大计

① 《吴政隆：发挥"一带一路"交汇点优势 以高水平推动高质量发展》，人民网，http：// js. people. com. cn/n2/2018/0415/c360300 - 31461843. html。
② 《坚持对话协商共建共享合作共赢交流互鉴 推动共建"一带一路"走深走实造福人民》，《人民日报》2018年8月28日。
③ 中共江苏省委办公厅：《关于高质量推进"一带一路"交汇点建设的意见》，中共江苏省委新闻网，http：//www. zgjssw. gov. cn/fabuting/shengweiwenjian/201903/t20190315_ 6121510. shtml。
④ 《以"一带一路"交汇点建设为总揽 推动江苏全方位高水平对外开放》，《南京日报》2019年1月4日。

划"制定的五大专项行动方案，至此，江苏省高质量推进"一带一路"交汇点建设的"1＋5＋1"政策文件框架体系基本形成，包括1份纲领性文件、5个专项行动方案和1个年度工作要点，为推动江苏省发挥"交汇点"优势，服务全国"一带一路"建设大局提供了"顶天立地"的路径安排。

（二）战略对接更加深入

与共建"一带一路"国家的高层互动和战略对接也更加活跃。2018年，江苏省委书记娄勤俭亲赴俄罗斯参加第四届东方经济论坛"新时代的中俄地方合作"对话会并发言，为江苏省发挥"交汇点"优势与俄罗斯开展经贸合作提出方向性建议；5月，省旅游局与亚美尼亚国家旅游委签署江苏省首个共建"一带一路"国家旅游合作协议，共同服务江苏国际服务贸易发展；省商务厅与巴拿马省经贸合作交流会、德国北威州—中国江苏省经贸合作论坛、新加坡—江苏合作理事会第十二次会议等一系列国际合作活动取得成功。2019年5月，娄勤俭书记率代表团对韩国和日本进行访问，广泛会见两国的地方政府、工商团体、金融机构和企业代表，与韩国产业通商资源部《谅解备忘录》、京畿道《协议书》①，以及《江苏省商务厅与日本瑞穗银行股份有限公司业务合作备忘录》的签署，还有在经贸、科技和文化等领域达成的多项共识，为江苏与日韩深化新能源汽车、现代金融和产业园建设等各领域合作，共同开拓第三方市场，实现共赢发展提供了新动力。

（三）经贸合作持续扩大

1. 与共建"一带一路"国家贸易合作稳步增长

无论是从贸易额还是贸易比重来说，江苏省与共建"一带一路"国家进出口均保持较快增长；从总体贸易额来说，江苏省作为制造业大省，特别是在电子信息产品和机械制造方面的竞争优势，总体处于出超地位。2018年，江苏省对共建"一带一路"国家的进出口总额为9737.4亿元，占全国

---

① 《深化交流合作　共享发展机遇》，《新华日报》2019年5月28日。

的 11.6%，占全省进出口总额的 22.23%①；其中，出口达 6459.6 亿元，同比增长 8.9%，占全省出口总额的比重为 24.2%，对全省出口增长的贡献率为 25.7%②，比 2014 年的 7149.8 亿元和占全省 20.64% 的比重都有所提高③。2019 上半年，江苏省与共建"一带一路"国家商品进出口总额达5061.9 亿元，同比增长 10.8%，出口和进口分别为 3457.4 亿元和 1604.5亿元，分别同比增长 12.7% 和 6.9%，分别占全省的 26.6% 和 20.7%。④ 在中美贸易摩擦背景下，共建"一带一路"国家正越来越成为江苏省重要的贸易伙伴，江苏省与中东欧、南欧和南亚地区贸易增长迅速，以 2018 年为例，与中东欧 16 国外贸同比增长 14.3%，对东南亚 11 国增长 12%，对西亚北非 16 国则增长 10.4%，均高于同期进出口总体增速⑤，符合国际市场布局更趋多元化的要求。

2. 与共建"一带一路"国家对外投资合作深入推进

江苏省与共建"一带一路"国家的投资合作关系从 2014 年的利用外资（15.1 亿美元）超过对外投资（13.7 亿元），到 2018 年的对外投资（23.1亿元）超过利用外资（15.7 亿元）⑥，投资合作和在产业链上的位置发生了明显变化。江苏省利用共建"一带一路"国家的外资基本保持稳定，来自欧盟、日韩等国家投资持续增加。据省商务厅统计，2018 年，江苏省实际利用共建"一带一路"国家外资 15.7 亿美元，同比增长 19.8%，来自欧盟、东盟实际外资分别同比增长 21.9% 和 19.6%；2019 上半年，乘《外商

① 《"一带一路"建设成果图鉴 | 交汇点也是闪光点，江苏"五大计划"推进"一带一路"》，一带一路网，https：//www. yidaiyilu. gov. cn/xwzx/gnxw/89074. htm。
② 《2018 年江苏省国民经济和社会发展统计公报》，江苏省统计局网，http：//tj. jiangsu. gov. cn/art/2019/3/8/art_ 4031_ 8257205. html。
③ 《"一带一路"建设成果图鉴 | 交汇点也是闪光点，江苏"五大计划"推进"一带一路"》，一带一路网，https：//www. yidaiyilu. gov. cn/xwzx/gnxw/89074. htm。
④ 《2019 年上半年全省商务运行情况》，江苏省商务厅网站，http：//swt. jiangsu. gov. cn/art/2019/7/26/art_ 12593_ 8643366. html。
⑤ 《江苏 2018 年进出口规模创历史新高》，新华丝路网，https：//www. imsilkroad. com/news/p/128444. html。
⑥ 《"一带一路"建设成果图鉴 | 交汇点也是闪光点，江苏"五大计划"推进"一带一路"》，一带一路网，https：//www. yidaiyilu. gov. cn/xwzx/gnxw/89074. htm。

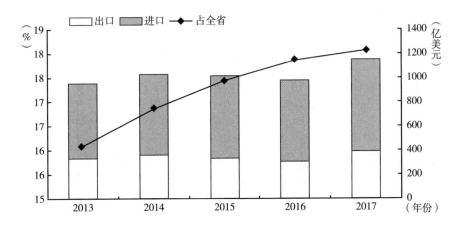

图1 江苏省与共建"一带一路"国家贸易合作情况

资料来源:《江苏统计年鉴》(2014～2018)。

投资法》实施东风,全省来自德国、英国、韩国、日本的实际利用外资同比分别增长23.3%、99.9%、63.5%、25.3%,德资默克生命科技、勃林格殷格翰生物,韩资SK海力士、乐金化学,日资富乐德半导体、鸣川新材料等一批战略新兴产业项目相继到资。①

江苏省对共建"一带一路"国家投资总体趋于理性(见图2)后在2019年恢复增长,市场不断得到拓展,基本保持在占全省对外投资的20%以上。据省商务厅统计,2018年,江苏省在共建"一带一路"国家对外投资项目新增235个,比上年增长46.8%,中方协议投资额23.1亿美元,占全省对外投资的23.4%,同比下降9.5%;截至2018年底,投资国别增至56个,投资行业门类增至71个,比2014年分别增加18个和34个,工业制造、交通运输等新业态增势良好,累计协议投资额达162.6亿美元。2019上半年,江苏省对共建"一带一路"国家投资迅速增长,共投资项目164个,同比增长46.4%,新增中方协议投资额26.9亿美元,同

---

① 《2019年上半年全省商务运行情况》,江苏省商务厅网站,http://swt.jiangsu.gov.cn/art/2019/7/26/art_12593_8643366.html。

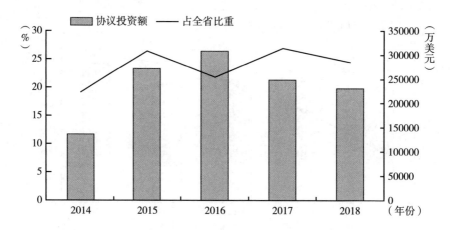

图2 江苏省对共建"一带一路"国家协议投资金额情况

资料来源：江苏省商务厅统计。

比增长130.5%，占全省的比重分别为39%和45%；对东南亚投资增势迅猛，其中对新加坡、印尼和越南的投资分别占全省总量的12.6%、10.7%和8%。境外园区建设一直是江苏省企业"走出去"的特色和优势，通过探索"重资产投资运营"和"轻资产管理输出"两种经营模式，截至2018年底，江苏省在沿线5个国家建有3个国家级和3个省级境外园区，累计占地面积448.3平方公里，投资14.6亿美元，入区企业225家，总产值18.5亿美元，上缴东道国税费8120万美元，为当地创造就业岗位3.2万个①，有效地促进了东道国的产业升级。

3. 共建"一带一路"国家，特别是东南亚地区一直是江苏省对外承包工程的重要市场

据省商务厅统计，2018年，江苏省在共建"一带一路"国家新签承包工程合同额32.8亿美元，同比下降51.4%，占全省的比重为49.8%，维持了半壁市场的地位；完成营业额47.8亿美元，同比下降11.3%。截至2018

---

① 《"一带一路"建设成果图鉴丨交汇点也是闪光点，江苏"五大计划"推进"一带一路"》，一带一路网，https://www.yidaiyilu.gov.cn/xwzx/gnxw/89074.htm。

年 12 月，江苏省企业赴 50 个共建"一带一路"国家开展对外承包工程业务，比 2014 年增加了 8 个。

（四）人文交流更加密切

作为古海上丝绸之路的东方起点，江苏省与共建"一带一路"国家的人文交流源远流长并不断创新。在缔结国际友城方面，江苏省一直走在全国前列，也是服务"一带一路"建设的重要内容，自倡议提出至 2018 年 10 月，已与共建"一带一路"国家缔结 99 对友好省州和城市，接近全省缔结友城的 1/3[①]；同月举办的"江苏省国际友城 40 周年交流合作月"活动吸引了来自美国、日本、德国、瑞士等 22 个国家的 36 个国外友城团组访问交流。江苏省持续在友城举办的"欢乐春节·精彩江苏"活动已经形成品牌影响力，2018 年春节，3 个艺术团分赴捷克、荷兰、英国、拉脱维亚等 4 国 9 城开展巡演，并向当地展示非遗等江苏地域文化和春节民俗文化。2019 年以来，江苏省更加注重融入国家层面的民心相通活动：1 月，"苏韵华章　精彩江苏——2019 新加坡·中国江苏文化旅游年"在新加坡中国文化中心开幕，这是由部省合作机制推出的首个"文化旅游年"项目，将以一整年的活动为中新交流注入新动力；2 月，在海牙中国文化中心举办了"欢乐春节·精彩江苏——走进中心过大年"系列庆祝活动。"江苏文化周"也已经成为江苏省与共建"一带一路"国家人文交流的重要平台，2018 年 11 月，江苏省作为重要组成部分的"2018 国际郑和大会"在马来西亚马六甲开幕；2019 年 2 月，"感知中国·江苏文化周"分别在柬埔寨、泰国举办。教育交流也是江苏省的强项，除了继续扩大"茉莉花留学江苏"覆盖的高校和区域范围，江苏省还积极"走出去"办学，2018 年 10 月，配套西哈努克港经济特区的西港工商学院在柬埔寨获批成立，这是江苏在海外成立的首个校企合作股份制应用型本科大学，将更好地服务港区

---

① 《江苏省国际友城 40 周年图片展开展》，江苏省政府网站，http://www.jiangsu.gov.cn/art/2018/10/23/art_ 60096_ 7847466. html。

产业转型升级，乃至澜湄区域教育与社会发展。此外，"同乐江苏"外国人文化活动、"水韵江苏"推介会、"江苏绘"、大运河文化旅游博览会、2018"一带一路"苏宁杯国际青少年足球邀请赛等形式多样的文化交流活动也深入推进。

（五）标杆项目初显成效

经过几年的建设，中哈物流合作基地依托亚欧跨境货运班列，中亚地区两百多个主要站点全覆盖，成为中亚五国过境运输、仓储物流和往来贸易的首选平台。2018 年以来，多式联运物流实现无缝联接；哈麦过境业务成常态化运作，开发了通过哈麦贸易带动资金链的金融物流合作模式；集装箱场地操作实现无人化，"无人港"试运行；冷链物流业务启动；"日中欧"国际海铁联运集装箱也从这里换装中亚（欧）国际班列首发；首批泰国大米过境发往中亚，连云港—霍尔果斯新亚欧陆海联运通道已经实现了东西双向运行，基地建设提档升级。2018 年 8 月，首艘针对极地气候的冰级船"天恩号"，满载货物从连云港港口启程，取道北极东北航道，经白令海峡，跨越北冰洋前往欧洲，全程 18520 公里，比传统航线节约航程 12 天，完成"冰上丝绸之路"首航。2018 年，连云港港海铁联运量达 33.9 万标箱，全省累计发送中欧（亚）国际班列 1094 列①，品牌线路走在全国前列，新亚欧陆海联运通道标杆示范建设取得初步成效。

由江苏省中江国际牵头的中阿产能合作示范园被国家发展改革委明确为全球首家"一带一路"产能合作园区，是落实两国领导人重要共识、服务"一带一路"建设的重大合作项目。2018 年 5 月，园区开工建设。7 月，得到习近平主席"设在哈利法临港工业区的中阿产能合作示范园进展良好"的肯定②，在中阿两国发布的《关于建立全面战略伙伴关系的联合声明》中

---

① 《"一带一路"建设成果图鉴丨交汇点也是闪光点，江苏"五大计划"推进"一带一路"》，一带一路网，https：//www.yidaiyilu.gov.cn/xwzx/gnxw/89074.htm。
② 刘梦：《中阿（联酋）产能合作示范园金融服务平台正式签约》，一带一路网，https：//www.yidaiyilu.gov.cn/xwzx/roll/60683.htm。

被明确提到，将被打造为双方共建"一带一路"的典范项目；在习近平主席和阿联酋副总统兼总理穆罕默德、阿布扎比王储穆罕默德的共同见证下，合作双方交换了示范园金融服务平台合作协议，示范园获金融全牌照。截至2019年上半年，投资20亿元的龙道博特轮胎项目等首批4家入园企业已启动建设。[①]

二 江苏"一带一路"交汇点建设中仍存在的问题

根据国家信息中心连续发布的《"一带一路"大数据报告》，全国31个省区市"一带一路"参与度整体处于上升趋势，其中广东连续三年蝉联第一，上海连续排名第三，而江苏2016年和2017年列第六位，2018年上升为第五位，这与江苏省开放型经济大省、与共建"一带一路"国家贸易额长期居全国第二以及"一带一路"交汇点的地位还有一定差距。

（一）服务"一带一路"建设的平台和机制还有待深化

近年来，其他排名靠前地区发挥自身特色优势打造参与"一带一路"建设的发力点、新平台和新气象。如广东从2017年起就以"海丝论坛"为载体，持续发布《中国广东企业"一带一路"走出去行动报告》进行宣传、梳理和提升，对企业参与"一带一路"建设的主要特点和成功案例等进行年度总结和追踪，为更多企业提供决策依据。上海从2018年也开始连续编制《上海服务"一带一路"建设》蓝皮书，并成立了专门的上海市与共建"一带一路"国家经贸合作信息服务平台，上海市商委还定期编制和更新《"一带一路"工程承包指南（2018年版）》等系列报告帮助企业"走出去"，而江苏省还缺乏相关的意识和工作安排。

---

① 《中阿（联酋）产能合作示范园建设取得新进展》，新华丝路网，https://www.imsilkroad.com/news/p/379138.html。

（二）早期标杆项目建设低于预期

前期，江苏省"交汇点"建设的重心放在连云港为代表的苏北地区，真正能够对接"一带一路"建设需求，打通东西双向开放的苏南地区则项目较少，未形成应有的影响力。中哈物流合作基地和上合组织国际物流园两大实体平台很早就落户连云港，但项目建设缓慢，2018年1~11月，基地和物流园仅分别完成货物进出库量399万吨和物流量131.50万吨，至今物流园仍未被纳入上合组织官方框架。2018年青岛承办上合组织峰会，并获批建设上合组织地方经贸合作示范区，这对连云港上合组织出海口地位形成了实质性的挤压。此外，江苏省海外重大工程项目参与度不高，2017年该指数排名第13，对外承包工程优势未得到充分体现，如江苏省企业在柬埔寨运营了西哈努克港经济特区，但是并未带动省内对外承包工程企业的规模"走出去"，反而是上海企业成为柬埔寨主要的工程承包商。

（三）人文交流活跃度和综合影响力还待提升

虽然江苏省与共建"一带一路"国家缔结友城数量居全国第一，但是2018年人文交流活跃度仅列第五名。[①] 其中，与共建"一带一路"国家的教育合作、其网民对江苏省旅游的关注热度都未体现江苏省在教育和旅游资源上的禀赋优势，而与"一带一路"相关的国际博览会和研讨会等对外交流活动相对不足，该指标连续排全国十名以后，航空旅客发送量也相对落后，出现"物流人不流"的现象，是江苏省最明显的短板。基于互联网大数据分析技术，考察国内外网民对江苏省"一带一路"工作的影响和认可程度的综合影响排名持续靠后，2018年列全国第12位。[②] 江苏省在省级报

---

① 国家信息中心"一带一路"大数据中心：《"一带一路"大数据报告（2018）》，商务印书馆，2018，第70页。

② 国家信息中心"一带一路"大数据中心：《"一带一路"大数据报告（2018）》，商务印书馆，2018，第76页。

纸和其他媒体上对"一带一路"的关注度排名都列十名以外，宣传、互动及国际化意识远远不足，错失不少机会。

（四）全省综合立体交通运输体系仍待完善

与打造"交汇点"的总体要求相比，江苏的设施联通仍然存在不平衡不协调、发展质量和效益还不高的问题，主要表现在：一是自主出海能力不足。2018年，全省规模以上海港仅有连云港港和盐城港，仅承接了全国3.4%的沿海货物吞吐量①，还不到广东的1/5、浙江的1/4和上海的1/2，在除港、澳、台外全国11个沿海省区市中排名倒数第三，相对应的是，江苏省贡献了全国1/6的对外贸易，每年集装箱生成量的八成是通过陆路运至省外出海。二是航空和高速铁路等远距离运输发展任重道远。江北地区干线铁路、江南地区城际铁路网尚未形成。江苏省虽有9个机场，但是机场资源比较分散，空域容量不足、航线不多等矛盾仍然存在。2018年，江苏以5164.6万人次的旅游吞吐量在全国位列第八，仅为广东的1/3、北京的1/2和上海的1/2②；苏中苏北地区七成的国际航空货运被上海浦东机场分流，航空运输发展严重滞后于经济对外交往的需求。三是全省综合立体交通运输走廊仍未形成一盘棋，各种运输方式尚未实现有效衔接。一方面是由于缺乏明确的定位，各地机场和中欧班列的同质化竞争现象较为突出，线路覆盖广度、深度等均有待提升；另一方面是综合交通枢纽体系尚未形成，港口、机场集疏运体系建设有待加强，多式联运发展仍显滞后，规模化的内河集装箱运输航线尚未建立，交通运输信息化水平有待提高，运输资源整合效率不高。

---

① 《2018年规模以上港口货物、旅客吞吐量》，交通运输部网站，http://xxgk.mot.gov.cn/jigou/zhghs/201905/t20190513_3198921.html。

② 《2018年民航机场生产统计公报》，交通运输部网站，http://www.mot.gov.cn/tongjishuju/minhang/201903/t20190318_3177639.html。

三 高质量推进"一带一路"交汇点建设的政策建议

（一）提升服务沿线国家能级，打造全球供应链的重要交汇点

江苏作为制造业大省，已经是全球供应链体系的重要组成部分，对能源资源和核心生产要素具有稳定和持续的需求，而共建"一带一路"国家大多自然资源丰富，大宗产品和能源价格受市场波动影响比较大，亟须工业化和稳定的输出市场。因此，要把握"一带一路"重塑亚太供应链格局的机遇，利用江苏省地理位置优势，围绕江苏省的主导产业和新兴产业，依托数字技术，加强在共建"一带一路"国家核心生产要素、区域优势资源、产业链上下游环节的便利链接与整合，加快融入全球供应链体系，强化对全球供应链体系中高端环节的把控，把江苏省打造为全球供应链体系网络中的重要交汇点，同时也为一带一路企业的可持续发展提供不竭动力。重点要培育壮大本土跨国公司，也要继续鼓励跨国公司在江苏落户总部或区域总部，建设亚太区域总部中心以及跨国采购中心、销售中心，增强江苏对广大内陆经济腹地的综合服务能级，提升在全球供应链体系中的资源配置和供应能力。要发挥江苏省境外园区布局优势，打造与江苏高质量发展相匹配的海外原料供应基地，同时引导优势企业加强对能源和新能源汽车所必需的钴、镍等矿产以及战略物资铀等供应的境外合作，服务国家战略安全大局。

（二）打造"一带一路"海外投融资等服务平台，积极参与沿线重大项目建设

相对于欧美发达国家，企业"走出去"到共建"一带一路"国家更需要语言翻译、法律政策咨询、项目的风险评估，海外投融资等服务网络体系的支撑，特别是对大型基础设施项目而言。江苏省要发挥与沿线贸易全覆盖的优势，提升服务"一带一路"的海外投融资平台，以金融合作带动大项目合作，通过金融出海带动产能出海。要发挥全国首个获得全金融牌照的境

外产业园的先行先试作用，积极探索与中东金融枢纽阿联酋的国际金融合作，撬动当地金融市场，支持中资企业在当地的迅速直接融资，提供个性化立体化金融支持服务，切实推进"园区服务＋企业成长＋金融支持"共赢发展，将依托于金融服务平台的中阿产能合作示范园打造为"一带一路"国际产能合作的标杆项目，并逐步辐射中东东非等更多的境外园区和中资企业，力争成为"一带一路"综合金融服务商。新加坡现代服务业发达，服务了东南亚接近半数的投资，苏州工业园区是中新成功合作的标杆，江苏省要主动对接新加坡积极融入"一带一路"建设的需求，推动苏新合作功能创新，加大金融、投资、保险事务的合作，共同建立面向"一带一路"的投融资平台。苏港经贸联系密切，江苏应该充分利用和进一步发挥香港在金融、投资、法律、会计服务等方面的优势，共同建立面向"一带一路"的高水平投融资法律等方面服务的平台，服务江苏省乃至中资企业在共建"一带一路"国家的大规模投资。

（三）完善综合立体交通网络，充分激活新亚欧大陆桥东方起点

一方面，要把"交汇点"建设的设施联通放在世界经济和区域一体化发展的格局中去看，主动嵌入"一带一路""六廊六路多国多港"框架中去，提高江苏省综合立体交通网络与共建"一带一路"国家的通达水平和通达效率，切实发挥江苏省沿海、沿江、沿新亚欧大陆桥在陆海联运方面的独特优势，加强省际互联互通，推动承东启西连接南北对外开放新格局的构建。另一方面，要把全省战略谋划与各地发展需求有机融合，突出顶层设计的区域协调发展功能，实现优势互补和错位竞争，公铁水空管各种运输方式整体规划，江海河、陆海、陆空等多式联运体系统筹布局，统筹中欧班列运营，打造"交汇点"设施建设全省一盘棋。围绕苏南国际产能合作主力军角色，依托长江黄金水道和长三角城市群发展，建设服务苏南东西双向开放高地的联通设施；提升南京首位度，支撑跨江融合，加快建成重要枢纽城市；以提升中哈物流基地和上合组织出海口建设为引领，创新与共建"一带一路"国家合作模式，加强与欧洲老牌港口企业的运营合作，提升港口综

合竞争力，完善陆海联运综合交通枢纽，深度融入国际综合交通体系，切实将连云港—霍尔果斯打造为"一带一路"陆海联运通道标杆，同时，加快徐州陆港和淮安空港物流金三角建设，实现苏北地区高水平开放平台建设。

（四）实施江苏"一带一路"交汇点影响力建设计划，讲好江苏故事

围绕建设具有全球影响力的"一带一路"交汇点的定位，开通"一带一路"交汇点官方宣传网站，实时跟踪报道国家相关政策信息、江苏省参与"一带一路"建设的相关信息，利用大数据，积极与门户网站、多媒体广播电视、网络广播电视、手机应用程序等传媒新业态平台开展宣传合作，切实提升江苏省的国内外关注度和影响力。要继续构建宽领域的对外交往格局，以欧美发达国家和"一带一路"沿线城市为重点，深化同国际城市和组织的友好合作，推动合作项目化和机制化。打造政商学界共同参与的"'一带一路'交汇点"论坛，持续发布《江苏"一带一路"交汇点建设》蓝皮书，为江苏省提升交汇点建设能级提供决策咨询，为企业参与"一带一路"建设提供示范。设计引进一批有世界影响力的相关国际会议、高端论坛和评奖项目，构建多层次国际会议体系，打造江苏"一带一路"会议品牌。要积极参与达沃斯论坛、博鳌论坛等国内外有影响力的顶级会议，打造集聚高端要素的磁场，提升参与国际事务，特别是"一带一路"建设的能力，发出江苏声音。要挖掘和整合江苏具有国际性优势的区域资源，如大运河文化带、海上丝绸之路东方起点等，加强宣传，打造与共建"一带一路"国家相关的旅游节、文化节、艺术节等主题活动。

（五）积极探索自由贸易试验区落地后的特色创新，最大限度推进自由贸易试验区试点经验的集成创新

2019年8月，国务院同意新设江苏自由贸易试验区，横贯东西纵贯南北的"苏州工业园＋连云港＋南京江北新区"试验片区落地，要最大限度落实和利用好总体方案中"推动'一带一路'交汇点建设"的内容，依托

自由贸易试验区优化区域布局、支点城市布局、基础设施布局，提升全省各地的开放能级，推动苏北、苏南、苏中联动开放，着力打造具有江苏特色、时代特点的新一轮改革开放试验田。同时，在全省范围内，要继续深入全面、创新集成复制推广已出台的五批140项自由贸易试验区改革经验，更大力度推进"舱单归并"为代表的贸易便利化、提升投资管理水平与效率、深化金融业改革、扩大服务业开放领域等的改革创新，突出先行先试，加大个性化特色化政策突破力度，加快转变政府职能，全面构建国内领先、接轨国际的营商环境，激发市场活力，推动形成全面开放新格局，不断提升经济创新力和竞争力，增创体制机制新优势，为全省交汇点建设构建软环境。

社 会 篇

Society Reports

江苏优化民营企业营商法治环境的
回顾与展望

徐　静[*]

摘　要： 江苏营商环境在全国处于领先水平，无论是在地方法规制定、
政务服务改革、司法审判以及信用体系建设和社会治安等方
面，在过去五年间，江苏省都取得了令人瞩目的成就。为了
持续优化营商法治环境，江苏应在过去辉煌的成绩基础上再
接再厉，扬长避短，持续优化营商法治环境，助力江苏经济
高质量发展。

关键词： 营商法治环境　司法服务与保障　江苏省

---

* 徐静，江苏省社会科学院法学研究所副研究员，法学博士。

所谓营商环境是指"商事主体从事商事组织或者经营行为的各种境况和条件，包括影响商事主体行为的政治要素、经济要素、文化要素等，是一个国家或者地区有效开展交流、合作以及参与竞争的依托，体现该国或者该地区的经济软实力"①。营商法治环境是指企业从设立进入市场到退出市场"全生命周期"过程中所关涉的一系列的政策、法律、制度、规则等制度安排，以及法规制度在制定、执行以及适用和落实的过程中必须做到公平、公正、透明，让企业和相关人员对自己的行为能够做到可预期。优化营商环境，必须坚持市场化、法治化、国际化三原则，在这三项原则当中，法治化是市场化和国际化的基石。国际化要求持续扩大开放，加强与国际通行经贸规则对接，促进提高国际竞争力；法治化要求做到规则公开透明、监管公平公正、依法保护各类所有制企业合法权益。市场经济是法治经济，法治是保障市场秩序的手段。民营经济是市场经济的重要组成部分，是江苏财政增收、居民致富的重要源泉，是江苏城镇新增就业和农村富余劳动力向非农领域转移就业的主渠道。江苏民营企业的健康发展对江苏经济高质量发展具有不可估量的作用，因此，正视民营企业发展困境和需求，持续优化民营企业的营商法治环境，是实现江苏经济高质量发展的必由之路。江苏省制造业和实体经济发达，民营经济在江苏经济发展中具有不可替代的作用，江苏省长期以来注重民营企业营商法治环境的建设和优化。

一 江苏民营企业营商法治环境发展回顾

营商环境是企业的重要生长环境，尤其是民营企业，营商法治环境良好，才会吸引更多的民营企业到江苏投资。2019 年江苏省政府印发了《聚焦企业关切大力优化营商环境行动方案》，出台了 150 项优化营商环境的任务清单，规定完成时间和责任单位，其中多项属于营商法治环境的任务。江

---

① 董彪、李仁玉：《我国法治化国际化营商环境建设研究——基于〈营商环境报告〉的分析》，《商业经济研究》2016 年第 13 期。

苏企业营商法治环境的改善与优化与地方法规的制定、江苏省"放管服"改革以及"法治江苏"建设持续深入紧密相连。

（一）涉企地方法规的陆续制定与完善

良好的营商法治环境依赖于一系列的促进企业投资经营发展的法规政策。2012 年以来，江苏省人大常委会制定颁布多项涉企立法，先后制定颁布了《江苏省保护和促进台湾同胞投资条例》《江苏省企业技术进步条例》《江苏省保护和促进香港澳门同胞投资条例》《江苏省保护和促进华侨投资条例》《江苏省安全生产条例》《江苏省行业协会条例》《江苏省开发区条例》《苏南国家自主创新示范区条例》等，这一系列省级地方法规的制定，为民营企业，尤其是境外投资者的利益提供法律保障。在制定这些法规的过程中，通过调研和走访的形式，向企业家问计求策，听取企业家的意见和建议，力求做到科学立法、民主立法；法规制定实施后，通过互联网、媒体等多种渠道向企业家宣传法规内容，让企业家全面了解江苏省的投资政策和制度，让投资者对江苏的投资法治环境建立信心。2019 年，为了进一步优化企业营商环境，为企业创造更好的法治环境，江苏省人大常委会将《昆山深化两岸产业合作试验区条例》《江苏省社会信用条例》《江苏省地方金融条例》列入立法预备项目，并对一系列已经不合时宜的条例，比如《江苏省招标投标条例》《江苏省中小企业促进条例》《江苏省促进科技成果转化条例》《江苏省文化产业促进条例》等列入调研项目，将根据调研结果对条例中与现实不符合的条文进行修改。"徒善不为政"，"良法利于善治"，只有制定完善的法规制度，营造良好的法治环境，才能为民营企业的发展提供优良的土壤，民营企业才会在江苏这片土地上生根发芽。

（二）江苏政务服务改革取得显著成效

江苏持续推进简政放权，政府依法行政是营造营商法治环境至关重要的一个环节。自十八大以来，江苏高度重视"放管服"改革，特别是自推动"互联网＋"政务服务工作以来，江苏政府服务水平不断提升，为企业和群众提供服务的能力不断增强。江苏省以"5 张清单、1 个平台、7 个相关改革"为系统架构开展简政放权、放管结合、优化服务、转变职能的改革工作。为进一步深化"放管服"改革，制定了《2016 年全省推进简政放权放管结合优化服务改革工作要点》《关于深化行政审批制度改革加快简政放权激发市场活力的意见》等一系列文件，认真贯彻落实中央决策部署，推进"517"系统改革举措，突出"放管服"改革重点，攻坚"放管服"改革难点，政府职能转变更趋科学，政务服务水平大为提高，营商环境不断优化。2017 年，江苏省加快推动"不见面审批（服务）"改革、"互联网 + 政务服务"建设和"3550"改革，营造了良好的营商氛围，企业开办程序的简化大大缩短了审批时限，不动产登记环境的优化使办理登记服务更快捷，施工许可办理环境的优化也使企业施工周期大为缩短。2019 年，为了深化"放管服"改革，持续优化营商环境，江苏省出台《深化"放管服"改革工作要点的通知》以更好更快更方便企业和群众办事创业为导向，进一步加大转变政府职能和"放管服"改革力度，以"重落实，抓提升、补短板、求突破"为主线，深化"不见面审批（服务）"改革。固化扩大"3550"改革成果，推动开发区"放管服"改革，推进"互联网 + 政务服务"，强化"互联网 + 监管"。行政审批集中办理是衡量营商法治环境的重要指标，江苏实行"一个窗口受理"，"一站式"审批，开展"互联网 + 政务"，实行行政审批网上办理，简化、优化办事流程，缩短办理时限，这些举措有利于提高企业的办事效率，节约企业和群众办事成本。

（三）司法服务与保障为企业合法权益保驾护航

公平公正的司法环境是优化营商法治环境的主要内容之一。审判是司法的基本功能，也是司法服务企业的主要途径，只有司法机关依法公正处理好每一件涉企案件，保护企业和企业家的合法权益，才能让企业家对法治环境充满信任感，体验到公平正义，才能增强企业和企业家在江苏省这块土地上的安全感和归属感。市场经济的活力与法治环境的优良息息相关，人民法院为市场主体提供有效的司法救济，让市场主体在每一个司法案件中感受到公平正义是营商法治环境的要义。从 2016 年至 2019 年 4 月，江苏法院受理各类商事案件 94.85 万件，标的总金额达 7748.3 亿元。《最高人民法院关于为改善营商环境提供司法保障的若干意见》指出："妥善处理涉产权保护案件，推动建立健全产权保护法律制度体系。"江苏各地法院制定出台加强产权司法保护的规范性文件。2017 年江苏省高级人民法院发布审判白皮书，强化司法产权保护，激发企业活力。江苏省高级人民法院对 2012～2017 年近五年间江苏法院的公司商事案件进行全面梳理剖析，更新司法理念，高度重视公司审判理念，努力探究公司纠纷的特殊性，通过对案例折射出的现有公司企业普遍存在的不规范问题进行分析，对社会和广大投资者发出七点风险提示和防控建议。

创新是江苏经济高质量发展的第一动力，保护知识产权就是保护创新。企业和企业家是创新的主体，知识产权法院（庭）就是要为创新主体、创新活动、创新成果提供强有力的司法保障。2017 年江苏省在南京和苏州两地法院率先设立知识产权法院，是全国首批设立的管辖著作权、专利、商标等技术类案件的知识产权专门审判机构，两年来为推动创新创业，营造良好的营商法治环境做出了重要贡献。2019 年 8 月 22 日，江苏省高级人民法院对外公布了《关于实行最严格知识产权司法保护为高质量发展提供司法保障的指导意见》，明确江苏法院实行最严格的知识产权司法保护举措，破解知识产权案件中的"举证难""赔偿低""周期长"等难题，对知识产权侵权行为特别是恶意侵权行为、重复侵权行为以及其他严重侵权行为，加大司法惩处力度，最大限度遏制侵权行为再发生，最大努力激发创新活动。

每一个案件的审判与执行，就是一次营商法治环境的优化。江苏法院推进商事审判组织体系改革，2019 年，江苏省法院对民商事审判内设机构职能进行优化调整，按照案件类型形成民一至民六庭的审判格局，提升民商事审判专业化水平。江苏推进商事纠纷多元化解机制改革，创新发展"枫桥经验"，扩大常住调解机构数量，实现全省各级法院"一站一室"建设全覆盖，推动诉前调解、仲裁、公证与诉讼的有机衔接，引导企业以小成本，多途径解决商事纠纷。江苏省法院推动商事案件执行体制机制改革，推进建立失信联合惩戒机制，缓解了执行难问题，提高了对企业胜诉权益的保护，加快了企业债权的实现。

（四）诚实守信、平安和谐社会环境助益营商环境法治化

诚实守信的社会、良好的社会治安、优良的法律服务为优化营商法治环境锦上添花。政务诚信和商务诚信是营商信用法治中的两个面向。江苏社会信用体系建设始于2004年，在全国起步较早。历经十五年先行先试，取得积极进展，形成了良好基础。2007年，江苏出台了《关于加快推进诚信江苏建设的意见》，江苏省政府陆续出台了企业和个人征信管理办法、社会法人和自然人失信惩戒办法，行政管理中实施信用承诺、信用报告和信用审查等信用管理办法。省、市有关部门先后出台信息归集、系统管理、信用监管等规章制度100多项，有力支撑了社会信用体系建设。诚信江苏网站开通运行；江苏省社会法人信用基础数据库和服务平台建成运行，数据质量不断提高；江苏省自然人信用基础数据库2015年底基本建成。江苏省辖市和县级试点地区加紧建设社会法人或自然人信用基础数据库。金融信用信息基础数据库已建成并发挥较好作用。信用审查、信用承诺和信用报告在区域和行业逐步得到应用，信用信息共享领域逐步拓宽、社会化应用稳步推进。省级示范部门和县级试点地区信用信息应用取得初步成效。信用评级、信用管理咨询等信用服务活动积极开展。启动企业信用管理"百企示范、万企贯标"工程，提升了企业经营管理水平和防范风险能力，增强了企业综合竞争力。

2018年4月，江苏省出台《江苏省关于加强政务诚信建设的实施意见》等6个文件，明确政务诚信建设的主要任务：至2020年，逐步健全全江苏省政务信用管理体系和政务诚信监督体系，建成政府部门和公务员信用信息系统，实现行政许可、行政处罚等信用信息"双公示"100%以及政府部门和公务员信用信息记录、归集、共享全覆盖。江苏省将建立江苏省级层面由江苏省信用办牵头，各相关部门和单位协同参与的工作机制，各设区市政府也将建立相应的工作协调推进机制；建立统一的政府部门和公务员信用信息

系统和联合奖惩系统；进一步协调各相关部门，建立有效的信用信息共享机制。

建立以良好的商务诚信和政务诚信为核心的市场监管体制，有利于营造公平诚信的市场环境，降低交易成本，确保交易安全，提高合同的可期待履行率，增强企业家的信心。

良好的社会治安环境与营商环境紧密相关，江苏省属于长三角沿海发达地区，素来重商亲商，开放包容的文化传统和平安和谐的社会氛围，是很多企业来江苏投资的重要原因之一。网上调查数据表明，江苏公众安全感、法治建设满意度逐年升高，历经十几年的平安创建，江苏社会持续和谐稳定，社会治安综合治理成绩和群众安全感满意度持续位居全国前列，江苏被公认为全国最安全的省份之一。2018年，江苏省司法厅发挥法律服务职能作用，动员全省司法行政系统聚集资源，聚合力量，以有效防控化解企业法律风险，助力打造最佳民营经济营商环境为目的，开展"法润江苏·法企通行"专项活动，到2018年10月底，江苏已经组建各类民营经济法律服务团1012个，发布防控举措和法律建议6270件，帮助企业化解风险，解决问题29874个，避免和挽回经济损失28.2亿元。和谐平安的社会环境和优良的法治环境是吸引企业家到江苏投资的重要原因之一。

二　江苏优化营商法治环境的制约因素分析

（一）地方立法滞后制约营商法治环境的优化

国家发改委牵头会同有关部门起草了《优化营商环境条例（征求意见稿）》，并向社会公开征求意见，将搜集的意见进行梳理，对草案进行完善。辽宁、河北、黑龙江、天津等省市先后出台优化营商环境条例，山西省人大常委会亦将优化营商环境条例列入年度立法计划。从国家层面到地方层面都认识到了立法对营商环境的重要性，通过立法的形式推进营商环境的建设是多方的共识，通过制定严格的法律规范和法律责任，规定明确营商环境建设的主体、内容、方式以及保障措施等。江苏省虽然出台多部优化营商环境的规范性文件，但目前并未出台江苏营商环境地方立法，2018 年 4 月，江苏省政府办公厅明确将《江苏省营商环境优化办法》列入 2018 年规章预备项目，并成立了草案起草工作小组。在多次市县调查研究和多方征求意见的基础上，2018 年 10 月底完成了草案的起草工作，已列入 2019 年省政府规章正式项目。通过地方立法，为优化营商环境保驾护航，确保各项有关民营经济发展的利好措施得到落实，对行政机关"必须为"和"禁止为"的内容以立法的形式予以规定，才能保持政策的稳定性与持续性，才能给民营企业和企业家吃"定心丸"。江苏应借鉴兄弟省份的地方立法经验，加快推进《江苏省营商环境优化办法》的立法进程，提炼升华江苏省各部门优化营商环境的具体举措和经验，促进江苏各部门决策的统一与协调，以精细化的制度规范统筹江苏省营商环境的优化。

另外，2012 年至今，江苏已经颁布实施多部涉企法规，在一定程度上，涉企法规之间缺乏连贯性与协调性，有的法规之间甚至出现互相矛盾、互相抵触的现象，从而导致"法出多门"的局面产生，法规混乱的局面对行政机关、企业和企业家的行为易造成负面的指引。因此，在充分听取江苏企业和行业协会的意见和建议基础上，进一步梳理现有涉企法规，完善法规之间的协调性，修改不合时宜的条款，加快出台已经列入立法计划和调研项目的涉企法规。形成完备的涉企地方法规体系，是营造良好的营商法治环境的先决条件。

（二）政务服务面临的"瓶颈"问题制约营商法治环境的优化

尽管江苏政务服务水平不断提高，在全国亦处于领先水平，但是依然面临着一些需要克服的"瓶颈"问题。首先，江苏"不见面审批（服务）"改革依赖江苏省"互联网＋政务服务"网络的构建，目前，江苏"互联网＋政务服务"网络的建设并未完全形成省、市、县、乡（镇）、村（社区）五级全覆盖的局面，这就意味着"不见面审批（服务）"改革并未达到全省五级覆盖，因而"不见面审批（服务）"改革的便捷性存在局部效果好、整体不均衡的局面，有些县、乡、村的企业可能目前无法享受"不见面审批（服务）"的便捷性。另外，"互联网＋政务服务"依赖于后端跨部门、跨地区、跨层级的信息联动与协作，目前江苏省各级数据并未实现完全的互联互通，实践中可能降低"不见面审批（服务）"的效率。在调研中发现，有企业家反映，由于部门之间信息流通不顺畅，加之"不见面审批（服务）"的网上程序设计机械化，导致开办企业"多跑路""添堵"的现象依然存在，尤其是在外资企业的开办过程中这种现象尤为明显。其次，江苏政务服务对象仍然存在不均衡的现象。江苏政务服务立足于利企便民，积极创新服务企业机制，推进健全涉企审批无偿代办工作机制，但从代办制来看，其过度注重大项目、大企业，忽略小项目、小企业，在商业代办公司中，还存在"乱收费"的乱象，在调研过程中发现，对中小企业尤其是小微企业的政务服务欠缺针对性的举措，在中美贸易摩擦的大环境中，有的地方甚至存在对外贸出口公司要求自己吸收关税成本的强硬举措，这些都不利于当前环境下一些中小企业的生存与发展，不利于优化营商法治环境。最后，江苏政务服务工作人员的服务意识有待提高。政府服务大厅与江苏政务服务网本应是相辅相成的行政服务体系，互联网的弊端本应由人工服务来弥补，但行政服务大厅工作人员的服务意识匮乏，缺乏整体和全局的服务意识和技能，从而导致遇到问题互相"踢皮球"的现象产生，对优化营商环境造成负面影响。

（三）针对性的司法服务和司法保障仍有进步的空间

尽管江苏省各级法院陆续出台了保障企业合法权益的各种司法意见和针对企业风险出台各种风险防范建议，但在保护民营企业和企业家人身权、财产权、经营自主权和创新发展权等方面仍然存有较大的改善空间。长期以来，受法制不健全、制度不稳定等诸多因素影响，江苏各类企业特别是民营企业在经营发展过程中存在一些违规经营和涉嫌违法行为，即"企业的原罪"问题，企业一旦涉案，担心"新账旧账一起算"，导致民营企业主顾虑重重。当前江苏非公经济在整个国民经济中所占比重已超过50%，依法妥善处理改革开放以来各类企业特别是民营企业经营过程中存在的不规范问题至关重要，对稳定社会预期意义重大。对于企业家而言，产权至关重要，依法保护产权、完善产权保护制度是司法机关的法定职责和重要使命。各级司法部门应通过严格规范执法程序，保障企业和公民财产权免遭侵害。实践中，仍然存在少数随意性执法、行政干预司法、利用刑事手段干预一般经济纠纷、滥用强制措施、处置涉案财产时任意牵连合法财产等行为，直接造成民营企业主财产权受到侵害。因此，必须通过严格规范法律程序和司法行为，使司法成为产权保护的有力保障。另外，知识产权综合保护力度和水平仍然有改善的空间。长期以来，由于全社会普遍缺乏知识产权保护意识，相关法律法规也不尽完善，行政执法和司法机关的执行力不尽如人意，侵犯企业知识产权的案例时有发生，侵权违法成本低，维权追偿成本高。同时，由于知识产权客体范围的不断扩大，如互联网、基因工程、生物技术、航天技术等高新技术的出现，对现行知识产权制度构成严峻挑战。江苏很多企业知识产权观念落后，表现为不注重保护自己的知识产权或不尊重他人的知识产权，企业掌握和运用知识产权进行科技创新和转化应用的能力与水平有待提高。最后，"平等无差别"保护公有制企业与非公有制企业的司法理念有待加强与贯彻。由于长期以来对公有制和非公经济财产权实行的是差别保护，各机关在处理不同产权时采取不同的态度与做法，另外，全社会对非公有经济财产权也存在一定偏见。即使经过四十年的改革开放，现代产权制度和产权保护法律框架基本建立，各方主体也已认识到加强财产权保护制度建设是社会持续稳定健康发展的基础和前提，但由于思维理念的守旧保守，制度缺失不公而侵犯财产权事件屡有发生，依法平等保护各类财产权的良好环境和氛围尚未形成，民营企业主和社会主体对财产财富的安全感普遍不足，可能影响江苏省经济持续健康稳定发展。

（四）营商法律文化建设有待加强，政商关系需要重构

任何一种法律制度要在实际的社会经济生活中行之有效，实施后达到预

期效果，就必须同公众的文化观念形成相互配合彼此协调的关系。① 营商环境的法治化，必须重视建设江苏营商法律文化，将中国优秀传统文化融合到营商法律文化当中，让所有市场主体形成符合市场经济法治要求的思维方式、行为模式以及价值观念，培养市场主体的契约精神，信守承诺。打造营商文化氛围，大力宣传报道江苏新时代创业者的先进事迹，弘扬企业家精神，推动形成保护企业家合法权益的社会法治氛围。

政商关系是营商环境的关键内涵，政商关系的健康指数与经济发展密切相关。根据中国人民大学国家发展与战略研究院政企关系与产业发展研究中心 2018 年采集公开数据、调查数据和网络数据，对中国 285 个城市的政商关系健康指数进行排名，并发布了国内第一份城市政商关系排行榜，排行榜显示在全国 285 个城市中，政商关系健康指数排名前十名的城市中江苏省仅有苏州市。② 不可否认，过去的政商关系长期处于不正常、不健康和不合理的状态，十八大以来建立"亲""清"新型政商关系成为江苏优化营商环境的热门话题。江苏省出台多项举措协调推进新型政商关系，为了构建"亲""清"新型政商关系，江苏应建立对内对外两项机制，畅通政商交往渠道，对内建立省级民营经济发展联席会议制度，统筹推进民营经济中小企业的发展，协调沟通重大问题；对外，建立高规格政商沟通机制，定期召开江苏省主要领导干部与苏商代表联系沟通座谈会，为企业解读法律政策，加强对企业的沟通联系，从而杜绝"不正常"的政商关系产生。

三 江苏优化民营企业营商法治环境的展望与建议

随着世界经济下行压力增大，在中美贸易摩擦持续的大环境下，想要吸

---

① 袁莉：《新时代营商环境法治化建设研究：现状评估与优化路径》，《学习与探索》2018 年第 11 期。

② 聂辉华、韩冬临、马亮等：《首个〈中国城市政商关系排行榜〉：政商关系该如何评价？》，http://www.sohu.com/a/230417704_676972。前十名分别为：东莞、深圳、上海、北京、广州、金华、苏州、温州、邢台、长沙。

引更多投资者到江苏来投资创业，激活市场活力，就要持续优化营商环境，尤其是营商法治环境。公平正义的法治环境是最好的营商环境，市场经济是法治经济，强化政府和企业的契约精神，完善江苏地方立法，充分发挥司法职能作用，提升营商法治文化建设，为民营企业发展营造公平、透明、可预期的法治环境是未来江苏省优化营商环境努力的方向。

（一）持续深化政务服务改革，加快推进地方立法固化改革成果

政务服务是优化营商环境的一个重要环节，营商环境的根本性改观、制度的信赖保护、入口的便利放行、过程的经营自主保障、信用监管，以及事后的监督跟踪等是一个系统的工程，各项改革举措应具有综合一体性。江苏省持续深化"放管服"改革，营造了良好的营商氛围，企业开办程序的简化大大缩短了审批时限，不动产登记环境的优化使办理登记服务更快捷，施工许可办理环境的优化也使企业施工周期大为缩短，投资营商环境得到优化。为了持续深化江苏简政放权、放管结合，深刻转变政府职能，提高政务服务水平，平等保护各类市场主体合法权益，激发市场活力，巩固"放管服"改革成果，推动江苏经济社会高质量发展，《江苏省营商环境优化办法》的出台刻不容缓。法规不但能给各类市场主体的行为作出指引，更能限制权力的恣意滥用，从而保障相对人的合法权益免遭侵犯。《江苏省营商环境优化办法》应归纳总结江苏省《聚焦企业关切大力优化营商环境行动方案》（简称《行动方案》）的内容，从市场主体、政务环境、法治环境、社会环境、信用环境、监督保障、法律责任等方面进行制度设计。《江苏省营商环境优化办法》应全面地贯彻落实江苏政务改革的一系列成果措施，将优化营商环境纳入江苏省地方法治的轨道，切实增强市场主体的信心和获得感。

（二）为中小民营企业提供转型发展所需的针对性政务服务

中小民营企业是提供新增就业岗位的主要渠道，是社会稳定的重要基础，是企业家创业成长的平台，是科技创新的动力源泉，支持中小企业的健

康发展，对于保持江苏省经济平稳发展、推动江苏省经济高质量发展具有重要的战略意义。尽管江苏"不见面审批（服务）"改革面向所有企业和群众，具体事项有差别，服务标准无差别，但由于企业和群众之间、不同企业之间对政务服务的需求是有很大差别的，尤其是中小民营企业的需求与大中型企业的需求存在很大不同。尽管江苏一些地方已经针对规模以上企业项目提供了较好的政务服务，但是缺乏针对中小民营企业全面的政务服务措施或者政策的制定与执行之间有一定的落差。因此，建立针对中小民营企业政务服务网络平台，大力完善中小民营企业的政务服务体系，提升对中小民营企业政务服务水平是江苏优化营商法治环境的必要之举。

（三）进一步提升司法服务与司法保障

近五年来，为了优化江苏营商法治环境，江苏省高院在企业产权保护和知识产权保护等方面出台诸多举措，并且取得了一定的成效，为了持续优化江苏营商环境，江苏法院应进一步协同推进营商法治环境建设。江苏法院应着力弘扬契约精神，强化"合同执行"，加强破产审判工作，补齐市场主体救济和退出机制的短板，着力推进江苏司法体制综合配套改革，保障江苏营商环境的持续优化。

在产权司法保护方面，江苏法院加大产权司法保护力度，规范查封、扣押、冻结措施，依法保护民营企业人身权、财产权及其他各项合法权益。加强刑事、民商事、行政、金融、知识产权审判工作，依法平等保护各类性质企业和企业家的合法权益，同时做好江苏自贸试验区（涵盖南京片区、苏州片区和连云港片区）营商环境的司法前瞻性研究，适时出台司法服务保障意见。完善证据审查、损害赔偿、纠纷化解机制，加大知识产权侵权惩罚力度，进一步优化科技创新法治环境。加强立案、审理、执行、破产全流程精细化管理，并推进多元化解决纠纷机制升级完善，尤其是推广多元化远程网上调解，打造线上线下同步运行、规范高效的诉讼、仲裁、调解一站式服务网络平台。推进破产体制机制改革，提高破产案件审判的集约化和专业化水平。企业依法进入市场，同样依法退出市场，法院应强化执行程序与破产程序的有效衔接，加强破产重整机制探索、破产审判机制建设，为"僵尸企业"出清提供法治保障，积极促进有运营价值的困境企业成功重整，从而发挥破产制度的市场救治功能。

（四）加强营商法治文化的建设，持续净化社会治安环境

法治是营商环境建设的核心要素之一。优化营商法治环境，必须重视营商法治文化建设。应大力度、更广泛地开展营商法治宣传，尤其是涉企法规宣传，通过法制教育提升公民、政府、企业的契约精神。开展社会主义市场经济法治研究和教育，引导人们对营商法治环境的正确认知，针对江苏企业和企业家进行法治宣导，强化企业自律诚信精神，在经济活动中建立良好的企业信用。江苏社会治安环境在全国处于领先水平，但依然存在操纵市场、欺行霸市的行为，"企业化""公司化"以商养黑、以黑护商的黑恶势力以及各种"套路贷""裸贷"和以"软暴力"滋事讨债等突出黑恶问题。因此，要坚决打击惩治这些扰乱市场的行为，维护良好的市场秩序和营商环境，必须在江苏前期工作的基础上，再接再厉，坚持以法治思维、法治方式、法定程序，精准有力惩处各类黑恶势力犯罪，对影响人民生命财产安全、公共安全、社会秩序的黑恶犯罪，加大侦办力度，全力保障社会平安稳定，为企业和企业家提供安宁、安全、和谐的社会环境。

江苏基本公共服务标准化建设的
薄弱环节与提升路径

鲍　磊*

摘　要： 江苏以普惠性、保基本、均等化、可持续为方向，全面落实基本公共服务清单项目，不断提高基本公共服务共建能力和共享水平，基本建成覆盖全民的基本公共服务体系，在若干领域形成了具有示范意义的"江苏标准"。但在体系构建、标准设置、推进机制、一体化等方面，江苏基本公共服务标准化建设依然存在着若干薄弱环节，因此，应尽快健全完善基本公共服务标准化体系，通过标准化试点发挥示范引领作用，以标准化规范形成多元参与的格局，加强统筹形成标准化体系建设的合力，积极推动基本公共服务相关领域立法。

关键词： 基本公共服务　标准化　均等化　江苏标准

　　建立健全基本公共服务标准体系，以标准化促进基本公共服务均等化，是新时代江苏民生高质量发展的必然要求，也是江苏高水平全面建成小康社会的重要体现。经过近两个"五年规划"的推进与建设，江苏基本公共服务共建能力和共享水平不断提高，覆盖全民的基本公共服务制度基本建成，在若干领域形成了具有示范意义的"江苏标准"。但同时也应看到，江苏基

---

* 鲍磊，江苏省社会科学院社会学研究所副研究员。

本公共服务发展依然存在着发展不够平衡、供给需求不够匹配、标准体系不够健全、保障力度不够稳定以及服务水平与经济社会发展不够适应等问题。作为"为全国发展探路"的省份，江苏应加快完善全省基本公共服务标准化建设，以更有力地促进基本公共服务均等化。

一　江苏基本公共服务标准建设的主要进展

（一）基本公共服务标准体系框架基本得以确立

江苏于 2016 年制定实施《江苏省"十三五"基本公共服务均等化规划》（以下简称《规划》），并于次年公布了相配套的《江苏省"十三五"基本公共服务清单》（以下简称《清单》），基本公共服务变得量化、可视化。与国家服务领域和清单相比，江苏增加了环境保护和公共交通两个领域，总共涵盖了 10 个领域，基本公共服务项目清单也增至 87 个，其中还单独设置了"12345"在线服务项目，为老百姓提供便捷的信息服务渠道。2017 年，江苏在全国率先制定了《江苏省"十三五"时期基层基本公共服务功能配置标准（试行）》（以下简称《标准》），针对各级主体供给能力及城乡居民服务需求的差异，明确乡镇、街道、建制村、城市社区、自然村、居住小区等 6 类空间单元的配置标准，把重点放在老百姓家门口看得见、摸得着、用得上的公共服务项目上。到 2018 年底，江苏基层基本公共服务标准化配置实现度达到 90% 以上。

2016 年至 2019 年 6 月，围绕《规划》确定的 10 个重点领域，省政府及相关部门先后出台具体配套政策，包括近 100 个文件。全省 13 个设区市以省《清单》《标准》为基础，在不缩小范围、不降低标准的前提下，因地制宜制定建立本地基本公共服务制度，配套出台了本地"清单""标准"。江苏省各有关部门积极推进相关行业标准建设，发布《乡镇（街道）便民服务中心服务管理规范》等地方标准 70 余项，加强社会救助、居家养老等重点领域的标准修订工作，为基本公共服务标准化建设提供了有效的制度支撑。

此外，为贯彻落实《国务院关于印发深化标准化工作改革方案的通知》（国发〔2015〕13号）精神，2018年6月15日，江苏省制定实施《江苏省开展国家标准化综合改革试点工作方案》，明确将"'标准化＋'民生保障"作为"标准化＋"行动计划之一。方案中的"民生保障"，对应了基本公共服务的主要领域。① 根据中央办公厅、国务院办公厅《关于建立健全基本公共服务标准体系的指导意见》，2019年7月23日江苏推出江苏版的实施意见，搭建成江苏基本公共服务标准化的总体框架和发展方向。

（二）基本公共服务相关标准总体上得到有效落实

江苏确立了"十三五"时期"聚力创新、聚焦富民，高水平全面建成小康社会"的奋斗目标。在聚焦富民实践进程中，省委、省政府把基本公共服务作为最大民生普惠，把均等化建设作为重要抓手，提出要着力扩大公共服务供给，提高公共服务水平，用基本公共服务开支的"减"，换取收入含金量的"增"。江苏还研究出台了"富民33条"政策措施，从合理提高社会保险待遇水平、逐步提升最低生活保障标准、强化社会救助托底功能、加大教育惠民助困力度、减轻群众就医负担等方面提出了基本公共服务惠民的具体任务。为此，江苏专门成立富民工作领导小组，建立考核评价机制，对各地各部门开展专项督查，为基本公共服务均等化标准化任务的有效落实提供了坚强保障。此外，江苏省人大常委会、省政协分别开展基本公共服务均等化标准化建设专题调研，提出务实意见建议，加强监督检查和参政议政，推动工作深入开展。江苏省政府也多次召开省政府常务会及专题会议，审议研究《清单》《标准》，提出具体落实要求。

江苏省发展改革委、财政厅、统计局、质监局等部门分别做好统筹规划、财力保障、统计监测和技术指导等工作，教育厅、民政厅、卫生计生委等主管部门积极推进各相关领域基本公共服务工作的分解实施、推进落实工

---

① 《省政府关于印发江苏省开展国家标准化综合改革试点工作方案的通知》，《江苏省人民政府公报》2018年第11期。

作。各级政府把基本公共服务均等化建设作为民生保障重点任务，抓好本地清单、标准与省级的有机衔接，细化落实各项目标任务。省"清单"和"标准"出台后，分别召开了新闻发布会，组织了在线访谈，开展了集中宣传，对"清单""标准"进行详细政策解读，取得了良好社会反响。江苏还将"标准"以手册形式发放至基层便民服务中心、村务公开栏等显著位置，方便群众查看，提高了群众知晓率和参与度。

2016 年，江苏省政府办公厅出台《江苏省基本公共服务体系建设监测统计工作实施办法》，指标体系设置 63 个指标，其中 62 个数量指标、1 个群众满意度指标。江苏省统计局会同省发展改革委、省政府研究室建立工作联动机制，整合既有基本公共体系建设统计信息资源，加强对全省基本公共服务体系建设进展情况的统计监测，并将监测结果上报省委省政府后批转各地，加大力度督促进展缓慢的地区和部门，改进提高基本公共服务水平。对于基层各项基本公共服务功能配置达标情况，江苏积极组织各地全面调研评估，重点开展乡镇基本公共服务摸底调查，查找薄弱环节，着力采取财政资金倾斜、项目支持等手段加强薄弱地区基本公共服务体系建设，促进城乡基本公共服务同标定位、同步推进、统筹发展。在具体做法上，江苏积极探索建立各地自评与第三方评估相结合的评估机制，采取实地考察、群众访谈、网上评估等办法，丰富监测评估方式，推进均等化实施进度。2017 年和2018 年，为全面了解全省百姓对基本公共服务水平的真实感受，江苏委托第三方专业调查机构，在全省范围内开展了基本公共服务体系建设效果满意度调查工作。具体采用分层抽样，利用问卷形式，进行街头面访，以 18 岁以上居住在江苏省内不同年龄、性别、职业的公民（不含外籍人员）为对象，共确定全省调查总样本 4090 个。结果显示，江苏基本公共服务体系建设成效明显，2017 年江苏全省整体满意度得分为 75.2 分，2018 年提升到82.7 分。此外，从 2018 年开始，全省全面开展《江苏省"十三五"时期基层基本公共服务功能配置标准（试行）》调研评估工作，评估基层各项基本公共服务功能配置达标情况，及时掌握基本公共服务标准化推进情况，查找薄弱环节，补齐服务短板。

（三）部分领域标准化建设形成具有示范性的经验

早在 2013 年，江苏省农村综合改革领导小组办公室与江苏省质监局就联合推进农村公共服务标准化试点工作。到 2015 年，修改完善 11 项省级地方标准，在三个试点县（市）继续试运行，成熟后在全省发布实施，有效推动了江苏农村公共服务运行维护走上标准化、长效化轨道。另一个取得较大进展的领域便是基本公共文化服务，依据国家颁布的《国家基本公共文化服务指导标准（2015～2020 年）》，江苏也及时制定了相应的保障标准，并通过立法的形式出台了《江苏省公共文化服务促进条例》。通过近五年的建设，江苏覆盖城乡的基本公共文化服务体系基本建成，2018 年底基本公共文化设施覆盖率达到 97.8%。在基本公共法律服务方面，江苏也确定了执法管理、法治宣传、行业服务、站点建设、行政保障等 5 大类标准化项目，研制了一批工作标准，社区矫正适用前调查评估等 4 项标准通过省级评审。从 2017 年开始，江苏公共法律服务体系建设迈入 2.0 标准化新时代。

在地方层面，靖江市成为 2014 年国务院综改办、国家标准委遴选的农村公共服务运行维护标准化试点市。2016 年该市制定的 5 项标准作为江苏省农村公共服务运行维护系列地方标准正式发布，在全省范围内推广实施，具有靖江特色的农村公共服务运行维护标准化试点模式也被国家层面采纳。海门市从 2018 年 3 月被确立为国家第五批社会管理和公共服务综合标准化试点单位，到 2019 年 8 月，在不到 1 年的时间里，海门市制定 500 多项标准，群众办事效率和满意度大幅提升。无锡市民政局 2019 年 3 月制定的国内首个智慧养老建设省级地方性标准《智慧养老建设规范》，规定了智慧养老建设的概念模型、系统架构、技术要求、框架功能等内容，明确硬件、软件、第三方监管标准，从物联感知、网络通信、数据融合、智慧应用等八方面提出了具体要求。此外，"江苏宝应县社会矛盾纠纷调解服务标准化试点""江苏南通市通州区区镇村三级公共法律服务标准化试点""江苏如皋市法律援助服务标准化试点"也先后入选国家标准委第五批社会管理和公共服务综合标准化试点项目。

（四）基本公共服务责任划分和支出标准更加明确

2019 年 2 月，江苏依据中央有关文件精神和国务院办公厅印发的《基本公共服务领域中央与地方共同财权事权和支出责任划分改革方案》（国办发〔2018〕6 号），结合省情，制定实施本省改革方案，明确了各级政府的职责，规范了公共服务支出标准和实际可操作的依据，从而有效地避免了责任落实不到位、相互推诿情形的产生。在公共财政理念的指引下，各级财政积极调整优化财政支出结构，加大民生投入，提高公共财政预算用于基本公共服务支出比例，为推进江苏基本公共服务标准化提供了坚实的财政保障。近年来，江苏公共财政用于民生领域的支出一直保持较快增长，2018 年和 2019 年上半年都达到 75%。在 2018 年一般公共预算支出（11658.2 亿元）中，教育、公共安全、医疗卫生、社会保障和就业、住房保障等涉及基本公共服务的领域占了较大比例。①

二 当前基本公共服务标准化建设的主要薄弱环节

（一）在标准体系的具体领域仍有待健全完善

从现有情况看，江苏基本公共服务整体架构已成，但还缺少"血肉"，"丰满度"远远不够。与经济社会发展水平相比，与广大人民群众的需要相比，江苏基本公共服务各领域基本都有相关标准，但是标准的数量、标准的规范程度远远不够，难以有效支撑江苏基本公共服务发展进程。以养老服务为例，为有效解决标准缺失、滞后以及交叉重复等问题，民政部于 2017 年 8 月就联合国家标准委制定了《养老服务标准体系建设指南》，提出了构建养老服务标准的总体框架，但作为养老化程度最高的省份，江苏并没有以此

---

① 《2018 年江苏省国民经济和社会发展统计公报》，http：//www.jiangsu.gov.cn/art/2019/3/25/art_64797_8284235.html。

为指引，制定贴合自身发展实际的"体系建设方案"。江苏在养老领域有不少标准项目，但与江苏人口老龄化程度和养老事业的发展需求极不匹配，在医养结合、服务评价、服务提供等方面标准欠缺更加严重。

（二）在标准设置上还存在不尽合理之处

当前，全省的基本公共服务资源配置不够均衡，如教育均衡化不够，医疗保障存在薄弱环节，省定标准没有充分体现百姓关切，部分群众要求强烈的事项未被列入，或标准不够具体，部分标准过于超前，不符合当前经济发展水平。目前，经济进入新常态，增速有所放缓，财政收支矛盾显现。在省定标准的基础上，部分地区又增加了一些地方项目，有的标准还比较高，地方财政压力较大。随着基本公共服务保障范围扩大，如外来务工人员和新市民纳入保障范围，各地的公共服务资源尤其是优质公共服务资源难以满足人民群众的实际需求。

基本公共服务清单是一个动态机制，清单的制定应尽可能具有一定的弹性。江苏在教育惠民助困、居民医保筹资增长、重点优抚对象抚恤补助标准等方面，建立了随经济发展水平或物价变动的补助标准动态调整机制，在住房保障货币补贴标准上，也由市、县人民政府根据当地市场租金水平和供应对象支付能力等因素确定。但整体来看，有效的动态调整机制尚未形成，在实际的执行过程中，不少指标和项目清单在规划期过半便全部完成序时进度，这虽然是由于在规划制定初期，一些部门为确保到期能顺利完成甚至超额完成目标而设定较低标准，但也与未能形成有效的动态调整机制有关。

（三）在标准有效落实上有些方面执行依然不到位

近年来，江苏先后出台了《学前教育条例》《养老服务条例》《公共文化服务促进条例》《全民健身条例》《残疾人保障条例》等法律法规，及《江苏省义务教育学校办学标准（试行）》等制度规定，对教育、养老、文化等基本公共服务体系建设作了明确规定，比如"新建、改建、扩建居民区，应当根据规划配套设置学前教育设施，并与居民区建设项目同步设计、施工和交付使用";"新建住宅区按照每百户二十平方米以上的标准配套建设社区养老服务用房";"已经建成的住宅区由所在的县（市、区）人民政府按照每百户十五平方米以上的标准通过购置、置换或者租赁等方式调剂解决"等。但在实际操作中，政策不落地、执行不到位的较多。例如，镇村公交开通率达72.4%，但有的地方开通率低，特别是部分苏北县（市、区）仍低于50%，不少地方班次利用不足，资源严重浪费。一些地方建制镇污水处理设施覆盖率虽已达到94%，但由于管网不配套和成本负担的问题，正常运行率不高。

在推进机制上，也尚未形成多部门有效协调的工作格局。基本公共服务本身涉及面广，涵盖领域大，参与管理的部门多，因此很多标准难以统一，协调难度较大，各类标准之间也难以相互衔接配套。江苏基本公共服务均等化规划中，也明确提出要"建立省级基本公共服务联席会议制度"，但实际上并未有效运转，只是在规划制定、征求意见、中期评估时才与各相关厅局沟通协商。此外，虽然各部门都建立了信息化管理系统，但没有统一数据归集利用，呈现大量信息孤岛，存在重复投入、各自为政的现象，有些可以共享的基本公共服务设施资源以及信息化数据等没有打破部门和职能界限，形成各方协调一致的合力。

（四）在标准一体化上尚存在不统一不一致的情形

这主要体现在城乡、区域、群体间公共服务标准存在差异。在城乡方面，农村地区的基本公共服务水平跟城市相比存在明显差距，以基本社会服务为例，城市社区居家养老服务中心基本实现全覆盖，老年公寓、护理院、养老服务综合体等各类设施比较普遍，而农村养老服务设施比较缺乏，以敬老院为主，主要提供基本生活服务，普遍缺乏护理能力，难以满足失能老年人的服务需求。从区域来看，根据2018年基本公共服务指标监测和满意度调查，除住房保障体系苏北高于苏中外，其他10个体系都呈现出苏南（96.28）高于苏中（94.42）、苏中高于苏北（92.6）的态势。最高的南京（97.77）高出最低的连云港（88.66）近10个百分点。这些固然是由于江苏基本公共服务水平和当地经济关联度较大，但也说明了各地基本公共服务标准的不统一、不一致问题。从群体来看，近年来，全省各地通过落实放宽户口迁移政策，吸纳有条件、有意愿的农业转移人口在城镇落户，并着力做好相关公共服务，但部分地区的常住人口还不能完全享受到与户籍人口同等的基本公共服务。比如目前各项救助和补贴政策，如低保、医疗救助、养老服务补贴和护理补贴、残疾人生活补贴和护理补贴等，主要是面向户籍人口的，常住人口只有回户籍地才可以享受。

三　江苏基本公共服务标准化建设的路径

在提出基本公共服务标准化均等化在 2025 年、2035 年两个试点所应当达到的目标外，《关于建立健全基本公共服务标准体系的指导意见》还明确了完善各级各类基本公共服务标准、明确国家基本公共服务质量要求、合理划分基本公共服务支出责任、创新基本公共服务标准实施机制四个方面的重点任务。这将是较长时期内江苏基本公共服务标准化建设的最主要指南和依据。依据省情尤其是广大人民群众在基本公共服务领域的迫切要求，江苏提出了准确把握基本公共服务标准总体要求、加快完善基本公共服务标准化制度建设、更好落实基本公共服务标准化质量要求、积极推进基本公共服务标准机制创建、切实强化基本公共服务标准保障措施等五个方面的落实意见，并就基本公共服务标准化建设重点任务进行了分工。可以说，方向、目标任务乃至推进路径已经明确，下一步的关键是有效落实。

（一）进一步完善基本公共服务标准化体系

前文提到，当前江苏基本公共服务标准化体系框架已基本建成，下一步是如何更好地健全完善。要在加强顶层设计，为后续各项标准的制定提供引导和规范的同时，尽快梳理出基本公共服务提供过程中的关键环节，抓好解决关键问题，保证基本公共服务标准化工作稳步有序推进。具体来讲，一是对标梳理现有国家标准、行业标准和地方标准，强化基本公共服务标准体系的系统性、层次性、协调性，构建江苏全省基本公共服务标准总体系。二是根据有统有分、统分结合的原则，在总体架构的基础上，以相关部门为主详尽梳理公共教育、劳动就业创业、社会保险、医疗卫生、社会服务、环境保护等主要领域的服务环节和事项，确立服务的规范流程，构建出覆盖基本公共服务各主要领域的分体系。同时结合江苏经济社会发展形势，对相关领域的体系实施动态管理和调整。三是尽快制定或修订一批人民群众需求最迫切、最直接、最现实的服务项目。就当前的重点来看，教育、医疗卫生、劳动就业、养老服务等领域基本公共服务标准化要求最为迫切，因此，要采取部门联动、多方合力、重点推进的方式，加快标准研制。

（二）以标准化试点发挥示范引领作用

基本公共服务建设是一项系统性、综合性的工程，通过试点总结出可复制可推广的经验做法是一条颇为有效的路径。为深入探索基本公共服务均等化综合改革经验，广东省选取七个市进行基本公共服务均等化综合改革试点，浙江在海盐县进行了均等化改革试点，都取得了良好的成效和经验。在"十四五"期间，江苏可考虑在不同区域、不同领域进行基本公共服务均等化标准化试点，通过总结经验，进而在全省推开。在试点区域的选择上，应当从实际出发，兼顾苏南苏中苏北，兼顾城乡差异，按高中低多层次着手，做到主要区域全覆盖。在试点领域及项目的选择上，应根据轻重缓急，按照急用先行、突出重点的原则，优选涉及面广、人民群众需求迫切的领域和项目，做到主要领域全覆盖。在具体试点工作中，应当充分考虑地方财力匹配情况，合理确定试点内容，以保障试点工作的有效和稳步推进。通过试点，提炼先进经验、特色做法和可复制模式。此外，还应当采取有效措施鼓励各地各部门根据本部门本领域实际，在个别服务项目上发力，在标准化建设方面实现创新。事实上，近年来江苏及各地围绕基本公共服务均等化建设目标任务，积极开展探索实践，积累了许多可圈可点的经验，也值得进一步提炼推广。

（三）以标准化规范相关主体提供的服务

突出强调政府在基本公共服务供给保障中主体地位的同时，通过购买服务和财政补助等形式鼓励和引导社会力量参与基本公共服务的提供，形成多元主体积极参与、平等竞争的基本公共服务供给格局，已成为提升基本公共服务水平和效率的最有效的举措之一。但对社会相关主体的资质、准入及其提供服务的内容、标准、方式等方面应当加以规范，对于服务的质量、效果也应当有相应的评价与考核标准。在具体策略上，应考虑建立集政策咨询、申报审批、日常监管、信息服务于一体的政府购买服务平台，确定政府购买基本公共服务的种类、性质和内容。此外，依法加强对社会力量参与基本公共服务的全行业监管，建立综合协调监管机制，并实现信息共享、统一监管、实时预警。最后，应结合社会信用体系建设，推动建立基本公共服务领域从业机构及人员"黑名单"制度和退出机制，依法依规采取相关惩戒措施。

（四）加强统筹形成标准化体系建设的合力

考虑到基本公共服务建设涉及面广、量大的情况，应当进一步明确各地区各部门工作责任，细化落实各项目标任务，整合相关资源，凝聚各方合力，推动形成统一管理、分工负责、协同推进的工作机制，同时明确负责扎口与统筹协调的部门。浙江省建立了以常务副省长为组长，分管教育卫生、建设环保的两个副省长为副组长，省级有关部门为成员的基本公共服务均等化工作领导小组，负责整个顶层设计，具体工作由省发展改革委综合协调；湖北省组建了由教育、卫计、民政、文化、广电、体育、残联等为成员单位的联席会议制度，明确了规划实施职责分工和支出责任，形成了统筹协调、部门联动、合力推进的工作机制。当前，要尽快建立并完善联席会议制度，应考虑建立由省分管领导为召集人、各有关部门负责同志组成的标准化协调推进机制，整合相关资源，凝聚各方合力，推动形成统一管理、分工负责、协同推进的工作机制，统筹标准化重大改革，研究标准化重大政策，对跨部门跨领域、存在重大争议标准的制定和实施进行协调。同时，通过定期召开联席会议，细化落实各项目标任务，明确各相关部门的工作责任和进度安排，推动本领域重点任务、保障工程和清单项目的有效落实。

（五）积极推动基本公共服务相关领域立法

从历史逻辑和现实逻辑来看，基本公共服务的均等化标准化已成为当前和今后较长一段时期国家社会领域的重大发展目标。从国际经验来看，凡基本公共服务体系完善、民生保障好的国家或地区，大多是通过法律法规的制定和实施作为基本公共服务均等化的制度保障。江苏完全有条件在基本公共服务立法方面先行一步。近期，可借鉴正在实施的《江苏省公共文化服务促进条例》，考虑制定出台《江苏省基本公共服务发展条例（暂行）》，重点围绕基本公共服务各重点领域，推进立法工作，完善相关法律法规对基本公共服务的规定，以法律的形式将各级政府必须履行的职责和责任分工、标准、程序等固定下来，将基本公共服务的绩效评估、问责等方式方法确定下来，明确规划用地、设施建设、产权办理、交付使用、运营模式等方面的配套政策。在具体做法上，可采取"块状"立法和"条状"立法相结合的模式，一方面针对主要领域进行单独立法，有针对性地对基本公共服务进行相应的规范；另一方面，按照政府提供基本公共服务所必需的财政资金的收支预算、决策、主体选择、设施的管理和使用等流程分别立法。① 此外，应通过加强依法行政确保基本公共服务有效供给落到实处，抓好相关法规政策的专项实施和执法检查，促进责任单位履行法律责任和义务。

---

① 范健：《试论实现"基本公共服务均等化"的法制基础》，《甘肃理论学刊》2008 年第 3 期。

城乡互助养老模式的兴起、
发展难点与对策*

何 雨**

摘 要： 有着悠久传统的城乡互助养老，之所以能够重新焕发生机，动因有四个方面：群体生活的人性依赖、社会状态的现实困境、人口生物学的素质变化以及各级政府的政策驱动。大致可以分为三个阶段：城市社区的自发阶段、乡村社区的自觉阶段和城乡社区的全面推广阶段。当前，主要有时间银行与积分制两种模式。在分析江苏城乡互助养老的形势、典型探索与主要挑战的基础上，提出了三个方面的政策建议：一是始终坚持互助养老的辅助地位定位；二是建立健全互助养老的政策支持体系；三是积极布局互助养老的标准化连续性保障。

关键词： 城乡互助养老 人口老龄化 江苏省

一 城乡互助养老模式的兴起、演变与动因

家家有老人，人人都会老。老有所养是人类进入文明社会的共性要求，

---

* 本研究为国家社会科学基金"特大城市老旧小区社会治理创新研究"（项目编号：19BSH004）阶段性成果。

** 何雨，江苏省社会科学院社会政策研究所副研究员。

也是中华民族的传统美德，在长达数千年的文明传承中不断地丰富内涵、拓展路径。其中，一个极为重要的方面就是推动养老走出"小我""小家"的范畴，融入更大的社会领域。例如，《礼记·礼运》中孔子关于理想社会愿景为："人不独亲其亲，不独子其子，使老有所终，壮有所用，幼有所长，矜寡孤独废疾者皆有所养。"句中第二个"亲"与"子"相对，为"孝于亲"的"亲"，是"双亲""父母"的意思。"不独亲其亲"就是"不仅仅要赡养自己的父母"，还要"老吾老以及人之老"，要有对他人的同情心，显然，从孔子那里已经有明显的"助"人之老的意思。孟子则在《孟子·滕文公上》中表明了对"助人"的伦理期待："出入相友，守望相助，疾病相扶持，则百姓亲睦。""相友""相助""相扶持"就是助人、互助。历史地看，邻里互助的价值在于，可以在血缘共同体的互助之外开辟一条地缘共同体的互助之路，也是村落共同体在社会生产力低下情况下应对生命周期中潜在不确定性的积极尝试或策略。通过互助的形式，让那些"矜寡孤独废疾"的不幸者有一个生存底线，这也体现了互助养老在我国有着悠久的传统。

（一）城乡互助养老模式兴起的时代动因

改革开放后在工业化与城市化的驱动下，传统家庭的形态、结构与功能都在发生深刻变化，以至养老从个体的家庭问题转变为集体的社会问题。互助养老的兴起，从根源上讲，是响应家庭问题社会化的需要，是激活传统遗产回应时代挑战的产物，是外部压力与内部动力共同作用的结果，是城乡社会应对人口老龄化的自发性策略。[1] 大致来说，其主要动因有以下几个方面。

1. 源自群体生活的人性依赖

荀子有云："力不若牛，走不若马，而牛马为用，何也？曰：人能群，彼不能群也。"人之异于动物，就在于"人能群"，换言之，人类社会总是要以群体的方式进行生活，而互助就是以"群"的群体方式来因应孤立个

---

① 王伟进：《互助养老的模式类型与现实困境》，《行政管理改革》2015 年第 10 期。

体的困境。对于老人来说,"群"的意义更为重大:相对于年轻人,老人无论是心智意识还是行动能力都会大幅降低,往往很难及时有效地响应生活世界中的各种突发性状况。相反,通过"互助"的形式,借助于群体的力量,则能够取长补短,实现助人自助。对于老人来说,互助是形成"群"(老人群体)的方式,也是"群"赖以生存的前提,而互助养老的实质就是通过年龄、技能、时间等方面的错位,发挥各自的优势,以先行的"己助人养"达致后来的"人助己养"。

2. 源自社会状态的现实困境

当前主流的养老方式不外乎家庭养老、社区养老和机构养老,在一定程度上,从不同层面满足了不同群体、不同阶段、不同地区的需要。然而,每一种养老方式在实现某些功能的同时,也面临着自身的局限:家庭养老要面对家庭结构离散化、小型化、专业化的挑战。父母与子女在空间上的分离以及子女忙于工作,导致家庭养老面临着精力上、空间上的困境。[①] 社区养老存在着市场化、社会化程度不高的问题。社区可以提供必要的支持,却无法满足老人差异化、个性化的需要。机构养老的问题在于,数量有限、费用高昂,服务水平参差不齐。老人与既往生活环境、社会支持系统的割裂,还会引发老人的适应性危机,无法满足老人的情感需要。

3. 源自人口生物学的素质变化

互助养老赖以存在的前提就是互助者具备主观的意愿与客观的能力。意愿可以通过宣传与教育达致,而能力已经几乎不成为问题了。国家卫生健康委员会发布的《2018年我国卫生健康事业发展统计公报》显示,我国居民人均预期寿命由2017年的76.7岁提高到2018年的77.0岁。大多数人并没有理解人口平均预期寿命接近发达国家水平的社会意义。其实,这不仅反映了我国医疗卫生事业的巨大成就,也从根本上挑战了关于"老人"的定义。众所周知,国际社会往往以60岁或65岁以上人口占比作为老龄化社会的分

---

① 陈雯:《亲职抚育困境:二孩国策下的青年脆弱性与社会支持重构》,《中国青年研究》2017年第10期。

水岭。然而，关于老龄化社会的定义本身已经陈旧过时：这一概念是在1956 年联合国的《人口老龄化及其社会经济后果》和 1982 年维也纳老龄问题世界大会上予以确立的，其标准为当一个国家或地区 60 岁及以上人口占总人口 10% 以上，或者 65 岁及以上人口超过 7% 时就进入了老龄化社会。这一表述在定义了老龄化社会的同时，也暗含了对"老人"的定义，即以60 岁为临界值。这也与我国的退休制度安排是契合的：男性 60 岁、女性 55岁。退休制度的潜在假定是，达到这个年龄的人，不仅做出的社会贡献足以覆盖其养老支出，而且其精神状态、身体素质已经不足以支持其继续工作。然而，过去的标准已经严重偏离了当前的实际。通过对世界银行数据库中相关国家预期寿命的分析，王晶、雷海潮发现，从 1960 年到 2010 年，每隔 10年世界平均期望寿命分别为 54.03 岁、58.08 岁、61.71 岁、64.58 岁、66.74 岁和 69.58 岁。[①] 与此同时，罗思义研究发现，1960 年、1978 年和2017 年，我国平均预期寿命分别为 43.7 岁、67 岁和 76.4 岁。[②] 两相对照可以看出，相对于未变的"老人"定义与退休制度，世界范围内的平均预期寿命至少提高了 15 岁以上，而我国的幅度更大，平均预期寿命提高了 33 岁以上。这一现象意味着，传统的"老人"概念已经严重过时，必须重新定义"老人"。"老人"概念本身应该是动态的，随着经济社会发展而调整，也只有这样才能更好地在政策上回应老龄化社会的来临。事实上，国外已经率先调整与老人相关的政策，例如，主要发达国家相继推迟退休年龄。在日本，大量 60 岁以上的老人继续从事劳动。让老人继续劳动并非对老人的剥削，而是对人口生物学新变化的科学回应。长期以来，"衰老"是联系在一起的，然而，"老而不衰"成为当前的主流，这也是互助养老的生物学基础。

4. 源自各级政府的政策驱动

政策具有杠杆作用，对事物的发展能够发挥加速或助推效应。对于互助

---

① 王晶、雷海潮：《1960~2010 年全球期望寿命变化趋势分析》，《中华社会医学杂志》2014年第 3 期。

② 罗思义：《为人民服务——中国共产党用 70 年兑现的承诺和社会奇迹》，https://m. guancha. cn/LuoSiYi/2019_ 09_ 30_ 519782. shtml。

养老这一新事物，政府的态度已经发生了急剧转变，从以往的观望转变为积极支持，特别是支持的层级也在不断提升：以往的支持，主要集中在居委会层面，而现在已经全面进入各级政府工作层面，例如，苏州太仓市政府构建了一整套养老政策支持体系，南京全面推广时间银行模式等。

（二）城乡互助养老模式的演变阶段

在应对养老浪潮的挑战中，源自传统实践的互助养老获得了新的生命力，并在渐进发展的过程中，形成了从点到面、从寡到多、从自发到自觉的当前格局。纵览城乡互助养老的演变历程，大致可以分为三个阶段。

1. 城市社区的自发阶段

20 世纪 90 年代初，在天津、杭州等城市的老人聚居区相继出现了具有自发性质的互助养老组织，主要有老年人互助组、老年人互助小分队、老年人家庭组合公寓等形态。作为民间组织，自治是其运作的核心与基础，通过发挥老年人的"力量和才智"，以"自己管理自己、自己服务自己、自己教育自己"的原则，坚持"定人服务与定时服务结合、重点服务与普遍服务结合、集中服务与分散服务结合、义务服务与低偿服务结合"的办法，为有困难的老人做饭送饭、拆洗被褥、打扫卫生、护理病人、代买用品、调解纠纷、进行心理咨询、代理法律诉讼，等等。[1] 互助养老解决了高龄老人既想在家又怕在家的矛盾心态与生活状况，然而，这一经验并没有在更大范围内推广。究其原因，恐怕与世纪之交经济社会的急剧变迁有关：人口的高频流动、住房商品化流通、单位制的解体，等等，让小区逐渐由熟人世界进入了陌生人世界，打破了基于小区地缘共同体内部的人际网络与有机联系，进而导致这一基于熟人世界的互助模式无法推广。

2. 乡村社区的自觉阶段

经过近 20 年的沉寂后，互助养老在农村绽放出新的生命力。2008 年河北省邯郸市肥乡县前屯村建立起一个名为"互助幸福院"的养老院，以集

---

① 朱传一：《开拓互助组合养老的新模式》，《中国社会工作》1997 年第 1 期。

中居住、互相照顾的就地养老模式，解决本村老人们的日常生活照料、精神慰藉、休闲娱乐等需求。这是一个由"村委主办、政府支持、社会参与"的互助养模式。其中，县财政给予一次性配套资金 2.5 万元，并按照"每20 人每年给予 5000 元、每超 10 人加 1000 元"的标准予以运行补助。与天津、杭州等城市互助养老模式不同的是，河北的这一基于乡村实践的幸福养老院引起了政府部门的关注并在全国推广。山东省的潍坊市和济宁市、浙江省的余姚市、湖北省的枝江市、内蒙古自治区的乌兰察布市等纷纷建立了类似的互助养老机构。[①] 互助养老从地方实践上升为全国经验，标志着这一模式进入了组织化的自觉发展阶段。这一模式之所以能在乡村实现经验定型化，并予以复制、推广，原因在于较之于城市社区，有一些乡村的特殊因素：①基本未变的同质性。乡村的人口流动以迁出为主，降低的是村落共同体的人口密度与质量，但并未改变或破坏乡村社区地缘—血缘共同体的基本属性，而城市社区的人口流动，不仅体现在数量规模上，而且体现在组成结构上，形成了异质性的社区人口结构。②更加严重的人口老龄化。乡村流出的人口以青壮年为主，留守的主要是缺乏流动能力的老人和儿童。对于乡村而言，养老无法依靠年轻人，只能通过老人间的互助来弥补个体自我照顾的不足。③相对有限的养老资源。与城市较为成熟的养老体系相比，乡村养老主要依托于家庭和集体，然而，家庭的离散化、流动化，以及村集体经济的没落，导致用于村落共同体的养老资源非常紧张。对于乡村来说，养老必须要立足于挖掘自身的潜力，而互助养老恰好满足了这一方面的需要。

3. 城乡社区的全面推广阶段

随着人口老龄化进程的不断加速，对有效养老模式的需求也不断增长。党的十八大特别是党的十九大以来，作为一种新的探索，互助养老在城乡进入了全面推广阶段，各地不断拓展互助养老的范围，强化对互助养老的政策支持力度。

---

① 干咏昕：《中国民间互助养老的福利传统回溯及其现代意义》，《今日中国论坛》2013 年第7 期。

（三）城乡互助养老的主要模式

按照法国社会学家布迪厄的观点，社会资本是一个"现实或潜在的资源的集合体……从集体拥有的角度为每个成员提供支持"[①]。互助养老就是要激活城市社区共同体或乡村村落共同体的社会资本，调动共同体中的养老资源，为老人的养老需要提供一个新的选择或支持系统。就实践中的运作模式看，我国的互助养老主要有两种形态。

1. 时间银行模式

1980年耶鲁大学法学博士埃德加·卡恩（Edgar S. Cahn）提出了这一概念，主要用于志愿服务领域。在他看来，时间是最公平的资产，同等时间的任何劳动都是等价的。因此，可以将人们参与志愿活动的服务时间存入个人的时间银行账户。当自己需要他人服务时，再从时间银行中提取相应的被服务时间。1999年穆光宗把这一概念引入国内，并结合国情修正为"时间储蓄"，即由志愿组织作为第三方负责记录、存档志愿者的公益服务时间。当志愿者需要帮助时，再由志愿组织进行统筹，为之提供相应的服务。[②] 互助养老中的时间银行模式，同样是把老人帮助其他老人的工作以时间的形式记录下来、存储起来，当其需要时再由其他人为之提供等价的服务时间。时间银行模式，解决了互助养老的计量、存兑、标准化等问题，但是其不足之处在于，由于养老服务项目在服务的内容、质量与形式上差异较大，关于时间的计量存在主观性，此外，这一时间银行也更多地局限于一个小尺度空间聚落里，难以在更大范围内通存通兑。

2. 积分制模式

积分制是一种较为普遍的社会管理方式，主要是用在特大城市外来人口的落户需求上。2011年6月20日在《关于加快首都经济发展方式转变若干问题的建议》的政协提案中，北京率先提出了积分制，为外来务工人员的

[①] Bourdieu, Pierre. 1986. *The Forms of Social Capital* in *Handbook of Theory and Research for the Sociology of Education* (ed.) by John G. Richardson. Westport, CT.: Greenwood Press.

[②] 穆光宗：《建立代际互助体系 走出传统养老困境》，《市场与人口分析》1999年第6期。

落户提供了一个客观指标与具体分值，并相继被深圳、上海、广州等城市效仿。近年来，作为一种社会管理创新，积分制的应用范围在不断扩展，其中一个重要方面就是在互助养老中推行积分制。其主要过程为：先是由民政、社区等部门系统了解愿意参与互助养老服务的各类机构、企业和组织信息，并为之注册建立档案。然后，再建立城乡互助养老志愿者服务积分卡，对服务者提供的各类志愿服务进行积分累积，可以用于自己或父母的相关需要。在具体实施中，至少要有两个方面的要求：一是要有公开、透明的养老互助积分系统。可以以社区为单位，及时记录、更新积分的累积或使用情况。二是要有明确的互助项目积分兑换方法。要公平合理地把各类互助服务时数或次数转变为积分，同时引入被服务对象的满意度评价指标，对积分进行相应调整。这一创新，尊重了志愿者的专业性与积极性，增强了养老服务的自主性与灵活性，能够较好地满足不同健康状况、家庭结构、经济能力、年龄阶段人口的个性化养老需求。

二 江苏城乡互助养老模式发展的现状与挑战

与全国情况基本相似，江苏城乡互助养老基本上也是在党的十八大后进入了快速发展阶段，并在近年开始致力于提高组织化程度与正规化水平。例如，2018年1月的《省政府办公厅关于制定和实施老年人照顾服务项目的实施意见》（苏政办发〔2018〕1号）明确指出："鼓励邻里互助养老和老年人之间的互助服务，鼓励低龄健康老年人为高龄、独居、空巢老年人提供服务。"[1] 这一要求赋予了江苏互助养老的政策蕴含：就互助形式而言，有邻里互助和老人互助，其中，老人互助以低龄老人照顾高龄老人为主；就互助的对象而言，除了"高龄"老人，还包括"独居"和"空巢"老人。

---

[1] 《省政府办公厅关于制定和实施老年人照顾服务项目的实施意见》，http://www.jiangsu.gov.cn/art/2018/1/4/art_46144_7241503.html。

（一）江苏人口老龄化的形势与特点

养老形式的新变化，从根本上说是源于养老形势的新挑战。江苏省人民政府网站上的公开数据显示，按常住人口为统计口径，截至 2018 年末全省常住人口为 8050.7 万人，其中，65 岁及以上人口为 1129.51 万人，占总人口的比例为 14.03%。① 基于户籍人口为统计口径的《江苏省 2017 老年人口信息和老龄事业发展状况报告》（以下简称《报告》）提供了基于户籍人口为统计口径的全省老龄化情况：截至 2017 年底全省 60 岁及以上老年人口达到 1756.21 万人，占户籍人口的 22.51%，而 65 岁及以上老年人口为1199.9 万人，占比 15.38%。前者比全国平均水平高出 3.21 个百分点，后者高出 3.98 个百分点。从省际比较看，江苏人口老龄化程度位居全国第三，仅低于上海、北京两大直辖市，是人口老龄化最严重的省份之一。② 基于《报告》中的数据，进一步研究可以发现江苏省人口老龄化的主要特点如下。

1. 全面深度老龄化态势愈益明显

按照老龄化的标准定义，早在 1986 年江苏全省大于等于 60 岁的人口数量占比就超过了 10%，成为最先进入老龄化社会的省份，比全国平均水平提前了 14 年。经过 30 余年发展，随着老龄人口在规模上的继续扩大，江苏省已经由老龄化社会转变为深度老龄化社会。根据国际人口学会编著的《人口学词典》的定义，60 岁及以上人口比例达到 20% 或 65 岁及以上人口比例超过 14% 的国家就可以称为"深度老龄化社会"。以此观之，无论是常住人口口径，还是户籍人口口径，江苏都已全面符合这一标准。江苏民政部门的人口预测模型进一步显示，全省人口老龄化的峰值将出现于 2052 年，60 岁及以上的人口绝对值为 2743.31 万人，占全省人口比例为 37.81%。

2. 老龄人口年龄性别结构差异明显

从年龄结构看，截至 2017 年底，60～64 岁的老年人占比为 31.68%，

---

① 《人口结构》，http：//www.jiangsu.gov.cn/col/col31364/index.html。
② 《江苏发布老年人口信息白皮书》，http：//www.sohu.com/a/259717522_100014255。

65～79 岁的老年人占比为 53.54.%，而 80 岁及以上老年人占比为 14.78%。按照定义，超过 80 岁老人为高龄老人，是需要照顾的重点，也是养老支持体系的重点。这就意味着，中低龄老人在较长一段时间内依然是老人的主体，特别是 60～64 岁区间的老人约占 1/3，他们经验足、能力强，完全可以在互助养老体系中发挥主导作用。从性别看，在 60 岁及以上的老人中，女性要略多于男性，但是在 60～64 岁年龄段，男性老人要多于女性老人。这意味着，性别应该成为互助养老中予以充分考量的一个因素：低龄老人中的男性优势可以发挥其身体素质好、专业技能强的潜力，而女性老人在整体中的相对多数，则可以发挥女性富于爱心、乐于助人的特点。

3. 高龄老人"未富先老"地区分布格局明显

数据显示，截至 2017 年底，在全省 13 个设区市中，就 60 岁及以上老龄人口的占比而言，数值最高的南通为 29.35%，而数值最低的宿迁为 16.11%，两者相差 13.24 个百分点。然而，分析高龄人口的地区分布又有一个不寻常的发现：统计显示，各个设区市 80 岁及以上的高龄老人占户籍全体老人的比例集中在 13.04%～17.04%。其中，占比最高的后三位为徐州、宿迁和南通，分别为 17.04%、16.5% 和 15.92%；占比最低的后三位为扬州、镇江和常州，分别为 13.03%、13.14% 和 13.28%。相较而言，高龄老人情况更为严重的地区，并非人们传统认识中的较为发达的苏南地区，而是相对落后的苏北地区。当然，这与苏北的人口净流出有关，但是经济发展水平与高龄化程度的悖反，依然意味着苏北地区在养老上面临更大的压力与挑战，必须采取更为经济、高效的方式来应对。

（二）江苏发展城乡互助养老的典型探索

江苏不仅是全国老龄化程度最高、压力最大的省份之一，也是现代化事业走在全国前列的省份，这意味着其养老实践也要走在全国前列：既要解决生存型养老问题，又要解决发展型养老问题，还要为全国的养老事业提供江苏的探索。作为一种新形态，城乡互助养老顺应了老人从被动照料型转变为主动参与型的社会心理与角色的需要。历时态地看，江苏的城乡互助养老，基本上也是经历了一个从各地市的地方探索性实践到更大范围复制、移植与推广的正规化、组织化过程。其间，具有代表性、典型性的实践探索有以下几个。

1. 无锡市的"夕阳红之家"结对互助养老探索

为走出丧夫之痛，2001年周玲凤女士创建了"夕阳红之家"，集聚了一批年龄相仿的单身和空巢老人开展集体性的娱乐活动。此后，志愿服务逐渐成为他们的重要活动内容。2007年成立爱心小分队慰问社区单身和空巢老人，并于3年之后被市民政局和老年综合服务中心纳入社会组织公益创投项目中，每周定期到老年综合服务中心开展活动。2011年搭建了单身和空巢老人结对结伴互助平台。2013年规模与范围进一步扩大，先后在中联新村、南湖家园、春潮四期等新村和社区成立了10个互助养老社会组织服务分部，形成7个活动片区，建立了歌咏、舞蹈、时装、戏曲、拳类、书法、腰鼓7个文艺队，并于同年底注册为民办非企业单位。据统计，"夕阳红之家"是当前无锡最大的民间老年社会组织，人员也从最初时的6人发展到现今的300多人，年龄最大的91岁，最小的55岁。活动内容有三类，分别为兴趣类、生活类与公益类。其中，生活类主要是通过志愿服务小分队，定期为高龄和多病的独居老人提供包括购物、洗衣、看病、保洁、应急做饭等在内的上门服务。互助形式有五种，分别为互助组、志愿服务小分队、"老老结对"、24小时电话值班制度以及7片组10分部的组织架构。①

2. 南京市的时间银行互助养老探索

这一模式始于2005年，主要内容为低龄老人志愿者将参与公益服务的时间存进"时间银行"，等到自己高龄或者有需要的时候从中支取被服务的时间。据统计，截至2016年底，全市以"时间银行"模式开展养老志愿服务的组织有28个，募集养老服务志愿者3150位，服务共计340.7万小时。为解决"时间银行"在不同组织之间的计量、兑换等标准不一问题，在市

---

① 赵向红、王宏民、杨韵辉：《城市互助养老社会组织发育与能力建设研究——以无锡市"夕阳红之家"为例》，《贵州社会科学》2018年第9期。

一级层面建立了"南京市养老志愿服务联合会"，推动各志愿组织在"时间银行"的管理、技能培训、时间存储等方面的规范化与标准化。为进一步调动低龄老人的积极性，南京还在不断为"时间银行"赋能，例如，除奖励吸纳志愿者较多的社会组织外，还将那些在养老志愿服务中表现突出的志愿者专项纳入"南京好市民"评选。入选者领取的诚信市民卡能够享受公共交通半价优惠，据统计，目前已有近百名志愿者受益。[①]

3. 苏州太仓市的互助养老政策支持体系探索

作为"中国最具幸福感城市""全国老龄工作先进单位""中国长寿之乡"，太仓是江苏人口老龄化最为严重的城市（县）。截至 2016 年底，全市 60 岁及以上老年人口为 14.76 万人，占户籍人口的 30.56%。[②] 面对现实的巨大压力，太仓积极求变响应老龄化的新挑战，率先在全省建立互助养老的政策体系。围绕空巢独居老人生理、心理和日常生活娱乐需求，以社区为单元，打造睦邻互助链、推动抱团养老。2015 年下半年太仓出台了《关于开展互助养老工作试点的通知》，明确要求"因地制宜、量力而行、自愿参与、自助互助"的原则，在全市范围内开展互助养老工作。2017 年又出台了《关于开展银龄伙伴计划试点工作的通知》，再次要求要充分调动基层为老服务资源积极性，推动居家和社区养老服务专业化、可持续化发展。据统计，截至 2018 年上半年，全市共有 8 个镇区（街道）的 57 个村（社区）开展互助养老工作，组建互助养老小组 408 个，参与老人 4000 多人。

（三）江苏发展城乡互助养老的主要挑战

互助养老模式具有强大的适应性与生命力，能够满足城乡不同环境下的养老需要。通过年龄、能力、资源、角色等方面的错配，取长补短，在一个地缘或业缘共同体范围内，为彼此之间提供物质和精神上的照料，让老人们

---

① 梅萍、蒋兢、潘艳晓：《基于标准化视角的南京市"时间银行"互助养老模式研究》，《中国标准化》2019 年 13 期。

② 《太仓：聚力创新多元为老体系 老人共享多彩晚年生活》，《太仓日报》2017 年 10 月 30 日。

从被动性养老转向能动性养老、从消极性养老转向积极性养老、从客体化养老转向主体间养老，最终在一个紧密友好的社会连接中安度晚年。在互助养老的能动过程中，老人也实现了由"被赡养"到"自助养老"的角色转换，向他人与社会展示了自身的社会价值。① 然而，与不断增长的需求、蓬勃发展的态势、热情洋溢的舆论相比，全省互助养老依然面临很多挑战。

1. 互助养老的政策支持体系缺位问题

尽管作为一个术语的互助养老，已经引起了人们的广泛关注，进入了政策视野，但是，检索相关资料，综观国内各地区，基本上还没有专门针对互助养老的政策文件。这意味着，互助养老依然更多的是一种底层探索，未能有效地完成自下而上的转化，把人民群众的创造性、探索性上升为政府的政策行为。从国家层面看，互助养老这一术语还没有上升为一个政策语言；从江苏看，在省一级层面提到了互助养老，但是并没有建立一个与之配套的政策指南与发展规划；从各个地市的探索看，存在着地方政府的积极推动，然而也大多集中在工作层面。

2. 互助养老的碎片化原子化问题

互助，赖以存在的前提是一个熟人共同体，其实践表征就是各地各类的互助养老基本上局限在社区甚至小区层面。这意味着，不同地方不同组织的互助养老具有不可通约性，处于各自为战、孤立发展的碎片化状态。我们知道，当代社会是一个高度流动的社会。对于低龄老人来说，其在一个社区或小区内的志愿互助服务，能否在其他社区或小区被认可与肯定，依然悬而未决。毕竟，各个社区或小区的养老压力都非常大，资源也非常有限，未必会对新进来的其他老人提供同等互助服务。

3. 互助服务的标准化连续性问题

互助养老，存在一个转化环节，即如何把不同类型、不同内容、不同质量的志愿互助养老行为转化为一个统一的可测度的时间问题。以时间银行为

---

① 陈静、江海霞：《"互助"与"自助"：老年社会工作视角下"互助养老"模式探析》，《北京青年政治学院学报》2013 年第 4 期。

例，现有的对互助服务时间的计量，都是带有很强的主观色彩，无法体现内部的差异性，进而可能引发潜在的公平性问题。同时，互助养老的假定是当期低龄老人的志愿互助行为可以换来远期成为高龄老人的被助回报。然而，从低龄老人到高龄老人，前后相隔十余年。在急剧的社会变迁、人口流动态势下，如何确保低龄老人十余年后的被助，依然没有一个明确的答案或安排。

三 推动江苏城乡互助养老模式发展的对策建议

日益严峻的人口老龄化态势以及人民群众对美好生活的需要，都在呼唤着一个更高质量的养老支持体系。城乡互助养老顺应了低龄老人能力不低、社会参与热情不低的现状，以志愿服务的形式激活了社会化养老中的沉睡资源，弥补了传统养老模式的不足，在实践中也展现出强大的生命力，然而，作为一个新事物，要想健康成长、茁壮成长，离不开合理科学的政府政策的支持，以响应、解决发展中的难点与痛点。大致来说，推动江苏城乡互助养老健康发展的建议有以下几点。

一是始终坚持互助养老的辅助地位定位。推动更为积极高效的社会参与是新型社会体制的重要内容。作为一种新形态，互助养老本质上是一种社会参与，可以丰富养老资源、织密养老路径，然而，应该注意的是，互助养老始终是一种志愿行为，在我国养老体系中发挥的是补充性作用。为此，无论是国家层面，还是地方层面，都不能把互助养老作为解决人口老龄化问题的治本之道，依然要投入更多的精力与资源到正规化组织化的养老渠道中。换言之，互助养老是一种自助养老，是对机构养老、居家养老的补充，本身并不能构成一个自洽的养老体系，要避免在互助养老的名义下，推卸政府在养老中的兜底性、保障性作用，并把互助养老的范围过度扩大化，最终超出老人自助互助的能力。

二是建立健全互助养老的政策支持体系。没有规矩，不成方圆。随着互助养老从自发生长进入自觉发展阶段，必须有相应的政策体系予以保驾护航。当前，国家层面的政策支持体系尚未出台，江苏可以走在全国前列，结合省情，率先构建符合江苏实际、具有江苏特点的政策支持体系：①推动互助养老的立法工作。互助养老意义重大、前景广阔，但同样面临着一系列发展困难，包括互助养老的认同度低、施行的范围小，对于互助养老中可能出现的意外缺乏相关法律法规的保障，与互助养老相关的配套设施还不够完善，为此，要让互助养老有法可依，化解潜在社会风险。除省人大常委会制定全省统一的互助养老法规外，具有立法权限的较大的设区市，也可以跟进立法。②建立具有针对性的政策支持体系。一方面省政府要出台相关的政策文件，作为指导全省互助养老的顶层设计，用以规范互助养老模式行为；另一方面，各设区市政府也可以考虑制定相关的政策文件，用以指导本行政区内的互助养老活动。

三是积极布局互助养老的标准化连续性保障。不可通约性限制了互助养老在更大范围内的通存通兑。为此，可以委托第三方组织的形式，研究制定互助志愿行为的测评体系，并建立具有公信力的权威机构，对接各个社区或小区志愿组织的"时间银行"或互助积分进行标准化处理，让互助养老至少在市一级层面能够通存通兑。在当前条件不成熟的情况下，可以考虑率先在区县层面进行通存通兑。同时，提前着手解决面向参与志愿行为的低龄老人的远期权益，构建一个具有连续性的组织或机构，保障低龄老人能够从当期的"助人"行为中换取远期的"被助"回报，以解决不同年龄阶段老人在付出与回报之间的时间非对称性。

苏北农村住房改善的重点、难点与对策

张 卫 唐文浩*

摘 要： 改善苏北农村居住条件是江苏高质量发展的重点工作。本研究在总结和分析当前苏北农村住房建设现状与举措的基础上，剖析了苏北农村住房建设工作的重点与难点，研究发现苏北农村住房建设重点在于保障农民合法权益、科学统筹规划设计、加强配套设施建设以及强化过程监督等方面，难点在于村居历史文化溯源、基层政策执行、建设资金筹措、高附加值产业引入、村民固守观念等，并由此提出相应的对策建议。

关键词： 农村住房 住房建设 苏北

"三农"问题是关系国计民生的根本性问题。党的十九大报告明确提出坚持农业农村优先发展，实施乡村振兴战略，全面建成小康社会的农村工作总体要求和目标。江苏作为东部发达省份，始终秉持为全国发展探路的责任意识，在"两个率先"战略和"强富美高"总体目标的要求下，以"四化同步"构建现代化城乡关系为抓手，积极推进新型城镇化建设，改善农村居住环境和整体风貌。当前，江苏农村住房建设短板在苏北，而苏北住房建设短板在经济薄弱村和低收入家庭。因此，改善苏北地区农民群众住房条件已成为实施精准扶贫战略，推动苏北乡村振兴和城乡融合发展，全面建成高水平小康社会的重点工作。

---

* 张卫，江苏省社会科学院社会学研究所所长，研究员；唐文浩，江苏省社会科学院社会学研究所，博士，助理研究员。

一　苏北农村住房建设现状和举措

2018年，在近50万宗20世纪80年代建造的单砖农房和苏北农村居民有迫切改善居住条件需求的现实背景下，江苏实施了《关于加快改善苏北地区农民群众住房条件推进城乡融合发展的意见》（以下简称《意见》）。《意见》确定计划到2020年，完成苏北地区农村建档立卡低收入农户、低保户、农村分散供养特困人员和贫困残疾人家庭四类重点对象危房改造，加快推进"空心村"以及全村农户住房改善意愿强烈的村庄改造；到2022年，苏北地区农民群众有改善意愿的老旧房屋建设和"空心村"改造基本到位，小城镇集聚能力和产业支撑力增强，建成一批具有活力的新型农村社区，历史文化名村和传统村落得到有效保护；到2035年，苏北地区农民群众住房条件全面改善，城乡空间布局全面优化，城镇化水平显著提升，城乡融合发展体制机制更加完善。《意见》出台后，江苏根据地方实际，大力推动苏北农村住房建设，具体措施如下。

在工作机制和近期规划方面，根据《意见》规划要求，省级政府层面成立了苏北农房建设工作推进办公室，分管副省长兼任办公室主任，下设六个工作小组，省住房和城乡建设厅承担省推进办日常工作。市区层面，苏北市县建立了"市总负责，区县落实"的工作机制，制定"三年行动计划""年度实施方案"，分解项目任务，明确责任单位、责任人。2019年，苏北地区34个涉农县（市、区）已基本完成镇村布局规划优化，计划实施项目672个，已开工项目394个，确保完成省定10万户年度改善目标和9691户省级建档立卡低收入农户危房改造任务，并计划到2020年底，完成7882户低保户、分散供养特困人员、贫困残疾人家庭等其他三类重点对象危房改造。

在用地指标和资金筹措方面，2018年江苏在苏北地区的增减挂钩计划7.68万亩、工矿废弃地复垦利用计划3.8万亩的基础上，在2019年上半年追加徐州市睢宁县、盐城市响水县、淮安市涟水县等7个县（区）城乡建设用地增减挂钩计划8519亩，预合计下达盐城、徐州、宿迁、淮安等地

2019 年度增减挂钩指标 22050 亩，专项用于保障苏北地区农民群众住房条件改善、重大基础设施和民生项目的用地需求。此外，2018 年省内增减挂钩节余指标调剂 8700 亩，金额 82.65 亿元；增减挂钩节余规划建设用地规模有偿调剂 9005 亩，金额约 27 亿元；调剂补充耕地指标 17900 亩，交易金额 61.59 亿元，三项共计 171.24 亿元。2019 年上半年，通过用地增减挂钩指标交易，苏北五市筹集资金 74.86 亿元。

在县市区工作推进层面，徐州制定了《加快改善农民群众住房条件工作实施方案》，实施睢宁示范县、丰县湖西扶贫和沛县采煤塌陷地搬迁示范区，其余县区 1 个示范镇（街道），各镇（街道）1 个农民集中居住示范点的工作方案。宿迁出台了《关于加快改善农民群众住房条件推进城乡融合发展的实施意见》和《宿迁市加快改善农民群众住房条件推进城乡融合发展三年行动计划（2018～2020 年）》，规划形成 1 个中心城区，3 个县城，18 个重点镇、32 个特色镇，N 个新型农村社区、特色村庄的"1+3+50+N"空间格局，基本实现按城镇化规律集中居住。连云港制定了《关于加快改善农民群众住房条件推进城乡融合发展的实施意见》，明确到 2035 年基本形成 1 个中心城区，3 个县级中心城市，9 个重点中心镇、10 个特色镇、28 个一般镇，N 个新型农村社区的"1+3+47+N"空间格局。淮安拟定了《加快推进农民群众住房条件改善五年行动计划（2018～2022）》，规划共布置 609 个农民群众居住空间，其中心城区类 59 个，城镇类 160 个，乡村类 390 个。盐城出台了《关于加快改善全市农民群众住房条件推进城乡融合发展的实施办法》，启动"十镇百村"试点建设，优化农村空间布局。

二 改善苏北农村住房条件工作的重点与难点

改革开放以来，江苏社会经济快速发展，尤其是苏南地区工业化和城镇化成效显著，而江北特别是苏北农村地区发展相对滞后，人口外流特征明显。伴随着劳动力的流出及其居住地点的迁移，苏北大多数农村地区出现"空心化"现象，最为突出地表现在村居建设发展近乎停滞。党的十九大以来，苏北大力实施乡村振兴战略，加快土地流转以推进农业产业化和提升农业生产效率，优化村落布局以改善农民居住条件和加强社会治理现代化建设。但是，由于多年来苏北地区的人力、资本等发展要素外流，村庄空心化、农户空巢化、农民老龄化的问题并没有得到有效遏制，具体形成的主要原因如下。

一是农村产业附加值不高，农民返乡就业经济收益偏低。目前，苏北城镇化和工业化推进加快，但是由于多数企业来源于苏南地区的产业转移以及以体量为重点的招商引资，产业附加值以及收益水平较低，加之土地流转农业产业化经营模式已形成，劳动力返乡就业意愿不高，留守农村居民大多数是难以适应在外生活或者经济能力难以承受城镇生活成本的低收入群体，直接影响农村住房建设。

二是公共配套设施建设落后，农村公共服务缺乏。近年来，苏北地区撤乡并镇，缩减了行政村的数量规模，但是居住村落依然较为分散，公共配套设施建设与农村现代化要求存在一定差距，特别是教育和医疗等民生领域依旧供求矛盾突出，造成了在外就业人口难以回乡和不能返乡。

三是乡村系统性规划缺乏，土地资源利用效率不高。苏北农村长期延续自然形成村落模式，加上经济效益不够明显，对于土地资源利用和整体性农村住房建设缺乏系统性规划。另外，由于留守农村居民和有意愿回乡外出就业人员多数会选择在城镇购买商品房居住，现有房屋无人管理，造成了土地资源的浪费，加剧了地区农村村落发展与城市建设的差距。

四是人才外流严重，乡村再造缺乏智力支撑。苏北地区由于有重视教育的传统，人才培育一直走在全国前列。但是在本土乡村精英不断流向经济发达地区的形势下，苏北地区农村建设由于投入回报收益率偏低，缺乏吸引外来人才的能力，乡村再造内源动力不足，进一步影响了乡村建设的高质量发展。

在江苏高水平全面建成小康社会的前提要求下，苏北农村住房建设要坚持"四化"同步，同步配套基础设施和公共服务设施、同步谋划产业发展、同步加强社会治理，确保改善后农村居民充分享受到社会经济发展的成果。

苏北高质量发展和乡村振兴要求农村住房建设充分尊重现实,积极谋划布局,提升社会治理水平。因此,改善苏北农村住房建设条件的重点工作包括如下方面。

一要充分尊重个体意愿,避免与民争利。苏北农村住房建设是民生工程。在前期摸底调研中,政府部门要广听民意,弄准地区农民群众意愿,确保项目谋划立项不走偏,不强迫无意愿搬迁群众进城或上楼。在项目实施过程中,实施方案要保证村民代表参与,提升建设的便民性和可操作性。在建设完成后,验收过程要保证村民广泛参与,防止由于前期工作不到位,造成不稳定因素。把尊重农民意愿、保障农村居民合法权益作为政策设计和推进工作的着眼点、出发点和落脚点。

二要科学统筹规划设计,严防脱离实际。苏北农村住房建设是一项系统性工程,要求项目实施坚持系统谋划、合理推进、逐步落实,在建设立项、环评、规划、用地、设计等项目实施全过程要进行科学统筹规划,保障新居建设水平,杜绝盲目冲动和贪快求大的政绩工程,树立改善农村居民住房条件工作是服务群众实事工程的初心,以地区历史文化脉络演变发展为前提,以苏北各地发展实际为依据,整体统筹项目推进。

三要加强配套设施建设,保障公共服务均等化。苏北农村居住环境改善,不仅农房设计规划要到位,还要做好配套项目建设,保障"病残孤老灾"群体和低收入家庭的托底安置,为其提供合理购房补贴、集中供养、贷款贴息等社会福利支持,进而实现农村住房建设的公共服务均等化目标。此外,村居建设要通过集中区商业配套,增大经济薄弱村的集体资产规模,实现乡村住房建设与脱贫攻坚战略的融合推进。

四要强化过程监督,保证项目实施效果。改善苏北农村居住条件重在落实,重在全过程的规范化操作。作为民心工程,农村住房建设务必规避"暗箱操作""得过且过"的错误思维和非正规操作,不仅要保质保量完成项目建设,更要在建设过程中保障廉洁施工。在制定项目全过程负面清单的基础上,监察机构应统一监管模式、主动作为、防微杜渐,进而确保项目实施的透明化,保障农民群众利益完全为其所有、不受损失。

　　然而，在重点工作推进过程中，苏北农村住房建设也存在一定的工作难点。农村住房建设的难点根源于苏北地方的社会经济发展现实，具体可以归纳为如下几点。

　　一是村居历史文化溯源意识缺乏。苏北地区由于历史原因，近代社会经济发展一直较为落后。现阶段虽有长足发展，但是苏北地区普遍存在村居历史文化研究相对匮乏的现象，导致乡村建设难以寻根溯源，进而在村居工程建设中出现"千村一面"的现象，严重影响了苏北农村住房建设内涵的深刻性，不利于村居环境的长期可持续发展。

　　二是基层政策执行力有待提高。现阶段，苏北农村成立了市、区（县）两级领导机制，但是在具体实施过程中需要依靠基层镇村的具体落实。在实际工作中，部分镇村干部个人素质不强，对省市推进政策不甚了解，甚至出现了规避困难和不作为的现象，阻碍了项目的顺利开展，引起了不必要的社会矛盾和对立情绪。

　　三是建设资金筹措有一定难度。苏北农村住房建设最为突出的难点就是建设资金不足。由于农村住房建设的特殊性和国家宏观金融政策的要求，苏北地区虽然通过各种途径拓宽资金来源渠道，但由于财政实力比较薄弱，在项目建设资金的筹措方面依然存在缺口。由于财政支持资金的短缺，影响了项目实施进程，最终影响了农村村居改善项目的实施效率。

　　四是镇村高附加值产业引入能力薄弱。在苏北乡村村居工程实施完成后，村民迫切需要获取长期稳定就业机会。但是，在现实中苏北农村地区产业单一，缺乏高附加值的产业集聚和稳定收益的就业渠道，影响了农民搬迁集中居住和就近就业的积极性，也间接影响农民返乡就业居住的意愿，最终导致村居建设人气不足。

　　五是部分农村居民固守乡土意识浓厚以及对拆迁政策误读。由于长期的习惯性因素，部分苏北农村居民存在故土难离的守土情结，不愿意离开已经空壳化的村居村落。虽然尊重个体意愿不强制拆迁，但是会造成相应的行政成本和公共服务成本增加，影响到个体生活居住质量，直接影响到村居建设的统筹设计。同时，苏北部分农村居民误将惠民搬迁等同于拆迁，误认为应以同等地区城市拆迁补助数额为标准，由于这部分群体多数在外居住，出现将农宅荒废化的倾向，直接影响苏北地区村居建设成效。

三　实施苏北农村住房建设的总体思路及对策

改善苏北农村住房条件要以习近平新时代中国特色社会主义思想为指导，全面贯彻党的十九大提出的乡村振兴战略，牢固树立城乡融合发展理念，紧密结合江苏全面实施脱贫攻坚工作部署，加快推进农民群众住房项目建设，因地制宜改善农村人居环境，充分遵行城镇化发展规律实行集中居住，为地区社会经济发展继续走在全国前列、全面建成高水平小康社会和高质量发展奠定坚实基础。提升苏北农村住房条件的总体思路及对策主要包括以下六个方面。

（一）多重乡村战略叠加发力，构建和谐村居村落

苏北农村住房建设的根本动力源自地区多重乡村战略的实施。改革开放以来，江苏实施了多重新农村建设战略，尤其是近年来启动特色田园乡村建设。2017 年的中央一号文件明确提出，支持有条件的乡村建设集循环农业、创意农业、农事体验于一体的田园综合体，推动农业现代化与城乡一体化互促互进，实现"村庄美、产业兴、农民富、环境优"的目标。为了配合新三农政策，江苏提出了建设特色田园乡村。这是着眼于乡村复兴而作出的一项战略决策，是在全国率先实现农业现代化的一条江苏新路径，与党的十九大报告提出实施乡村振兴战略，坚持农业农村优先发展，以及产业兴旺、生态宜居、乡风文明、治理有效、生活富裕的总要求相契合。

伴随苏北地区城镇化的发展，村民纷纷迁居城市，村庄逐渐"空巢化"，村落不再具有凝聚力，乡村面貌日渐衰落。因而，乡村独有的原始生态环境需要重新梳理和保护性的建设，以保证其有机生长，可持续发展。《江苏省特色田园乡村建设行动计划》提出在"十三五"期间，省级规划建设和重点培育 100 个特色田园乡村试点，并以此带动全省各地的特色田园乡

村建设。苏北乡村应该抓住多重乡村战略叠加的历史机遇期，全面争取实现发展的历史跨越。在此前提背景下，苏北农村住房建设需要以"乡村的复兴"为根本目标，摒弃为了"建设"而"建设"的错误思想，应将村落改造成为战略、策略、理念、市场、前瞻、格局、创意等思想力量之集合，通盘规划布局，实现村居村落建设和农村居民对美好生活向往的有机统一。

（二）推进新型城镇化建设，实现城乡融合发展

城乡融合发展的根本性目标是城市和农村的平衡性发展，首要的着力点是新型城镇化建设，而苏北城镇化建设的关键就是地区农村住房条件的改善。相对于苏南现代化的村居环境和住房条件，苏北农村住房建设较为滞后，成为苏北乡村振兴的短板，严重阻碍了地区城镇化的进程。在国家宏观层面实施的乡村振兴战略窗口期下，苏北农村地区建设应牢牢把握这一发展契机，加快推进城乡共生性发展。以改善住房条件促进苏北地区城乡协同共生性发展是确保苏北现代化目标实现的关键。作为城乡融合发展的基础性工程，苏北农村住房建设要紧密围绕新型城镇化建设要求，扎实推进城乡居住条件的趋同发展。

在城乡融合发展的格局背景下，苏北农村住房条件改善不仅要求城乡空间布局的统一，更要突出基础设施配套建设的无缝衔接，进而通过地区城乡要素市场的合理化空间布局，实现地区经济发展成果的全面共享，加快推动地区农业农村的现代化发展。具体而言，苏北农村住房建设可以有效提升农村居民返乡留乡的就业意愿，改善原有的人口、资本等生产要素大幅净流出的现状，保证了地区城乡分工体系的健康发展，助推农业农村高质量发展。此外，改善苏北农村住房条件有利于生态文明建设和历史文化传承，提升了城镇化建设的内涵品位，进一步巩固城市与农业农村之间发展的协同配合机制，优化地区整体发展结构。

（三）科学统筹规划施策，建设高层次村居环境

苏北农村住房建设要以科学的统筹规划和针对不同群体的精准施策为抓

手，全面推进村落要素的有效整合，提升村民居住环境的层次。由于苏北农村区域内部差异明显，不同地区的历史文化、经济发展水平以及整体发展水平不尽相同，因而对于农村住房建设的推进要以尊重历史、尊重现实为根本导向。在此前提下，苏北农村住房建设所需的土地指标和规划，最终建筑的美观和实用，配套设施建设的完备和科学是村居环境的现实载体，要让"看得见的美丽，记得住的乡愁"成为苏北村居传承的文化符号。

在苏北农村住房建设过程中，省级政府层面应加强顶层制度设计，在土地指标、规划布局等宏观方面提出指导性意见，强化对苏北五市的支持力度，尤其是对经济薄弱地区的帮扶支持；市级政府层面在国家和省级政府的政策要求下，应进一步细化地区农村住房建设目标和空间布局，指导县级政府建设具有地区特色的农村集中居住区；县镇政府层面应强化省市两级政府的规划落实，根据具体的规划指标，扎实开展搬迁和农村住房建设推进工作；村级组织层面应强化具体政策的宣传，帮助农村留守和已迁居居民统一认识，深刻领会搬迁惠民政策实质，加快推进地区农房建设成效。

（四）提升村民政策认识层次，强化空心化村庄治理

苏北农村住房建设项目顺利开展的关键是农村居民对于具体实施政策细节的认可度。提升村民对于政府制定政策的认识层次，有助于提高其参与度和配合度，形成有效监督，保障政策实施不走偏，保证项目整体推进进度。现阶段，苏北农村最为突出的问题就是青壮年人口流出，农村留守居民多为老弱病残和低收入群体，村居建设停滞不前，并逐步演化为空心村等问题。此外，由于苏北农村地区没有具体明确对废弃和闲置老旧宅基地的处置办法以及部分村庄土地规划管理不到位等问题，大多数青壮年群体进城或移居外地后，闲置旧宅基地规模呈现扩大趋势。客观现实要求提升村民政策认识层次，强化空心化村庄治理。

提升农村居民对于搬迁政策的认识，首要的是保证政策制定的透明性。相关政策的制定、实施以及评估应在地区群众的全流程监督下施行。另外，政府部门要加强政策宣传和舆情引导，让搬迁对象充分认识改善农村住房条

件项目的政策意义，进一步提升人民群众对其支持力度。在空心村治理中，政府部门要加强村庄规划，合理配置土地资源，通过市场化手段进行闲置宅基地资源回收，充分利用"双减量"等土地置换政策的有利条件，解决当前苏北五市农村住房建设过程中的资金缺口，保障农村住房建设项目的全面实施。

（五）引入高附加值产业支撑，完善就近就业保障机制

苏北农村住房建设的实质成效体现在人气的集聚。改善农村居住条件是留住乡村人口的基本前提，而引入高附加值产业，增加农村居民收入则是实现集中居住和改善村居环境的根本性举措。当前，苏北农村住房建设全面展开，如何在建设完成后不会再次空心化已成为重点关注的结构性问题。引入高附加值产业，完善就业保障机制是苏北农村住房建设的前提性保障。在集中居住区周边具有完备的要素流动体系，合理价格的劳动力要素市场可以有效提高苏北农村居民对于农房建设的积极性以及满意度。

苏北农村高附加值产业要以地区内部实际为基础，围绕农村一二三产业融合发展的核心目标，在优化存量高附加值产业和发展新型农村产业增量上下功夫，逐步构建起现代化农业产业体系。因而，苏北五市要在农村产业提质增效上积极作为：一方面要继续大力发展高效农业和扶持地区乡镇企业转型升级，提升农业和工业产品的生产效率和附加值，确保农村居民就近就地就业，提升家庭经济收益；另一方面，要积极推进农村地区互联网和物联网建设，推动农村经济体系全面融入商业信息化生态，进而突破原有的小农经济发展瓶颈，优化农村内部产业结构，整体提高农村居民自我发展条件的可获得感。

（六）推进社会治理现代化，提高居住软环境水平

随着江苏乡村振兴、美丽乡村建设工程的不断推进，现有农村社会治理体系已明显不能满足农村日益增长的精神风貌整体发展要求。重构农村社会治理体系，实现社会治理现代化已成为当前提升地区治理体系高质量发展的

重中之重。深化农村社会管理体制改革创新，提升农村社会管理水平，是实现乡村风貌重构以及可持续发展的必然发展路径，也是农村住房建设推进的外部动力。村居软环境的再造需要依靠符合社会主义核心价值观要求的新型社会治理体系，进而提升乡村居住外部环境。农村基层政府在抓好农村硬件建设的同时，应积极转变思想观念和明确职能定位，加大精神文明建设工作投入力度，积极改善农村文化活动场所和基础设施，不仅要在精神产品输入的硬件设施上下功夫，更要深入挖掘乡村文化内在优良基因，满足农村居民追求美好生活的需求。

　　苏北农村地区要按照城乡融合发展和基本公共服务均等化、标准化要求，加快城镇基础设施和公共服务设施向规划发展村庄和新型农村社区延伸覆盖。为此，苏北村居软环境建设一方面要强化基层自治组织在农村公共服务中的重要作用，提高农村公共服务水平；另一方面，优化农村公共产品供给主体结构，创新农村公共产品供给方式，建立多方筹资、共建共享的投入机制，创新土地流转机制，推进宅基地置换。在此要求下，苏北农村应把基层党建同基层治理紧密结合起来，下沉资源、服务、管理，推动乡村组织振兴，扎实推进乡村治理体系、农村社区协商和"政社互动"机制的进一步完善，优化"三社联动"平台和网格化管理体系，不断创新新型农村社区治理，完善村民自治机制，发挥农村自治章程、村规民约的积极作用，提升乡村治理体系和治理能力现代化水平，形成文明乡风、良好家风、淳朴民风的新农村精神风貌。

大运河依法治理的现状、问题与对策

钱宁峰*

摘　要： 当前，大运河文化带建设体制与依法治理体制之间未能融合，更多地依赖于各级政府及其部门自我管理，对依法治理融入大运河文化带建设机制考虑不多，现有法律资源难以直接满足大运河依法治理要求，大运河执法体制难以实现统一化、集中化，尚存在无法覆盖地域。要实现大运河文化保护传承利用目标，必须将依法治理要素贯穿于大运河区域治理之中。一是将大运河依法治理纳入中央和地方法治建设总体布局之中。二是科学配置立法资源，加快大运河法律体系构建。三是开展联合执法或者综合执法，提升大运河执法水平。四是厘清大运河法律关系，强化大运河司法保障能力。五是树立"法治运河"理念，形成大运河法治文化带。

关键词： 大运河　治理　法治

2017 年以来，"大运河文化带"成为大运河发展历史上的重要标志性概念，并推动了新一轮大运河建设热潮。伴随着大运河文化带建设的展开，大运河区域治理成为学术界和实务部门普遍关注的话题。由于"区域开发和

---

* 钱宁峰，江苏省社会科学院法学研究所所长，研究员。

发展必须同加强该区域法治建设同步进行"①，因此，大运河区域治理必须加强依法治理工作，为大运河文化带建设提供切实可行的法治保障。2019年，中共中央办公厅和国务院办公厅印发的《大运河文化保护传承利用规划纲要》提出了健全法律保障的具体要求，为大运河依法治理提供了明确的政策依据。对此，有必要深入分析当前大运河依法治理的基本情况，准确把握大运河依法治理的一般规律，为以法治思维推动大运河区域治理提出具体的法律措施。

一　大运河依法治理的现状

若以"大运河文化带"的提出作为分水岭，可以将大运河区域治理划分为大运河申遗治理和大运河文化带治理两个相互承继的发展阶段。在此基础上，大运河依法治理也大致可以确立为通过申遗的依法治理和通过大运河文化带建设的依法治理两个不可分割的阶段。

（一）通过申遗的依法治理阶段

通过申遗的依法治理阶段是指大运河依法治理是以申遗为中心任务展开的一个阶段，因此可以称之为依法申遗阶段。其又可以划分为申遗前和申遗后两个阶段。无论是属于哪一个阶段，大运河依法治理始终是以大运河遗产保护为中心展开的，呈现出鲜明的依法保护色彩。

其一，按照世界文化遗产标准开展大运河遗产保护工作。2006年6月，国家文物局将京杭大运河公布为全国重点文物保护单位。同年12月，又将其列入《中国世界文化遗产预备名单》。2007年9月26日，大运河联合申报世界文化遗产办公室在扬州挂牌成立。2008年3月，国家文物局在扬州召开大运河保护与申遗第一次工作会议，成立了大运河保护与申遗城

---

① 文正邦：《论国家治理体系中的区域治理及其法治和宪法保障》，《上海政法学院学报（法治论丛）》2018年第6期。

市联盟，明确大运河申遗工作方案，此后每年召开一次大运河保护与申遗工作会议。2009 年 4 月，国务院牵头大运河申遗工作，同时成立了省部级会商小组。4 月 23 日，在北京召开第一次会商小组会议，正式建立了省部会商机制。2009～2012 年，编制完成大运河遗产保护规划，启动大运河申报世界文化遗产预备名单。2013 年 1 月底，国家文物局向世界遗产中心上报《中国大运河申遗文本》。2014 年 6 月 22 日，在卡塔尔首都多哈召开的第 38 届世界遗产委员会会议上，中国大运河被列入《世界遗产名录》。①

其二，加快大运河遗产保护立法。国家和各地区在大运河遗产保护立法方面步伐加快。2012 年 8 月 14 日，文化部公布《大运河遗产保护管理办法》。2012 年 8 月 17 日，扬州市政府通过《扬州市大运河遗产保护办法》。2012 年 9 月 12 日，洛阳市政府通过《洛阳市大运河遗产保护管理办法》。2013 年 7 月 5 日，宁波市政府公布《宁波市大运河遗产保护办法》。2013 年 8 月 4 日，山东省人民政府公布《山东省大运河遗产山东段保护管理办法》。这些规章均是 2014 年大运河申遗成功之前制定的，形成了第一批大运河遗产保护规章体系。此后，大运河遗产保护立法或者进一步制定或者进一步修改。2015 年 3 月 24 日，扬州市政府通过《大运河扬州段遗产保护办法》。此外，大运河申遗成功后也出现了一些大运河遗产保护地方性法规，如 2016 年 12 月 29 日杭州市人大常委会通过的《杭州市大运河世界文化遗产保护条例》、2017 年 12 月 27 日嘉兴市人大常委会通过的《嘉兴市大运河世界文化遗产保护条例》等。这些立法为大运河遗产保护提供了法律依据。

其三，完成大运河遗产点治理工作。2013 年上半年，大运河沿线地区完成了大运河遗产点修缮和环境整治。同时，2013 年 7 月 15 日，完成了大运河遗产监测预警平台和档案系统建设。② 此外，为加强全线的大运河遗产保护管理和审议后期保护利用研究工作，大运河联合申报世界文化遗

---

① 姜师立：《中国大运河遗产》，中国建材工业出版社，2019，第 29～32 页。
② 姜师立：《中国大运河遗产》，中国建材工业出版社，2019，第 32 页。

产办公室按照国家文物局要求，制定了大运河遗产点段专项巡查及申遗后期保护利用专题研究工作方案，组织对各遗产地的巡查并编制了《大运河遗产点专项巡查报告》，编印了《大运河遗产保护管理手册》，组织大运河遗产保护利用课题研究。[①] 这些制度措施为大运河遗产依法治理提供了现实基础。

（二）通过大运河文化带建设的依法治理阶段

所谓大运河文化带建设的依法治理阶段，是指大运河依法治理不再以大运河遗产保护为中心，而是以大运河文化带为中心的一个阶段。由于大运河文化带建设不再局限于大运河遗产保护，因此，大运河区域治理由此进入了依法建设阶段。在大运河治理组织体系方面，各地区纷纷成立大运河文化带建设领导体制。2017 年，北京市成立推进全国文化中心建设领导小组，成立七个专项工作组，大运河文化带建设组就是其中之一。该建设组由市发改委、市文物局牵头，市规划国土委、市环保局、市水务局、市园林绿化局等25 个政府部门和东城、西城、通州等 7 个区参与，主要负责研究编制大运河文化带建设规划、五年行动计划和年度工作计划。[②] 2017 年 12 月 29 日，天津市决定成立天津市大运河文化带建设规划编制领导小组，领导小组下设办公室，办公室设在市发展改革委。河北省则建立大运河文化带建设联席会议制度。2017 年，安徽省成立省大运河文化带建设领导小组。2018 年 6 月，江苏专门成立大运河文化带建设工作领导小组，形成了上下一贯的组织体系。其他地区虽然没有专门这样的机构，但是也明确了大运河文化带建设组织机构。特别是《大运河文化保护传承利用规划纲要》印发之后，2019 年6 月 14 日，国务院办公厅印发《关于同意建立大运河文化保护传承利用工作省部级联席会议制度的函》（国办函〔2019〕51 号），指出国务院同意建立由国家发展改革委牵头的大运河文化保护传承利用工作省部际联席会议制

---

① 姜师立：《中国大运河遗产》，中国建材工业出版社，2019，第 41 页。
② 《大运河文化带建设组成立》，《北京日报》2017 年 9 月 7 日。

度。大运河区域治理体系的调整使大运河依法治理呈现出一些新的特征。

其一，大运河立法不再局限于大运河遗产保护立法领域。一方面，大运河立法出现了大运河文化带立法倾向。目前，江苏正在推动以人大决定形式推动大运河文化带建设。2019 年 3 月 19 日，江苏省人大常委会主任会议通过《江苏省人大常委会 2019 年立法计划》，《江苏省人民代表大会常务委员会关于促进大运河文化带建设的决定》名列其中。2019 年 9 月，江苏省十三届人大常委会第十一次会议审议省人大常委会主任会议关于提请审议《江苏省人民代表大会常务委员会关于促进大运河文化带建设的决定（草案)》的议案。另一方面，由大运河遗产保护立法向大运河保护立法过渡。随着《大运河文化带保护传承利用规划纲要》对《大运河保护条例》的制定要求，各地正在谋划新的地方立法规划。例如，2019 年 4 月 10 日，河北省发改委在对政协河北省第十二届委员会第二次会议第 341 号提案答复时指出，针对河北段大运河保护管理需求，开展大运河保护立法工作，研究制定《河北省大运河保护条例》，提升依法管理水平。[①] 这些立法实践表明立法者已经认识到以往立法思路的局限性。

其二，大运河综合执法力度进一步加强。一方面，夯实大运河治理组织。由于大运河在性质上属于河的范畴，因此，河长制成为大运河治理组织的基本形态。例如，江苏在沿大运河地区建立五级河长体系，有省级河长、市级河长、县级河长、乡级河长和村级河长，开展河长认河、巡河工作，布设河长制公示牌，编制河长工作手册。河长制对于推动依法保护大运河提供了组织基础。另一方面，积极开展大运河执法工作。大运河沿线地区通过区域环境综合治理改善大运河治理设施，加大大运河执法力度。北京市在大运河文化带的文物腾退、文保修复、文化设施、生态建设以及历史风貌五个方面进行整治。[②] 苏州市委市政府在 2016 年就决定实施京杭大运河堤防加固

---

① 《对政协河北省第十二届委员会第二次会议第 341 号提案的答复》，河北省人民政府网站，http://info.hebei.gov.cn/eportal/ui? pageId = 6778557&articleKey = 6864822&columnId = 6852718，访问日期：2019 年 8 月 24 日。
② 《大运河文化带保护建设取得突破》，《北京日报》2018 年 8 月 9 日。

改造和沿线环境整治两项工作。① 天津市于 2018 年启动南运河综合治理规划实施工作；2019 年以来对运河水体进行综合治理，在沿线新建和提升改造了一批公园景观。②

其三，大运河司法保障引起普遍关注。各地加强司法保障工作，为大运河文化带建设提供司法服务。如杭州余杭区检察院就查处环境犯罪案件，即化工企业荣圣公司偷偷将超过 7000 吨的严重污染废水直接排进京杭大运河余杭塘栖段。2015 年，荣圣公司、戴某等单位和个人均因犯污染环境罪被余杭法院判刑，其中荣圣公司等三家单位被判处罚金 7840 万元，相关涉事被告人共被处以 850 余万元罚金。③ 江苏通过推动大运河沿线地区建立区域生态环境监测网络，强化环境司法联动。④ 2018 年 11 月 1 日，沧州市运河区法院依法对大运河城市区提升改造工程（运河景观带项目）建设项目征地范围内 3 户拒不搬迁户实施强制执行，助推项目建设，为项目按时完成征地任务提供有力的司法保障。⑤ 2019 年 8 月 27 日，在江苏省检察院的组织下，苏州、无锡、常州、镇江、扬州、淮安、宿迁、徐州等 8 家市级检察机关公益诉讼检察部门负责人在淮安联合签署《关于建立大运河生态环境资源和文化遗产联合协作保护机制的意见》，在全国检察机关率先成立"大运河保护同盟"，共同履行公益诉讼和行政检察职能。⑥ 这些事例表明，司法机关在大运河保护过程中始终发挥着应有的作用。

其四，大运河保护法律意识日益受到重视。各地采取各种措施提高人们对大运河文化的认识。特别是政法机关在此过程中发挥积极作用。2018 年 11 月 26 日，北京市通州区检察院在区文化馆举办"大运河文化系列讲座第

---

① 《苏州大运河文化带建设启动大手笔基础工程》，《新华日报》2019 年 3 月 1 日。
② 《天津：让运河文化"活起来"》，天津广播电视台，http：//news. enorth. com. cn/system/2019/03/18/036953605. shtml，访问日期：2019 年 8 月 26 日。
③ 《司法部门揪出余杭环保"内鬼" 超 7000 吨废水偷排进大运河》，《杭州日报》2017 年 1 月 12 日。
④ 《法治助力大运河文化遗产保护全面"提速"》，《法制日报》2017 年 12 月 22 日。
⑤ 《运河法院实施司法强拆——助力大运河城市区提升改造工程》，http：//www. jrcz. net/2018/1102/25920. shtml，访问日期：2019 年 8 月 26 日。
⑥ 《江苏 8 市检察机关成立"大运河保护同盟"》，《扬子晚报》2019 年 8 月 29 日。

七讲——大始通州，法承古今"，邀请中国文化遗产研究院院长、大运河专业委员会会长张廷皓，为来自全区宣传思想、文化战线，政法、行政执法机关，城市副中心建设者、志愿者等500余人作报告。① 为了实现大运河文化带建设与法治文化建设的有机结合，江苏各地兴起了大运河法治文化建设活动。2019年4月26日，江苏省司法厅举办了大运河（江苏段）法治文化带建设研讨活动，会议提出要围绕服务大运河文化带建设国家战略，建设大运河（江苏段）法治文化带，进一步明确具体任务：完善大运河法治文化阵地布局结构，丰富大运河法治文化阵地体系，搭建大运河法治景观互联网展示平台，建设法治景观集群带；丰富法治文化作品资源，开展群众性法治文化活动，充分发挥人民群众的主体作用，建设法治惠民样板带；加快法治型基层党组织建设，做好行政执法协调监督工作，引导群众积极参与基层社会治理，建设基层治理示范带等。②

由此可见，大运河依法治理已经进入一个新的发展阶段，大大拓展了立法、执法、司法和普法空间，成为大运河文化带建设的有机组成部分。

二 大运河依法治理的问题

尽管大运河文化带建设取得了一系列大运河区域治理成果，但是这种区域治理很大程度上仍然停留在传统管理模式之上，尚未完全转向依法治理轨道。比如，在大运河领域，出现了大运河世界文化遗产管理、大运河文化带建设以及大运河国家文化公园建设分别由文物管理部门、发展和改革部门以及文化管理部门具体负责落实的情况。部门分工虽然具有一定的合理性，但是管理体制的复杂性无疑增加了依法治理难度。

---

① 《"大始通州 法承古今"通州区检察院大运河文化系列讲座第七讲重磅来袭》，大运通州网，http：//www.dayuntongzhou.com/web/ct9676，访问日期：2019年8月26日。
② 《我省谋定大运河（江苏段）法治文化带建设基本思路》，江苏省司法厅网站，http：//doj.jiangsu.gov.cn/art/2019/4/28/art_48525_8321214.html，访问日期：2019年8月26日。

（一）大运河文化带建设体制与依法治理体制之间未能融合

正如前述，为了落实大运河文化带建设国家战略，大运河沿线地区更多地借助于成立大运河文化带建设领导小组及其办公室来承担各项任务。从机构设置来看，其凸显了对大运河文化带建设的重视，但是该类机构更多地承担着大运河文化带建设规划的任务，具体建设任务仍然需要各级政府及其部门予以落实。例如，以航道管理为例，京杭运河苏北段北起徐州蔺家坝，南至长江，航道总长404公里，在管理体制上属于条管理模式，由江苏省交通运输厅所属的苏北航务管理处管理；而京杭运河苏南段北起镇江长江谏壁口门，南至江浙交界的鸭子坝，航道总长208公里，在管理体制上属于块管理模式，由各地方政府设立的航道管理机构负责管理。同一条大运河由于其不同河段却实行不同的管理体制，甚至必须充分考虑现有行政管理体制的安排。同时，在党和国家机构体制改革之后，中央和地方法治建设架构得以重新构建，特别是各级依法治理领导体制的变化使得依法治理自成一套体系。在这种情况下，大运河文化带建设体制和依法治理体制之间出现了并驾齐驱的局面，甚至在具体事项上出现了一些亟须解决的重大问题。以大运河跨省级管理为例，其不仅是大运河文化带建设问题，而且涉及依法治理问题。例如，山东省和江苏省在大运河区域存在着航道管理协调和行政区划走向等问题，如山东省微山湖县插花地问题导致湖西航道全线升级没有完全到位、湖西航道二级坝船闸建好后不能及时使用、微山湖湖田地占用争执等问题。这些问题显然具有双重属性。所以，要将依法治理元素融入大运河文化带建设之中，必须有赖于各级依法治理体制对大运河文化带建设的重视。

（二）大运河依法治理更多地依赖于各级政府及其部门自我管理

大运河是一个跨流域、跨区域和跨部门的大型系统工程，涉及上下游省市、省内各设区市与县（市、区），既有行业主管部门，又有地方主管部门。在治理过程中，各级政府及其部门根据法律规定进行日常管理，分工协作，对于保证大运河依法治理发挥着不可忽视的作用。然而，要将大运河各项事务整合起来进行管理调整，就必然面临着条块协作、区域发展平衡、上下游权责对等等问题，而且还涉及水资源、水环境、区域经济、交通运输、文物保护等方方面面。要实现大运河依法治理，离不开各级政府及其部门，如水利、航运、文化文物、环保、国土、渔政、农业、建设、规划、城管、园林、旅游等。即使是同属大运河遗产，其大运河遗产点也是分属不同部门，如河工遗产主要由水利部门来管理。在这种情况下，大运河依法治理必然呈现出部门化倾向。例如，根据法律法规规定，河道水利设施实行统一管理和分级管理，所以，大运河江苏段河道工程及水利工程设施由国家、省、市、县分级管理，其中重要水利枢纽和控制性建筑物由水利部流域机构、江苏省水利厅管理，运河沿线的梯级水利工程大都由江苏省水利厅直属的江都、总渠、淮沭河、骆运水利工程管理处及南水北调江苏水源公司管理，河道堤防及沿运涵闸站实行属地管理，沿线市、县均已设立了河道管理机构。水利工程维护养护、更新改造由各级共同承担。河道管理范围内开发利用活动审批按照管理权限，由水利部流域管理机构、江苏省水利厅和各设区市水利局负责。水情调度由江苏省防汛抗旱指挥部统一指挥。又如，地方经济发展的行政分割性影响了水运的利用效率。一些地方政府出于节约成本需要擅自降低运河桥梁高度，客观上影响本地港口业务。此外，航道航运整体保护影响到地方局部开发。一些地方政府出于区域经济发展需要盲目利用、粗放利用、狭窄利用甚至同质利用运河岸线，缺乏整体保护运河航道意识。这些政府及其部门的自利行为在一定程度上影响了依法治理效果。要实现条块、上下、左右依法管理，可谓难上加难。

（三）依法治理融入大运河文化带建设机制考虑不多

《大运河文化带保护传承利用规划纲要》多处提到依法治理方式：在基本原则部分，提出"不断建立健全相关法律法规和执法监管措施"；在促进岸线保护和服务提升方面，提出"依法清退非法占用河湖项目"；在完善旅游市场和发展环境方面，提出"强化旅游市场管理，创新监管方式，加大执法力度，完善不文明行为记录制度，倡导文明旅游"。这些内容并不多，在一定程度上反映了依法治理方式尚未充分考虑。大运河依法治理不仅意味着综合治理、多措并举，而且意味着集中治理、规范治理、制度治理。不能简单地依赖于现有部门机构、流域机构，不能过多地依赖于上级的动员。同时，大运河依法治理力度和部门的重视程度具有密切关系，始终存在轻重缓急现象。例如比较重视生态环境治理，但是对经济社会治理则相对较弱。这些均反映出大运河依法治理方式尚缺乏有序性、持续性。

（四）现有法律资源难以直接满足大运河依法治理要求

《大运河文化保护传承利用规划纲要》对现行法律体系中涉及大运河的法律名称进行了列举，如文物保护法、非物质文化遗产法、水法、防洪法、航道法、水土保持法、环境保护法、水污染防治法、森林法等。这些法律资源虽然为大运河依法治理提供了一定的法律依据，但是要直接适用于大运河领域，仍然需要进一步具体化。涉及大运河文化带建设的法律法规零散分散在各类文件之中，没有专门针对大运河的专项立法，这也在一定程度上影响了法律资源的有效利用。同时，大运河既是文化遗产，又是技术工程，前者需要遵循世界遗产国家公约的要求，后者则受到水利等方面国内法的约束，国际法和国内法相互重叠交叉，给具体管理带来了法律依据认定的困难。此外，即使存在严格的法律规定，但是由于区域发展的需要仍然难以严格执行相关规定。例如，《南水北调工程供用水管理条例》规定运输危险化学品的船舶不得进入南水北调东线工程规划通航河道，但是由于运河沿线仍然存在一些大中型炼油企业需要通过运河运输原油和成品油，以维持企业生存，造成法律与事实之间的偏离。这就对现有法律提出了诸多难题。

（五）大运河执法体制难以实现统一化、集中化

尽管综合行政执法体制改革在各行政领域已经展开，但是综合执法体制的调整更多地局限于基层和部门之间的合并协调。由于各执法机构隶属于相应的行政机关，因此在责任归属上较为明确，有利于调动各部门的执法积极性。但是若将现行执法体制适用于大运河区域，必然造成大运河执法的行政

分割性。虽然通过县级政府乃至地级市政府调动各方面执法力量进行联合行动，能够发挥短期内较强的动员能力，但是难以形成稳定的针对大运河区域的执法力量。日常执法工作仍然需要依托既有的执法机构来进行。而单一的执法机构是难以及时发现和解决大运河文化保护传承利用过程中的综合性问题的。例如，虽然水利部门已经在沿运河的市、县均建立了河道管理机构，但是并不是所有违法行为均由河道管理机构查处，其仍然需要由其他执法部门根据相关法律法规条款进行处罚。此外，一些领域执法队伍本身存在着薄弱环节，也影响了大运河执法效率。例如，在河道管理中，河道管理机构人员编制和经费安排往往存在困难，导致队伍人员素质提升和责任管理难以完全到位，在一定程度上影响到行政执法工作的展开。虽然实践中存在对统一执法或者联合执法的需求，但是在实施过程中囿于体制机制难以实现大运河执法的统一化、集中化，只能通过借法执法，在一定程度上由部门自由裁量。

（六）大运河依法治理行为尚存在无法覆盖地域

由于大运河区域广泛，河道复杂，因此在治理过程中难免存在众多盲区。这些盲区虽然没有完全影响到大运河遗产保护，但是对大运河治理构成诸多隐患。首先，大运河区域范围难以完全把握。例如，《申报世界遗产文本中国大运河》将中国大运河界定为隋唐运河、京杭运河和浙东运河，没有将支线运河列入其中。但是一些地方存在着和大运河相联系的重要支线运河，其遗产保护和沿线产业发展等问题也需要纳入大运河文化带建设之中予以考虑。其次，大运河遗产种类难以固定。目前，各地运河遗产除已经列入《世界遗产名录》和文物保护单位之外，还有许多没有列入保护范围的水利水工设施和历史遗存，甚至与运河有关的文化资源。这些文化资源虽然在法律上不能直接作为文物或者遗产来进行管理，但是对于运河文化同样具有重要地位，需要在立法上予以明确。最后，涉及大运河的纠纷类型众多，难以有效化解。例如，在水上交通安全管理方面，其主要存在以下纠纷类型：一是管理部门与运输主体之间的纠纷，如水上执法行为难以得到理解；二是水上交通事故引发民事经济纠纷；三是水上人员伤亡事故导致赔偿案件纠纷；等等。这些均涉及法律责任的分配，现有法律手段难以发挥及时化解作用。

三 大运河依法治理的对策

当前，大运河文化带建设正在紧锣密鼓地展开。要实现大运河文化保护传承利用目标，必须将依法治理要素贯穿于大运河区域治理之中。这就需要结合《大运河文化保护传承利用规划纲要》要求推动大运河依法治理工作，为大运河文化带建设提供法治保障。

（一）将大运河依法治理纳入中央和地方法治建设总体布局之中

随着中央全面依法治国委员会的建立和运转，全面依法治国进入一个新的历史阶段。习近平总书记指出："贯彻新发展理念，实现经济从高速增长转向高质量发展，必须坚持以法治为引领。"① 大运河区域发展也必须坚持以法治为引领。这就需要中央和地方法治建设总体布局要考虑将大运河依法治理纳入其中。一是做好大运河依法治理规划。要在《大运河文化保护传承利用规划纲要》基础上制定《大运河依法治理规划纲要》，明确大运河依法治理各项任务。同时，该规划纲要由中央全面依法治国委员会会议审议通过印发，以增强其权威性。二是出台《大运河依法治理工作意见》。在大运河依法治理规划基础上，及时出台《大运河依法治理工作意见》。中央全面依法治国委员会第二次会议审议通过了《关于全面推进海南法治建设、支持海南全面深化改革开放的意见》，这说明针对某一地区或者区域的法治建设意见并不是可有可无的。《大运河依法治理工作意见》能够全方位多角度落实《大运河依法治理规划纲要》，实现大运河依法治理目标。三是各地法治建设领导小组要结合中央决策部署，及时谋划大运河区域法治建设，加大

---

① 习近平：《加强党对全面依法治国的领导》，《求是》2019 年第 4 期。

大运河依法治理力度。只有实现大运河依法治理的顶层设计，才能充分调动依法治理相关机关和单位积极参与大运河区域治理。

（二）科学配置立法资源，加快大运河法律体系构建

随着大运河遗产保护立法向大运河保护立法的转向，大运河法律体系的建构已经摆在大运河依法治理的面前。尽管现行法律体系已经为运河区域的法律适用提供了准据法，各地在交通运输、河道管理、文物保护、历史文化名城保护等法律法规中充分照顾到大运河的独特性，但是现有法律资源的运用仍然需要一定的转化，才能适应系统性、立体式的大运河文化带建设的立法需求。同时，在立法理念上，要从部门立法思路转向区域立法思路，以跨区域、大尺度立法理念来构建大运河法律体系。这就需要立法机关把握大运河发展脉络，融合立法规律，发挥立法专长，科学谋划大运河立法项目，合理安排大运河立法进程，形成适宜于大运河区域的法律体系。一是制定大运河区域法或者大运河区域条例，形成大运河法律体系的基础法。要从区域法视角认识《大运河文化保护传承利用规划纲要》中提出的《大运河保护条例》，摒弃纯粹的保护立法思路，而转向区域立法思路。二是以管理法、保护法和促进法三个维度构建大运河法律体系。在管理法方面，大运河立法要充分发挥规章的优势，细化大运河相关机关单位的职责，明确大运河管理责任。在保护法方面，大运河立法要以地方性法规为中心来构筑覆盖面广的遗产保护立法，既要考虑纳入世界文化遗产范围之内的大运河遗产，又要充分照顾尚未纳入其中的大运河遗产，做到对大运河遗产应保护尽保护，实现物质遗产和非物质遗产的整体保护。在促进法方面，大运河立法要兼用地方性法规和规章两种立法形式，以文化廊道理念规划大运河区域治理，通过立法保证大运河线性保护、长远发展。

（三）开展联合执法或者综合执法，提升大运河执法水平

在党和国家机构改革之后，行政执法体制在短期内难以得到新的调整。在这种情况下，大运河管理和执法模式必须充分考虑现有行政管理体制。而

根据实际情况开展联合执法或者综合执法是现实的选择。一方面，设区的市和县（市、区）要充分发挥综合执法平台的优势，开辟大运河区域执法专门平台，使之和综合执法平台有机结合，协调沿大运河区域执法机构经常性地开展联合执法工作。另一方面，在条件成熟的情况下，可以在沿大运河区域设立单一执法机构，通过委托执法等方式赋予其他行政机关执法权，实现大运河区域的综合执法。在此基础上，要进一步完善大运河执法体制机制。一是创新大运河执法模式，充分利用大数据、移动物联网等现代技术手段开展执法工作，减少不同部门单独执法的协调成本。二是加强大运河区域执法力量，在现有编制约束下通过编制调整等方式充实大运河执法机构人员，加强大运河执法人员培训，提高执法素养，增强大运河执法的专业性。三是梳理大运河执法内容，明确行政许可、行政处罚、行政强制等行政手段，完善大运河区域"两法衔接"工作，确保执法效率。只有多措并举，才能缓解执法体制机制所带来的执法困境。

（四）理清大运河法律关系，强化大运河司法保障能力

大运河文化带建设涉及文化、水利、规划、生态、交通等行政领域，法律关系异常复杂，理清法律主体、权利义务关系以及法律责任殊为不易。一是在法律主体方面，要理顺大运河所有者、管理者以及使用者之间的关系。明确大运河作为河流的特殊表现形式在所有制上属于全民所有，在管理权属上属于各级政府，任何个人和组织均具有大运河利用者的资格。二是在权利义务方面，要明确不同法律主体在大运河保护、传承和利用中所享有的权利和所承担的义务。对于大运河文化遗产，要按照文物保护和非物质文化遗产法律规定严格予以保护。对于大运河规划而言，要按照城乡规划法律规定落实大运河文化带建设规划要求，严控大运河规划红线，增强大运河规划空间。对于大运河河道而言，要按照水利法律规定加强河道管理，防治大运河水污染，科学利用大运河水资源。对于大运河土地利用而言，要按照土地管理法律规定注重沿大运河地区土地合理利用，充分体现大运河区域自身特色。对于大运河环境保护而言，要按照环境法律规定加强大运河生态区建

设，既要加强大运河城镇环境完善，又要照顾大运河乡村环境优化。三是在法律责任方面，要科学设定大运河区域各类行为的法律责任。要根据民事责任、行政责任和刑事责任要求合理规定破坏、损毁、侵害大运河行为的责任承担，维护大运河文化保护者、传承者和利用者权益，保护大运河周围生态环境。只有这样，才能为司法解决大运河法律问题提供依据。

（五）树立"法治运河"理念，形成大运河法治文化带

大运河文化带建设是一项系统性工程。要保证这一系统性工程的实施，必须将法治文化和运河文化相结合，树立法治运河理念，建设大运河法治文化带。一是区分大运河区域和非大运河区域，提出差异化法治文化建设任务。在大运河区域，侧重于在既有法治文化建设基础上挖掘运河法治资源，从思想、制度和载体三个层面倡导法治运河精神。在非大运河区域，侧重于法治运河宣传，充分发挥法治文化宣传软实力，使人们树立大运河保护传承利用的法治理念。二是以系统思维挖掘大运河沿河地区法治资源。一方面，注意挖掘沿大运河地区既有法治文化建设过程中与大运河有关的法治人物、法治故事、法治遗存。另一方面，重点总结大运河沿线地区的近现代法治人物和事迹，揭示从传统法治向现代法治演变的规律性，最终揭示法治现代化发展规律。三是运用现代手段创新运河法治文化。结合沿大运河地区城镇化建设，科学安排与城镇环境相协调的大运河法治景观，在大运河非物质文化遗产中融入法治元素，积极开展法治文化建设深入大运河地区活动。只有以法治思维保障大运河文化带建设，才能实现大运河文化保护、传承和利用法治化。

结　语

大运河文化带建设的关键是保护、传承和利用问题，其本身需要彰显法治精神。法治建设水平关乎大运河文化带建设的高质量发展。只有将依法治理纳入大运河文化带建设框架下来考量，才能保证大运河文化带建设在法治轨道上有序展开。

江苏新时代文明实践中心的建设成就、
运行分析与对策建议

苗 国 樊佩佩*

摘 要: 建设"新时代文明实践中心",是党中央着眼更好统一思想
凝聚力量、巩固党的执政基础和群众基础,推动基层宣传思
想文化工作和精神文明建设守正创新而采取的一项战略举措。
江苏自 2017 年开展全面试点以来,取得了系列成果与宝贵经
验。本文从中心建设规范化、示范引领亮点化、特色服务品
牌化、全面参与社会化以及协同推进科技化五个方面总结
"江苏新时代文明实践中心"建设的成绩亮点,并从过去两
年的试点工作回顾中找到不足与短板,进一步理顺"新时代
文明实践中心"未来发展思路,为全省全面推广提出若干可
操作性的对策建议。

关键词: 新时代文明实践中心 精神文明建设 江苏省

一 江苏新时代文明实践中心建设成就

2018 年 7 月 6 日,习近平总书记主持召开中央深改委第三次会议。会
议强调,建设新时代文明实践中心,是深入宣传习近平新时代中国特色社会

---

* 苗国,江苏省社会科学院区域现代化研究院副研究员;樊佩佩,江苏省社会科学院区域现代
化研究院副研究员。

主义思想的一个重要载体，要用中国特色社会主义文化、社会主义思想道德牢牢占领农村思想文化阵地，动员和激励广大农村群众积极投身社会主义现代化建设。[①] 据不完全统计，截至 2019 年 9 月，江苏省 8 个全国试点县（市、区）共有 3473 支文明实践志愿服务队伍、85.2 万名注册志愿者，开展 3.5 万余次文明实践志愿服务活动。与此同时，加上 19 个省级试点县的创新实践，江苏在过去两年全面试点，取得了一系列成果与宝贵经验。总结"江苏新时代文明实践中心"建设成功案例和经验，为全国建设"新时代文明实践中心"提供"江苏样本"，具有重要的探索意义和示范价值。"江苏新时代文明实践中心"建设的主要特色亮点如下。

（一）注重顶层设计，推进新时代文明实践中心建设的规范化

科学合理的顶层设计，健全新时代文明实践的机制体制，是新时代文明实践中心建设有序推进的关键，也是新时代文明实践中心规范建设的保障。江苏各地普遍建立了四套班子领导挂帅的顶层机制，以规范化为中心思想引领"实践中心—实践分中心—实践站（所）"三级组织体系建设，形成新时代文明实践合力。

在具体落地实施过程中，各地涌现了许多优秀案例，例如，南通海安市把文明实践融入群众的生产生活中，推动文明实践工作规范化、常态化，在规范制度的督促下进行常态化的督促、指导。每位市领导挂钩一个村（社区），深入居民家中、田间地头、员工宿舍，深入实地了解群众生产生活实际情况，按文明实践办统一部署，以志愿者身份常态化参加村（社区）文明实践活动，负责文明实践工作的统筹协调、工作指导和督查考核，实地参与、指导、协调新时代文明实践工作。同时，以考核推动试点，海安市新时代文明实践试点工作开展伊始，即发布相关规范化、标准化考核文件，各区镇实践所、村（居）实践站、部门、平台、基地均建立起规范化、常态化

---

① 《习近平主持召开中央全面深化改革委员会第三次会议》，http：//www.gov.cn/xinwen/2018－07/06/content_ 5304188.htm

的实践阵地和文明实践志愿服务队伍。通过规范化运营，打造一支能征善战的志愿者队伍，不仅有精心设计的队旗和LOGO，而且通过规范化流程定期开展志愿服务活动，充分发挥文明实践中心指导辐射作用，推动项目化设计，积极引导文明实践由"活动"向"项目"转变，把文明实践任务设计为一个个群众乐于参与的志愿项目。坚持目标导向和效果导向相统一，出台《海安新时代文明实践建设标准》《海安新时代文明实践工作考核办法》，抽调相关人员定期对全市文明实践工作进行督查，开发"文明实践云平台"，严格登记注册，严防弄虚作假，精准记录志愿服务时长。坚持制度化激励，建立完善志愿者激励机制，从精神奖励、物质礼遇、评先评优等方面进行激励嘉许。

与此同时，作为省级新时代文明实践中心试点，从南京市江宁区试点工作的筹划、启动、先行试点到全域推进，依托"文明江宁"App将志愿服务阵地、岗位、活动一网全览。通过"一把手"工程，主要领导亲临现场调研，把脉建设过程中存在的问题；亲力统筹协调，召集各街道、部门研究推出具体举措；亲自带头走访，结合群众需要，运用专业优势，以群众喜闻乐见的形式开展活动。与志愿者一道践行"进村入户面对面文明实践手拉手"活动，听民意、传文明、解难题、办实事，并以制度化组织、规范化管理、科学化运作护航，形成了一整套发掘培养志愿者骨干，形成网格员带动志愿者骨干、志愿者骨干带动普通志愿者的规范化工作模式。

（二）进行示范引领，推进新时代文明实践中心建设的实效化

良好的示范典型，是推进新时代文明实践中心建设的有效方法。试点地区在推进新时代文明实践过程中采取以点带面、逐步推进的方法，选择重点镇进行重点打造和建设，为以后在全省推广提供参考和借鉴。

苏南地区，苏州昆山市建设"3+2组织体系、五个服务平台、新时代志愿服务体系"，重点打造市民大讲堂理论宣讲平台、市民修身立德工程、新市民素质提升工程、三级心理健康体系建设工程、文明12条专项行动、美丽昆山建设和创建文明城市网格化挂钩机制、"空中演播室"云上宣讲平

台等七项新时代文明实践品牌。无锡宜兴市围绕群众迫切需求、结合部门专业特长，瞄准特色品牌进行新时代文明实践的活动建设。半年多来，教育系统的"静待花开""陶花朵朵""仰望星空"、团市委的"团结益心"、妇联的"陶都木兰"等都已成为全市新时代文明实践中的典型，让亲身参与文明实践中心活动成为新的社会风尚，切实提高群众思想觉悟、道德水准、文明素养、法治观念，更好推动市民全面发展、社会全面进步。苏州张家港大新镇龙潭村在新时代文明实践工作中，整合网格功能、紧贴农村实际，创新实施"五小五常工作法"——"小家常常拉、小建议常提、小问题常解、小温暖常送以及小典型常树"。通过大力培育感恩文化，组织各网格开展"走学比看"活动，通过典型引领，大力宣扬道德模范、身边好人、和美家庭等一批身边典型事迹，纯洁净化村风民风，引导更多党员群众懂得知恩、感恩、报恩。

苏中地区，南通海安市文化服务平台文化志愿服务支队由市文化广电和旅游局牵头，精心打造"花开新时代、文化暖万家"文化志愿服务品牌，常态化组织开展"万里千家"惠民文艺演出、"乐一天"农民艺术节、名师讲堂、群文大讲堂、"润物有声"——文博志愿者进校园、非遗进校园等文化品牌活动。与此同时，海安坚持制度化激励，制定《海安志愿者礼遇十条》，以制度化保障志愿者待遇。从精神奖励、物质礼遇、评先评优等方面进行激励嘉许。以"积分制"为抓手，构建志愿者回馈模式。充分利用"文明实践云平台"，严格登记注册，精准记录志愿服务时长。联合爱心志愿服务联盟单位，根据积分对志愿者给予物质奖励，奖品自助兑换。加大政治礼遇力度，在入团、入党、转编等方面，予以适度加分等。对优秀志愿者在就学、就业、就医等方面给予免费、优惠或优先等待遇。南通如东县栟茶镇新时代文明实践所以"治水、治污、治路、治贫、治乱、治陋"为活动载体，发动全民做志愿者，参与文明实践，探索具有栟茶特色的新时代文明实践工作模式：以问题为导向，列出问题清单。全镇2000多名志愿者分布在各个村（居），志愿当好"啄木鸟"，形成当地文明实践活动的领头雁。

苏北地区，徐州市泉山区新时代文明实践坚持试点全域同步、标准特色同步、保障激励同步等"三同步"。试点全域同步，每街道完成一所一站的示范点建设，同时所有街道、社区同步推进，文明实践所、站建设全面铺开；标准特色同步，探索新时代文明实践标准化推进的同时，着手打造 3 个新时代文明实践基地，实现区域资源共建共享；保障激励同步，加强政策保障，申请经费补助和专项资金支持，同时健全激励机制，选树一批新时代文明实践"泉山样本"。徐州丰县凤城街道海子崖社区让"喜事堂"与时俱进，组建党员微信群、"喜事堂"活动群等新媒体，多角度、多渠道开展新时代文明实践教育活动，目前参与人员达 1000 多人，营造和推进"喜事堂"向更高层次进展，不断将新时代文明实践活动引向深入。

（三）打造服务品牌，推进新时代文明实践中心建设的常态化和制度化

打造服务品牌，深度融入社会治理元素是推进文明实践中心建设走向深入的又一法宝，江苏推动文明实践工作向环保、健康以及精准扶贫等深层次方向发展，打造各地新时代文明实践所、站品牌，不仅通过建立"一户一档"梳理群众需求，充分评估需求程度和重要性，区分个性化需求和广泛性需求，更是把新时代文明实践中心建设与党建引领基层社会治理结合起来，打造共建共治共享的社会治理格局。

例如，苏州新时代文明实践志愿服务平台于 2019 年 7 月 12 日正式启用，全市新时代文明实践志愿服务活动将通过志愿服务平台的强大数据支撑，互联网、云平台实现群众需求清单、社会资源清单、服务项目清单、团队入驻清单"一网四清单"的工作模式，制作并每月公布志愿服务项目菜单，精准匹配志愿服务资源与群众需求。确保群众的需求件件有回音、事事有着落，真正打通宣传群众、教育群众、关心群众、服务群众的"最后一公里"。

作为市新时代文明实践科技与科普平台牵头部门，苏州常熟市科协坚持"科普惠民"发展理念，积极创新方法载体，以"五化"助推新时代文明实践良好开局。一是服务模式制度化。牵头建立新时代文明实践科技与科普服

务平台，打通科普示范基地、科普中国e站、科普专家讲师团、科普惠民惠农服务站等新时代科普工作"最后一公里"；组建常熟市新时代文明实践科学普及志愿服务支队，下设科协"科技之光"、科技局"星创天地"、农业农村局"绿色田野"等3支科普服务大队，以试点社区、村为服务对象，开展科学知识普及、农业科技服务、科技政策宣传咨询等志愿服务。二是志愿服务常态化。依托科普宣传周、全国科普日、科技工作者日等科普品牌活动，集中开展科普系列讲座、科普创意剧巡演、科普大篷车进村进社区、卫生科普志愿者基层行等志愿活动。

苏州太仓市璜泾镇新时代文明实践所通过制度化、项目化、品牌化建设，全力推动文明实践常态化，举办年度文明实践志愿服务培训班提升志愿服务意识和水平。一是制度化运行让文明实践动起来。制定《璜泾镇新时代文明实践所建设工作实施方案》，指导推进五大平台及实践站（点）建设，构建"2+3+3"文明实践三级网格体系，设置志愿服务支队1个、分队5个、各实践站小队26个，自上而下推动文明实践活动开展。制定《璜泾镇新时代文明实践工作标准考核办法》，专项考核工作开展情况，明确制度建设、队伍建设、阵地建设、平台建设、活动开展等方面内容，严格督查考核、选优评先，确保新时代文明实践工作高质高效。

（四）强化全民参与，推进新时代文明实践中心建设的社会化

全民参与，是新时代文明实践中心建设的基础，也是新时代文明实践中心建设的最终落脚点。试点地区不仅探索"线下线上"的实践模式，实现新时代文明实践中心在城乡范围内全覆盖，而且体现在兼顾不同群体的利益诉求。

南通海安市建成较为完善的市镇村现代公共文化服务体系，搭建"新华杯"全民读书节平台，通过"全民阅读推广联盟"，打造"书香海安、幸福之城"，让更多的海安人拥有更加开阔的精神版图，让海安更加充满浓浓书香和勃勃生机。海安被评为江苏"农家书屋"提升工程试点工作示范县，图书馆通过国家一级馆评估定级验收，"总分馆制全民阅读"经验在全省介绍。

盐城东台市大力推广全民阅读，成立"蒲公英"阅读推广志愿服务队，长期开展"我为你诵读""你读书，我买单""四个一""阅读汇"等活动，获得广泛好评。农家书屋百分百覆盖，阅读角不断新建，步行街东亭书房和人民公园东亭书房已投入使用，城东新区城市书房和西溪景区城市书房正在紧锣密鼓地筹建中。其中，"我为你诵读"全民阅读主题活动自2018年1月以来每周举行。年初排定活动时间表，各镇区、村（居）、社区、单位、景区轮流开展，通过诵读经典诗歌、文章，弘扬正能量，截至目前已开展503场次。

（五）运用现代技术手段，推进新时代文明实践中心建设的协同性和有效性

在信息化、融媒体时代，运用大数据，建设"智慧云平台"是新时代文明实践中心科学而有效的方法。用好移动互联网、智慧云平台等技术，将新时代文明实践中心建设成指挥调度中心、信息服务中心和宣传展示中心，形成了上下联动、协同作战的良好格局。

在宣传教育方面，无锡宜兴精心策划、全媒联动推出"杜鹃花开——新时代文明实践在宜兴"系列报道，运用报纸、电视、广播、移动客户端、微博、微信、微视频等融媒体开展新闻报道。从宜兴市新时代文明实践建设推进情况入手，通过宣传新时代文明实践中心建设、志愿者创新服务等内容，深度挖掘传播工作，主动宣传文明实践的内涵和思想，扩大社会影响力，做到"两微一端"（微博、微信、互联网终端）全覆盖、无死角，吸引更多群众参与到活动中来。在引导社会舆论、加强精神文明建设、弘扬地方优秀文化、推进城乡一体化建设等方面发挥重要作用。

在组织管理方面，南通海安依托大数据，升格50多个市涉农志愿服务项目，编印海安文明实践乡土教材，以及文明实践进企业，进村（居）、区镇文明实践工作展示手册，培训村（居）志愿者。居民通过积极加入志愿者队伍，通过身体力行让家乡更加温暖，广大村民积极参与志愿服务，同时又成为践行文明的扩散点，志愿服务不仅给人以更多的温暖，志愿者精神于一场场活动中迸发，滋养一座座城市，在各项活动推进中发挥着重要作用。

二 江苏新时代文明实践中心建设存在的问题

江苏新时代文明实践试点建设工作已经基本形成了整体架构，特色亮点鲜明，也有一系列考核激励办法。目前，瓶颈问题主要集中在组织管理机制和资源制约，体制机制尚未理顺，以及各级各部门的思想认识和重视程度存在不平衡等方面。需要从省级层面进行顶层设计，对人力、物力和财力保障进行统筹协调。

（一）中心建设特色不鲜明

当前，文明实践中心建设的借鉴模仿过多，原创特色不足。创新文明实践形式，强化文明实践效果，不是一句口号而是在于落地实施、取信于民。要让理论宣讲富有实效，必须加强惠民政策的针对性，让老百姓真正感受到文明实践的关怀与体贴。文明实践活动一定要突出人民群众的主体作用，要注重回答基层群众普遍关注的热点和焦点问题，注重解答干部群众的思想困惑和认识难题，在入脑入心方面，摒除缺乏原创特色、模仿借鉴过多的宣传内容，还有许多扎实工作需要展开。

（二）全域化体制机制尚未理顺

由于文明办日常担负着文明城市创建、公民道德建设、群众性精神文明创建等工作，使命重大，任务繁重。县级城市的文明办以及市镇村三级文明办机构普遍存在人员少、力量弱的情况，日常工作机构缺乏权威性，协调困难。没有专门机构去综合协调，更难以督促检查其他成员单位的工作。尤其是在本轮机构改革中，大多数文明办成了加挂机构，统筹能力减弱，但任务增多了。因此，文明办任务繁重与机构设置未理顺的问题在不同程度上一直存在。为进一步推进工作，希望中央加强顶层设计，对全国文明办系统的机构设置做出部署安排，切实落实物质文明建设和精神文明建设"两手抓、两手都要硬"的任务。

（三）文明实践中心服务城乡融合尚待深入

新时代文明实践中心试点建设工作，说到底是为了促进城乡融合发展，而非简单"蛮干式"的投入资金、人力，建设大量"盆景工程"。激发乡村活力，通过打通宣传、教育、关心、服务群众的"最后一公里"，着力提升乡村社会文明程度，重要的是走城市反哺农村的城乡融合发展道路。三级文明中心建设如何顺应城镇化大趋势，如何把握城乡融合发展正确方向，正确树立城乡一盘棋理念，解决乡村文明实践中心建设投入不足，力量薄弱，"有多少人、多少钱就办多少事"，绝大多数乡村机构无法、无力、无权对文明实践中心有效管理的现象。加快构建城乡融合体制机制，不是为了下乡而下乡，必须突出以工促农、以城带乡，构建促进城乡规划布局、要素配置、产业发展、基础设施、公共服务、生态保护等相互融合和协同发展的体制机制，考虑相关政策的经济效益、社会效果，各地还欠缺顶层设计与统筹性思考。

（四）志愿服务队伍的"常态化"建设亟待加强

对于文明实践中心志愿者队伍建设，国务院要求由民政部门来负责志愿服务的日常行政管理，由文明办做好统筹工作，目前志愿服务的条例尚未落实到位，志愿服务面临进一步制度化和规范化的问题，需要省级层面来落实条例。很多地方落到宣传部的文明办，但其平时工作任务繁重，而新时代文明实践建设是全新的工作，其工作量不亚于文明城市创建，如果没有人去统筹谋划就无法做深做实。与此同时，组织开展的文明实践志愿服务活动与基层群众实际需求的有效对接还不够。志愿服务的质量有待提升，常态化和长效化亟待加强。

（五）相关激励保障制度亟待加强

让文明实践试点工作向每个行政村延伸，实现"全覆盖"工作的人员保障和组织协调需要经费支撑，但是目前预算只减不增。于是就出现了经费保障与政府行政开支压缩的矛盾，需要统筹各个部门与新时代文明实践中心有关的经费，确保节约行政性开支、实现均衡化。

三 江苏新时代文明实践中心建设的对策与展望

江苏"新时代文明实践中心"建设的主要目标是：凝聚群众、引导群众，以文化人、成风化俗，以志愿服务为抓手调动各方力量，以资源整合为重点打造工作平台，以群众需求为导向创新方式方法，用中国特色社会主义文化、社会主义思想道德牢牢占领基层思想文化阵地，促进文化建设高质量发展，不断满足人民日益增长的精神文化需求，丰富人民精神世界，增强人民精神力量，提升人民精神风貌，更广泛、更有效地动员和激励广大农村群众持续推进高质量发展，奋力谱写"强富美高"新江苏建设的新篇章。[①] 对此，"江苏新时代文明实践中心"建设的主要对策建议如下。

（一）因地制宜，建设富有地方特色的文明实践中心

新时代文明实践中心的建设要按照文化积累、民俗文化和产业发展导向等因素结合地方特色资源，加强经验总结提炼，从而形成地方人群共同的情感归属，共同的需要和追求。各级文明实践所、站充分考虑不同地区城乡融合发展阶段和乡村差异性，稳妥把握改革时序、节奏和步骤，尊重基层首创精神，建设富有地方特色的活动阵地，如乡土文化中心、志愿服务中心、科普教育中心、全民健身中心等，拓展文明实践活动载体，拓展用好县级融媒体中心，确保"两个中心"同步建设，新时代文明实践中心要主动借助新媒体传播优势，推进公共服务资源的数字化、网络化。通过业务能力实务方面的培训，加强专家基层业务下沉指导，针对基层站长工作中遇到的问题，将理论指导与能力提升紧密结合，"强特色、练内功"，发挥好文明实践站、

---

① 王燕文：《推动新时代文明实践中心建设工作走在前列》，http://www.qunzh.com/qkzx/gwqk/dzxt/2018/201806/201901/t20190108_42940.html。

所深入基层的优势，让基层工作人员的理论素养和工作能力"双提升"的同时，把各地风采以融媒体形式进行集中展示。

（二）进一步完善体制机制，加强全域深化和覆盖

要将新时代文明实践建设的"盆景"覆盖到"森林"，还应该在全域互动、全面深化和全部覆盖上做文章。为确保新时代文明实践常态长效地开展，机制完善包含健全组织领导机制、考核激励机制、协调联动机制。将文明实践中心以及所和站的建设纳入党政领导班子和领导干部绩效考核，并且将文明实践工作纳入意识形态工作责任制巡视内容和考核督查范围，作为文明城市、文明县（市、区）创建以及文化强省建设先进市县创建的重要内容。

利用三级平台开展"线上"与"线下"深入融合文明实践志愿服务活动。发挥好宣传党的创新理论、发布文明实践工作信息、动员组织群众参与文明实践等作用，建立文明实践数据库，为文明实践提供技术支撑。在组织架构、职责作用等方面通盘考虑，促进资源对接、平台对接、队伍对接，打造文明实践信息互联互通、资源共用共享的工作平台，实现新时代文明实践活动线上线下同频共振。

（三）整合部门力量，打通城乡公共服务体系

要充分发挥联席会议制度，整合组织、纪监、统战和党校等多方面资源，统筹好工青妇等群团组织力量，破除部门之间的壁垒，打通城乡公共服务体系的运行机制、文化科技卫生"三下乡"的工作机制，加大对新时代文明实践所、站工作人员的培训，整合人员队伍、资金资源、平台载体以及项目活动，确保文明实践活动扎实开展。

统筹使用党政机关、企事业单位相关学者、知名社会活动家等专业力量，完善激励机制，吸引支持企业家、党政干部、专家学者、医生教师、规划师、律师等技能型人才，通过担任智库咨询专家、加入志愿者服务团队，提供宣传教育普及、法律普及援助、投资兴业、行医健康教育办学等方面的

专业"第三方"服务，把建设富有地方特色的文明实践中心工作推向深入。依托中心建立县、乡、村三级信息联络员并与专家诊断制度相结合，一方面，中心要把来自一线的鲜活有特色的宣传报道素材，通过外脑增色加工，广传播、快反应来增强用户黏度；另一方面，善用"外脑"就中央涉及"文明实践中心"建设的相关重大决策，挖掘地方特色实践经验，开展相关政策落地的研究，为地方政府开展文明实践工作提供决策咨询服务。深度参与文明实践活动的策划设计、具体业务操作指南、项目任务清单和考评方案设计，在激励机制方面对特色鲜明的典型予以物质与精神双重奖励。

（四）以群众需求为导向，进一步强化答卷意识

新时代文明实践中心建设的核心是不断满足人民群众日益增长的精神文化生活需求，打通宣传群众、教育群众、关心群众和服务群众"最后一公里"。要不断探索对接群众需求的有效途径，吸引群众参与的有效手段与平台整合的有效形式。积极探索完善"开门询单、中心制单、群众点单、志愿接单、社会评单"等有效机制，切实做到精准高效供给。充分发挥地方积极性，分类施策、梯次推进，试点先行、久久为功，形成符合实际、各具特色的改革路径和城乡融合发展模式。

各地可以逐步探索利用镇级行政优势和地缘优势，向镇域企业这一农村人口和青年群体的聚集地发力，开展文明实践的"定向服务"。文明实践要与企业核心利益相结合才能在企业里站稳脚跟，取得效果。因此，针对企业青年群体的文明实践活动可以用社团组织作为载体，以繁荣企业文化、丰富职工生活为目的，拓展文明实践工作的丰富度。

传承中华民族优秀文化基因，以昂扬向上的中国特色社会主义核心价值观为核心，以融媒体平台为主体，结合智慧管理指挥平台，对实践活动需求、质效等内容进行全面分析，把握群众最关注的领域、最亟须解决的问题、最喜爱的活动形式、最欢迎的服务内容等数据，提高志愿服务项目供给的精准化。市级文明实践中心根据各实践所、站发布活动情况，定期发布实践活动榜单，并将此作为年度考核的重要参考依据。

（五）开展针对青年群体的"定向服务"，拓展文明实践的广度

加强志愿服务实践基地活动的规范化、项目化、特色化、阵地化建设。市级文明实践中心在平台发布全市实践活动计划、项目，各实践中心所、站在志愿服务平台注册志愿服务组织，申报实践活动，由上级部门审核通过后，招募志愿者，并对志愿者活动时长进行统计，以此作为对志愿者和志愿服务站进行激励的重要依据。鼓励大学生定期参与文明实践活动，整合各地高校资源，每年暑期打造"大学生服务团队"计划，结合工作实际，以"学生申报、学院整合、学校统筹"为原则，从校、院、系（专业）、团支部等不同层面出发，组建相应层次的社会实践团队。一方面，赴农村偏远地区，围绕乡村贫困儿童、乡村学校师资力量、基础设施建设等情况开展调研活动，重点围绕乡村少年的兴趣、爱好开展实践活动，需结合本地优势、乡土资源和特色文化，丰富活动形式。另一方面，在城市条件较好地区，主要开展敬老助残、关爱留守儿童、社区服务、公益宣传等形式的高校志愿服务合作，逐步使高校志愿者服务成为新时代文明实践所、站开展文明实践工作的骨干力量，并通过与相关教育部门配合，项目化运作，实现其常态化、制度化。

（六）设立专项经费以保障文明实践建设工作的常态化和长效化

建议中央要求地方设立文明实践财政专项经费，保障文明实践工作日常运转（含奖补经费）以及面上工作的整体推进。申请设立实践中心建设专项经费并列入当年财政预算，对全省试点县（市、区）给予适当经费补助，对文明实践研究院建设、志愿者队伍组建培训、人员培训、基地建设、教材编印、考核评估等保障性工作给予经费保障，对志愿者的人身保险、交通补贴、生活补贴和村级实践专管员的工资报酬等给予一定的经费保障。

江苏年轻干部队伍建设的
实践进展及优化路径

曹晗蓉*

摘　要： 发现、培养、选拔、使用年轻干部是加强领导班子和干部队
伍建设的基础性工程，是党的事业后继有人和国家长治久安
的重大战略任务。江苏省在推进年轻干部队伍建设时进行了
许多创新探索，取得了显著成效。针对当前存在的年轻干部
数量不足、成长经历单一、隐性台阶较多、培养与选拔脱节
等问题，要树立系统性思维和整体性思路，拓宽选人视野渠
道，增强培养锻炼实效，源源不断选拔使用适应新时代要求
的优秀年轻干部，为党和国家事业注入新的生机活力。

关键词： 年轻干部　队伍建设　江苏省

为政之要，首在用人，首在用年轻人。发现、培养、选拔、使用优秀年
轻干部，是加强领导班子和干部队伍建设的一项基础性工程，是关系党的事
业后继有人和国家长治久安的重大战略任务。习近平总书记在党的十九大报
告中提出，要大力发现储备年轻干部，注重在基层一线和困难艰苦的地方培
养锻炼年轻干部，源源不断选拔使用经过实践考验的优秀年轻干部。2018
年7月，习近平总书记在全国组织工作会议上强调，要做好年轻干部工作，

---

*　曹晗蓉，江苏省社会科学院马克思主义研究所助理研究员，政治学博士。

大力发现培养选拔优秀年轻干部，要"建设一支忠实贯彻新时代中国特色社会主义思想、符合新时期好干部标准、忠诚干净担当、数量充足、充满活力的高素质专业化年轻干部队伍"。习近平总书记对于年轻干部工作的重要指示为各地年轻干部队伍建设工作指明了方向。在干部队伍建设工作中，既要重视选拔和使用环节，更要重视储备和培养锻炼环节。要及早发现、及早培养，才能源源不断地培养出适应新时代要求的优秀年轻干部，为党和国家事业注入新的生机和活力。

一　年轻干部队伍建设势在必行

十年树木，百年树人。年轻干部队伍建设事关党的事业薪火相传，事关国家长治久安。一个国家、一个政党能不能培养出优秀的领导人才，在很大程度上决定了它的兴衰存亡。现代政党政治经验表明，重视党的组织体系、建设高素质且结构合理的干部队伍，既是一个成熟型执政党的重要标识，又是政党永葆生机活力的基本准则。作为长期执政党，中国共产党站在国家长治久安的高度来推进干部队伍建设工作，尤其是年轻干部队伍建设工作。党的十八大以来，习近平总书记以组织体系建设为重点，着力培养忠诚干净担当的高素质干部，为坚持和加强党的全面领导、坚持和发展中国特色社会主义提供坚强组织保证。中国特色社会主义进入新时代，党和国家需要一支数量足、素质高、适应时代发展变化的干部队伍，这就要求我们回应新时代发展要求，尊重干部成长规律，主动谋划，保证干部队伍年龄梯队合理，源源不断选拔使用优秀年轻干部，为党和国家事业注入新的生机活力。

作为改革开放的前沿阵地，江苏坚决贯彻习近平总书记系列重要讲话精神和中央部署要求，高度重视年轻干部队伍建设。党的十八大以来，江苏落实好干部标准，破除唯年龄偏向，破除论资排辈，优化干部成长路径，推动落实常态化配备目标，年轻干部工作取得了显著成效。江苏认真落实习近平总书记视察江苏时对严管干部提出的管理全面、标准严格、环节衔接、措施配套、责任分明的要求，把干部成长全过程、工作生活各领域、思想行为各

方面都置于严格管理监督之下。特别是全国组织工作会议召开以来，江苏进
一步推进年轻干部队伍建设，在落实干部成长长效机制方面先行先试，在发
现、培养、选拔、使用年轻干部等环节做出了许多创新探索，在不断的实
践、反馈和总结过程中，形成了年轻干部队伍建设的江苏样本和发展特色。
江苏推进年轻干部队伍建设，回应中央要求、契合江苏实际，具有重要的理
论价值和实践意义。

二 江苏年轻干部队伍建设的实践探索

年轻干部队伍建设是一项系统工程，需要树立系统性思维和整体性思
路。近年来，江苏省委高度明确依靠制度推进年轻干部队伍建设的重要性，
在拓宽干部来源渠道、教育培训、培养锻炼等方面积极行动，一批又一批年
轻干部通过锻炼和培养成长起来，为建设"强富美高"新江苏提供了坚强
有力的组织保证和人才储备。

（一）抓好制度设计，贯彻落实年轻干部队伍建设战略部署

近十年来，江苏省委制定了较为完整的年轻干部队伍建设的政策体系和
制度规范。2011 年，省委组织部发布《关于实施党建工作创新工程的意
见》，实施"620"培养计划，着力培养 6 个层次共计 120 名年轻干部。分 6
个层次和类别培养选拔年轻干部，五年内至少培养选拔 45 岁左右的市厅级
党政正职 20 名，35 岁左右的县（市、区）党政正职 20 名，30 岁左右的乡
镇党委书记 20 名，45 岁以下省属企业、高校和科研院所领导班子正职 20
名，30 岁以下担任处级领导职务的选调生 20 名，30 岁以下担任处级领导职
务的大学生村官 20 名。实施"620"培养计划，着眼破解优秀年轻干部数
量和质量还不能满足领导班子建设需要，特别是能够担任党政正职的优秀年
轻干部数量偏少；有一些县以上各级党政领导班子知识和专业结构不合理，
缺少熟悉现代管理、金融、外经外贸及法律的干部等问题，以培养党政正职
为重点，着力形成结构合理的干部配备梯次结构。

2014 年，为全面落实《关于加强和改进优秀年轻干部培养选拔工作的意见》，江苏制定年轻干部配备目标，实施年轻干部"131"培养计划，5 年内至少选拔 45 岁以下省级机关、省辖市、省属企业和高等学校、科研院所等单位领导班子成员 100 名，40 岁以下县（市、区）、市级机关领导班子成员和省级机关处级领导干部 1000 名，保证党政领导班子中 35 岁以下的领导干部要始终保持一定数量，总体上按照相应层级领导班子成员 1/6 至 1/5 的比例统筹把握，其中要有适当数量的党政正职。

从 2016 年开始，全省组织实施"789"青年干部培养计划，培养选拔一批"70 后"市厅级干部、"80 后"县处级干部、"90 后"乡科级干部，努力建设一支来源广泛、数量充足、结构合理、素质优良的年轻干部队伍。根据"789 计划"，到 2020 年，全省将选配"70 后"正厅职干部 40 人、"70 后"正厅级干部 400 人、"80 后"县处级干部 4000 人。此外，省市县三级政府密切联动，定期组织开展年轻干部选配工作，建立青年干部选配专项预审制度，对干部选任年龄进行审核把关。此外，全省还将"789"计划与后备干部工作衔接起来，对年轻干部进行教育培训和实践锻炼，确保年轻干部有足够能力来接班。

江苏省委书记娄勤俭在全省组织工作会议上强调，要着力培养选拔优秀年轻干部，既积极主动作为又遵循客观规律，既筑牢政治忠诚又提升能力本领，既强化适时使用又加强动态管理，打造一支当下有活力、发展有潜力、未来有竞争力的年轻干部队伍。省委组织部随即作工作部署，各地切实加强年轻干部工作组织领导，确定长期培养计划，各地相继制定发布《关于加强和改进年轻干部培养选拔工作的实施意见》，力争实现干部队伍年龄梯次和文化层次逐年优化，全面强化年轻干部的党性修养和实践锻炼，持续加强年轻干部选拔任用和后备储备。各地相继成立年轻干部专项调查小组，深入基层，直接掌握一批名单，有序进行培养锻炼。

（二）建立多元储备机制，改善干部队伍年龄结构

江苏拓宽选人视野渠道，从各条战线、各个领域、各个行业发现优秀年

轻干部。一是健全后备干部数据库。经过不断的摸索和尝试，截至目前，省、市、县三级政府普遍设立后备干部库，将优秀年轻干部纳入人才库中进行培养。据调研统计，全省96个县（市、区）几乎全部根据本地情况建立了人才数据库，部分厅局单位和事业单位也开始着手建立数据库。通过数据库，不仅能够对当地干部的总体情况进行摸底，还对干部总体情况进行动态管理，及时发现人才、强化实践锻炼、适时提拔使用。同时，可以在从严监督管理上下功夫，形成正确的选人用人导向和良好的培养机制。二是在急难险重工作中选拔优秀年轻干部。各级党组织经常深入招商引资、项目建设、信访维稳等重点工作领域展开调研，精准发现一批优秀年轻干部。江苏还定期通过双推双考、公推公选、竞争性选拔等方式，发现各条战线上的优秀年轻干部，吸纳来自国有企业、高校、科研院所等单位的优秀年轻干部，广纳天下英才。三是广开进贤之路，及时吸纳各方面优秀年轻人才进入干部队伍。推进"名校优生定岗特选"计划，从优秀毕业生当中发现培养优秀年轻人才。从2015～2016年度开始，江苏逐年度从省内外高校选调优秀毕业生，选调生规模逐年上升。2020年，江苏将从北京大学、清华大学等20所名校和江苏省内高校选调500人，优先选调经济金融、信息技术、智能制造、城乡建设、社会治理、生态环境等大类紧缺专业人才。为加强大学生村官工作与选调生工作的政策衔接，省委组织部还启动优秀大学生村官纳入选调生培养管理计划，录用优秀的大学生村官。

（三）完善链条式培育选拔机制，提升年轻干部工作能力

年轻干部队伍建设是一项系统性、链条式工程，发现、培养、选拔、使用缺一不可。第一，江苏培育选拔年轻干部把坚定理想信念教育培训作为年轻干部教育培训最重要的任务。充分利用恩来学院、雨花台等省内外爱国教育基地，每年培训500名左右年轻干部；运用党校等教育研究资源，每年培训约100名年轻干部，筑牢年轻干部思想堤坝。第二，大力开展专题培训，举办经济国际化、现代农业、工业、服务业、新型城镇化、教育现代化、科技创新、民生建设等培训班。第三，在实践中培养干部，给年轻干部压担

子。江苏遵循"使用就是最好的培养"这一理念,统筹安排年轻干部参加对口支援、挂职锻炼、巡视信访机构借用、"科技镇长团"计划、驻村"第一书记"等项目。一批批年轻干部在艰难险重、一线、重点、边疆岗位上磨练摔打,工作能力得到迅速提升。四是定期实施年轻干部专项预审。专门拿出一定数量的职务面向年轻干部开展选配,每年统筹选配一批"70后"省级机关、设区市、省属企事业单位领导班子成员,选配一批"80后"省级机关处级干部、县(市、区)党政领导班子成员。比如,南通市在2017年拿出10个处级岗位用于配备"80后"干部,截至目前,已经选配14名"80后"县处级干部。

三 江苏年轻干部队伍建设面临的问题与挑战

发现、培养、选拔、使用年轻干部环环相扣,是统筹推进的全链条机制,其中,大力发现培养是基础,强化实践锻炼是重点,确保选准用好是根本,从严管理监督是保障。调研发现,对照新时代、新标准、新要求,不论在发现、培养、选拔还是使用环节,江苏年轻干部队伍建设还存在一些问题和挑战,这些问题既有在发展过程中长期存在的老问题,也有在新的发展环境下出现的新问题。

(一)年轻干部总体数量不足,难以满足事业发展需要

想要选出数量充足的优秀年轻干部,就必须有一支总体数量充足的干部队伍。没有一定数量的储备,发现培养选拔优秀年轻干部就是无源之水、无本之木。75.9%的受访领导干部认为,"总体数量不足"是当前年轻干部工作的突出问题。目前来看,基层年轻干部数量不足已经成为全省乃至全国普遍存在的棘手问题,从长远来看,这一问题对党和国家事业发展、干部队伍稳定和年轻干部成长都会产生一定的影响。第一,受单位编制数的严格控制,年轻干部招录人数非常有限。受"缺三补一"的政策限制,每年各地通过招考、军转干部补充的公务员和事业人员数量少,年龄扎堆、年龄老

化、年龄断层的问题比较突出。干部队伍年龄层次仍以20世纪60年代和70年代为主，年轻干部规模小、人数少。从市级层面看，部分市直机关多年来难进新人，从区级层面看，许多单位（除公检法和特殊岗位外）公务员数量普遍不足，个别街道（园区）甚至没有科级以下公务员。第二，基层年轻干部流失严重。因为基层工作压力大，上升空间小，待遇津贴等与市级机关差别较大，基层年轻干部流失情况严重。加上上级部门从基层抽调、遴选年轻干部，造成基层年轻干部人数不足问题更加突出。经过测算，有的地方基层公务员流失率超过60%。

（二）年轻干部成长经历单一，多岗锻炼存在限制

科学合理的干部队伍结构是保证干部队伍健康成长、有序更替的前提和基础。干部成长经历单一是影响年轻干部成长成才的重要因素。受访干部认为，多岗位锻炼（62.4%）和关键岗位锤炼（53.6%）不足是影响干部成长成才最关键的两个要素。干部成长经历单一，会导致其事业不宽广，缺少大局思维；能力不突出，干事能力有限。然而，多岗锻炼存在诸多限制。第一，"三支队伍"循环不畅。调研发现，虽然江苏总体上年轻干部配备比例不低，但是大多数年轻干部来自高校、国企和事业单位，政府机关的年轻干部数量非常少。机关单位和高校、企事业单位的优秀年轻干部很难进入政府机关。造成"三支队伍"循环不畅的主要原因是编制管理和体制身份限制，机关单位和企事业单位的"旋转门"尚未打通。因为身份差别，一些党政干部即使有机会也不愿到事业单位任职。第二，事业单位干部数量明显多于公务员，难以得到多岗位锻炼，只能在系统内部流动。第三，由于不同地区、不同单位之间收入和发展前景大有不同，干部本人的流动意愿也逐次降低。此外，下派、上挂和跨部门交流轮岗限制较多，协调困难，还有部分单位不愿意把优秀人才推荐出来等，都是导致年轻干部成长经历单一的重要因素。

（三）隐性台阶设置多，潜在拉长干部培养周期

干部的成长需要经过长期的历练，但是，错过了成长的黄金期，年轻干

部将不再"年轻",干部队伍梯队将无法实现有序更替。与其他一些省市比较,江苏的步伐还不够快,隐性台阶未能根本破除。调研中,受访领导干部认为"隐性台阶太多,延长干部成长周期"是当前发现培养选拔年轻干部工作中最为突出的问题。许多地方、机关单位都有"隐性台阶"式的规定,通过划定年限、职级、岗位等要求人为设置台阶,比如,下级领导干部要在正职岗位上连续任满3年才可提拔为上级副职。客观上说,岗位职数有限,选拔优秀年轻干部的机会自然也很有限;主观上说,习惯性论资排辈、平衡照顾的思维仍然存在,有些地方对年轻干部存在求全责备的观念,用老干部的素质比照年轻干部,认为年轻干部能力素质还不强,不够条件来接班。

此外,机构改革带来的职数消化问题最为棘手。2014年以来,中央要求各地严格按照职数配备干部,截至目前,各地核定的干部职数均已用完。退出领导岗位的干部改任非领导职务,因此,江苏县域内几乎所有的非领导职数已经饱和。根据测算,一般要到2022年才有非领导职数空缺。加上党政机构改革也会带来的机构合并、职数减少、人员分流等,市、县的领导职数和非领导职数更加紧张,年轻干部晋升的岗位越来越少。

(四)培养与选拔脱节,"培而不用"现象时有发生

干部干部,干是当头的。优秀年轻干部不仅需要培养,还需要在关键岗位、艰难险重岗位上进行磨练,干出一番成绩。江苏在培养选拔年轻干部工作中敢行敢试,率先部署了年轻干部培养选拔计划。然而,许多受访领导干部反映,大部分单位有推动年轻干部成长发展的机制,但是取得的效果很一般。"少数人在少数人中选人""急配现找"的窘迫问题时有发生。导致培养选拔脱节的原因主要有:第一,现行干部考核方式单一,无法让优秀年轻干部脱颖而出,组织部门无法完全掌握工作在基层一线的优秀年轻干部名单,导致有些优秀年轻干部没能被组织及时发现。第二,干部培养的专业化和针对性不足。有的干部反映,在接受某些高校或者党校的培训时,教学内容参差不齐,课程设置稍显随意,甚至存在"外行给内行上课"的情形,没有起到良好的提升效果。第三,轮岗、挂职锻炼的效果显现不足。有些领

导干部把挂职视为"镀金""走过场"，在新岗位上工作不用心不努力，锻炼结束后自身能力没有得到提升，也没有给地方带来任何发展收益。培养与选拔脱节导致年轻干部无法如期成长起来，这既是年轻干部自身的损失，也是组织部门培养干部的损失。

（五）部分年轻干部存在能力不足或不良工作倾向

年轻干部要有足够本领来接班。习近平总书记强调，要按照好干部标准培养选拔年轻干部。选拔年轻干部不能拔苗助长，不能为了达到领导班子年龄结构水平而降低要求，降低选人用人标准。调研发现，干部知识结构不合理的情况普遍存在。新时代的年轻干部绝大多数具有本科及以上学历，但是所学专业多以文史类专业为主，紧缺型专业人才短缺，高端型人才较少。特别是现代经济社会发展所急需的产业发展、生态文明、互联网、城市规划等方面的专业型干部更加匮乏，不少干部都是"边干边学""现学现卖"，在一定程度上会影响工作推进的成效。

在成长的关键时期，年轻干部是否能够保持正确的发展方向尤为重要。调研中还发现，个别年轻干部不安心基层工作，眼高手低，实际工作中积极性、主动性、创造性都显不足；有的干部存在"储君"心态，在基层工作不努力，坐等上级领导来提拔。一旦没有被提拔或者身边干部被提拔，还会产生消极懈怠心理，丧失工作激情，降低工作标准；还有的干部缺乏攻坚克难的勇气，遇到问题就有畏难情绪，抗压能力不足，担当能力不够强，遇事打不开思路，被动应付。

四 江苏年轻干部队伍建设的优化路径

习近平总书记指出，要按照做好新时代年轻干部工作的总体思路、目标任务、政策措施，统一思想、提高认识，进一步推进年轻干部工作制度化、规范化、常态化。要进一步拓宽来源、优化结构、改进方式、提高质量，切实选出一批适应新使命新任务新要求，数量充足、充满活力的高素质专业化年轻干部。按照习近平总书记的要求，当前要紧扣新时代发展需要，优化年轻干部队伍建设路径，切实把年轻干部工作抓出实效。

（一）主动谋划长效机制，做好"选苗育苗规划表"

思想是一切行动的先导。只有充分认识到年轻干部队伍建设的重大意义，主动谋划，科学规划，才能在新时代的发展潮流中占据优势地位。否则，应付眼前、被动工作或者搞刚性配备的做法将会树立不良的选人用人风气，反而起到反效果。江苏深刻领会年轻干部队伍建设的重大意义，一直将干部队伍建设，尤其是年轻干部队伍建设视为做好干部工作的根本。这就要求领导部门发挥主观能动性，建立素质培养体系、知事识人体系、选拔任用体系、从严管理体系、正向激励体系，做好干部培育、选拔、管理、使用工作。实践证明，江苏主动谋划，建立健全年轻干部队伍建设长效机制不仅优化了干部队伍的年龄结构，而且有效地推动干部队伍干事创业的热情，树立正确的选人用人导向，形成为担当者担当的良好氛围，积累了宝贵的成功经验。

为建立年轻干部队伍建设长效机制，推动导向明、风气正、干劲足的选人用人风气，按照"着眼近期需求和长远战略需要"的要求，第一，要普遍摆脱论资排辈、平衡照顾的陈旧思维，树立能上能下的良好风气。考察任用干部时不唯年龄资历，要真正将优秀干部选拔出来。发扬"传帮带"精神，老干部要多指导、关心年轻干部，帮助年轻干部成长成才。第二，长期树立鲜明的选人用人导向，长期重视年轻干部工作，不能紧一时松一时。第三，科学规划先行。结合新修订的《党政领导干部选拔任用工作条例》，进一步细化"789"计划，确保各地年轻干部选配工作达到预期目标。各地在后备干部库的基础上建立健全年轻干部数据库，在更广范围内发现优秀年轻干部。确立选人用人年度计划，做好年度干部队伍年龄结构表，逐步推动年轻干部队伍建设工作在3~5年取得很大成效。

（二）拓宽选人视野渠道，精准"育苗"

推进年轻干部队伍建设，发现年轻干部是基础和首要环节。受访领导干部普遍认为,抓好源头培养、跟踪培养、全程培养是干部队伍建设的重要一环。针对年轻干部数量总体不足问题,要逐步将数量足、质量高、各领域的年轻干部补充进来,保证源头活水来。第一,在编制允许的前提下,补全各地公务员数额差。将"缺三补一"的招录要求放宽为"缺二补一"或者"缺一补一",缓解干部队伍年龄断层和流失严重问题。第二,健全科学考评制度。建立完善日常考核、年度考核和任前考察相结合的考核制度,将发现培养选拔优秀年轻干部纳入领导班子考核内容,通过科学考核办法让优秀年轻干部脱颖而出。第三,加强对年轻干部队伍"整体一盘棋"的管理。按照"人岗相适"原则,建立动态管理机制,抓好选调生和大学生村官的跟踪管理。第四,打通"三支队伍"的身份壁垒,逐步打通机关单位和企事业单位、高校、科研院所之间的身份"旋转门",推动不同行业、不同层级优秀年轻干部的交流任职,有条件的可以在来自国企、事业单位、高校、科研院所等的优秀人才中进行优选。此外,还要加强对年轻女干部、少数民族干部、党外干部的人才储备。

(三)增强培训锻炼,扎实"墩苗"

培养是中枢环节。培养工作没做好,发现工作就会前功尽弃,整个干部队伍干事创业能力就会下降。当前,要非常重视加强培训锻炼,将"好苗子"培育成"参天大树"。

第一,加强理论学习,坚定理想信念。培养选拔年轻干部,坚定理想信念是第一位的。新时代,干部队伍的学历和视野有了大幅提升,但是在坚定理想信念,学习马克思列宁主义和中国特色社会主义思想等方面就稍显不足。因此,要加强理论教育和党性教育,把年轻干部是否拥护中国共产党的领导,信仰马克思主义,坚定走中国特色社会主义道路作为最重要的政治任务。为此,要对年轻干部队伍实施个性化培训。定期了解年轻干部的学习需求,每年优化原有的教学培训计划,通过小班式教学、专题教学、互动式教学、案例教学等方式,引导年轻干部坚定理想信念,听党话跟党走。

第二,发扬斗争精神,增强斗争本领。习近平总书记反复强调,要在青年干部中开展强化政治理论、增强政治定力、提高政治能力、防范政治风险专题培训，创造条件让干部在斗争实践中经风雨、见世面、长才干、壮筋骨。2019 年 9 月 3 日，习近平总书记在中央党校（国家行政学院）中青年干部培训班开班式上发表重要讲话时也强调，广大干部特别是年轻干部要经受严格的思想淬炼、政治历练、实践锻炼，发扬斗争精神，增强斗争本领。因此，要有针对性地开展教育培训，提升年轻干部的斗争精神和奋斗精神，在大是大非面前敢于亮剑，敢于与邪路做斗争，与艰难险阻做斗争，与不良风气做斗争，为实现"两个一百年"奋斗目标、实现中华民族伟大复兴的中国梦而顽强奋斗。

第三，优化挂职锻炼和基层任职，增长真才实学。广大年轻干部要学习时代楷模黄文秀同志，不忘初心、牢记使命，勇于担当、甘于奉献，在脱贫攻坚第一线倾情投入，奉献自我，用美好青春诠释了共产党人的初心使命，谱写了新时代的青春之歌。2019 年，《党政领导干部选拔任用工作条例》重新修订并正式发布，其中明确指出，对于经历单一或者缺少基层工作经历的年轻干部，应当派到基层、艰苦边远地区和复杂环境工作，坚决防止"镀金"思想和短期行为。当前要分批次、有计划地推动省、市优秀年轻干部到基层工作。切实破除"镀金"想法，将挂职落到实处。为挂职干部制定挂职档案，推动挂职单位和原单位之间的衔接工作，对干部在挂职单位的工作内容、特点特长等进行详细记录，帮助年轻干部在轮岗锻炼和基层任职时能够增长真才实学。

第四，推进多岗位历练，练就过硬本领。57.6% 的受访干部认为，对条件成熟的优秀年轻干部，及时安排到合适岗位锻炼，完整任职周期历练是培养优秀年轻干部最为关键的一环。对于发展潜力大的干部，要有计划地安排到改革发展一线、民生服务一线、维护稳定一线、急难险重一线等"四个一线"岗位进行历练。继续推动省直单位干部赴地方任职，担任县（市、区）党政正职；将苏南能力强的干部派往苏北开发区、工业园区任职。

（四）推进年轻干部预审和选拔工作，择优"选苗"

对于精准甄别发现和细心培养的优秀年轻干部应该有序选拔、大胆使用。各级党委政府和组织人事部门要把领导班子建设分析研判和优秀年轻干部培养情况的分析研判结合起来，把年轻干部专项预审与经常性的干部考察工作结合起来。

第一，省、市、县分别成立专项预审小组，组织开展优秀年轻干部专题调研。各级组织部门要大胆创新干部考察方式，变任前考察为常态考察，变座谈考察为个别谈话，通过领导推荐、谈心谈话、专项调研等方式，直接掌握一批优秀年轻干部名单，建立优秀年轻干部数据库，包含基本信息、专业特长、优缺点等要素，对干部库进行详细分析研判，动态管理。调研不大张旗鼓，名单不做公示，不通知本人，对名单内优秀年轻干部进行培养锻炼。

第二，有序开展竞争性选拔。组织部门每年拿出一定的名额，定向选拔符合新时代发展需要的优秀年轻干部。目前，可在年轻干部配备比例较少的地区或机关单位试点开展年轻干部公开选拔和竞争上岗，让年轻干部来竞赛场赛赛马，展现真才实学，让年轻干部尽早走上领导岗位。

第三，正确对待破格提拔。20.6%的受访干部认为，当前，可以在完善专项调研和竞争性选拔的基础上，完善破格提拔程序。座谈中，有受访干部提到，当地已经多年没有破格提拔领导干部的例子，既因为上级部门对破格提拔干部的审查尤为严苛，又因为领导干部对破格提拔干部的身份有所顾虑，担心出现不利传闻。对于此，应该正确对待破格提拔，将德才素质突出、业绩显著的优秀年轻干部破格提拔，适当缩减考核获得优秀的干部在同一岗位上的任职年限。

人无价值不立。对于年轻干部来说，要树立正确的政绩观，强化自我修炼，做到有原则、有底线、有规矩，始终把干事创业摆在重要位置。要在艰难困苦中磨练意志，加强学习，绝不能好高骛远，像"储君"一样坐等提拔；要走出办公室，多到艰苦地区、复杂环境去砥砺品质、增长才干；在复杂的工作环境中积累经验，增进与人民群众的感情，向实践学习，拜人民为师。青年是国家的未来，中华民族伟大复兴的中国梦终将在一代代青年的接力奋斗中变成现实。

干部容错纠错机制的运行现状与优化路径

成　婧[*]

摘　要： 容错纠错机制旗帜鲜明地为敢于担当、踏实做事、不谋私利的干部撑腰鼓劲，在"三项机制"中起着基础性作用。江苏各地在国家和省委制度的基础上强化制度运行，取得了一定成效，但在具体操作过程中，容错纠错机制的运行尚存在诸多难点。面对新时代，在干部容错纠错机制的运行过程中，江苏要进一步细化标准、规范程序、强化配套、总结经验、营造氛围，使容错纠错机制更容易落地。

关键词： 容错纠错　干部激励　路径优化　江苏省

十八大以来，全面从严治党向纵深推进，释放了失责必问、问责必严的强烈信号，这就使得一些干部出现奋斗激情减弱、进取意识缺失、拼搏锐气淡化的现象，廉而不为、严而慢为、懒而少为等怠政惰政现象在一定程度上出现。江苏在改革开放四十年的历程中，一直持续不断贡献着地方创新的实践样本，在这一过程中，干部的敢于创新、勇于担当发挥着重要的作用。在新的历史背景下，如何继续激发干部干事创业的激情，是摆在江苏乃至全国面前的普遍性问题。

---

* 成婧，江苏省社会科学院《学海》编辑部副研究员。

一 江苏容错纠错机制制定的主要背景与进展

容错纠错机制是在政绩激励弱化、问责强化的背景下，面对庸政、懒政、怠政的干部激励困境而产生的。容错纠错机制重在卸下包袱，为出现偏差者"兜住底"。十八大以来的强力反腐将权力关进制度的笼子，但问责监督的强化也使部分干部尤其是基层干部行为模式发生变化。基层干部是改革创新的践行者，是国家政策落实的主体，大国治理过程中的制度制定总是抽象化的，而基层干部的工作就是利用创新手段执行国家政策和制度的过程。在这个过程中，问责追责一方面能够促进干部行为的规范化，提高回应性，但另一方面权力束缚一定程度上也会带来行为束缚，基层干部创新性缺失，为官不为现象开始出现。容错纠错就是在这一背景下产生的，目的是充分激发干部活力，调动其干事创业的积极性、主动性、创造性。各地对容错纠错情形的规定具有一定的一致性，主要针对落实党委、政府决策部署过程中，尤其是重点工作、重点任务的过程中，因履行职责出现一定偏差，但整个过程没有为个人或组织谋取不正当利益等行为。

2013 年的《中共中央关于全面深化改革若干重大问题的决定》中提出"宽容改革失误"的说法。2015 年，习近平总书记在全面深化改革领导小组第十七次会议上也提到"允许试错、宽容失败"。可见，容错纠错的相关提法最早出现在改革领域，是激发创新创业活力的具体举措。随后，针对改革领域的容错机制在国家权力运行的各个领域全面施行。2016 年的《政府工作报告》中提出"健全激励机制和容错纠错机制，给改革创新者撑腰鼓劲，让广大干部愿干事、敢干事、能干成事"。党的十九大报告中更是指出："坚持严管和厚爱结合、激励和约束并重，完善干部考核评价机制，建立激励机制和容错纠错机制，旗帜鲜明为那些敢于担当、踏实做事、不谋私利的干部撑腰鼓劲。"在这种指导思想下，2018 年 5 月，中共中央办公厅印发的《关于进一步激励广大干部新时代新担当新作为的意见》指出，"建立健全容错纠错机制，宽容干部在改革创新中的失误错误……切实为敢于担当的干部撑腰鼓劲"。文件还要求各地区各部门严肃查处诬告陷害行为，切实为敢于担当的干部撑腰鼓劲，中央的一系列文件是各地容错纠错制度设计的依据。

江苏省于 2017 年就制定了《关于建立容错纠错机制激励干部改革创新担当作为的实施意见（试行）》，首次明确了容错的 5 个条件和 8 种情形，对严格规范认定容错的程序、完善风险防范和纠错机制、及时为受到不实反映和误解的干部澄清正名等做出了明确规定。2018 年 6 月，江苏省委办公厅印发《江苏省党政干部鼓励激励办法》《江苏省进一步健全容错纠错机制的办法》《江苏省推进党政领导干部能上能下办法》，形成相互衔接、相互配套的"三项机制"，为奋发干事者提供制度护航。在江苏的容错纠错机制办法中，进一步明确了容与不容的标准，在中央提出的"三个区分开来"的基础上提出"六看"，即看问题性质、看工作依据、看主观动机、看决策过程、看履职取向、看纠错态度，以加强政策的可操作性。

针对省委提出的办法，各地也先后制定了相关的制度规定，总体来说，江苏省在容错纠错机制的制定方面体现了先行先试与逐步扩大相结合的特点。首先，在省委"三项机制"制定之前，多地就制定了容错纠错的实施办法，以打消基层干部干事创业的顾虑。2016 年 5 月南通市出台《改革创新容错免责机制的实施办法》；2016 年 7 月，泰州市出台了《鼓励改革创新激励干事创业容错纠错实施办法》；2016 年 12 月，无锡市出台"1+3"系列文件，包括《关于运用监督执纪"四种形态"的意见》《关于建立容错纠错机制的办法（试行）》《关于治理"为官不为"行为的办法（试行）》《关于对党员和公职人员侮辱诽谤诬陷他人行为的查核处理办法（试行）》，以系列文件推动践行监督执纪"四种形态"；2017 年 3 月，徐州市下发《关于容错纠错鼓励创新先行办法（试行）》。各县（市）也制定相关的实施细则，2016 年 4 月盐都区制定了《关于建立党员干部干事创业容错免责机制的实施办法（试行）》；2016 年 8 月，武进区出台《中共常州市武进区委鼓励和支持党员干部干事创业的实施意见》；2017 年 5 月，句容市出台了《关于建立容错纠错机制鼓励干部改革创新担当作为的实施办法（试行）》；等等。

地方的先行先试体现出容错纠错制度的特点和本质，容错纠错的主要需求来自基层干部，基层干部是政策的执行者，上级在各项政策的制定过程中，一般只规定一般性原则，而面对各地的实情与特点，执行必然存在一定的弹性空间，在基层干部自由裁量的过程中，必然有一定的行为风险。容错纠错机制就是针对基层干部自由裁量风险而产生的。在严格问责的背景下，如果缺少对干部自由裁量行为的基本保护，地方创新将不会出现，而政策的落实也将大打折扣。

其次是制度的全面铺开与逐级细化。省委"三项机制"制定以来，各地都结合地方实情相继制定了更加细化、操作性更强的容错纠错机制实施办法。这体现了对国家以及省委政策的层层落实、层层细化与层层实施。各地充分利用容错纠错政策，为基层敢作敢为但有所失误的干部撑腰鼓劲。

二 江苏各地落实容错纠错机制的主要做法

容错纠错机制树立了鼓励改革创新、允许试错、宽容失败的鲜明导向，回应了广大干部的热切期盼。各地在积极推进容错纠错的过程中，产生了一系列创新举措。

（一）细化容错情形，提升容错纠错的可操作性

细化具体情形，明确具体标准，能够提高政策的可操作性，国家和各省区市在制定容错纠错的具体办法的时候，都是原则性和方向性的，对于具体实施方略涉及较少。容错纠错的主要实施领域在地方和基层，涉及的是执行权的行使，所以，各地在上级政策制定的前提下，都根据地方的实际情况对容错情形和容错程序进行细化，从而使得容错纠错更具可操作性。

一是严控容错纠错标准，避免出现尺度过宽、纪律"松绑"现象。泰州市海陵区设置了"失职与失误""敢为与乱为""负责与懈怠""为公与为私"的界限。姜堰区坚持"追责"与"激励"双管齐下，划定"红线"与"安全区"。徐州市贾汪区严禁"政绩工程""形象工程"，坚决抵制在

招商引资、项目建设中的弄虚作假等行为。二是细化容错纠错的情形。各地对照省委政策相继出台了容错纠错机制的实施细则，对重大领域、重要事项的容错进行了明确规定。徐州市泉山区从执行政策、改革创新、推动发展、维护稳定、履行职责等方面明确了 5 大类可容错情形。泰州市高港区用"能力宽容与品德顶真""方式宽容与方向顶真""过程宽容与结果顶真"的原则细化容错情形。宜兴市制定了"六个看"的评价标准，即"看问题性质，看工作依据，看主观动机，看决策过程，看履职取向，看举措态度"。三是用案例强化容错纠错情形的认定。武进区面向全区征集容错纠错情景案例 133 个，在案例研讨辨析的过程中明晰对错标准，划分容与不容的界限。宿城区归纳梳理了 20 个典型的容错纠错案例，使得广大干部通过案例对容错纠错的原则和程序有所了解。

（二）优化程序机制，实现容错纠错的科学性

程序不全，机制不活，再好的政策也无法落地。容错纠错机制最早的提出是为了形成鼓励创新的良好氛围，具有很强的导向性意义。但面对追责的强化，如何确定容错纠错的界限是这一制度能否切实运行的关键。容错纠错机制从顶层的指导性规范转化为基层实践的过程，也是容错纠错程序不断优化、细化、科学化的过程。

一是优化容错流程，提高容错科学性。泰州市姜堰区在一般程序上增加了纪委常委会研究决策、反馈纠错、回访教育等环节。徐州、镇江等多地采用容错的主动适用程序，将申请容错改为主动容错，充分保证干部的容错权利。镇江市扬中市强化容错认定中的集体决策程序，建立联席会议制度，由市委领导、多部门共同参与，集体讨论、民主决定。宿迁市宿豫区出台《宿豫区容错纠错细则》，增加初步核实、实施听证、当面反馈等内容，细化容错情形、认定程序，明确受理机关、实施主体，使细则更具特色、更具操作性。二是创新机制，保护干部积极性。无锡市设立《关于对党员和公职人员侮辱诽谤陷害他人行为的查核处理办法（试行）》，通过公开苏南国际机场集团中出现的侮辱诽谤考察人选的案例来切实保护干部，该做法被

《中国纪检监察报》报道。无锡市、徐州市睢宁县等施行"重大改革风险备案制度",对于备案事件的信访暂缓调查,保护干部改革的积极性。宜兴市建立健全"责任落实机制""改革风险防范和纠错机制""澄清保护机制""综合研判机制",健全纠错体系建设,从制度层面强化容错纠错机制的落实。

(三)加强结果运用,公平对待容错干部

只有切实避免"错"对干部的影响,才能充分发挥容错纠错的引导作用。容错纠错的核心还在于"有错",所以,政策执行的关键在于对错的处理,以及对容错干部的使用。江苏各地在结果运用的方式、途径上积极探索,确保干部被真正容错。

一是确保被容错干部前途不受影响。无锡市新吴区规定,在提拔任用以及党代表、人大代表、政协委员和后备干部资格等方面,将被容错干部与其他干部同样看待。徐州市贾汪区规定被免责的单位或个人在年度科学发展考核中免予扣分,在干部提拔任用、评先评优等审查中不受影响。通过各种举措保证"真容错"。二是确保容错干部的心态不受影响。无锡市新吴区出台《领导干部谈心谈话制度》,对于适用容错纠错的党员干部进行定期谈心谈话,帮助他们消除顾虑、放下包袱、轻装上阵。总之,切实行动加精神关怀将容错纠错的结果全面发挥,从而切实打消干部心中的顾虑。

三 江苏贯彻落实容错纠错机制中的难点与顾虑

目前,江苏容错纠错机制在基层已经发挥了很好的导向作用,但通过调研发现,不少干部也流露出一些忧虑,反映执行落实中还存在不少难点,亟须引起重视。

(一)"错"的界定难:容错纠错机制的执行难点

"错"的界定难是广大干部反映最多的问题,也是容错纠错机制运行的

核心问题。导致"错"的界定难问题主要有以下三个方面。

第一，对"错"认定的主观性较强。容错纠错本身就是一个新鲜事物，之前没有相关制度可以遵循，并且错的界定具有很强的主观性，纪检监察干部普遍反映，对何为"错"的范畴把握不清，不知道哪些问题可以容错。虽然中央的"三个区分开来"和省委的"六看"，都对"错"的情形做出了界定。但是在具体工作中，"错"没有规律可循，需要"一事一议"。因此，对于何为"错"，主观认定的比重较大。而一旦是主观认定，则极易因人因事而异，很难准确把握。第二，如何处理历史问题，也就是责任的追究中"如何容特定历史条件下的错"这一问题。按照目前的衡量标准来看，一些"错"是不可容的，但在当时来看却是普遍存在的问题。调研中一位干部提到，前些年在招商引资的过程中忽视了环保要求，从而为现在带来隐患和发展负担，对于这类问题该如何衡量？如何放在当时的情境下合理界定"错"的性质是广大干部反映的一大难点。第三，如何处理局部利益与全局利益的冲突。有些政策从发展大局来看是正确的，但从某个部门的角度看却是未严格执行相关规章制度。对于这种"错"，目前尚缺乏清晰明确的认定。四是如何处理各种衡量指标间的冲突。中国实行的是"条块治理"模式，对于各级政府和部门来说，需要面临"条""块"的指导或领导，在这一过程中，就容易出现指令冲突的现象。基层干部反映，在日常工作中要遵循的规定很多，但各种规定之间偶尔会出现相互矛盾的现象，从而使"错"的界定标准变得复杂。这也是限制干部敢于担当勇于作为的重要因素。

（二）"容"的有顾虑：容错纠错责任主体的执行顾虑

目前，容错纠错的责任主体是纪委监委，其决心与行动力直接决定容错纠错的落实。但调研发现，纪委监委干部在容错纠错制度的适用上存在很大顾虑。一是如何处理合理容错与从严执纪之间的关系。在动辄则咎的要求下，容错纠错很可能被视为执纪不严，从而使得纪委监委干部放不开手脚。容错了，很可能是"执法不严"；不容错，则又容易被指责成"为官不为"，坐视不管。二是谁来为容错者负责，如何为容错者容错的顾虑。容错纠错是一项政治性、政策性都很强的工作，考察的是党员干部的担当。但是当前容错纠错的"最终解释者"是谁并不明晰，一旦容错纠错出现偏差，谁来保护容错者，如何为容错者容错是广大干部尤其是地方党委、纪委监委干部的最大顾虑。这些顾虑使他们缺乏容错的勇气，同时亦导致容错纠错的案例很少且不公开的现象。同时，即使有容错案例所涉的干部层级也比较低，乡镇街道以及村、社区干部比较多。

（三）容错纠错配套缺失：容错纠错机制的系统化运作难点

容错纠错的"落实难"很大程度上源于配套措施的欠缺。容错纠错机制是干部激励机制的重要组成部分，但其有效运转必须借助其他制度，只有形成合力，才能切实转变干部的行为模式，营造良好的干事创业氛围。

一是容错后如何纠错缺乏统一规定。各地普遍重视容错的原则和程序的界定，但对于事后的纠错较为忽略，广大干部的关注点在于容错行为本身，对于事后的纠错缺乏持续的关注、评估和督察。二是事前防范机制匮乏。容错纠错针对的是结果，对干事过程不能有效监控，工作偏差不能及时纠正，是一种"亡羊补牢"之策，而干部们最希望的还是不犯错而不是犯错后的容错。三是舆论澄清机制尚未建立。各地一般使用谈心谈话的方式关心关爱被容错干部，尚未形成公开帮助干部消除负面影响的澄清机制，从而不利于干部在今后的工作中放下包袱。

（四）容错纠错氛围不佳：容错纠错机制运行的氛围不浓

容错纠错的"落实难"问题很大程度上与当前舆论氛围有关。一方面，干部对"错"比较敏感，群众对"错"不够宽容。干部普遍认为"容错前提必定是有错"，而"错"必然影响个人的政治前途，所以，会"谈错色变"。整个社会也没有形成理性看待失误的风气，尤其是广大群众对基层干部的工作不理解、不宽容。同时，还缺乏一种敢于担当的社会氛围。尚未形成上级为下级担当、组织为个人担当、个人为事业担当、为担当者担当的社会氛围。另一方面，部分干部对容错的理解有偏差，将容错纠错理解为纪律

"松绑"、作风"减压"。在政策落实过程中，有些干部希望用容错纠错机制对一些明显违法违纪行为进行通融处理。还有一些干部对容错纠错机制是否能发挥作用仍有顾虑和担心，患得患失。

四 江苏容错纠错机制运行的路径优化

面对容错纠错存在的"落实难"问题，要从五个方面着力，真正实现容错审慎、程序规范、配套完善、氛围融洽。

（一）容错界定精准化，用量化标准降低"错"的认定难度

科学化的衡量标准既能避免容错纠错变为少数干部谋求私利的"挡箭牌"，又能促进其有效落地。对于"错"的界定必须以客观事实和省委政策为准绳，把"错"界定科学、界定精细、界定准确，最大限度剔除主观因素。

一是推广容错清单制度，提高容错判断的精准度。各地可建立包括正面清单与负面清单的容错清单。从失误的性质、类型等方面准确界定"错"。在这一过程中，各地要根据自身发展特点与发展阶段对容错清单进行"量身定制"，用容错清单指引干部行为，同时减轻容错纠错责任主体的执行顾虑，用精准化的政策提高错的可辨识度。二是采取"错不追及既往"的原则处理具体问题。对于特定情形下的错误，在容错认定的过程中要以当时的判定标准为依据进行实事求是的综合研判，打消干部干事创业中"瞻前顾后"的顾虑。三是用容错认定的专业化提高错误认定的精准度。相关部门可建立"容错纠错认定工作人才库"，充实法律、经济、建筑、会计、审计等专业人员，对容错事项进行专业评估，进而减少错误认定的主观性，使容错结果更加具有公信力。

（二）容错程序具体化，用合理的执行规范打消容错者顾虑

要通过明晰权责的方式打消容错者顾虑，让广大干部明确容错纠错机制由谁来认定、由谁来实施和监督。第一，明确容错层级责任边界，赋予地方

一定自由裁量权。严格按照干部管理权限进行容错纠错的认定，上级党委和职能部门不随便推翻，只有这样才能打消容错纠错责任主体的顾虑，使得这一机制能够落到实处。第二，纪委监委、组织部门、地方党委要共同发力，协同担当，多方合作保证容错的科学性与权威性。纪检部门负责容错纠错认定，组织部门在干部被容错后要立刻消除影响，而地方党委在容错纠错的过程中发挥着核心作用，只有地方党委有担当，容错纠错机制才能真正落实。第三，强化容错备案、容错复审程序。上级纪委监委在接到报备后应同时着手开展对容错行为的二次审查，防止出现权力滥用，同时为容错者担当，打消容错者顾虑。

（三）配套机制系统化，多方协同促进容错纠错效果

容错纠错机制的落实需要配套机制，需要各方合力落实。第一，建立统一、制度化的纠错整改机制。加强错的监督与复查工作，对被容错纠错的干部和容错事项要定期"回头看"，确保合理控制损失，并充分发挥警示预防作用。第二，结合岗位责任，建立容错纠错等级制。根据工作的性质对不同部门、不同岗位进行分类，赋予不同的容错等级。对于创新要求强、工作难度大的部门给予较高的容错等级，对于常规化工作较多的部门给予较低的容错等级，并强化风险预警，将容错与预防结合起来。第三，建立事实澄清机制，减轻干部的思想负担。可推广无锡的反诬告陷害制度经验，对受到诬告陷害的干部及时予以澄清，加强对被容错干部的教育引导，让干部切身感受到组织的温暖。第四，条块同向发力，提高容错行为的协同性。条块在责任认定、结果审定等环节要注重同步性，防止出现"地方粮票"。

（四）容错公开化，发挥经典案例的示范引领作用

以案释规、以案析理，是广大干部最大的期待。当前，有些地方也发布了容错纠错经典案例，但是案例涉及的干部普遍级别较低，这类案例在一定程度上缺少普遍性与可参考性，因此不能起到应有的引导作用。当前江苏省案例公开度不高的问题一方面因为容错纠错制度的使用确实比较谨慎，可供

参考的案例不多；另一方面来自纪检监察部门的顾虑，容错纠错是比较敏感的话题，在容与不容的判断上都非常谨慎，案例的公开可能引发一些不必要的质疑，因此，对于容错案例一般也采取内部公开的方式。

在今后的干部容错纠错过程中，要加强案例的使用，这一方面可以为纪检监察干部处理容错纠错事项提供必要的参考，另一方面可以为基层干部鼓劲撑腰，激发其勇于担当的干劲。首先，要加强容错的过程公开，使得广大干部在实例中熟悉容错的原则和程序。其次，加强容错结果公开。对于容错案例在不违反保密规定的情况下在一定范围内公开。最后，形成常规化的案例上报制度。明确案例上报的内容与程序，上级纪委监委在接受容错备案的同时按照错的类型与处理方式进行分类，并挑选典型案例形成省级层面的容错纠错案例库，在广大干部中发布，发挥经典案例的示范引领作用。

（五）制度环境融洽化，营造宽容失败的社会氛围

建立容错机制的重点是对创新精神的认可，以及对干事创业偏差的宽容。一是加大容错纠错制度的宣传力度。利用网站、微信公众号等媒介大力宣传容错纠错的典型案例，提高广大干部的担当意识，营造真抓实干的浓厚氛围。二是提高容错认定的社会参与度，让相关服务对象、第三方机构参与容错认定，让公众了解、请公众监督，让广大民众理性看待改革发展过程中的阵痛，少一些苛责，多一份包容。三是强化担当意识，树立上级为下级担当、组织为干部担当、干部为事业担当、为担当者担当的担当精神，涵养一种"敢容"的担当和"真容"的胸怀，让容错纠错真正落到实处。

总体来说，容错纠错机制是干部激励的重要手段，但是容错纠错只能解决"不敢为"的问题，在干部队伍中，尤其是基层干部中，"不愿为"的现象仍旧比较突出。对于基层干部，晋升空间有限，而作为国家治理的"神经末梢"却承担着重大的执行责任。在这种背景下，容错的前提是创新和试错，只有干部敢作敢为，容错纠错机制才有运行的制度空间，因此，容错

纠错机制只是鼓励激励干部的一部分，为官不为、懒政怠政还有干部理想信念缺失的因素。所以，要解决干部激励问题，要多管齐下，树立正确的用人导向、精准的问责追责机制、科学合理的干部激励机制等，多管齐下，充分发挥广大干部干事创业的积极性。

文 化 篇

Culture Reports

建立高质量体系，引领高质量发展
——新时代江苏文化高质量发展研究

操 阳　余日昌*

摘　要： 江苏文化高质量发展体系，由文明建设高质量、文化品牌高
质量、文化人才高质量、文化服务高质量和文化产业高质量
等五个主要部分组成，其中有机融合相应的目标体系、政策
体系和统计体系，配套以相应的标准体系、绩效评价和政绩
考核办法等。建议成立江苏文化高质量发展工作委员会，充
分整合各相关部门和文化行业的优势资源和主要功能；建议
成立江苏文化高质量发展专家指导委员会，指导上述五个主
要部分形成合力，推动江苏文化质量发展走在全国前列。

---

* 操阳，南京旅游职业学院副院长，教授，管理学博士；余日昌，江苏省社会科学院哲学与文
化研究所副所长，研究员，哲学博士。

关键词： 高质量发展 文化发展 江苏省

江苏文化发展的高质量，必须遵循省委总体要求，努力把握新时代江苏的新方位、新坐标，聚焦如何进一步增强优势、补齐短板、拓展空间，将"走在前列"作为奋斗目标。因此，需要以全新认识来谋篇布局，强化其重要支撑点和发力点，明确其高端目标、实践路径和重点保障等。经过调查研究，我们认为应当建立江苏文化高质量发展体系，并就此提出相关对策建议。

一 江苏文化高质量发展，需要在高质量体系框架中系统规划和重点突破

江苏文化的高质量发展，面临深化改革和解放思想两大机遇，也面临几大挑战，即高标准、高水平的内涵提升；系统化、体系化的业态整合；由大变强、优胜劣汰的行业竞争。文化发展的高质量，区别于底线层面的基础性发展要求和文化领域的日常工作要求。

江苏文化的高质量发展，需要通过专门系统谋划，综合遴选文化领域各行业相关行动方案中的着重点和突破点，凝练出政府进行战略引领、总体掌控、动态监测和综合评估的一套抓手。因此，建立江苏文化高质量发展体系非常必要。

1. 推进文化发展的高质量，需要对文化质量现状进行科学界定和系统梳理

从江苏省文化领域各部门及行业的若干"推动文化建设高质量工作方案"中发现，存在着"聚焦不够清晰、层次不够分明"的现象。我们认为，高质量发展，首先应当做出这样三个方面的基本研判：一是"新定位"，即在全国范围内，江苏文化高质量发展的水平究竟如何。二是"新坐标"，即哪些地区性优势和竞争性优势有待进一步拔高，哪些低质量的方面亟须补齐弱项短板，哪些有高质量潜力的发展空间有待大力拓展。三是"走在前列"，即哪些方面应当继续确保留在前列，哪些方面需要加大努力迈进前

列，哪些方面曾经处于前列而今已经落后。

其次，目前各文化部门或文化单位对高质量发展的目标及其主要任务安排，因为缺少公允的标准，所以或者只能和自己原先水平比增量，或者与他人没有的项目比增项，或者说，要么设计了一些新的文化方式，要么设计了一些对原有项目的数量增加量，往往缺乏赋予它们应有的高质量的功能性，也缺乏某一高质量的数量等级判定。如今，社会经济发展和人民群众日益增长的文化需求，都对文化高质量发展提出了新要求，各省份都在纷纷应对文化高质量发展的全国性挑战，但是，究竟达到什么水平才是真正意义上的高质量水平？这个衡量标准尚不明确。因此，对江苏现有文化发展质量进行一次科学界定和梳理是非常必要的。这就需要建立一个能够提供对标、规范、协调、监测、评价和引导等重要功能的江苏文化高质量发展体系，以此为根据进行对标梳理，系统形成江苏文化高质量发展的基本现状、基本问题和基本方向等准确判断。

2. 文化高质量发展，需要高端站位的规划布局和科学精准的系统设计

目前不少文化单位推进高质量发展工作方案中，普遍存在"内涵不够深入，重点不够突出"现象。不久前公布的《江苏发展高质量指标体系》中，设有一级指标"文化高质量发展指标"。其二级指标包括"社会文明测评指数、文化及相关产业增加值占 GDP 比重、人均拥有公共文化体育设施面积、村（社区）综合性文化服务中建成率和全面综合阅读率"等 5 项。应当说，这些指标还停留在基本面上，并非严格意义上的高质量指标，它们的涵盖面也存在较大局限性和片面性。有不少部门推动文化建设高质量的工作方案中，含有较大篇幅的一般性工作内容。与上述指标体系相比，江苏文化高质量发展体系，将聚焦高质量发展的中心工作、比较优势和未来走向等，是一个比基本指标体系更科学、更精准、更清晰的高水准质量体系。

目前，国家文化发展质量体系的指导性文件，是文化部颁布的《文化标准化中长期发展规划（2007—2020）》。然后陆续出台了各文化行业标准，比如《古籍定级标准》《演出场馆电声系统工程规范》《公共文化服务标准》《图书馆评估定级标准》等。这些标准是一些确保基本面的底线标准或

常态工作规范。我们认为，文化高质量发展，并不是指文化发展要比正在执行的行业规范做得好一些、进一步就可以了，仅仅定性方面做了一些项目还不够，还需要进一步形成高端目标定量。在现实工作中，不同文化行业制定的不同标准，已不断呈现阶段性、层级化等明显特点。若干文化发展规划和行业标准等，更多呈现为一些在某一段时期要实现的保障性、基本面、基础性的底线标准。应当承认，不少底线标准实际上达不到高质量标准要求。因为常规工作有其相应的规范标准要求，那么，高质量发展就不能是面面俱到、样样兼顾，它不是一般意义上的"质量提升"，也不是指将基础性工作做得更好一点。高质量发展是一种重点推进发展，是一种向高端标准的提升，更是一种系统性统筹推进，是去拼高端水平、竞争力水平甚至高峰冲刺水平。因此，高质量发展主要是内涵式发展、创新式发展、优势发展和精特强发展。仅仅做得比现在好一点或增添一些新项目新建设，这还算不上高质量发展。高质量发展，是一个高端水平、竞争力水平甚至冲刺水平上的发展，它应当明确提出"要做好到一个什么程度"这样的高要求。因此，不仅需要对文化领域的一系列高质量发展目标及其高质量程度进行精准量化，为以后的精准投入提供基础，更需要以战略高度和全局视角，切实开展针对性的科学规划、重点推动及动态监测等工作。因此，建立江苏文化高质量发展体系，是开展全省文化领域高端目标集群规划、优质资源科学布局及安排实践路径和工作步骤等有效对策之一。

3. 文化高质量体系，需要形成相关子体系的系统集成

目前，全省文化领域各部门单位解放思想大胆探索，分别形成推动文化建设高质量的工作方案。在充分肯定这些方案的同时，我们发现在全省统筹谋划方面还存在"体系不够规范，配套不够系统"的现象，其中对发展目标和主要任务的安排，大都采取一般性工作计划的方式，其目标体系与直接影响"如何高质量"的政策体系、统计体系、标准体系和绩效评价、政绩考核办法等之间，关联度不够密切，对应性不够精准，操作性不够具体。江苏文化高质量发展体系，是若干相关子体系的系统集成。这些子体系主要包括聚焦于"如何高质量"的一系列目标体系、政策体系和统计体系，还包

括与之一一对应的标准体系、绩效评价和政绩考核办法等。经过改革开放四十年的发展，我们在文化建设方面出台了许多相关政策，形成多种统计方式，运行了若干层面的考核办法，等等。这些需要放在"如何高质量"的视域下，重新遴选其中适用于高质量发展要求的内容，若有缺项甚至还需要专门设立。针对"高质量发展"的上述若干体系，应当与高质量发展目标体系中的高质量发展任务一一对应匹配。

二　江苏文化高质量发展体系的创新意义

目前，国内文化发展先进省市，都对"如何让文化高质量发展走在前列"进行了大胆探索，形成了宝贵经验，也为江苏文化高质量发展提供了参照系。

1. 形成"精准对标"与"系统推进"相结合的江苏模式特色

目前，其他先进省市对文化高质量发展的推进方案，分别表现出"品牌引领、专题突破、跨界创新、标准先行、优势发展、重点提升、错位发展"等基本取向特点。现简要列举如下：①上海，强调品牌引领、凸显发展优势。2018年4月出台《关于全力打响上海"四大品牌"率先推动高质量发展的若干意见》，通过打造"上海服务""上海制造""上海购物""上海文化"四大品牌，努力彰显功能优势、增创先发优势、打造品牌优势、厚植人才优势。在打造四大品牌的具体任务中，实际上包含了《上海市加快建成国际文化大都市三年行动计划（2018—2020年）》中的许多常规内容。但是，专门针对文化高质量发展尚未发现专门方案。②四川，强调问题意识。这次高质量发展专题突破几大问题：一是艺术创作有高原、无高峰，二是文化遗产保护，三是推动乡村文化振兴，四是推动文化产业发展，五是增强各级党委政府的文化自觉，让文化真正被喊在嘴上、摆上议程、抓在手上，六是人才队伍"大而不强"。③北京，强调跨界创新。这次文化高质量发展，北京突出以文化为基因，以创意为翅膀，让文化加上各种创新发展的元素，融合互联网、新媒体、高科技等手段，实现从传统的单一文化产品到多元、现代、高科技的文化产业转型升级，既拓宽了文化产业的覆盖面，提高了内涵深度，又增加了产业附加值与竞争力。然而，尽管"文化＋金融""文化＋电商""文化＋创意"……文化产业的新业态、新模式呈现出文化创客们的活力，展示了创意的魅力，文化产业的跨界融合为文化的发展提供了新机遇，但这些都还不是文化内涵提升和打造竞争力。④广东，强调标准先行。提出打造"质量广东"，除了总体发展水平领先全国，还要求质量基础设施建设水平、质量领域改革创新和"四大质量"（产品、工程、服务和环境）领先全国，因此强调通过改革创新调整和制定新的标准体系。然而，广东省政府政策研究室 2019 年 2 月关于广东高质量发展的专题报告中没有提及文化高质量发展。⑤浙江，强调优势发展。浙江十五年前开始实施"八八战略"，内容包括体制机制优势、区位优势、块状特色产业优势、城乡协调优势、生态优势、山海资源优势、环境优势和人文优势。面对当前的高质量发展，浙江依然以"八八战略"为基本推动，将文化高质量发展贯穿其中。

除上述主要省市外，其他省市还从不同角度出发，探索了重点提升或错位发展等推进模式。然而我们发现，其他省市至今尚未专门针对文化高质量发展形成独立完整的推进方案。值得一提的是，南京市积极贯彻省委加强对标意识的要求，各区各部门于 2019 年 4 月完成各自的对标方案。尽管这些对标目标及其相关工作尚未跳出旧框架，却在对标方向等方面为建立江苏文化高质量体系做出有价值的探索。

凸显"江苏贡献"需要形成"江苏模式"。鉴于上述省市尚未专门针对文化高质量发展提出一个比较完整系统的推进方案，建议江苏运用系统思维，选择"以强带弱，整体推进"的方式，通过进一步解放思想，在全国建立第一个综合性的江苏文化高质量发展体系，针对文化高质量发展实施"精准对标"与"立体联动"模式，由此形成在文化高质量发展方面特色鲜明的"江苏贡献"。

2. 江苏文化高质量发展体系，有利于处理好文化高质量发展中的一些重要关系

一是处理好政府主导和共同参与的关系。建立文化高质量发展体系，应

当强调"政府主导"原则，加强政府宏观指导和政策导向。文化高质量发展体系将在社会主义市场经济条件下运行，也需要分清政府、行业协会、企业三者责任，善于利用市场力量，根据国家需要和文化行业发展需要，鼓励相关行业协会企业，积极参与制定文化高质量发展体系。二是处理好普遍性和特殊性的关系。建立文化高质量发展体系，需要将标准化工作的普遍原则与文化行业竞争的特殊情况相结合，需要将发达国家普遍经验与中国特殊国情相结合，突出中国特色和江苏亮点。三是处理好重点支持和需求导向的关系。我国文化发展质量的标准化工作刚刚起步，任重道远。因此，文化高质量发展体系中的重点支持项目必须紧密结合未来文化建设的中心工作、基础工作、行业需求和社会需求等，分别轻重缓急分步实施。

3. 江苏文化高质量发展体系，有助于加强专门化的组织领导和专家指导

江苏文化高质量发展体系的高效运行，离不开省政府综合协调。因此建议成立江苏文化高质量发展工作委员会并形成相关协调机制。同时建议成立江苏文化高质量发展专家指导委员会，有效开展各类文化高质量发展问题的专题剖析，提出可操作解决方案，开展专项质量提升、评估及考核等指导工作。

三　文化高质量发展的主要问题

面对文化高质量发展这个新课题，首先需要去梳理和界定以下几类相关问题。

1. "新坐标""新定位"下的现实问题

文化高质量发展体系的功能之一，是较为准确地标识出江苏文化高质量发展的新坐标和新定位。目前文化行业发展规划或质量标准，提出了许多必须达到的底线要求。但是，按照这些标准对标，更多的是发现底线问题，很难分离出高质量发展问题。目前，我们只能根据文化部门单位的自我剖析，对一些影响高质量发展的问题或现象梳理如下。

（1）高质量服务与高成本负担成正比。比如省级文艺院团，当年大胆探索全部改制为企业后，依然长期承担大量中高端公益性文化艺术创演任

务，却没有正常渠道获得足够的政府财政支持。因此在发挥明显社会效应的同时，却不得不背负沉重的经济负担。与苏州市财政交响乐团每年可获得5000万元财政支持相比，省级财政对省级10个非一级法人省属院团（含11个剧种，在职员工和离退休人员各1000多人）的全年经常性投入仅1100万元（除资产投入4170万元），可谓杯水车薪。目前，省财政也缺少扶持文化高质量发展的省级专项艺术生产基金。

（2）项目质量越高，高端人才储备越发不足。比如江苏创排大型史诗歌剧《鉴真东渡》。该剧在海内外公演产生较大反响，但其A角乃需外聘海外名演员。目前，完全企业化的省、市两级文艺院团，其员工待遇远远比不上企事业并存的文化单位，直接造成优秀人才流失、名家断档甚至行当不全，影响演职人员的创作积极性；目前，事业留人的成效并不明显，待遇留人尚未发挥应有作用。

（3）大投入、低产出。比如省内最大新闻客户端，尽管省委宣传部连续几年大量投入，却因内部改革创新跟进不足，至今尚未发挥应有的高质量传媒服务功能，也没能取得主流媒体应有的社会地位，其"双效"并不明显。

（4）新媒体突进、传统媒体下滑。比如报业集团。在全媒体发展进程中，传统媒体发展质量下降，人员分流难度加大，深化改革创新、提升传统媒体仍有较大空间。

（5）以大充强、以数量代替质量。一些"大而不强"的项目被误作高质量选项。比如省内发行量最大的省级品牌晚报，多年来靠数量取胜，对红色题材、革命题材、改革题材的宣传深度广度不够，内涵发展不明显。

（6）以"高大上"代替高质量。比如全省各地大型甚至超大型文化艺术场馆。它们大都被作为标志性建筑新建在城市新区，远离居民集中的老城区，造成以下结果：一是政府投入过于庞大且集中，跨年度占用大量的财政文化建设预算，导致城市的中小型文化艺术场馆长期无法获得足够财政支持。二是中小场馆数量长期不足（远不及上海市区现有230座艺术空间）。三是过分追求硬件建设规模，留给提高软件质量与服务质量的经费相对很少。四是大型场馆建成后移交商业公司市场化运营，人民群众享受公益性高质量的文化服务权益得不到充分保障，高质量公益性文化服务空白较多。

（7）对高质量文化产品，政府采购金额不足。目前，优秀或重点剧目的排演成本为每场 5 万元，政府采购却依然按照过去核定的每场 2 万元，资金缺口很大，难以维系高质量艺术精品创演服务。

（8）高质量文化活动经费不足。政府投入的场馆建设资金大于文化活动资金，大型高端的群众性公共文化活动经费明显不足。

（9）宣传偏弱。对于重大红色和革命题材，演艺剧目增多增强，广电报业出版等宣传偏少偏弱。

（10）文化产业园"高开低走"。园区的高端化专业化集聚性趋弱，转靠发展综合经营维系生存。不少按高标准规划的文化产业园区，因选址城市中心地段适合转型为市民休闲空间，专业化高端文化企业的集聚功能消失。

（11）文化体制改革方案一刀切。上海文化单位实行了"一企一策"、"一项一策"、"一团一策"甚至"一人一策"等改革方案，而江苏文化体制改革方案还不够精细和精准。

（12）高端艺术聚焦争奖、农村文化服务缺少高质量服务。文化高质量发展面临不平衡矛盾。尽管送戏下乡中优秀剧目数量不断增加，但因场地等条件限制，广大农民享受大戏名戏机会甚少。且政府投入巨额资金建设的公共文化数字共享工程大都实际效果不强，投放高质量艺术精品及服务创新不足。

（13）缺少高端学科和人才。有高端艺术传媒人才，缺一流艺术传媒学科；或有一流文学学科，缺一流文学人才。比如高等院校。在江苏多所 2011、985 或 211 大学中，几乎没有全国前列的文化艺术传媒类一流学科。南京大学文学学科虽为国内强项，却很少培育出能让江苏文学戏剧走在全国前列的作家和剧作家。

上述现象反映了阻碍江苏文化高质量发展的一部分普遍性问题。当然还存在不少特殊的行业问题或地区性问题（在这里不一一列出），将它们放在文化高质量发展视野中，就不再是底线层面的一般发展质量问题了。我们认为，发展质量的高水准，是度量江苏文化高质量发展的一把尺子，没有第二把，也不可用普通的尺子代替它。

解决高质量发展问题，还需要解答以下问题：哪些问题属于高质量发展问题，它们对高质量发展产生什么影响，解决这些问题需要突破哪些关键要素、需要哪些部门合作？哪些文化单项应当在全国领先，哪些目标集群能够形成文化高原，哪些项目有潜力冲击国际水准的"文化巅峰"而迈入全国前列？

上述问题，需要放在高质量发展体系中去综合考量和系统处理。否则，只做临时性"补短板"或表面化"增亮点"，则显然依据不足，会导致效果不显和贡献不大。而我们已经习惯了的那种"以我之强项比他者之弱项"或"以我之弱项比他者之强项"的错位比较，其结果是不够严密的，也带有随意性甚至自恋性，容易形成沾沾自喜或悲观失望，不利于在高水平高层次上展现或培养竞争能力。

2. "走在前列"的一些问题向度

我们认为，"走在前列"不仅要体现在问题意识要超前，解决方案要超前，更要体现深化文化体制机制改革的信心超前、力度超前和水平超前。

（1）"走在前列"需要进一步解放思想。在省委宣传部组织对省直文化部门和单位进行的"解放思想推动全省文化发展高质量"专题调研中，发现不少问题的产生原因是思想还不够解放、改革步伐还不够放开。因此，需要针对各单位的具体问题，拿出较大的勇气和决心，进一步解放思想，对现有难点和热点问题，应当大胆而细致地通过深化改革进行根本性解决。

（2）"走在前列"，需要打破传统局限和约束。长期实践提示我们，文化发展的相关统计方式需要进一步深化改革和勇于创新。目前文化领域的统计方式有多部门、多口径、多标准等现象。比如文化产业统计，有文化系统小文化口径标准，有宣传部大文化口径标准，有不同文化行业各自口径标准，有财政综合口径标准，更有国家委托高校的若干评估体系（比如"发展报告"）口径标准等。这些统计标准目前都是"底线水平"的，尚无针对"发展高质量"以及"走在前列"专门推出的统计标准体系，缺乏文化高质量发展方面的大数据支撑，缺乏上述多口径统计之间的有效协调机制等。由于缺乏有效统计依据和界限范围，目前任何部门都无法真实统计出江苏文化发展的基础数据，更谈不上统计出高质量发展数据，直接降低了政府投入的精准度和资金效率。统计方式的变革，可以选作江苏文化高质量发展的深化改革试点。

（3）"走在前列"，需要加大体制机制创新。比如对文化类的高端专门人才和高端复合型人才，相关引进政策和用人政策应当与时俱进，甚至可以学习上海经验大胆探索"一类一策"、"一单位一策"甚至"一人一策"的改革和创新。

四　江苏文化高质量发展体系的初步构想

文化发展的高质量，是宏观政治环境下区域文化发展的基本逻辑和当代语境。追求质量和效率，将成为文化高质量发展的指引和着力点。江苏文化高质量发展体系的建立，将有助于创建和完善江苏文化高质量发展的制度环境和推动机制。在大力推进江苏文化高质量发展中，要贯彻习近平总书记"发展是第一要务，人才是第一资源，创新是第一动力"的基本要求。本着"大事难事看担当，做大做小看格局"的基本认识，遵循省委提出的"增强优势，补齐短板，拓展空间"的要求和"用好用活历史文化资源，打造文化标识，讲好江苏故事，建好精神家园，把文化强省建设推向新的高度"的具体任务，将"守住峰值、提升强项、补齐短板"等重点，贯穿于江苏文化高质量发展体系的基本构架中。

我们认为，江苏文化高质量发展体系并不是分类单列若干质量标准的"合订本"。相反，它将有机融合与高质量发展密切相关的目标体系、政策体系、统计体系和绩效体系，适度参引各文化部门或行业的现行标准和指标体系，由此形成一个整体的文本构架。

江苏文化高质量发展体系的基本结构，将参照标准化规范，形成一个功能复合的有机整体。其中设立"文化高质量发展的基本构成"，分为五个部分及其第一级指标占比（％）。其中：①文明建设高质量。重点落在"重塑新时代江苏精神"和"建立全省社会文明节点"。②文化品牌高质量。重点落在确立"全省文化高质量品牌体系"和"全省文化竞争力目录"。③文化人才高质量。重点落在建立"全省文化高端人才引培体系"、"全省文化知识产权体系"和"全省文化创意创新体系"。④文化服务高质量。重点落在建立"全省文化精品生产体系"和"全省文化服务质量提升计划"。⑤文化产业高质量。重点落在建立"全省现代文化企业体系"和"全省现代企业家队伍"。

在"文化高质量发展的基本构成"的下一级,分别设立"文化高质量发展的具体目标"及其第二级指标占比(%)。再向下一级,针对具体目标分别设立"文化高质量发展的具体措施"及其第三级指标占比(%),与具体措施相对应,在下一级设立"文化高质量发展的主要保障"及其第四级指标占比(%),其中涉及相关政策、统计、绩效、保障等多个方面。

上述体系框架的设计还需要进一步调查研究并设立专项课题来完成,其中,应当注重体现推进文化高质量发展的多项功能:一是合理安排宣传部门、文化部门、文化行业及各企事业单位推出的《文化高质量发展行动计划》中的相关重点目标。二是重新整理一套针对文化高质量发展的标准体系和统计体系,使之成为文化高质量发展大数据的基本来源,也可作为文化高质量发展相关财政投入的主要依据。三是为各相关行业深度融合发展提供结合点及具体目标项目。四是充分体现文化领域的供给侧结构性改革,体现思想解放和深化改革开放,形成一批文化高质量发展的目标集群,安排进度时间表,将上述五个基本向度的具体工作责任落实到相关部门和单位,推出政策引导、专项资金、人才支撑、绩效评价、政绩考核等相应配套措施。

文化高质量发展体系的每个层级都有其侧重点和着力点。江苏文化的高质量发展,应当通过深、优、特、新、强等特点来展现,聚焦在"文明程度做深,文艺产品做精,传媒宣传做新,公共服务做优,文化产业做强"这几个主要方面,以此凸显江苏文化高质量发展的基本脉络。

我们坚信,建立江苏文化高质量发展体系,极具探索意义和示范价值。

通过对江苏文化高质量发展体系建设的积极探索，一是形成推进江苏文化高质量发展的一系列有效抓手，二是充分展现"江苏贡献"和"江苏领先"，三是可为经济发展、改革开放、城乡建设、生态环境和人民生活等方面的高质量体系建设，提供有益的实践经验或参照范例。

江苏构筑思想文化引领高地的成就与经验

孙肖远　孙　灿*

摘　要： 思想文化是社会进步的先导，先进的思想文化对社会发展起到引领作用。党的十九大以来，江苏高度重视宣传思想文化工作和主流意识形态建设，通过组织纪念马克思诞辰活动、加强马克思主义理论工作平台建设、加强新思想的理论武装工作、以新思想引领高校思政课建设、开创党员冬训工作新局面、推进新时代文明实践中心建设，构筑思想文化引领高地取得显著成效。进而，在发挥社科理论界"思想库"作用、把握思想文化建设的定位、提升意识形态引导和管理水平、加强社会心态建设以及整合基层思想文化资源等方面积累了实践经验。根据新时代思想文化建设的新任务、新特点，不断增强思想文化引领高地的价值引导力、文化凝聚力和精神推动力，为江苏高质量发展提供了坚强有力的思想保证和精神支撑。

关键词： 文化强省战略　宣传思想工作　意识形态建设

思想是行动的指南，一个社会只有在思想上同心同德，才能在行动上同心同行。思想文化建设属于意识形态范畴，意识形态决定文化前进方向和发展道路，坚持马克思主义在意识形态领域的指导地位，必须用马克思主义中

---

* 孙肖远，江苏省社会科学院马克思主义研究所所长，研究员；孙灿，江苏省社会科学院马克思主义研究所助理研究员。

国化最新成果引领思想文化建设，充分发挥党的创新理论引领时代、指明方向、坚定信念、凝聚力量的作用。党的十九大以来，江苏宣传思想战线始终坚持以习近平新时代中国特色社会主义思想为指导，牢牢把握举旗帜、聚民心、育新人、兴文化、展形象的使命任务，着力建设具有强大凝聚力和引领力的社会主义意识形态，在守正创新中构筑思想文化引领高地，思想文化建设呈现积极健康向上的良好态势，为江苏高质量发展提供了坚强有力的思想保证和精神支撑。

一 江苏构筑思想文化引领高地的成就

（一）组织纪念马克思诞辰200周年系列活动，以多种形式展现马克思主义的真理力量

面对世界百年未有之大变局，面对国内外各种思想文化相互激荡、价值观念日益多元化，巩固马克思主义在意识形态领域的指导地位，确保思想文化建设正确的政治方向，坚持守正至关重要。在马克思诞辰200周年之际，江苏省委宣传部组织纪念马克思诞辰200周年系列活动，引导广大干部群众、青年学生深刻把握马克思主义的真理力量和时代价值。联合制作5集通俗理论对话节目《马克思是对的》，在中央电视台综合频道黄金时段播放，节目以青春的气息、活泼的形式、通俗的表达，将马克思的伟大一生和深邃思想进行了生动呈现。主办的"风云激荡200年"纪念马克思诞辰200周年历史文献展在南京大学揭开帷幕，先后在徐州、扬州、常州、苏州四个设区市巡展，以82块展板和60余件实物，将200年的历史交织、凝固，以充满艺术气息的形式展现马克思主义的真理力量。主办纪念马克思诞辰200周年学术研讨会，200多位与会专家学者围绕经典马克思主义、当代中国马克思主义、当代世界马克思主义思潮及其影响等进行专题发言与分组讨论。新华日报《思想周刊》推出"纪念马克思诞辰200周年"整版文章，开辟"纪念马克思诞辰200周年"专栏，得到全国各地专家学者的积极响应。

（二）加强马克思主义理论工作平台建设，不断深化对习近平新时代中国特色社会主义思想的研究和宣传

江苏省中国特色社会主义理论体系研究中心成立以来，聚焦新时代理论前沿，着力打造有全国影响的研究基地，整合多学科的人才资源，充分发挥十五家研究基地特聘（约）研究员在研究阐释党的理论创新成果上的排头兵作用。省委宣传部、省中国特色社会主义理论体系研究中心于2018年在江苏六个城市连续举办江苏解放思想大讨论"六个高质量"系列主题论坛，打造了一个立足江苏、面向全国的研讨交流平台，形成了一批务实管用的思想成果和一批具有针对性、可操作性的意见建议，为在新的起点上推动江苏高质量发展提供了理论支撑和智力支持。

高校马克思主义学院作为高校思想政治理论课教学科研机构和马克思主义理论学科点依托单位，承担马克思主义理论科学研究、学科建设、本科生和研究生培养、社会服务等工作。省委宣传部、省教育厅高度重视高校马克思主义学院建设，各高校在领导体制、队伍建设、学科建设、经费保障、硬件设施等方面均予以倾斜，高校马克思主义学院建设成效显著。江苏高校继南京大学马克思主义学院入选第二批全国重点马克思主义学院以后，南京师范大学马克思主义学院于2019年7月入选第三批全国重点马克思主义学院，省教育厅于2018年7月遴选20家马克思主义学院为全省高校示范马克思主义学院。

江苏省委宣传部和新华报业传媒集团联合打造具有综合性、专业性、群众性、互动性的全媒体理论宣传服务平台和全国重点理论网站"理论之光"，深入实施网上理论传播工程。《新华日报》创办《思想周刊》和"苏言评论"理论宣传品牌，实现理论舆论同频共振，产生了广泛的社会影响。省委宣传部和江苏广电总台联合坚持办好马克思主义理论研究和建设工程首席专家的高端访谈栏目"时代问答"，积极解读当下中国社会出现的一系列热点事件，发挥对社会舆论的正面引导作用。《苏州日报》创办《苏报智库》理论专刊、《思想＋》理论月刊、"新苏时评"理论专栏，苏州市广电总台推出《学习新思想发展高质量》栏目，苏州新闻网、名城苏州网上线"理论频道"，苏州主流媒体、主流网站理论宣传主渠道作用得到不断彰显。

（三）加强新思想的理论武装工作，让党的创新理论焕发强大的实践伟力

全省宣传思想战线把学习宣传贯彻习近平新时代中国特色社会主义思想和十九大精神作为理论武装的中心内容，不断推动学习宣传贯彻往深里走、往实里走、往心里走。省委党校先后举办 7 期学习十九大精神省管干部轮训班、14 期学习十九大精神省级机关处级干部轮训班，2018 年度新任职的厅级正职，省级机关、设区市和县（市、区）、高校院所的厅级副职共 240 名省管干部分四期参加培训，为江苏高质量发展凝聚智慧和力量。为了在党校教学中旗帜鲜明讲政治，省委党校将"用学术讲政治"作为"一号工程"，把新思想的理论武装贯穿干部教育培训的各方面全过程。

由中共江苏省委宣传部、江苏省教育厅、共青团江苏省委主办的"马克思主义·青年说"系列活动，已成为江苏理论宣传创新的亮丽品牌，在全省高校掀起了一场具有广泛社会影响的"马旋风"。至 2018 年底，系列活动覆盖部属及省属高校 36 所，现场有 5 万人次参与。活动以青年人喜闻乐见的方式，以融合、参与、互动的形式为切入口，通过诵读马列经典和习近平总书记系列重要讲话原著原文，学懂弄通习近平新时代中国特色社会主义思想，引导青年学生形成正确的世界观、人生观、价值观，弘扬主旋律，传播正能量。

（四）以新思想引领高校思政课建设，着力培养担当民族复兴大任的时代新人

江苏高校把思政课教师作为落实立德树人根本任务的重要主体，以习近平新时代中国特色社会主义思想武装高校思政课教师队伍，引导他们更加自觉地将新思想贯穿在课堂教学和实践中，不断增强运用政治性

和学理性相统一、理论性和实践性相统一、灌输性和启发性相统一等方法上好思政课的教学能力。把思政课课程作为落实立德树人根本任务的关键课程，以习近平新时代中国特色社会主义思想引领思政课程创新，把新时代的伟大成就融入课程内容，运用新技术、新媒体创新课程建设，不断推进课程内容创新与教学方法创新的融合。高校党委切实担当起抓思政课建设的主体责任，研究制定切实可行、操作性强的实施办法，采取一系列有效举措不断健全相关制度，为办好高校思政课提供有力的制度保障。

为增强高校思政课堂的亲和力感染力吸引力，江苏高校十分重视推进思政课的供给侧改革。2018 年 12 月，南京大学举办新时代高校思想政治理论课教学改革创新研讨会，围绕习近平新时代中国特色社会主义思想"进教材、进课堂、进学生头脑"，近 40 名国内重点高校马克思主义学院院长及教师参加研讨。为了搭建高校思政课教学交流平台，提高高校教师思政教育教学水平，江苏省高校思想政治理论课教学指导委员会先后在南京中医药大学举办"江苏省首届高校研究生思想政治理论课教学比赛"，在盐城师范学院举行江苏省首届高校"思想道德修养与法律基础"课教学展示评比活动。

江苏高校围绕提高思政课教学实效，不断创新思政教育教学方法，思政课堂活力得到充分激发。南京师范大学马克思主义学院在教学中通过更多的专题讲述法、线上线下结合法、案例教学法、社会实践教学法等，增强课程的亲和力，让学生易于和乐于接受思政教育，思政课成了大受欢迎的"网红"课。苏州大学马克思主义学院与苏州广电总台融媒体中心等合作，结合改革开放 40 年设计组织了"40 年 40 村"看乡村振兴鲜活教学案例采集和主题教学活动，探索形成了"理论 + 舆论、学者 + 记者、教师 + 学生、思想 + 实践、课堂 + 社会"的思政课教学新路子。江苏大学把特色教学法作为课程育人质量提升工程的重要抓手，涌现出"情投意合""运用乡土历史文化资源""微电影教学法""批判性思维教学法"等带有鲜明个人特色的教学方法，以生动的形式为学生传递真理的力量。

（五）坚持以党的创新理论为思想武器，在"守正、创新、实践"中开创党员冬训工作新局面

江苏各级党组织把党员冬训作为抓理论武装、抓党员教育、抓基层党建、抓基层思想政治工作的重要抓手，不断提升冬训工作方位感、时代感、在场感、获得感，着力在拓展学习宣传贯彻习近平新时代中国特色社会主义思想广度深度上、增强针对性实效性上、知行统一落实做实上下功夫，为高质量发展走在前列提供有力的思想保证和组织保证。一是把党员冬训与推动习近平新时代中国特色社会主义思想深入人心紧密结合起来。围绕习近平总书记在庆祝改革开放 40 周年大会上重要讲话精神抓好冬训，对全省近 500 万名基层党员进行了培训，举办习近平新时代中国特色社会主义思想知识竞赛，近 210 万人次上网学习答题。二是把党员冬训与推动思想大解放紧密结合起来。围绕制约高质量发展的深层次问题开展讨论，以理念更新引领工作创新，以思想解放冲破高质量发展瓶颈，更好地肩负起时代赋予的使命任务。三是把党员冬训与推动实际工作结合起来。坚持理论与实践相结合、务虚与务实相统一，对接需求答疑释惑，注重消化吸收新经验、新方法，做到学用相长、融会贯通，切实把学习的体会和成果转化为谋划工作的正确思路和推动工作的有力举措。

江苏各地坚持以"要在守正""贵在创新""重在实践"为指导，通过冬训工作的创新实践，基层党组织凝聚力战斗力得到明显增强，基层党员精气神得到显著提振。淮安市淮阴区党的理论武装中央厨房创办淮阴理论武装研习社，将理论学习和理论宣讲纳入管理，设置理论研究与理论培训在内的"四个基地一个维修站"，为党员冬训提供全方位组织支撑和技术支持。徐州市鼓楼区将党员冬训分为骨干培训班、高质量发展班、社会治理班、城市更新及生态文明建设班等 4 个班次，采用理论学习、现场教学、交流讨论、征文、学习测评 5 种形式进行，使培训内容全到位、实训效果看得见。盐城市阜宁县在党员干部冬训期间积极推广"学习强国"学习平台，县学习管理员到当地进行"学习强国"平台下载使用的集中授课辅导，提高了党员

的使用能力，增加了平台学习活跃度，形成了你追我赶，共同进步的学习氛围。

（六）以新时代文明实践中心为阵地，推动党的创新理论"飞入寻常百姓家"

新时代文明实践中心是深入宣传习近平新时代中国特色社会主义思想的一个重要载体。为了加强新时代文明实践中心建设的组织领导，省委成立新时代文明实践中心建设工作领导小组，建立试点工作联席会议制度。2018年12月，召开新时代文明实践中心建设试点工作第一次联席会议，会议研究部署统筹联动推进文明实践中心建设工作的思路举措，要求把学习实践科学理论、宣传宣讲方针政策、培育践行主流价值、丰富精神文化生活、倡导文明生活方式等作为一个各有侧重、相互联系、有机统一的整体来协同推进。一是打通理论宣讲平台、教育服务平台、文化服务平台、科技与科普服务平台、健康促进与体育服务平台等，统筹使用，协同运行；二是注重发挥省级部门的专业优势，打造一批有特色、有影响的省级志愿服务队伍，定期赴基层开展志愿服务活动，推动志愿服务力量向农村基层倾斜；三是各个部门要紧密结合农村实际，积极回应群众需要，精准制定工作计划和活动安排，精心组织实施各项活动，吸引群众广泛参与。

充分发挥高校马克思主义学院宣传党的创新理论人才优势，南京大学、东南大学、南京师范大学、江南大学、苏州大学、江苏大学、南通大学、江苏师范大学马克思主义学院分别与溧阳市、盱眙县、阜宁县、宜兴市、张家港市、丹阳市、海安市、徐州市贾汪区等8家新时代文明实践中心试点单位签订了共建协议。南通市海安市在全省率先建立新时代文明实践中心，现已形成"一中心、六基地、百家讲堂、三百传习点"组织架构，不仅深入传播习近平新时代中国特色社会主义思想，传播社会主义核心价值观，传播中华优秀传统文化、革命文化和社会主义先进文化，传播文明新风、道德风范、文明礼仪，传播科学技术、致富知识、健康知识、法律知识，而且注重思想文化的学习体验和文明习惯的养成培育。

二 江苏构筑思想文化引领高地的经验

（一）促进社科理论界在学深悟透新思想、解放思想促改革上走在全省干部群众前列，充分发挥社科理论界"思想库"作用，引导全省上下深入学习贯彻新思想、推动文化建设迈上新台阶

习近平总书记在看望参加全国政协十三届二次会议的文艺界、社科界委员时强调，"哲学社会科学工作就属于培根铸魂的工作，在党和国家全局工作中居于十分重要的地位，在新时代坚持和发展中国特色社会主义中具有十分重要的作用"①。用党的创新理论引领思想文化建设，构筑江苏思想文化引领高地，社科理论界工作者责无旁贷。社科理论工作者不仅要通过知识、学术影响人们的精神世界，也要通过道德、言行启迪和浸润人们的理想信念。发挥江苏社科理论界的引导作用表明：一是坚持马克思主义在哲学社会科学领域的指导地位是方向。在准确把握马克思主义中国化最新成果——习近平新时代中国特色社会主义思想的基础上，结合江苏省情与地方特色，制定并开展内容丰富形式多样的宣教活动，使江苏文化发展始终保持正确方向。二是牢固树立为人民做学问的服务宗旨是根本。人民群众是社会精神财富的创造者，科学运用理论联系实际这一马克思主义"活的灵魂"，就要深入基层虚心向人民群众请教，练就过硬功夫，让学问为人民群众所接受，转化为巨大的社会推动力量。三是系统化思维、整体性推进是构筑思想文化引领高地取得成效的关键。"构建中国特色哲学社会科学是一个系统工程，是一项极其繁重的任务，要加强顶层设计，统筹各方面力量协同推进。"② 江苏社科理论界融教学、科研、培训、志愿服务为一体，在政界、传媒界的助力下，共同推动江苏思想文化引领高地建设迈上新台阶。

---

① 《坚定文化自信把握时代脉搏聆听时代声音　坚持以精品奉献人民用明德引领风尚》，《人民日报》2019 年 3 月 5 日。
② 《习近平在哲学社会科学工作座谈会上的讲话》，《人民日报》2016 年 5 月 19 日。

（二）从更高的站位把握文化建设的定位，将文化建设纳入高质量发展的总体布局，突出价值引导力、文化凝聚力、精神推动力的支撑作用，推动文化建设高质量发展

文化兴国运兴，文化强民族强。文化对一个地方发展的作用更是如此。江苏省委书记娄勤俭指出，"江苏有着深厚的人文积淀，不论是在过去还是当代，对中华文明都作出了重要贡献。面向未来，我们要扛好新时代文化江苏这面大旗，把文化强省建设推向新的高度"①。突出价值引导力、文化凝聚力、精神推动力的支撑作用是习近平总书记视察江苏时寄予的期望，也是构筑江苏思想文化引领高地的实践要求。价值引导力强调举什么旗的根本问题，坚持习近平新时代中国特色社会主义思想是最有力的价值引导；文化凝聚力强调文化自觉的重要意义，凝聚力的本质不在于完全的统一，而是和而不同基础上的一种高度文化认同，进而实现兼容并蓄、协同发展；精神推动力强调文化主体的主观能动性意识，使人们能动地认识世界、改造世界。以马克思主义和习近平新时代中国特色社会主义思想为价值引导，江苏正把主流价值文化建设融入舆论宣传的各条战线；以党的理论为凝心聚力的武器，江苏把党员干部的体力训练与思想历练有机融合，塑造新时代干部队伍的新风貌；正在进行中的新时代文明实践，有效激发了文化的创造性和服务性，文化在基层群众中"活"起来，极大地彰显了文化的效用，让老百姓真正感受到了思想文化的推动力量。

（三）着力提升意识形态领域引导和管理水平，牢牢掌握意识形态工作领导权，强化马克思主义在意识形态领域的指导地位

意识形态工作是党的一项极其重要的工作，江苏各级党组织将意识形态工作当成一项战略任务狠抓落实。一方面，江苏始终强调对党的意识形态工作领导权认知的重要性。其一，唱响思想文化舆论主旋律，以

---

① 娄勤俭：《推动高质量发展走在前列》，《求是》2018年第7期，第24页。

多种形式展现马克思主义的真理力量和时代价值；其二，营造红色润心的舆论环境，让广大党员干部和青年群体成为传播思想文化正能量的主力军。另一方面，江苏不断深化对打好意识形态阵地战保障作用的认知。报刊电台网络等新闻传媒是直面群众的意识形态阵地，高校思政课堂则是直面社会主义新人的意识形态阵地，对这两大阵地的规范管理和创新建设是推动江苏思想文化建设的力量载体和动力源。江苏在提升意识形态领域引导和管理水平的实践还表明，宣传思想文化工作不是空中楼阁，而是接地气的百姓课堂，真理之声只有"飞入寻常百姓家"，才能绽放出真正的光芒。

（四）加强社会心态建设，用主流意识形态引导人们增强自信心、强化责任心、激发进取心、保持平常心，不断凝聚向上向善的力量

良好社会心态的养成，既是社会成员个体心理调适得当的结果，也是社会环境教育和引导的产物，后者往往更为重要。党的十九大报告强调，"加强社会心理服务体系建设，培育自尊自信、理性平和、积极向上的社会心态"，主流意识形态通过社会认同和情绪感染等机制，在塑造和培育良好社会心态方面具有特殊作用。主流意识形态把为中国人民谋幸福和为中华民族谋复兴作为初心和使命，旨在引导中国人民为更加美好的生活而奋斗，必然会营造积极向上的社会心态。江苏的思想文化建设也充分证明了这一点：以党的创新理论为思想武器，江苏基层干部的精气神显著提振，工作的战斗力和凝聚力得到明显增强；以马克思主义中国化最新成果为理论武装，江苏高校广大青年学子学思并用，以正确的世界观、人生观和价值观为指引砥砺前行。以主流意识形态引导社会心态建设更为深层的目标是，将精神成果赋予实际行动中，展现社会凝聚向上向善的力量。

（五）坚持新时代文明实践中心和县级融媒体中心建设一起抓，在资源整合上下功夫、在融入提升上出实招，提升城乡居民精神风貌

习近平总书记在 2018 年召开的全国宣传思想工作会议上明确指出："要

扎实抓好县级融媒体中心建设，更好引导群众、服务群众。"① 作为拥有数十万到百万以上城乡居民的县域，县级广电媒体作为直接的媒介平台，具有重要的存在价值和广阔的发展空间。在新的媒介生态下，谋求媒体融合发展已成为传统县级广电媒体转型发展的方向。江苏的实践表明，新时代文明实践中心和县级融媒体中心建设一起抓，具有良好的联动性和示范性。建设新时代文明实践中心是党中央重视和加强基层思想政治工作的战略部署，是深入宣传习近平新时代中国特色社会主义思想，打通宣传群众、教育群众、关心群众、服务群众"最后一公里"的重要举措。新时代文明实践中心的建设离不开理论宣讲，理论宣讲必然需要依托网络、电台、报纸、期刊等媒介平台，县级融媒体可以有机嵌入新时代文明实践中心的思想文化传播之中，提升城乡居民精神风貌；与此同时，县级融媒体的发展也需要有主流意识形态的内核驱动，新时代文明实践中心就是要让广大农民群众接受党的思想、聆听党的声音，巩固党执政的群众基础，引导广大基层群众听党话、跟党走。

三 构筑新时代江苏思想文化引领高地的方略

党的十九大以后，根据新时代文化建设的新任务、新特点，省委省政府对文化强省建设目标进行了调整充实，由"三强两高"提升为"三强三高"，构筑新时代思想文化引领高地，需要更好地发挥对构筑道德风尚建设高地和文艺精品创作高地的引领作用。江苏担负着为全国探路的历史使命，如何推动文化建设高质量发展，事关社会主义现代化建设的全局。为了深入持久地贯彻落实习近平总书记关于"做好各项工作，必须有强大的价值引导力、文化凝聚力、精神推动力的支撑"的指示精神，就要构筑以习近平新时代中国特色社会主义思想为灵魂、以社会主义核心价值观为内核的思想

---

① 张洋：《举旗帜聚民心育新人兴文化展形象　更好完成新形势下宣传思想工作使命任务》，《人民日报》2018 年 8 月 23 日。

文化引领高地，发挥好社会主义先进文化的独特功能，这一独特功能包括思想引领功能、文化传承功能、素质提升功能、价值培育功能、力量凝聚功能、和谐发展功能等"六种功能"，构成一个相互促进、相辅相成的文化功能体系。具体表现在：发挥思想引领功能，就是以当代中国马克思主义引领社会思潮的前进方向，为当代中国社会发展指引正确方向，不断巩固全体人民团结奋斗的共同思想基础；发挥文化传承功能，就是立足于社会主义现代化建设的实践，通过传承中华民族的优秀传统文化、红色文化以及人类文明的一切优秀成果，不断增强中国特色社会主义文化的吸引力和感召力；发挥素质提升功能，就是把文化看作人的生存和发展方式，通过提升人们的思想道德素质、知识能力素质、政治法律素质和社会心理素质，不断促进人的全面发展；发挥价值培育功能，就是通过培育和践行社会主义核心价值观，使之成为中国特色社会主义文化的核心和灵魂，实现民族文化的自觉、自信和自强；发挥力量凝聚功能，就是把文化作为决定综合竞争力的重要因素，通过增强文化对内向心力、对外影响力，不断提升文化软实力；发挥和谐发展功能，就是通过推进公民道德建设，为社会和谐提供良好的文化条件，不断促进人与人、人与社会、人与自然之间的和谐。

构筑新时代思想文化引领高地，进一步增强价值引导力、文化凝聚力、精神推动力，一是要更加突出思想文化建设的政治性与人民性。坚持党性与人民性的统一，坚持思想文化建设的多元多变多样与主流意识形态建设的统一，更加坚定地用马克思主义引领多样化的社会思潮，发展先进文化，创新传统文化，摒弃那些政治错误、腐朽没落、低级庸俗的文化。二是要更加突出社会主义核心价值观的主心骨地位。培育和践行社会主义核心价值观要通过广泛宣传教育、广泛探索实践，教育基层群众和青少年从典型学起、从小事干起、从自我做起，在新时代文明实践中做到坚守理想信念、坚守前进方向、坚守正义良知。三是要更加突出精神力量对做好各项工作的推动作用。要坚持和发扬党的光荣传统和优良作风，继承和弘扬优秀的民族文化，着力增强社会主义文化软实力，更加注重发挥思想文化的凝聚和教化作用，充分发挥精神力量对现代化建设的引领作用。四是要更加突出先进文化和主流文化的建设。深入研究新时代人民群众文化需求特点，通过发展先进文化、创新传统文化、扶持通俗文化、引导流行文化、改造落后文化、抵制有害文化和发展健康向上的网络文化，进一步增强与社会主义现代化相一致的社会文化力量。五是要更加突出文艺为人民的创作导向和正确立场。坚持为人民服务、为社会主义服务的根本方向，扎根人民、扎根生活，不断从人民群众中汲取智慧和养料，切实提高文艺作品的质量并增加其数量，满足人民群众在质和量上日益增长的精神文化需求。从而在文化强省建设中，使公民理想信念觉悟、社会人文素质、群众文化生活质量、文化法治化水平、社会和谐稳定程度等方面有一个大的提升。

文艺精品创作高地建设的新战略与新成就

王　韬*

摘　要： 2018 年，江苏文艺工作者扎实推进文艺事业高质量发展，为建设"强富美高"新江苏做出新贡献，具体成就可分为 6 个方面：组织作家深入现实生活，感受时代脉搏，并积极推进文学惠民活动；聚焦精品力作，获奖成果众多；深入推进文学宣传工作，讴歌新时代，弘扬革命传统；加强文学平台建设，多层次开展文学交流研讨；聚焦人才培养，创新完善激励机制，深化文学与网络的互动；巩固文学阵地，推进文学期刊创新。江苏文艺创作虽然取得了令人瞩目的成就，但一些问题依然存在：对新时代风貌的描绘尚嫌不足，主力作家呈老龄化倾向；文艺创作暨研究的文化自信仍不够，作家、批评家需要进一步解放思想；现当代文学主流研究对网络文学的重要性还不够重视。针对这些问题，需要不断加强人才队伍建设，完善作家队伍结构，为"文学苏军"提供坚实的后备力量；作家、批评家要做到自身对西方观念祛魅，以习近平总书记关于文艺工作的重要讲话精神为指导，根据我国新时代的发展变化和当前严峻的国际形势，重新定位现当代文学的基调；江苏现当代文学研究工作者当率先将网络文学纳入主流批评话语，真正将守护未来文学的责任感落到实处。

* 王韬，江苏省社会科学院文学研究所研究员，博士。

关键词： 文艺精品　创作高地　新战略　新成就

文艺精品创作高地建设是高质量推进江苏文化建设的重要组成部分，全省文艺工作者必须以习近平新时代中国特色社会主义思想为指导，深入贯彻党的十九大精神，进一步解放思想。习近平总书记在2014年召开的文艺工作座谈会上强调："文艺工作者要讲好中国故事、传播好中国声音、阐发中国精神、展现中国风貌，让外国民众通过欣赏中国作家艺术家的作品来深化对中国的认识、增进对中国的了解。要向世界宣传推介我国优秀文化艺术，让国外民众在审美过程中感受魅力，加深对中华文化的认识和理解。"在2018年召开的全国宣传思想工作会议上，习近平总书记强调："要推进国际传播能力建设，讲好中国故事、传播好中国声音，向世界展现真实、立体、全面的中国，提高国家文化软实力和中华文化影响力。""文化建设高质量"是江苏省委十三届三次全会提出的"六个高质量"之一，文艺创作"讲好江苏故事"，是对习近平总书记一再强调"讲好中国故事"的深入贯彻。

一　文艺精品创作高地建设的新战略

推进江苏文艺精品创作高地建设，必须牢牢掌握意识形态工作领导权，大力弘扬社会主义核心价值观。道，不可须臾离。意识形态决定文学创作研究前进方向和发展道路，社会主义核心价值观则是当代中国精神的集中体现，凝结着全体人民共同的价值追求。对意识形态工作领导权的掌握，最根本的是要把坚持和发展马克思主义有机统一起来，推进马克思主义中国化、时代化、大众化。深入开展中国特色社会主义和中国梦宣传教育，联系历史性成就和变革，联系新时代新征程新使命，使全省文艺工作者在理想信念、价值理念、道德观念上与党和国家保持一致。文学创作研究对社会主义核心价值观的弘扬，要充分发挥文学对人民群众的引导功能，一方面继续弘扬革命传统，把红色基因一代代传承下去；另一方面深入发掘中华传统"诗教"

"礼乐"文化的优秀内涵，为民族复兴大业凝聚精神力量。

推进江苏文艺精品创作高地建设，必须以坚持国家立场为原则，以国家利益为底线。当前的国际形势非常严峻，以美国为首的某些西方国家遏制我国发展的手段越来越多、力度越来越强。我国历代文学皆以家国天下为主调，"五四"以来的现代文学更强化了感时忧国的情怀。面对由来已久的西方思想暗潮，文学创作研究工作者当为平涛之人。宣传爱国主义，为人民守护心防，是作家、批评家必然肩负的责任。

推进江苏文艺精品创作高地建设，必须跟进时代步伐，书写时代风貌。当代中国经历着华夏历史上最为深刻、最为宏大的社会变革，凭借着不拘一格的创新实践，突破了西方单一现代化模式的桎梏，走出一条独具中国特色的现代化之路，这必然为文学创作研究提供众多超越以往的理性思想和感性题材。江苏自隋、唐以来便是赋税第一大省，"虽名列封疆，实不啻直隶之重"。改革开放以来，江苏经济在中国特色社会主义经济理论创新发展中不断壮大，并凭借其深厚的文化底蕴，既得"经济强省"之名号，又得"文化大省"之美誉。面对当前建设"强富美高"新江苏的目标，江苏文学创作研究工作者要与时俱进、推陈出新，拓展文学的思想内容、题材形式，努力创造与蓬勃发展的新时代、新江苏相匹配的优秀作品。

推进江苏文艺精品创作高地建设，必须立足文化自信，进一步解放思想。自1978年改革开放以来，经过40多年的经济、技术、民生的持续发展、稳步提高，我国对于世界而言，在经济、贸易、军事各方面，越来越具有举足轻重的战略地位，也承担了越来越多的国际义务。"一带一路"倡议的提出，不仅为全世界100多个国家和地区带来了机遇，也体现了中国价值观趋向主导。在这一形势下，文学创作研究率先从文化心理上解放思想，厘清东西方文明的此消彼长，实有助于将来的经济、科研、文化进步需要。

二 文艺精品创作高地建设的新成就

2018年，江苏文艺创作呈现出令人瞩目的生机与活力，文艺工作者扎实推进文艺事业高质量发展，为建设"强富美高"新江苏做出新贡献，具体成就可分为以下6个方面。

第一，组织作家深入现实生活，感受时代脉搏，并积极推进文学惠民活动。2018年，江苏省作协共组织"深入生活、扎根人民"主题采风活动8批次260余人次，特别是南、北两线"一带一路"主题创作深度采风受到作家们欢迎。主题鲜明的"深扎"采风活动，激发了作家"为人民抒写、为人民放歌"的创作热情，同时也为创作积累了素材、开阔了思路。全年陆续组织江苏作家代表团访问四川、山东、甘肃省作协，接待中国作协调研组、台湾作家访问团和河北、陕西、福建、湖北等省兄弟作协代表团来江苏考察交流。江苏文学"走出去"持续发力，与世界各国的交流日益频繁，许多江苏作家的作品被译介到国外。目前全省文学志愿服务队拥有成员单位16家，文学志愿服务者509名。据不完全统计，2018年全省各级作协共举行理事文学鉴赏活动700余场、会员阅读推广活动1400余场，全省共开展各种形式的文学活动400余场次。

第二，聚焦精品力作，获奖成果众多。2018年是江苏文学摘取荣誉较为集中的一年。在第七届鲁迅文学奖评选中，朱辉、胡弦、王尧3位江苏作家获得殊荣；同时，省作协主办的大型文学双月刊《钟山》首发3篇（部）作品获奖，《雨花》首发1篇作品入围提名名单，均为历史最佳。范小青、周梅森荣获江苏省第三届"紫金文化奖章"，毕飞宇被省委、省政府表彰为"为江苏改革开放作出突出贡献的先进个人"。据不完全统计，截至2018年底，江苏省作协会员共创作、发表、出版文学作品2782部（篇），其中长篇小说106部（篇）、中篇小说56篇、短篇小说338篇、诗歌作品532部（篇）、散文随笔932部（篇）、儿童文学作品122部（篇）、报告纪实文学238部（篇）等。一批作家作品入选国内重要文学排行榜，其中，鲁敏获中国作协冯牧文学奖，李凤群的《大野》获"2018年度人民文学奖·长篇小说奖"。范小青长篇小说《灭籍记》、叶兆言长篇小说《刻骨铭心》和散文随笔集《无用的美好》、储福金长篇小说《念头》、叶弥长篇小说《风流图卷》、王大进长篇小说《眺望》、朱辉小说集《要你好看》和《夜晚的盛装舞步》、张新科长篇小说《鏖战》、庞余亮长篇小说《有的人》、黄蓓佳儿童文学作品《野蜂飞舞》、夏坚勇长篇散文《庆历四年秋》、傅宁军长篇报告文学《南京先生》等作品发表和出版后，受到业内好评和读者欢迎。江苏作为网络文学大省，全省网络作家在全国各大网络平台发表了大量作品。2018 年度第三届"橙瓜网络文学奖"颁奖典礼上，我吃西红柿当选"网文之王"；天下归元、骁骑校、卓牧闲、九月女王等网络作家售出了各自作品的影视、游戏版权，获得良好的市场反响。

第三，深入推进文学宣传工作，讴歌新时代，弘扬革命传统。为及时准确生动宣传党的文艺方针和最新政策，全面快捷传播江苏文学最新成果和重大活动，2018 年省作协在《文艺报》《文学报》《新华日报》等国内各大媒体推出报道 120 余篇、专版 17 个，江苏卫视发布新闻 10 余次。江苏作家在中国作协组织的文学项目中，有 2 人入选定点深入生活项目，4人入选重点作品扶持项目，1 人入选"时代楷模"报告文学项目。2018 年签约重大题材文学作品、重点扶持文学创作及评论工程、"托起梦想的翅膀"儿童文学创作工程共 65 部，定点深入生活 10 人。高水准举办庆祝改革开放 40 周年系列活动，汇总整理了改革开放 40 年来江苏文学事业的辉煌成果。举办"辉煌的足迹——纪念改革开放 40 周年"诗歌大赛，讴歌改革开放伟大成就。与省委宣传部共同编选出版《实践之树常青——改革开放 40 年江苏报告文学选》（三卷本），生动呈现改革开放 40 年来江苏大地上可歌可泣的江苏故事。各市作协也积极组织文学宣传工作，例如苏州市作协举办"苏州作家与中国当代文学研讨会·诗歌论坛"，开展纪念改革开放四十周年现实主义题材征文活动；连云港市作协组织作家深入采访"王继才夫妇守卫开山岛先进事迹"，深入生产生活一线开展采风创作。2018 年是周恩来同志诞辰 120 周年，也是淮海战役发生 70 周年。江苏文学工作者为传承红色基因，展开了一系列纪念活动，例如省企业作协与楚州区文联共同举办"走进恩来故里，追忆伟人风范"知名作家淮安行活动；淮安市作协组织纪念周恩来总理诞辰 120 周年诗歌朗诵会和"时代淮安、如您所愿"诗歌朗诵会；完成第三批 15 本"雨花忠魂——雨花英烈纪实文学"丛书出版；长篇小说《鏖战》从战略、民心向背、战术、战斗、谍战多个层面立体化地再现了淮海战役，于和平年代，忆烽火鏖战，以撼人事作感人书，江苏作家张新科以这部力作表达了对共和国将士英灵的敬意。

第四，加强文学平台建设，多层次开展文学交流研讨。2018年1月22日，省作协和南京大学合作共建的江苏文学院在南京大学挂牌成立，毕飞宇担任江苏文学院院长。江苏文学院主要承担四个方面的工作任务，即开展学历教育、非学历培训、当代文学高端学术研究与交流、实施"华语青年作家到访计划"。学历教育方面，有4位江苏作家考取南京大学文学院创意写作硕士研究生班；非学历教育方面，已顺利完成全部培训计划，共培训学员150人。精心打造"扬子江"系列文学活动品牌。2018年8月17日，沪、苏、浙、皖四地作协在上海签订协议，联合组建"长三角文学发展联盟"，整合四地优势资源，打造区域一体化的文学创作、研究、培训和推广平台。继2017年成功举办首届"中国江苏·扬子江作家周"后，省作协于2018年陆续推出了"扬子江"品牌文学系列活动。举办第四届"中国当代文学·扬子江论坛"，国内知名文学评论家、作家、重要文学期刊主编，中青年作家高级研修班、青年作家读书班学员等近200人，以"中国当代文学新路向"为主题进行热烈讨论。以庆祝改革开放40周年为主题，举办首届"中国江苏·扬子江诗会"。并先后举办第三届全国诗歌刊物主编恳谈会暨开山岛英模学习活动、"跨越重洋的玫瑰"中外诗歌互译沙龙、诗歌大家讲坛等。为不断扩大江苏地方文学的影响力，助力基层文学发展和地方文化建设，举办纪念朱自清先生120周年诞辰暨"朱自清的文化自信与文学意义"学术研讨会、"范小青研究中心"成立仪式暨"范小青作品研讨会"、叶兆言长篇小说《刻骨铭心》研讨会、鲁敏长篇小说《奔月》研讨会、叶弥长篇小说《风流图卷》研讨会、傅宁军长篇报告文学《南京先生》研讨会、夏坚勇长篇散文《庆历四年秋》研讨会、胡军生长篇小说《套牢》研讨会、任珏方作品研讨会、沈习武儿童文学作品研讨会等。在关注作家作品的同时，积极研究江苏文学整体发展态势和地方文学发展趋势，召开徐州文学现象研讨会、"从小说之乡到文学之城"——兴化文学发展研讨会等。

第五，聚焦人才培养，创新完善激励机制，深化文学与网络的互动。自2016年江苏网络作家协会正式成立以来，江苏省设立"泛华文网络文学'金键盘'奖"并组织首届评奖，16类23部作品获奖，先后举办了中国·江苏网络文学创意产业园揭牌仪式、首届"中国江苏·扬子江网络文学周"、中国网络文学二十年江苏20部优秀作品发布仪式、江苏网络文学院江宁创作基地落户仪式、江苏网络作家村成立仪式、江苏网络文学发展座谈会、著名网络作家与读者见面交流会、网络文学大咖论坛等丰富多彩的活动。这些活动吸引来自全国各地的150多名著名网络作家参加，全国60多家媒体进行了报道，《新华日报》和《文艺报》分别推出活动专版，新浪网观看人数超过1565万人次，龙虎网观看人数超过120万人次。省作协以江苏作家网和"江苏文学"微信公众号为基础，积极建设"江苏文学智慧服务平台"和"江苏文学微信矩阵"，形成整体推介格局。

第六，巩固文学阵地，推进文学期刊创新。《钟山》《雨花》《扬子江诗刊》《扬子江评论》作为江苏文学创作研究的重要期刊，在强化导向、推进创新、提升品质、扩大传播力和国际交流等方面继续努力，产生了较大的文学影响和社会影响。《钟山》全年共有22篇次文章被各大选刊转载，首发王安忆中篇小说《向西，向西，向南》等作品，获得郁达夫小说奖等众多奖项，20多篇首发作品进入全国主要年度文学排行榜。成功举办第五届《钟山》全国青年作家笔会、"窈窕文丛"北京研讨会、"丁及诗集《花期》研讨会"等活动，"融媒体"期刊建设稳步推进。《雨花》顺利完成改版工作，推出了"文学苏军""上阵父子兵""全国青年作家小说专辑"等全新栏目，成功召开2018年全国作家笔会，丰县和昆山雨花读者俱乐部相继挂牌。由《扬子江诗刊》和《扬子江评论》组成的扬子江杂志进入中文核心期刊目录。《扬子江诗刊》新推出"庆祝改革开放四十周年"诗歌小辑和"江苏青年实力诗人"作品小辑，成功举办"教我如何不想她"——《江苏百年新诗选》分享会、"人间四月天"诗歌朗诵会；举办"2018中国大学生诗歌"征稿活动，并在微信公众平台设立"2018中国大学生诗歌"栏目。

《扬子江评论》立足当代文学现场，期刊转载率、年度文献总量、基金资助文献量等各项数据稳中有升，发布《扬子江评论》2017 年度文学排行榜，共 45 部作品入榜，受到业内关注。江苏当代作家研究中心组织编撰出版《江苏文学蓝皮书》（2017 年），并启动《江苏当代作家评传》（第一辑）编撰出版工作。

三 文艺精品创作高地建设存在的问题及对策建议

过去的一年中，江苏文艺事业与时俱进，在众多方面取得了令人瞩目的成就，但一些问题依然存在。为深入贯彻落实党的十九大精神和习近平总书记关于文艺工作的重要讲话精神，全面落实《中共中央关于繁荣发展社会主义文艺的意见》和《中共江苏省委关于繁荣发展社会主义文艺的实施意见》精神，江苏文艺创作暨研究仍需要针对问题进一步提高。

1. 对新时代风貌的描绘尚嫌不足，主力作家呈老龄化倾向

文学的宣传、批判功效必然要通过作家们的个人审美体验来传递，而宅居写作的作家们与社会的互动多在其青春时期。目前江苏知名作家大多已到中、晚年，他们对新时代风貌往往感知不足，个人生活体验多停留在改革开放中期，甚至初期。他们虽有与时俱进的心愿，但追忆流逝的岁月不仅是人类难以克服的情感需要，也是文学创作的固有特质。仅仅靠采风活动来贴近现实生活，确实很难让老一代作家发自内心地拥抱一个与他们青春岁月无涉的时代。或许正因为这个原因，不少中、晚年作家、批评家的思路仍局限于改革开放前期的国际政治关系。对于蒸蒸日上的中国实业、质量稳步提高的民用产品和幸福指数大幅上升的人民日常生活，他们的感知远不如年轻一代强烈自然，仍会情不自禁地参照当年欧美的经济、民生。他们的岁月留痕可以展现中国现代化道路的艰难崎岖，但已跟不上"中国奇迹"日新月异的步伐。只有不断加强人才队伍建设，完善作家队伍结构，才能更真切、热烈地书写和讴歌当前伟大的时代，确保江苏文学始终走在全国前列。我们在人才培养上要拿出超常规举措，落实好《江苏文化人才高质量发展三年行动

计划》和《实施江苏文艺"名师带徒"计划工作方案》，在提升老一代名家影响力的同时，努力发掘新一代文学英才，夯实文学名家、文学英才、文学优青培养的平台载体，为"文学苏军"提供坚实的后备力量。

2. 文艺创作暨研究的文化自信仍不够，作家、批评家需要进一步解放思想

我国近现代文学一百多年的重要基调是学习西方，批判传统。鸦片战争以来，渐渐认清时局的中国人认识到必须打破传统的禁锢，引进西方文明，方能救亡图存。民族革命时期，我们不得不暂且接受西方文明高于东方的思路，唯有如此，才能改变当时世界对中国的定位，使我国从被列强蚕食、瓜分的对象，转变为独立自主的主权国家。然而，我们学习西方的根本目的，毫无疑问是使具有悠久历史与文化的中华民族生生不息。于是我们不断在"传统"与"西化"的天平两端，反复调整砝码的比重，但为打破传统对国人思维模式的桎梏，天平一度失衡。中国共产党在革命战争年代便已发现现代文学的失衡现象，"延安文艺座谈会讲话"对"中国气派"的强调正是对此问题的纠正。然而，解放战争时期与新中国成立初期的经济、文化远远落后于西方发达国家，学习西方仍是追求进步发展的首要课题。西方自近代以来对于中国而言虽是值得尊敬的老师，更是侵门踏户的仇敌，但我们的一些文学创作研究在长期景仰西方文明的同时，已渐渐失去了防范意识。我们经过改革开放 40 年的长足发展，创造了中国经济奇迹，走出了一条不输于西方模式的现代化道路。但我们的现代文学在某些方面没有跟上这一形势，许多创作研究工作者抱持着学习西方、批判传统的思路不放，仍以"启蒙"者自居。"启蒙"源自欧洲 18 世纪人文思想对基督教价值观的破除，对于19、20 世纪的中国或许适用，但在信息化高度发达的 21 世纪已不合时宜，文学创作研究继续摆出这种居高临下的姿态甚至会引起广大群众的反感。"启蒙"所针对者必然是传统，而我们要恢复文化自信，首先便是要接续已断裂的文脉。作家、批评家要进一步解放思想，做到自身对西方观念祛魅，以习近平总书记关于文艺工作"讲好中国故事、传播好中国声音、阐发中国精神、展现中国风貌"的重要讲话精神为指导，根据我国新时代的发展变化和当前严峻的国际形势，重新定位现当代文学的基调。现当代文学研究

者也亟须加强自身的学养，要立足文化自信，古汉语根基不够的学人是很难做到的。江苏各高校现当代文学学科需要调整、提升知识结构。

3. 现当代文学主流研究对网络文学的重要性还不够重视

我们的新时代不仅是一个政治稳定、经济繁荣的伟大时代，也同样是文学创作研究的黄金时代，信息网络的高度发达使得全民化写作、全民化阅读真正得以实现。网络文学是未来文学的主要模式，引导、培养网络作家对我国未来文学的发展道路意义重大。以长篇小说为主流的网络文学虽多为娱乐之作，却倾向介绍传统文明，试图重构我国上古神话，直接或间接地表现出抵御西化的意志，体现了年轻一代作家的文化自信。而当代文学主流批评界向来以守护"纯文学"创作为己任，对网络文学本能地排斥，江苏亦不例外。我国网络文学已有20多年的历史，经历了不同阶段，已自成格局，蔚为大观，但迄今为止极少有系统介绍、研究的著作和文章。江苏现当代文学研究工作者当率先将网络文学纳入主流批评话语，真正将守护未来文学的责任感落到实处。且网络文学并非只有小说，而现当代文学主流批评长期以来过于重视小说，致使诗歌、散文研究力量薄弱，这也必然导致网络诗歌、散文被忽视。在这一方面，现当代文学主流批评界自身也亟须强化诗学与语言学的素养。

大运河文化带建设研究在江苏的展开与推进

李 洁 姚 乐*

摘 要: 千年运河肇始于江苏,大运河江苏段最具运河遗产的多元化特征,遗产类型多样、数量丰富,其中,列入世界遗产名录的遗产区核心面积约占全国的1/2,遗产河段长度约占全国的1/3,遗产点数量约占全国的40%。江苏的大运河文化带建设研究在大运河流域8个省市中优势明显,亮点纷呈,江苏大运河文化带建设研究公开发表的学术成果在大运河流域8个省市中数量最多;期刊论文比重最高;有专业的官方智库支撑,形成了鲜明的江苏大运河研究组织特色,不仅重视学术贡献,重视理论阐释和学术交流,也强调对江苏大运河文化带建设的咨政建言。目前,江苏省大运河文化带建设研究的瓶颈问题已经显现,未来的江苏大运河文化带建设研究要进一步明确江苏大运河文化带建设研究的定位和目标;进一步发挥好智库作用,广泛集聚优势研究资源,提升研究水平和层次;进一步夯实研究基础;在有条件的高校启动运河学人才培养系统工程;创新江苏大运河文化带建设研究的国内外交流机制。

关键词: 大运河 文化带建设 智库研究 江苏省

---

* 李洁,江苏省社会科学院经济研究所副研究员,大运河文化带建设研究院办公室副主任;姚乐,江苏省社会科学院历史研究所助理研究员,大运河文化带建设研究院办公室副主任。

江苏作为大运河起源地和申遗牵头城市所在省份，一直高度重视大运河文化保护传承利用工作。省委书记娄勤俭多次强调，要系统推进江苏省大运河文化带建设走在全国前列，让人们一提到运河就想到江苏，欣赏运河之美首选到江苏，研究运河文化必须到江苏，展示运河形象全国向往着江苏。以此为目标，江苏省建立了强大的组织架构和工作运行体系，成立省大运河文化带建设工作领导小组，成立大运河文化带建设研究院，并依托省内高校分别成立苏州、扬州、淮安、徐州、常州、无锡等6个城市分院和农业文明分院，为大运河文化带建设提供专业智力支撑，省政府设立大运河文化旅游发展基金，发挥好已经成立的世界运河历史文化城市合作组织（WCCO）作用，形成惯例定期举办大运河文化旅游博览会，研究编制地方法规《关于促进大运河文化带建设的决定》，已列入2018～2022年全省立法规划。在规划实践上，围绕落实国家《大运河文化保护传承利用规划纲要》，立足江苏实际，初步构建了"1+1+6+11"规划体系。在大运河文保实践方面，江苏重点加强运河遗产监测及整体性保护，实施遗产本体修缮、安全防范和环境风貌综合整治，依法规范遗产区内建设工程，并在全国率先开展了水文化遗产调查。目前，江苏省大运河沿线分布有10座国家历史文化名城、23座中国历史文化名镇和9座中国历史文化名村。江苏大运河是最能体现"活着的运河"最典型的区段代表，体现在江苏是唯一能够"全线通航"的省份，江苏大运河建设的河道水系治理亮点突出，不断强化水资源管理，改善航运服务质量，提升防洪兴利能力。

江苏的大运河文化带建设实践建立在江苏对大运河文化带建设研究扎实推进基础上，江苏的大运河文化带建设研究在各个领域广泛开展、对重点问题深度探索，形成了具有江苏特色的大运河文化带建设研究成果。

一 江苏省大运河文化带建设研究的优势和特征

（一）江苏大运河文化带建设研究公开发表的学术成果在大运河流域8个省市中数量最多

中国大运河作为重要的文化研究对象，从古至今吸引了众多学者对她的关注和深入研究。大运河流经的 8 个省市产生了相当丰富的运河研究成果，在这 8 个省市中，如果将时间轴以 1985 年为起点，关于大运河各个省市河段的研究成果以江苏最为突出，江苏的以大运河为主题的研究成果不仅总量最多，高达 998 篇，是排名第二的北京市研究成果的 1.7 倍，而且从 2001 年开始后的每一年，江苏的分年度研究成果也是 8 个省市中最多的（见图 1）。数量众多的研究成果奠定了江苏在大运河文化研究领域中的重要地位，也显现出江苏大运河文化带建设的雄厚实力。

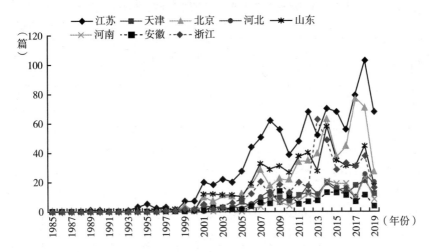

图 1 大运河流域 8 个省市以大运河为主题的研究成果数量

资料来源：万方数据知识服务平台，http：//www.wanfangdata.com.cn/。作者根据相关数据整理。

（二）在大运河流域 8 个省市的以大运河为主题的不同类型研究成果中，江苏的期刊论文比重最高

对比 8 个省市不同类型的研究成果，江苏对大运河主题研究的期刊论文刊发比例最高，达到 90.34%。学位论文占比山东省最高，为 13.61%，会议论文浙江省占比最高，为 10.97%（见表 1）。从研究成果的不同类型侧重来看，江苏的研究力量最为强大，有大批的期刊论文作者跟踪大运河的研究主题，通过大量的期刊论文阐释江苏学人对大运河

江苏段的发展的看法和见解。对所有大运河沿线的8个省市而言，研究成果占比最高的是期刊论文，所涉及省市占比超过79%。除学术论文外，学位论文和会议论文也可以反映出大运河主题各个区域研究的一些特点，大运河山东段的学术研究基础比较牢固，有稳定的从事大运河文化研究的学术人才；浙江大运河研究的社会关注度更高，会议论文的比例高于江苏和山东。

表1 大运河流域8个省市大运河研究不同类型成果占比

单位：%

各种成果类型占比	江苏	天津	北京	河北	山东	河南	安徽	浙江
期刊论文	90.34	81.91	88.78	87.19	81.10	83.23	82.17	79.80
学位论文	3.84	9.04	5.78	7.88	13.61	11.80	5.43	4.99
会议论文	2.56	4.26	3.40	2.46	3.21	1.24	6.98	10.97
地方志	1.58	1.06	0.17	1.48	0.95	1.86	1.55	2.24
科技成果	1.08	0.53	0.85	0.00	0.38	0.00	0.78	1.25
法规	0.49	3.19	0.85	0.99	0.76	1.86	3.10	0.75
视频	0.10	0.00	0.00	0.00	0.00	0.00	0.00	0.00
专利	0.00	0.00	0.17	0.00	0.00	0.00	0.00	0.00

资料来源：万方数据知识服务平台，http://www.wanfangdata.com.cn/。

（三）在大运河流域8个省市中，江苏大运河主题的学科优势集中在工业技术和经济领域

从万方数据库的数据来看，江苏以大运河文化为专题的研究成果主要集中在工业技术领域和经济专业领域，占比分别高达24.92%和21.9%（见表2），在技术和经济学科领域占有较强比较优势。大运河流经的八个省市，其研究成果的侧重领域呈现出不同的态势。天津的成果在经济领域较为突出，占比达到25.29%，北京的研究成果集中在工业技术领域，占比达到25.40%，浙江的大运河研究成果也是在工业技术和经济领域比较

有优势。河北、山东、河南、安徽地区的大运河研究成果在历史地理学科领域显现出较强的优势。总体而言，对于大运河文化专题的研究，经济较为发达区域与相对欠发达区域的研究侧重点是不一样的，苏、浙、津、京地区更加重视经济和技术领域的研究，而冀、鲁、豫、皖地区比较集中于对大运河历史和地理范畴的研究。

表2　大运河流域8个省市大运河专题研究各学科研究成果占比

单位：%

学科专业	江苏	天津	北京	河北	山东	河南	安徽	浙江
工业技术	24.92	21.84	25.40	15.09	21.26	15.73	11.24	24.34
经济	21.90	25.29	18.55	23.58	19.46	21.35	10.11	22.12
文化科学教育体育	14.76	9.20	14.52	10.38	9.58	13.48	8.99	8.41
历史地理	10.48	12.64	20.97	26.42	21.86	30.34	24.72	17.70
交通运输	4.60	12.64	3.63	3.77	4.49	2.25	6.74	6.64
环境科学、安全科学	6.51	5.75	2.42	1.89	2.10	2.25	8.99	5.31
农业科学	3.81	1.15	1.61	2.83	2.69	2.25	12.36	1.77
天文学、地球科学	3.17	1.15	0.81	1.89	2.40	0.00	2.25	1.33
政治、法律	2.22	1.15	2.02	3.77	2.99	3.37	0.00	1.33
艺术	2.06	2.30	1.61	1.89	4.19	2.25	0.00	3.10
文学	1.59	1.15	3.63	4.72	3.89	2.25	6.74	3.10
医药、卫生	1.11	1.15	1.21	0.00	1.20	0.00	2.25	1.77
生物科学	1.11	0.00	0.00	0.94	0.60	0.00	2.25	1.33
语言文字	0.63	0.00	1.61	0.94	0.60	1.12	0.00	0.88
社会科学总论	0.63	4.60	1.61	1.89	2.10	3.37	1.12	0.00
数理科学和化学	0.32	0.00	0.00	0.00	0.00	0.00	0.00	0.00
军事	0.16	0.00	0.00	0.00	0.00	0.00	1.12	0.44
哲学、宗教	0.00	0.00	0.40	0.00	0.60	0.00	0.00	0.44
自然科学总论	0.00	0.00	0.00	0.00	0.00	0.00	1.12	0.00

资料来源：万方数据知识服务平台，http://www.wanfangdata.com.cn。

（四）江苏大运河文化带研究有专业的官方智库支撑，形成了鲜明的江苏大运河研究组织特色

2018 年 4 月 26 日，为贯彻落实习近平总书记关于统筹保护好、传承好、利用好大运河文化的重要指示批示精神，根据江苏省委、省政府建设大运河文化带的工作部署，省重点高端智库大运河文化带建设研究院（简称大运河院或研究院）正式成立。大运河院下设若干研究中心，分方向开展具体研究工作。为了广泛汇聚江苏省大运河研究资源，截至 2019 年 10 月，大运河院已经成立了 7 所分院，展开江苏地方性的大运河文化带建设专题研究。这 7 所分院分别是苏州、扬州、淮安、徐州、常州、无锡等 6 个城市分院和农业文明分院，为大运河文化带建设提供专业智力支撑。

（五）江苏的大运河文化带建设不仅重视学术贡献，也强调对江苏大运河文化带建设的咨政建言

大运河院创办了专门的咨询专报《大运河智库》，截至 2019 年 9 月共刊出 11 期决策咨询稿件。除了在专门针对大运河研究的《大运河智库》上发表相关资政建言的稿件，江苏学者们在各类智库资政载体上发表对江苏大运河文化带建设实践的看法和对策，共获得省部级领导批示 4 项。除此以外，江苏学者们积极参与社会咨询活动，与政府相关职能部门开展紧密的合作，对江苏大运河文化带建设实践积极建言献策，有不少提议受到政府重视并被采纳。

（六）江苏的大运河文化带建设研究重视理论阐释和学术交流，积极发表理论文章，积极筹办学术交流会议

江苏学者在大运河文化研究中重视对中央相关纲领性文件的理论阐释，重视对江苏省出台的各类大运河文化带建设相关要求和政策文件的理论阐释。专家们积极在《人民日报》《新华日报》《群众》《江苏社会科学》《中国社会科学报》等报刊发表与大运河文化带建设有关的理论、学术文章。

2018 年 4 月至 2019 年 9 月，仅大运河文化带建设研究院的专家学者在相关报刊发表理论文章就有 25 篇。江苏大运河文化带建设研究积极展开不同类型不同层次的学术交流，2018 年 4 月至 2019 年 9 月，江苏共举行全国范围内的大运河文化带建设相关论题的学术交流大会近 20 场次，产生了广泛而热烈的学术影响；除此之外，江苏各地举行了多场小型学术论坛，扩大了大运河文化研究相关领域的专业学术影响。

综上所述，江苏的大运河文化带建设研究学术成果最多，期刊论文发表比例最高，学术优势集中在经济和技术领域，在强大的大运河文化带建设智库的支撑下，一方面重视学术研究，另一方面也强调咨政建言、理论阐释和学术交流，全方位开展对大运河文化带建设的学术和理论探索。江苏的大运河文化带建设研究紧跟如火如荼的江苏大运河文化带建设实践，扎实开展学术研究和理论阐释，积极进行对外交流，取得了丰硕的研究成果，在学术界形成了深远的影响力。

二 江苏省大运河文化带建设研究的瓶颈和问题

（一）江苏大运河文化带建设研究的水平和层次有待进一步提升

江苏大运河文化带建设产生了大量的学术期刊文献，然而发表学术论文的水平和层次仍然有待提升。江苏大运河主题期刊论文中有 11 篇为普通核心期刊，只有 1 篇为 CSSCI 来源期刊论文，高水平期刊论文的比例在江苏是比较低的，只占发表论文数的 1.9%。北京大运河主题期刊论文中有 17 篇核心期刊论文，4 篇 CSSCI 来源期刊论文，占比为 8.46%，从发表论文的层次来看，北京市大运河文化带建设研究水平和层次要高于江苏（见图 2）。从国家社科基金立项情况来看，2018 年和 2019 年江苏分别仅立项一项与大运河文化带建设主题有关的课题，江苏现阶段的大运河文化带建设研究水平和层次与江苏段大运河文化带建设的迫切性与重要性并不相称，因而亟待提升江苏大运河文化带建设的研究水平，鼓励相关专业学者在高水平期刊上发表学术论文，积极承担代表国家学术信任的国家社科重大项目、一般项目以及青年项目。

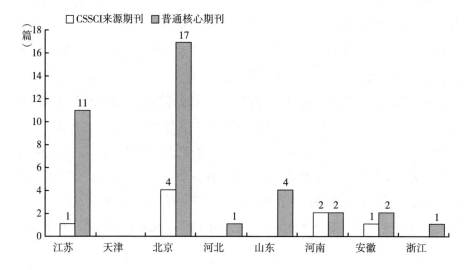

图2　大运河流域8个省市发表普通核心期刊论文和
CSSCI 来源期刊论文的数量

资料来源：中国知网，https：//kns. cnki. net/kns/brief/default_ result. aspx。作者根据相关数据作图。

（二）江苏大运河文化带建设研究尚需进一步夯实研究基础

首先是研究史料和数据的整理。目前对江苏大运河有关专书、档案、文集、民间文献搜集、整理工作力量尚显薄弱，对整体研究资料的运用能力更加薄弱，江苏的大运河文化带相关遗产、史实、环境的数据库仍在筹备建设当中，与大运河流域的其他省份相比，研究的基础资料亟待进一步完善，而山东已经有较为系统而翔实的山东段大运河资料数据库。与此同时，对资料的整理、分析、利用尚缺乏科学的方法与手段，对正史、实录、名臣奏疏、地方志等方面资料已利用得较为充分，但对地图、档案、民间文献、文人笔记与文集的利用研究不充分。二是运河学的学科建设进度稍显缓慢，大运河文化带研究需要有坚实的学科人才和知识作为基础支撑，但江苏的大运河研究尚未形成成熟的学科体系，既缺乏能够统领大运河文化建设的综合研究人才，也缺乏系统全面阐释大运河文化的理论著作，亟待创新人才和学科发展机制，将运河学打造成江苏的优势学科。三是缺乏大运河文化带建设研究成果的专业展示载体和渠道，江苏大运河文化研究的成果刊出渠道较窄，许多期刊还没有大运河文化带建设相关栏目，智库成果的发表渠道也比较受限，需要进一步拓宽大运河研究成果的刊发渠道。

（三）江苏大运河文化带建设研究的重点仍需开拓

江苏有功底扎实的大运河文化带建设基础研究成果，水利、旅游经济、文物考古、历史地理、环境科学等多领域的专家学者为江苏大运河文化带建设研究奠定了人才基础。根据万方数据库统计，江苏的大运河文化带建设研究目前总计917篇期刊论文成果，工业技术、经济、文化科学教育体育、历史地理、交通运输、环境科学等学科的成果比例达到83.19%。从这几个学科成果的进一步细化来看，目前的研究重点集中在以下几个领域（见表3）：大运河水利工程方面的成果占比59.12%，大运河旅游经济方面的成果占比24.29%，大运河与世界各国文化（文化传播）方面的成果占比50%，大运河文物考古方面的成果占比45.45%，大运河环境污染及防治方面的成果占比33.33%，大运河水路运输方面的成果占比67%。目前江苏的大运河文化带建设研究重点与中共中央办公厅、国务院办公厅印发的《大运河文化保护传承利用规划纲要》中提出的主要目标和重点规划要求仍有些不相符合。"纲要"中对大运河文化带建设研究提出的目标可以总结为7个大的方面，一是挖掘大运河文化内涵，二是做好遗产保护和传承，三是做好河道水系治理和管护，四是流域生态保护和修复，五是文旅融合发展，六是沿线城乡统筹发展，七是保护传承利用机制的创新。从发表期刊论文的主题来看，江苏在大运河文化内涵挖掘、流域城乡统筹发展、河道水系治理和管护、保护传承利用机制创新等方面亟待进一步开展研究，推出更高层次、更大规模的成果。

表3 江苏大运河文化带建设研究细化学科成果占比

学科分类	细化学科分类	占比（％）
工业技术类成果	水利工程	59.12
	建筑科学	25.16
	自动化技术、计算机科学	6.92
	其他	8.81
经济类成果	旅游经济	24.29
	工业经济	17.14
	经济计划与管理	14.29
	世界各国经济	12.86
	农业经济	11.43
	交通运输经济	8.57
	其他	11.43
文化、科学、教育、体育类成果	世界各国文化	50.00
	教育	34.04
	其他	15.96
历史地理类成果	文物考古	45.45
	中国史	24.24
	地理	22.73
	其他	7.58
环境科学	环境污染及其防治	33.33
	环境质量评价与环境监测	28.57
	环境保护管理	16.67
	其他	21.43
交通运输	水路运输	67.00
	公路运输	33.00

资料来源：万方数据知识服务平台，http://www.wanfangdata.com.cn。

（四）江苏大运河文化带建设研究有待形成高效对外交流机制

从2018年开始，江苏大运河文化带建设研究开展了多次学术大会、论坛等学术交流活动，大部分全国和国际范围内的学术论坛交流在江苏域内举行，吸引了一些国际运河知名专家和国内大运河研究的知名专家学者，比较有影响力的如"世界运河城市论坛""大运河文化旅游博览会"等。但是迄今为止，江苏的大运河文化带建设研究仍然未能与海外科研、政府机构围绕大运河文化主题建立长期稳定的合作研究机制，对外交流的形式也较为单一。文化智库的对外交往在我国有一些较为成功的例子，例如敦煌研究院，通过在海外举办敦煌主题的展览和研究对话、圆桌会议，组织海外文化遗产文化利用交流调研，将实物或者数字化遗产展览办到世界知名城市或者遗产文化地标城市，派驻中外双方科研人员进行访学交流，以多种多样的形式进行遗产文化的国际学术交流。在国内，敦煌研究院开展"文化遗产进校园"活动，在省市图书馆举办定点系列公益讲座，在国内各大城市举办展览和研究交流活动，定期开展遗产文化保护、传承、利用的学习研修班，等等。这些都是值得大运河文化带建设研究借鉴的对外交流机制和途径的宝贵经验。

三 江苏省大运河文化带建设研究的目标与展望

（一）明确江苏大运河文化带建设研究的定位和目标

江苏的大运河文化带建设研究要紧紧围绕江苏省委书记娄勤俭提出的"高品位的文化长廊、高颜值的生态长廊、高水平的旅游长廊"目标，紧扣江苏文化特征、资源禀赋和发展趋势，扎实为保护好、传承好、利用好大运河文化做出科研贡献。

一是在研究中深挖大运河丰厚文化内涵，立足大运河江苏段最为丰厚的文化积淀优势，围绕遗存承载、流淌伴生、地域积淀、历史凝练四个层次，全面深入研究文化精髓，加深内涵和外延认识。二是研究打造高品位的文化长廊的方法与路径，充分把握大运河江苏段文化遗产的活态特征，探索整体性、系统性、抢救性、预防性保护，完善遗产保护体系的方法和路径。三是研究打造高颜值的生态长廊的思路与对策，探索江苏大运河资源保护优先、绿色发展的方式与途径。四是研究打造高水平的旅游长廊的思路与对策，合理规划大运河文化旅游精品线路，探索文化旅游与相关产业深度融合发展的最佳方式。五是加强河道水系综合利用研究，统筹推进全域水资源管理的方法，实现既合理保护利用岸线资源，又尊重文物保护要求，切实发挥大运河南水北调、农业灌溉等各项功能，重塑提升大运河江苏段"水韵"的现实载体。六是研究提升运河现代航运水平的思路与方法，强调提升运河现代航运水平，构建顺畅高效的沿运河综合交通运输大通道。七是研究沿运河区域城乡统筹协调的方法，探索优化大运河文化带与城乡建设关系。八是研究大运河文化带建设的体制机制创新，加快突破主要瓶颈和体制障碍，为大运河文化带江苏段高质量发展提供强大动力。

（二）进一步发挥智库作用，广泛集聚优势研究资源，提升研究水平和层次

江苏已经建立了大运河文化带建设的专业智库，未来江苏大运河文化带建设研究要进一步发挥好专业智库的学术科研、政策阐释、资政建言三大功能。以专业智库为核心，整合全省大运河文化研究力量和学术资源，开展多学科协同创新研究，鼓励智库学者在大运河历史研究、文化研究、区域发展研究方面展现出更高的研究水准。重视智库治理工作，制定运作高效的管理制度。整合好智库资源，搭建一流成果平台，利用好课题发布机制，激励学者研究出高质量、高水准的研究成果。提升智库学术影响力，鼓励大运河文化带建设研究主题的研究成果在核心期刊上发表，鼓励智库学者申报国家级项目基金，为江苏大运河文化带建设取得丰硕的科研成果。扩大智库的资政影响力，推出重大决策咨询成果，为党和政府的大运河文化带建设提供有力的智力支持，争取决策部门批示，出版发行各类报告和皮书，积极发表理论阐释文章，体现智库的政策引领作用。举办各类智库活动提升智库影响力。通过国际学术会议、论坛、独立网站、媒体采访、笔谈等方式扩大江苏大运河文化带建设智库的社会影响力。

（三）加快建设江苏大运河文化带数据库，夯实研究基础

构建江苏大运河文化带数据库是大运河文化带建设、研究与利用的基础性工程。数据库应该包括大运河相关资讯、学术成果、历史地理资料、运河

研究专家库、大运河文化带建设相关政策等多维度数据。数据库应与沿运河政府、高校、社会组织共建共享，最终建成开放、实用的大运河文化带数据平台。为各级党委、政府推进大运河文化带建设决策提供科学的智力支撑。通过数据库建设尽快实施"大运河江苏段资源普查与数字化工程"，例如，在河道治理和生态管控领域围绕大运河文化资源、生态，对主干河道、沿岸城市的生态环境、遗产资源进行"地毯式摸排"，建立大运河三维数字图景，打造集管理、研究、展示、监测等功能于一体的大运河数字公共服务平台。运用数字技术 VR 全景展示大运河江苏段历史演变和未来发展规划。未来还要启动运河国家文化公园数字云平台工程，实现多时空维度、多空间尺度、多要素资源的"数字集成"，涵盖历史全景、整体价值展示、线下公园游览辅助、公园建设管理等功能，实现数字云平台与实体国家文化公园的精准协同、互动展示。

（四）加快建立江苏运河学科知识体系，在有条件的高校启动运河学人才培养系统工程

按照聊城大学李泉教授的看法："运河学是以运河及其区域社会为研究对象的学科。它一方面研究运河河道工程及其引起的自然环境、生态环境的改变，即区域水文条件改变、自然水系变化、湖泊形成消长、农业生态环境变化。另一方面研究运河对国家政治及区域商业、手工业、农业、服务业、居住环境、城镇格局、文化交流、风俗习尚、社会流动等方面的影响。它以历史学为基础，利用社会史、历史社会学、文化人类学、地理学、环境水利学、文献学、考古学等多学科的理论和方法，进行综合性研究。"[1] 江苏应该积极尝试构建运河学学科体系，建立在整体的视野之上，与国内外研究运河最有优势的智库和大学联手，完善运河学的教学内容，初步形成运河学的学科体系。[2] 一是着眼长远，统筹规划，明确运河学学科建设与专业发展的

---

① 李泉：《运河学研究的内容和方法》，《聊城大学学报（社会科学版）》2015 年第 1 期。
② 姜师立：《运河学的概念、内涵、研究方法及路径》，《中国名城》2018 年第 7 期。

思路。制定好长远规划，明确各阶段任务和目标，明确运河学学科建设和专业发展思路。二是多方联手，整合力量，建立运河学学术体系和专业课程。江苏高校应整合全国优势研究力量成立研究运河学的学术委员会，在有条件的高校中的建筑学院、文史学院、水利学院等开设运河学专业课程。在运河学学科体系建立前，各高校可以探索性地设立一些与运河学相关的专业，尝试培养运河学专业人才。三是面向现实，服务社会，为运河学的构建创造良好环境。确定一批国家级运河学研究课题，推出一系列研究成果，在核心杂志开设大运河文化带建设研究专题，出版运河学相关书籍和辑刊。

（五）创新江苏大运河文化带建设研究的国内外交流机制

江苏的大运河文化带建设研究应该积极与海外科研、政府机构围绕大运河文化主题建立长期稳定的合作研究机制，改变对外交流形式单一的现状。简介国内外一流文化智库的发展经验，积极与海外研究机构展开交流和对话，举办学术沙龙和圆桌会议。在海外著名文化遗产或者旅游城市开展各种形式的文化推广和科研合作。派驻中外双方科研人员进行形式多样的访学交流。重视江苏域外的大运河文化区域推广和科研合作。在各地图书馆举办定点系列公益讲座，在国内各大城市举办展览和研究交流活动，定期开展遗产文化保护、传承、利用的学习研修班。江苏从事大运河文化带研究的科研机构要积极推出鼓励合作的科研政策，通过选择性激励诱导高质量合作科研成果的产出。[①] 搭建稳固的国内外科研合作平台，应对大运河文化带建设研究跨学科综合发展的需要，共享包括仪器设备、资金、知识技能、智力等多种类型的科研资源，整合出高水平的运河学研究成果。

---

① 赵蓉英、温芳芳：《科研合作与知识交流》，《图书情报工作》2011年第10期。

把握江苏文化整体特征
建构传承创新逻辑基础

姜　建*

摘　要： 以自然地理、经济地理和文化地理，同时兼顾京杭大运河、自然灾害和战争祸乱的立体视野，去观察江苏发展的历史，可以发现开放气象、处下智慧、务实精神、天下情怀构成了江苏文化的四大特征，以"中和文化"作为江苏文化的整体表达。要传承创新江苏文化，需要处理好人与自然、地域文化与江苏文化、开放与坚守三大关系。

关键词： 开放气象　处下智慧　务实精神　天下情怀　中和文化

站在历史的高处，根据未来全民族和江苏发展的需要，在对历史文化肌理的条分缕析中，有深度地去梳理挖掘江苏文化内在的发展逻辑和生长机制，总结探索具有规律性和趋势性的重要文化命题，从而为江苏和民族未来的全面进步提供文化支撑，是江苏文脉研究最根本的任务。要完成这样的任务，最基础的工作是解读什么是江苏文化，或者说对江苏文化形成一个基本判断，做出一个整体表达，这是江苏文化传承创新的逻辑基础。

江苏这片土地已有几千年的文明史，从1667年迄今，也已有三百多年的建省史。但对于江苏的认知，人们似乎更热衷于其中的金陵文化、吴文化、淮扬文化、楚汉文化等地域文化，对其也有许多精彩的理解，反而对于

＊ 姜建，江苏省社会科学院文学研究所研究员。

整体性的江苏文化，却不能如对"岭南文化""湖湘文化""荆楚文化"那样，做出一个凝练而精到的概括。这不是简单的命名问题，而是一个关涉其文化形态、文化质地、文化气象、文化精髓的，能够提神聚气、认同归心并且流布四方的话语。在这个问题上，所有试图从某一个地域文化角度进入江苏文化的努力都显得概括力不够，同样，把江苏文化视为金陵文化等几大板块地域文化总和的看法，也显得过于简单，解释力不强。因此，这里格外需要整体性的立场和超越性的视野。只有具有这样的视野，我们才能从本质或者核心的层面把握江苏文化的发展主线和动力机制。

一 江苏发展的地理维度与变量

观察江苏的社会发展，至少需要建立自然地理、经济地理与人文地理三个地理维度，还需要考虑三大变量。这三种地理和三大变量互相作用，共同书写了江苏的过去与今天。

就自然地理而言，纬度、气候、水系、地形地貌，成为观察一个地域自然地理的最基本要素。在纬度方面，江苏地处中国大陆东部沿海地区中部，纬度适中，在北纬30°45′~35°20′。它具有四季分明和气候温和的特征：以淮河为界，以北属暖温带季风气候，以南属亚热带湿润季风气候，年平均温度在13~16℃；雨量适中，年平均降水量由北向南在600~1300毫米。在地形地貌方面，沿东海而低海拔，绝大部分地区海拔在50米以下，平原面积占总面积的70%以上。由此形成了水资源丰富、水系发达的明显特征：一是处于江淮沂沭泗五大河流的下游，尤其是长江，如玉带围腰横贯江苏南部；二是全国五大淡水湖江苏占其二。上述几方面自然地理因素的综合叠加，形成了江苏土地肥沃、水网稠密、日照充分、宜于农作物生长的地理环境，为人类的生存繁衍提供了适宜的基础。

就经济地理而言，如此出众的自然条件，再施以人类适当的开发利用，江苏成为经济活跃的地方是顺理成章的事情。只是，隋唐以来，江苏经济在经济总量、支柱产业、税赋收入等方面始终保持在全国前列，甚至执全国之牛耳，至今依然在全国经济中占有很高的权重，就不能不令人惊叹。在江苏的经济地理版图中，黄淮平原、江淮平原、苏北平原和滨海平原成为重要的稻麦产地，而江南以苏锡常为核心的环太湖经济带则扮演了龙头的角色。"鱼米之乡""丝绸之乡"的称誉，韩愈"当今赋出于天下，江南据十九"[①]和陆游"苏常熟，天下足"[②]的说法，以及宋以来"上有天堂，下有苏杭"的民谚，足以说明这一点。环太湖经济带的成就，自与其优越的地理条件分不开，但长江也起到了一定的保护作用。在农耕经济时代，长江成为大规模跨江作战的最大障碍，所以某种程度上长江成为一个天然屏障，将不断动荡的中原与苏南地区进行了有效区隔，保证了环太湖经济带少受战乱侵害。

就人文地理而言，因江苏建省史相对短暂，江苏地区的文化，主要以楚汉文化、金陵文化、淮扬文化和吴文化等地域文化的形态呈现。在农耕经济条件下，文化与地域的关联总体上是文化随该地政治经济地位的变动而起伏。由于政治中心或经济中心通常在资源和人才等方面具有积聚效应，而使该中心同时兼具文化中心。上述四种地域文化都遵循着这样的路径。需要辨明的是，徐州之于楚汉文化是一种可以直接对应的关系，而金陵文化、淮扬文化和吴文化则因多层积累而呈现出复性结构，金陵对应于六朝和明清，扬州对应于隋唐和明清，苏州对应于春秋战国时期的吴国和唐宋以来的历朝历代。不过，这三个地域文化所呈现的，更多的是明清以来的风貌，六朝建邺或建康的遗风、唐代扬州的神韵和春秋战国时期吴国首都的风采，则更多作为历史的记忆和想象，化作这些地域文化的某种精神底蕴。

就此，我们发现，站在全民族的高度，江苏地区的文化发展形成了三次高峰。第一次是由楚汉文化所代表的汉文化高峰，它实现了刘邦政治集团所开辟的政治大一统和曾在江苏为官十年的董仲舒所推行的思想文化大一统[③]；第二次是由金陵文化所代表的六朝文化高峰，这是由六朝诸多文化文学集团所形成的文学艺术思想学术高峰；第三次则是由金陵文化、淮扬文化

---

①　韩愈：《送陆员外出刺歙州诗并序》。

②　陆游：《常州奔牛闸记》。

③　这里采用了樊浩在《一脉千古成江河》中的观点，见樊浩《江苏文库·研究编·序言》。

和吴文化共同代表的明清文化，它意味着经济社会文化各个领域各个层面的全面高峰。

观察江苏的发展，还需要考虑三大变量。第一大变量是以京杭大运河为首的人工运河对于江苏发展的意义。在农耕经济时代，水路交通因其运量大、成本低而成为最主要最可靠的运输方式。人工运河的开凿，将江苏尤其是苏南密集的河湖潭塘连为整体，形成一个密集而通畅的交通网络。尤其是京杭大运河的开通，改变了江苏河流都是东西向的格局，甚至改变了江苏的自然地理和经济地理形势。它不仅将若干条东西向的江河串联起来，与长江共同形成一个大十字交通枢纽，还推动了大运河沿线淮安、扬州、镇江、常州、无锡、苏州等城市的充分发育，形成沿大运河经济带，更改变了以苏锡常等地区为核心的环太湖经济带的格局和地位：由局部性整体提升为整体性局部。某种意义上，它所具有的直接经济效益甚至超过长江，因为，它不仅成为整合苏南苏北的一个纽带，成为连接江苏与全国的一个通道，更成为民族的一条经济大动脉，从此深深影响了江苏的发展。

影响江苏发展的第二大变量是自然灾害。作为海拔不高的平原地带，作为几大水系的下游省份，水患成为始终悬在江苏头上的一把利剑。它至少表现在两个方面：第一，黄河改道对徐州等黄淮平原地区的自然生态几乎带来了灭顶之灾。黄淮平原地处淮、泗、沂、沭流域下游，河流密布，水系发达，原是重要的鱼米之乡。1194年的黄河夺淮入海，彻底破坏了淮河的水系，由此苏北地区成为"洪水走廊"，灾害频发。据统计，在黄河夺淮的600多年中，苏北各县较大的水灾平均两年一次，形成"大雨大灾、小雨小灾、无雨旱灾"的局面，由此，黄淮平原的经济地位也从相对领先逐渐下滑。虽然1855年黄河重回故道后，这种局面得以结束，但留下的后遗症至今难以消除。它不仅让徐州地区的经济文化领先地位风光不再，还造成楚汉文化文化脉络中断、文化地层错乱的局面，带来"有史无迹"的尴尬。第二，苏北平原的里下河地区地势低洼，长江流域每有水患，里下河地区必成重灾区。这在农耕经济时代，成为制约苏北平原发展的重要原因。但总体上，江苏得水之利大于受水之害。

　　影响江苏发展的第三大变量是战争祸乱。战争直接造成村镇房舍等物质财富的损毁，男性青壮年劳动力的丧命、田地的荒芜，以及文化教育事业的中断，由此导致了经济社会文化发展的停滞甚至倒退。在中原发生的多次为争夺正统皇权而展开的厮杀，形成了江苏以"衣冠南渡"为代表的几次输入性大移民，从而为江苏的发展送来了中原的文化、人才和资金，在这个意义上，江苏曾是战争的受益者。只是，一旦战争在江苏的土地上展开，战争对江苏发展的破坏依然是触目惊心的。从古至今，在江苏土地上爆发的战争有许多，其中对江苏发展影响最大的至少有三类：第一，历代以徐州为战场的战争。徐州位于苏鲁豫皖的接合部，号称"五省通衢"，自古以来既是北国锁钥又是南国门户，是兵家必争的战略要冲。历代重大的军事行动，往往都以夺取徐州作为北上、南下或西进的桥头堡。历史上在徐州一带发生的战争，大规模的就有200多次，民国以来的大型战事如台儿庄会战、淮海战役等，至今留在人们的记忆中。徐州地区受战争的摧残，在江苏是无出其右的。战争频仍加上黄河夺淮的双重打击，成为徐州地区经济社会文化发展滞后的最主要原因。第二，改朝换代。在这方面，南京、苏州和江南是其代表。南京作为六朝都城，曾发展到百万人口的宏大规模，但由于南朝陈的覆亡和民族政治中心的北移，南京遭到了"犁庭扫穴"般的摧毁。在朱元璋与张士诚的对垒中，张士诚兵败，其政权的都城苏州也被朱元璋另眼相看，大规模的输出性移民和高启等"吴中四杰"的不幸遭遇，均发生于此时。明清易代之际，以"扬州十日""嘉定三屠"为代表的屠戮对江南带来了巨大的伤害。所幸，由于发生年代久远，当年的创痛已被历史渐渐抚平。第三，太平天国战争。由于太平天国建都南京，太平军与湘军之间的反复战争，对苏南城市尤其是南京、镇江、常州等地的破坏巨大，影响深远。由于发生在近代，其创痕至今依然历历在目。当然，比起中原地区，总体上发生在江苏的战争频度不高、烈度较低，这是江苏尤其是苏南地区能够持续快速发展的重要保障。

　　经过上述简单梳理，可以判断，在江苏地区，自然、经济、文化三位一体，互相支撑互相促进，共同推动社会发展，呈现为正相关关系。这种关系，表现在自然方面，即在尊重环境的前提下土地得到充分开发利用；表现在经济方面，即交通优势，农作物和经济作物产量高、总量大、品种丰富，在民族的经济结构中占有重要地位；表现在文化方面，即城镇发达，教育兴盛，社会昌明，人才辈出，文学艺术思想学术成就斐然，尤其在明清以来独领风骚。由于社会运行方式的不断进步和社会发展速度的加快，影响江苏发展的三大变量所具有的重要性也呈下降趋势。

二　江苏文化的总体特征

通过对江苏地理环境、经济活动和文化历程的描述，我们可以比较清晰地概括江苏文化的总体特征，其大致可以表述为：开放气象、处下智慧、务实精神和天下情怀。

（一）开放气象

在地理环境上，江苏处于民族版图的南北交界，有着江河湖海齐备的特色。在历史发展中，无论是吴文化的源头，还是金陵文化的两度兴衰、淮扬文化的两次高潮、楚汉文化与中原文化的紧紧相楔，抑或各地域的政治经济文化中心的历史地位，都离不开文化的开放；京杭大运河的使命和环太湖经济带的作用，更是把江苏的命运与民族的命运紧紧扭结在一起。近代上海的崛起和民族工商业之发端于南通、无锡、常州等沿海近海城市，正与这种开放气象所带来的得风气之先分不开。开放气象的要义：一是包容。它可以包容各种形态各种质地的文化。二是涵化。在多元文化的碰撞调整中，逐渐形成自己的文化个性。三是厚重。这是多种文化元素互相作用、长期积淀的必然结果。无论主动还是被迫，开放成为江苏文化最重要的发展路径。

（二）处下智慧

多水而低平的自然环境、人口密集带来的逼仄空间、民族政治结构中"偏安"的低位存在和心灵深处的悲情情结，造就了江苏"处下"的文化性格与生存智慧。处下智慧的要义：一是柔韧。以水一般谦和而坚韧的文化姿态，在涵化的过程中协调与强势外力的关系。二是内趋。致力于开发人的智慧和创造力，以挖掘内涵的方式拓展生存空间，提升生活的内在品质。三是精巧。通过低调、柔韧而内蕴的不懈努力，追求细腻精巧丰富高迈的精神生活。处下境遇所激发的生命韧性、创造冲动和生存智慧，打造了精巧雅致这一最具江苏特征的文化质地。

（三）务实精神

儒、佛、道等各种文化对江苏均有深刻影响，"南朝四百八十寺，多少楼台烟雨中"的诗句便是对这一景象的深刻记忆。但在长期实践中，江苏逐渐形成了以经世致用为主线的思想轨迹。务实精神的要义：一是重实学。这意味着始终专注于民族生存发展的最基本要素。"泰州学派"的精神核心固然在此，江南作为唐宋以来民族的经济中心，改革开放初期苏南乡镇企业的崛起等，其文化根基也源于此。二是崇教育。教育是保持一个地区健康持续发展的最根本要素，江苏人才辈出、文学艺术思想学术成就辉煌的奥秘即在于此。三是尚均衡。密集的人居、处下的位置、开放的格局，都意味着人与自然、人与社会、义与利、农与商之间的某种内在张力，不走极端，而注重通过协调彼此关系，消解或减轻这些张力，是江苏在经济社会文化方面能够持续发展的基本保障。清初无锡在全国首立《禁约碑》以保护山林水源①，即体现了协调人与自然关系的努力。务实精神，构成江苏发展最重要的文化动力。

（四）天下情怀

从宋代范仲淹的"先天下之忧而忧，后天下之乐而乐"，到明代东林党人的"家事国事天下事，事事关心"，再到清初顾炎武的"天下兴亡，匹夫有责"，江苏大地上涌动不息的心忧天下的家国情怀，构成了一条清晰的精

---

① 详见《江苏省志·环境保护志》，江苏古籍出版社，2001，第 441 页。

神流脉。天下情怀的要义：一是文化立场。所谓"天下"不是指社稷而是指文化，关注重心不在皇权更替，而在更本质的、中华民族之所以为中华民族的文化质地文化命运，体现出一种独到的精神大视野大格局。二是主体自觉。充分认识并定位自己的文化核心和本源，由此确认文化的建设和保卫方向。三是忧患意识。它体现出对文化命脉的一种特殊警觉和思想穿透力，尤其在朝代鼎革、社会转换之际。四是担当勇气。以挺身而出、力挽狂澜的勇气，承担起捍卫民族文化命运的重任。苏州市井小民颜佩韦的坦然、"扬州十日""嘉定三屠"的悲壮，以及历朝历代无数仁人志士的爱国壮举，正是对天下情怀的最有力表达。天下情怀，是江苏文化最重要的精神品质。

在江苏发展的历史进程中，上述四个方面形成互相支撑、良性互动的完整逻辑结构，江苏文化发展的历史命运，就此形成的文化特征和精神品质，都是这些文化元素综合作用的结果。

有意思的是，江苏文化的四个特征，在某种意义上，恰恰是中华民族文化命运的缩影和象征。在很长的历史时段内尤其是清代以来，民族文化便处于疲弱的低位，近代以来的民族复兴运动，始终是在西方强势文化的冲击下谋求民族文化的复兴。民族历史上多次出现的封闭与开放的交替轮回，也从正反两面不断印证文化开放的价值。民族文化披荆斩棘的发展历程，其内在动力和精神之光，恰恰落实在务实精神与天下情怀之上。就此，江苏文化成为民族文化的某种"镜像"，江苏的文化发展，对于全民族的文化建设，也具有了某种启发意义。

在归纳了江苏文化的特征之后，我们必须对江苏文化进行一个总体概括或者说整体表达，正面回答什么是江苏文化。

从上述归纳中可以发现，江苏文化中的精髓或者说最核心要素是"中和"。这里不拟对"中和"的哲学文化内涵做全面解释，但大体而言，走正道大道，不偏不倚谓之"中"，在遵从自然规律、根本法则的前提下，协调各种元素达到均衡圆融状态谓之"和"。"中和"是中华文明的大境界，也是儒家文化矢志不渝的大追求，儒家认为若能"致中和"，则天地万物均各得其所，由此进入和谐之境。无论儒家对"中和"之境有怎样的理解，但在今天，我们可以对"中和"的内涵进行符合时代发展方向的新的理解。从根本上说，"中和"大致可以概括为人与自然、人与社会、人与人的和谐。

以"中和"的眼光观察江苏，可以看到，其一，江苏在地理位置上处于南北交界，纬度、气候与降水均处于适中状态，在地理形态上江河湖海齐备，这样的地理特征先天性地具备了"中"的可能。江苏低平而多水的地貌所带来的小桥流水、茂林修竹的特征，恰恰体现了自然对于人类的亲和性和极大善意，江苏尤其是苏南地区人与自然关系的和谐度，在全国范围内是罕有其匹的。这种较高的和谐度，也正是江苏人口密集、物产丰饶的地理根源。其二，江苏既深受大陆文化哺育，也与海洋文化有密切交往，既与中原的地域文化或儒释道等思想文化始终有广泛而深刻的交流，也以楚汉文化、吴文化等地域文化的形态显示出自己的鲜明个性。其三，江苏文化总体偏"柔"的状态，更多的是文明的一种表征，即以守规矩讲文明的文质彬彬的方式，协调人与人的关系。人类从蛮荒走向文明，也就是由丛林规则走向秩序规范，在这个意义上，江苏文化的发展体现了民族文明进步的一个方向。其四，江苏在经济、社会、文化发展方面所获得的成就，在众多领域和很大程度上代表了中华民族所达到的高度，这样一种综合性的成就，恰恰是江苏文化善于综合平衡的结果。在单项品质上，江苏文化与其他省份相比或有不足，如刚烈气质不如湖湘文化，侠义情怀不如齐鲁文化，经商才能不如浙江文化，但在综合品质上，江苏则显出自己明显的优势。世人对于江苏"稳"的普遍认知，恰恰是对江苏"中和"文化的直观判断和基本评价。所以，对于江苏文化，我们可以径直概括为"中和文化"。

三　走向"中和"之境的发展路径

在大力弘扬优秀传统文化的宏大语境中，在文化建设由自在走向自为的时代趋势下，面对民族文化复兴的历史重任，江苏文化建设的一个基本任务，就是要传承创新江苏优秀的文化传统。这样的传承创新，当然不是建立在某地域文化或众多地域文化相加的基础上，而是建立在对江苏文化整体认知的基础上。经过上述分析我们发现，"致中和"是江苏历史发展进程中的最宝贵经验，江苏文化就是中和文化。传承创新江苏文化，就需要大力弘扬"中和"精神，以"致中和"作为自己的价值目标，从而达向天人合一的和谐境界。

要进入"中和"之境，需要处理好三大关系：人与自然的关系，地域文化与江苏文化的关系，开放与坚守的关系。

（一）人与自然的关系

大自然的厚爱，是江苏大地上人类生存的立身之本，是江苏发展得天独厚的环境根基。但随着人类活动的加剧和社会发展速度的加快，环境承载力趋弱，尤其在苏南经济发达地区，青山绿水的景象似乎作为某种文化遗存只保留在公园或风景区中。因此，需要从人类活动的根本前提的高度去理解自然的重要性，矫正"人定胜天"的偏执，坚持"绿水青山就是金山银山"的发展理念，逐步修复改善人与自然的关系，是江苏中和文化需要面对的最基本任务。在此方面，苏南地区需要承担更多的责任。

（二）地域文化与江苏文化的关系

由于江苏建省历史不长，江苏地区的文化主要以楚汉文化、金陵文化、淮扬文化和吴文化等地域文化的形态体现。这些地域文化都从不同侧面和层面丰富了江苏文化，但无论表现如何抢眼或成就如何辉煌，任何一种地域文化都不足以代表江苏文化。为改变由历史原因造成的对江苏文化认知不足、认同感不强、整合度不高的局面，这里，可以借鉴儒家"和而不同"的理念，在"致中和"的大前提下，以"和而不同"的立场和思路去面对四大地域文化之间的关系，在不改变其文化特质的同时加强彼此的融会认同，也以同样的原则去培育江海文化等新的地域文化。观察江苏四大地域文化，由北向南一路走高，呈现出依次发展的脉络和由阳刚到阴柔色调差异的梯级。这其中，由于历史命运的坎坷，楚汉文化在江苏的文化结构中处于弱势地位，但就历史贡献和文化质地而言，楚汉文化的价值不可低估，它的阳刚气质与吴文化的阴柔气质，恰恰构成江苏文化的南北两极，两种文化恰可以在彼此对照和彼此均衡中共同发展。就此，增强楚汉文化的向心力和话语权，应该成为当下江苏文化建设中的一个重要议题。

（三）开放与坚守的关系

江苏的成就，深深得益于历史形成的开放格局，就此，毫不动摇地坚持开放的文化立场，应该成为江苏文化发展的基本路向。只是，当下我们正面临着一个亘古未有的历史大变局，全球化风暴正席卷全球，信息网络社会的形成或趋势正深刻改变着人类的存在方式，世界范围内各种异质文化间的交往和融会，正以"文化战略"的方式持续展开，体现出前所未有的广度深度频度和高方向性高组织化特征。地域文化的命运，作为一种文化物种，也正如自然界的生物物种一样，面临着消亡的威胁。由此，对于江苏文化的发展，需要进一步彰显"天下情怀"所蕴含的文化自觉和文化警觉，在文化的开放中，根据自己的文化土壤、文化特质和文化发展方向，以相应的文化政策，建立某种选择性机制或"预警"机制，以有效规避文化风险，保障江苏文化的健康持续发展。

国家公祭与南京大屠杀的历史记忆

王卫星*

摘　要： 南京大屠杀已过去了80多年，中国人民始终没有忘却这段惨痛的历史。战时及战后，随着幸存者、亲历者日记和回忆的广泛传播，以及对日本战犯的审判，南京大屠杀广为人知，其个人记忆已逐渐转化为集体记忆。20世纪50年代以来，南京大屠杀历史记忆经历了城市记忆、国家记忆等几个阶段。2014年，全国人大常委会决定设立"南京大屠杀死难者国家公祭日"，标志着南京大屠杀已成为国家和民族记忆。2015年，南京大屠杀档案被联合国教科文组织列入《世界记忆名录》，这标志着南京大屠杀历史记忆从国家记忆向人类记忆迈出了重要一步。南京大屠杀历史记忆的演变，反映出在构建人类命运共同体的今天，人们对南京大屠杀历史认知的不断深化和本质理解，这顺应了时代潮流和人类社会对世界和平的美好愿景。

关键词： 南京大屠杀　国家公祭　历史记忆　人类命运共同体　和平愿景

南京大屠杀已过去了80多年，这一历史悲剧在中国人民心灵深处留下了深重创伤和无法忘却的历史记忆。在新中国成立70周年的今天，人们如

---

* 王卫星，江苏省社会科学院历史研究所研究员、南京大屠杀史与国际和平研究院研究员。

344

何记忆这段历史，如何从悲剧中汲取历史的经验教训，并从中得到警示和启迪？尤其是在2014年我国首次举行南京大屠杀死难者国家公祭以来，我们应该如何传承南京大屠杀的历史记忆？随着人们对南京大屠杀历史认知的不断深化及对其本质的深层次理解，南京大屠杀的历史记忆也发生了相应变化，在构建人类命运共同体的今天，这一记忆被赋予了更为深刻的时代内涵和现实意义。

一 个人记忆与集体记忆

1937年12月13日，侵华日军攻占了当时中国的首都南京。南京沦陷前后，侵华日军实施了震惊中外的大屠杀，给南京这座古老的城市和人民带来了深重的灾难，南京也由此成为世界"悲情城市"之一。

南京大屠杀既给幸存者和亲历者造成了无法愈合的创伤，也在他们的心灵留下了无法忘却的伤痛记忆。南京沦陷之初，当时留在南京的美联社记者麦克丹尼尔、《芝加哥每日新闻》记者斯提尔、《纽约时报》记者德丁、美国派拉蒙新闻摄影社记者门肯，目睹了日军集体屠杀的情形。斯提尔12月15日离开南京，当天即以《日军杀人数千》为题，在《芝加哥每日新闻》上报道了日军在南京的大屠杀："'地狱中的四天'，是形容攻占南京的经过最恰当的字眼。我刚刚和攻城开始后第一批离开首都的外国人一起登上'瓦胡'号军舰，离开南京之际，我们最后见到的场面是一群300名中国人在临江的城墙前井然有序地遭处决，那儿的尸体已有膝盖高。这是近几天疯狂的南京景象最典型的写照。"[1] 此后，留在南京的外籍人士的日记和书信也广为流传，并被中外媒体广泛报道。

南京大屠杀期间和之后，许多大屠杀的幸存者、亲历者，以日记或回忆的形式将亲身经历记录了下来，并广为流传。金陵女子文理学院舍监程瑞芳

---

[1] A. T. Steele, *Massacre Story*: *Japanese Troops kill Thousands*, *Chicago Daily News*, December 15, 1937.

在 1937 年 12 月 14 日的日记中记述说："今天来的人更多，都是安全区内逃出来的，因日兵白天跑到他们家里抄钱、强奸。街上刺死的人不少，安全区内都是如此，外边更不少，没有人敢去，刺死的多半青年男子。"① 她在 12月 19 日的日记中还写道："因想到自己国家不强，受这种耻辱，何日能雪耻。"② 可以说，这是程瑞芳个人对南京大屠杀的最初记忆。程瑞芳日记在金陵女子文理学院教师中传抄，日军在南京的暴行消息也随之传播。

南京失陷后，南京守军野战救护处军医蒋公縠未能及时撤退，被困在南京，在经历了恐怖的 80 多天后才逃离南京。他以日记的形式将自己的亲身经历写成《陷京三月记》③，1938 年 8 月自费在重庆印刷成书，赠送给政府军政要员。一时间，《陷京三月记》成为人们了解南京大屠杀真相的热点图书。此外，还有一些从南京逃出的军民，撰写回忆文章或接受采访，记述了南京大屠杀的真实情形，并在汉口、重庆等地出版或发表，使南京大屠杀史实进一步传播。

战后，中国有关部门对日军南京大屠杀进行了广泛而深入的调查，南京大屠杀受害者心灵深处的惨痛记忆被重新唤起，他们纷纷递交呈文或填写《敌人罪行调查表》等，控诉和揭露日军在南京的暴行。这一时期，南京大屠杀作为日本在侵华战争中犯下的典型罪行，其历史记忆得到明显强化。诚如《纽约时报》评论所指出的那样："中国人的口号可能有 50 条。但他们实际上只需要一条就够了，那就是'牢记南京'。"④

从 1946 年起，由美、中、苏、英、法、加、澳、印等 11 国在日本东京成立远东国际军事法庭，中国也在南京成立审判战犯军事法庭，对日本甲

---

① 《程瑞芳日记》，张连红编《幸存者的日记与回忆》，张宪文主编《南京大屠杀史料集》第3 册，江苏人民出版社，2005，第 12 页。

② 《程瑞芳日记》，张连红编《幸存者的日记与回忆》，张宪文主编《南京大屠杀史料集》第3 册，江苏人民出版社，2005，第 18 页。

③ 参见蒋公縠《陷京三月记》，张连红编《幸存者的日记与回忆》，张宪文主编《南京大屠杀史料集》第 3 册，江苏人民出版社，2005。

④ 《牢记南京》，《纽约时报》1945 年 8 月 27 日，杨夏鸣、张生编《国际检察局文书·美国报刊报道》，张宪文主编《南京大屠杀史料集》第 29 册，江苏人民出版社，2007，第 566 页。

级，乙、丙级战犯进行审判，南京大屠杀成为日本战犯的主要罪行之一。随着媒体对战后审判的广泛报道，南京大屠杀的历史事实也进一步得到传播，人们对其历史记忆也进一步加强。这一时期，南京大屠杀不再是幸存者或亲历者个人的惨痛记忆，已逐步转化为社会集体记忆。

1949年10月1日，中华人民共和国成立，此后，人民政府在全面改造旧社会的同时，也继承了南京大屠杀的基本史实。

20世纪50年代初，美国出于自身战略的需要，开始扶植日本，以对抗以苏联为首的社会主义阵营。尤其是朝鲜战争爆发后，美国已成为中国最主要的敌人。为此，人民政府持续开展了声势浩大的反美政治运动，在"反对美帝国主义重新武装日本""反对美国与日本单独媾和""反对日本军国主义复活"等口号声中，南京大屠杀时常被提起。1951年2、3月间，《新华日报》连续报道了南京市举行的控诉日军暴行的活动，并开辟了《旧恨新仇》专栏，刊发李秀英等南京大屠杀幸存者的控诉文章。

在抗议美国重新武装日本的运动中，南京大屠杀也成为媒体宣传的重点。1951年2月14日，《人民日报》以《不共戴天之仇》为题，刊载了南京大屠杀死难者遗属的回忆文章。同年4月8日，《人民日报》在一篇署名文章中写道："人们怎么能够设想可以叫南京的人民忘记1937年12月13日开始达一月之久的30万人的大屠杀？"①

二 纪念设施与城市记忆

早在1947年4月17日，扬子电气股份有限公司即为所属的首都电厂在南京大屠杀期间被日军屠杀的45名工人建立了"殉职工友纪念碑"，碑上刻有45名死难工人的姓名和首都电厂厂长陆法曾撰写的碑文。这是战后南京建立的第一座南京大屠杀死难者纪念设施。②

---

① 长江：《拥护缔结和平公约　坚决反对武装日本》，《人民日报》1951年4月8日。
② 参见孙宅巍《南京电厂死难工人纪念碑的变迁》，《档案与建设》2008年第12期。

新中国成立后，1951年3月11日，在抗美援朝和反美运动中，南京市各界代表3000多人举行集会，纪念惨遭日军屠杀的同胞，反对美国重新武装日本。这是新中国成立后最早召开的南京大屠杀死难者纪念集会。

在中国奉行对日睦邻友好政策之时，日本右翼势力却不断挑起事端。战后，参加过南京大屠杀的原日军官兵对当年的大屠杀大多保持沉默，也有少数原日军官兵出于对侵略战争的反省，将自己当年在中国战场的日记公布于众，或撰写回忆录、回忆文章，记述当年日军在南京的暴行。总体来看，这一时期，日本人的战争记忆基本上是"空袭、原子弹爆炸、物价上涨等受害经历，而南京事件等加害记忆，则呈现出以'沉默'、'封印'进行'抹杀'，使之被'忘却'的倾向"①。同时，日本一些右翼分子公然否认南京大屠杀的历史事实，声称南京大屠杀是中国人"虚构"出来的。②

20世纪60、70年代，日本经济快速发展，成为世界重要的经济大国。随着经济的发展，日本一些极端民族主义者企图摆脱战后对日本的种种束缚，使日本从经济大国迈向政治大国。1982年11月，日本时任首相中曾根康弘曾提出"战后总决算"的口号，声称要以"正常国家"的身份参与国际事务，摆脱日本"经济巨人、政治侏儒"的国际形象，向政治大国乃至军事大国迈进。这一时期，日本国内一些人极端民族主义情绪膨胀，日本社会出现了一股美化侵略战争、淡化甚至否认战争罪行的思潮。日本右翼势力不仅公开美化侵略战争，还企图将错误的历史观传递给青年一代。

1982年，日本文部省审定通过了美化侵略战争、淡化战争暴行的教科书，对南京大屠杀等史实进行了删减。日本"教科书事件"不仅遭到日本正义人士的反对，也引起了中国政府的强烈不满和中国人民的极大愤慨。南京大屠杀幸存者，北京大学、南京大学等高校师生及全国各地民众纷纷呼吁，要求"把南京大屠杀血的历史铭刻在南京的土地上"③。正是在这样的

---

① 笠原十九司『南京事件論争史——日本人は史実をどう認識うてきたか』、平凡社、2007年、107頁。
② 参见〔日〕田中正明《"南京大屠杀"之虚构》，世界知识出版社，1985。
③ 《一条国外谣言是如何"进口"的》，《新华日报》2013年12月27日。

背景下，1983年12月13日，侵华日军南京大屠杀遇难同胞纪念馆在南京江东门南京大屠杀死难者丛葬地正式开工建设。经过20个月的努力，1985年8月15日，侵华日军南京大屠杀遇难同胞纪念馆正式建成开馆。邓小平亲笔为纪念馆题写了馆名。

侵华日军南京大屠杀遇难同胞纪念馆建成开馆后，广大民众及国际友人纷纷到纪念馆参观悼念。开馆仅一个月，前来参观的国内观众即达8万余人。① 同时，许多国际友人尤其是日本友好团体和友好人士也纷纷来到纪念馆悼念。此后，每年的12月13日，许多南京市民及日本友好团体纷纷前往纪念馆敬献花圈，悼念南京大屠杀死难者。

在建立南京大屠杀遇难同胞纪念馆的同时，一批专家学者开始调查走访南京大屠杀幸存者，进行南京大屠杀史的研究工作，经过学者们的努力，20世纪80年代中后期，先后出版了《侵华日军南京大屠杀史料》《侵华日军南京大屠杀档案》《侵华日军南京大屠杀史稿》等一批档案史料和学术研究成果。在这种氛围中，这一时期，南京大屠杀幸存者、亲历者的惨痛记忆被重新唤起并得到强化。

为了悼念南京大屠杀遇难同胞，1994年12月13日，"南京各界人士悼念侵华日军南京大屠杀遇难同胞仪式"在侵华日军南京大屠杀遇难同胞纪念馆举行。这是新中国成立后南京市首次举行的公祭悼念仪式。这次公祭悼念仪式虽然简单朴实，但意义重大，它开启了新中国公祭悼念抗日战争中的牺牲者和死难者的先河。②

1995年，正值中国人民抗日战争暨世界反法西斯战争胜利50周年，当年8月15日，江苏省主要领导同志率领中共江苏省委、省人大、省政府、省政协、省纪委主要负责人，中共南京市委、市人大、市政府、市政协、市纪委主要负责人，以及驻宁部队领导，在侵华日军南京大屠杀遇难同胞纪念馆隆重举行了抗日战争暨世界反法西斯战争50周年纪念活动。同年12月

---

① 朱成山主编《侵华日军南京大屠杀遇难同胞纪念馆馆史（1985—2010）》，南京出版社，2010，第10页。
② 参见朱成山、李慧著《第21次是国家公祭》，江苏人民出版社，2015，第4页。

13日，中共江苏省委主要领导再次带领上述负责人在侵华日军南京大屠杀遇难同胞纪念馆举行"江苏省暨南京市社会各界人士悼念侵华日军南京大屠杀遇难同胞仪式"。从1995年到2013年，每年的12月13日，江苏省暨南京市社会各界都在侵华日军大屠杀遇难同胞纪念馆举行南京大屠杀死难者公祭悼念仪式。

有学者指出，"记忆表述和记忆再现是记忆研究中的根基性问题，其本质就是符号化的构建过程，也即记忆和符号叙事的关系问题"①。坐落于南京大屠杀遇难同胞江东门丛葬地的侵华日军南京大屠杀遇难同胞纪念馆，具有明显的记忆符号特征，它不仅向人们展示过去那段惨痛的历史，而且承载着南京这座"悲情城市"的历史记忆。侵华日军南京大屠杀遇难同胞纪念馆的建成，以及江苏省暨南京市各界人士的公祭悼念活动，标志着南京大屠杀集体记忆的最终形成，而这一集体记忆的基本特征就是南京的城市记忆。

三　国家公祭与民族记忆

20世纪90年代，一些海外华人华侨和南京地区长期从事南京大屠杀史研究的专家学者纷纷提出建议，应当按照国际惯例，国家领导人也要参加南京大屠杀死难者公祭悼念活动。他们认为，仅仅停留在江苏省暨南京市地方性悼念南京大屠杀死难者活动的层面是不够的，应当将公祭悼念活动提升至国家层级，以表示对南京大屠杀死难者生命的尊重和国家对历史的责任。

第二次世界大战结束后，相关国家纷纷采取各种方式悼念二战中的死难者，并一直延续至今。2005年11月，联合国教科文组织将每年的1月27日定为"缅怀大屠杀受难者国际纪念日"。每年的这一天，美国纽约、法国巴黎等城市，都举行各种形式的纪念活动。为纪念珍珠港事件，美国总统奥巴马于2011年12月宣布，将12月7日定为"美国珍珠港事件纪念日"。为纪念广岛、长崎的原子弹爆炸遇难者，每年的8月6日和8月9日，日本都要

---

① 赵静蓉：《文化记忆与身份认同》，生活·读书·新知三联书店，2015，第41页。

在广岛和长崎分别举行"原子弹死难者慰灵暨和平祈念仪式"。显然，以国家的名义举行战争死难者公祭和纪念活动早已成为国际惯例。

2005 年 3 月，中国人民政治协商会议第十届全国委员会第三次会议召开，全国政协委员向大会提交提案，建议将 12 月 13 日确定为南京大屠杀死难者国家公祭日，并希望"以法律或制度形式固定下来，使世界永不忘记，让国人永世铭记"。这一提案得到了数十位全国政协委员的签名支持。此事被媒体报道后，也得到了社会民意的广泛支持。在此后的近 10 年间，全国人大代表和全国政协委员在全国"两会"上又多次提交类似提案或建议。

时隔 7 年，在 2012 年召开的第十一届全国政协五次会议上，全国政协常委再次提交了有关南京大屠杀的提案。提案者认为，南京大屠杀与另外两件二战期间的惨案——奥斯威辛集中营、广岛原子弹爆炸相比，后两者的纪念馆不仅是国家级的，而且都成功申报了"世界文化遗产"，而中国最具条件、最应该首先申报的就是侵华日军南京大屠杀遇难同胞纪念馆。在 2012 年 3 月召开的第十一届全国人大第五次会议上，全国人大代表也提出了"南京大屠杀遇难同胞祭日举行国家公祭"的建议案。此后，全国人大代表、全国政协委员，江苏省及南京市人大代表和政协委员又多次提交相同提案。

全国人大常委会对这一提案十分重视，在经过充分论证和酝酿后，2014 年 2 月 27 日，第十二届全国人大常委会第七次会议表决通过了《全国人民代表大会常务委员会关于设立南京大屠杀死难者国家公祭日的决定》（以下简称《决定》）。《决定》指出："为了悼念南京大屠杀死难者和所有在日本帝国主义侵华战争期间惨遭日本侵略者杀戮的死难者，揭露日本侵略者的战争罪行，牢记侵略战争给中国人民和世界人民造成的深重灾难，表明中国人民反对侵略战争、捍卫人类尊严、维护世界和平的坚定立场，决定将 12 月 13 日设立为南京大屠杀死难者国家公祭日。每年 12 月 13 日国家举行公祭活动，悼念南京大屠杀死难者和所有在日本帝国主义侵华战争期间惨遭日本侵略者杀戮的死难者。"①

---

① 《中国最高立法机关确定中国人民抗日战争胜利纪念日　设立南京大屠杀死难者国家公祭日》，《人民日报》2014 年 2 月 28 日。

2014 年 12 月 13 日，首次国家公祭在侵华日军南京大屠杀遇难同胞纪念馆隆重举行，中共中央总书记、国家主席、中央军委主席习近平出席了公祭仪式并发表重要讲话。习近平指出："今天，我们在这里隆重举行南京大屠杀死难者国家公祭仪式，缅怀南京大屠杀的无辜死难者，缅怀所有惨遭日本侵略者杀戮的死难同胞，缅怀为中国人民抗日战争胜利献出生命的革命先烈和民族英雄，表达中国人民坚定不移走和平发展道路的崇高愿望，宣示中国人民牢记历史、不忘过去，珍爱和平、开创未来的坚定立场。""历史告诉我们，和平是需要争取的，和平是需要维护的。只有人人都珍惜和平、维护和平，只有人人都记取战争的惨痛教训，和平才是有希望的。""我们为南京大屠杀死难者举行公祭仪式，是要唤起每一个善良的人们对和平的向往和坚守，而不是要延续仇恨。中日两国人民应该世代友好下去，以史为鉴、面向未来，共同为人类和平作出贡献。"①

全国人大常委会关于设立南京大屠杀死难者国家公祭日的决定和首次国家公祭的举行，不仅是对南京大屠杀死难者的悼念、对后人的警示和启迪，更彰显了中国人民不忘惨痛历史、铭记深刻教训的民族意志。南京大屠杀死难者国家公祭日的设立及国家公祭的举行，充分反映了全国各族人民的共同心声，具有广泛的民意基础。南京大屠杀死难者国家公祭日的设立，也有利于中国与世界各国更好地交流，向全世界传递中国人民珍爱和平、维护世界和平与正义的坚定决心。首次国家公祭仪式的举行，标志着南京大屠杀的历史记忆已经从城市记忆上升为国家和民族记忆。国家公祭并不是南京大屠杀历史记忆的最终目标，而是迈向人类共同记忆的新起点。

四　世界记忆遗产与人类记忆

所谓"世界遗产"，是指被联合国教科文组织和世界遗产委员会确认的人类罕见的、目前无法替代的财富，是全人类公认的具有突出意义和普遍价

---

① 习近平：《在南京大屠杀死难者国家公祭仪式上的讲话》，《人民日报》2014 年 12 月 14 日。

值的文物古迹及自然景观等。根据形态和性质，"世界遗产"又分为文化遗产、自然遗产、文化和自然双重遗产、记忆遗产、非物质文化遗产和文化景观遗产。

世界记忆遗产（Memory of World）又称世界记忆工程或世界档案遗产，是联合国教科文组织于1992年启动的一个大型文献保护项目。世界记忆遗产是指符合世界意义，经联合国教科文组织世界记忆工程国际咨询委员会确认而纳入《世界记忆名录》的文献遗产项目。世界记忆文献遗产侧重于文献记录，包括博物馆、档案馆、图书馆、纪念馆等保存的任何介质的珍贵文件、手稿、口述历史记录以及古籍善本等。其目的在于对世界范围内正逐渐老化、损毁、消失的文献记录，通过国际合作，采用最新技术手段进行抢救和保护，从而使人类的记忆更加完整、更久传承。

2009年4月，前联合国教科文组织"世界记忆"委员会亚太地区副主席、联合国教科文文化委员会主席、民间艺术国际组织主席卡门·帕迪拉女士一行，在参观侵华日军南京大屠杀遇难同胞纪念馆后，建议纪念馆申报"世界记忆工程"项目。① 这一建议得到了中国有关方面的高度重视。

早在1995年，国家档案局即牵头组织成立了"世界记忆工程中国委员会"，2000年，又正式启动了国家重点工程——"中国档案文献遗产工程"，并成立了领导小组和国家咨询委员会，其目的在于加强全社会的档案文献保护意识，有计划、有步骤地抢救和保护中国档案文献遗产，同时也是为了做好中国档案文献申报世界记忆遗产的准备工作。中国第二历史档案馆、南京市档案馆和侵华日军南京大屠杀纪念馆都保存有南京大屠杀的历史档案、文献和文物。中国第二历史档案馆所藏的战后南京审判战犯军事法庭档案，以及形成于大屠杀期间的《程瑞芳日记》等，都是南京大屠杀的重要档案文献。南京市档案馆所藏的"市民呈文"等也是有关南京大屠杀的重要档案文献。侵华日军南京大屠杀遇难同胞纪念馆所藏的日军官兵日记、当年美国传教士约翰·马吉使用的拍摄日军暴行的摄影机及胶片等，亦是南京大屠杀

---

① 参见朱成山、李慧著《第21次是国家公祭》，江苏人民出版社，2015。

的重要档案和文物。上述三家单位共同合作，精选了一批原始档案文献和文物申报"中国档案文献遗产"和世界记忆遗产。

2010年2月，"中国档案文献遗产工程"国家咨询委员会按照"档案文献遗产"标准，对中国第二历史档案馆、南京市档案馆和侵华日军南京大屠杀遇难同胞纪念馆联合申报的南京大屠杀档案文献进行了认真评审，确定其入选"中国档案文献遗产"，这为日后申报世界记忆遗产奠定了坚实基础。

2014年3月，国家档案局以世界记忆工程中国国家委员会的名义，正式向联合国教科文组织世界记忆遗产秘书处递交了"南京大屠杀档案"提名表，所申报的南京大屠杀记忆遗产在上述三家单位所藏档案的基础上，又增加了中央档案馆、辽宁省档案馆、吉林省档案馆和上海市档案馆所藏的相关档案文献，其档案名录也由原先的5组扩充为11组。①

2015年10月10日，联合国教科文组织公布了2015年最新入选《世界记忆名录》的项目名单，中国申报的"南京大屠杀档案"名列其中，这意味着南京大屠杀档案正式成为世界记忆遗产。联合国教科文组织将南京大屠杀档案列入《世界记忆名录》的根本目的在于，让全世界每一个国家、每一个民族、每一个人都牢记人类历史上发生的惨痛悲剧，并从中汲取深刻的经验教训，避免历史悲剧的重演。

南京大屠杀档案被联合国教科文组织列入《世界记忆名录》，标志着南京大屠杀从国家和民族记忆向人类记忆迈出了重要一步。在构建人类命运共同体的今天，南京大屠杀不仅是南京人民、中国人民的创伤，它理应成为全人类共同的创伤；南京大屠杀的历史记忆不仅是南京这座城市的记忆、国家和民族的记忆，而且应当成为全世界人民的共同记忆。但是，与纳粹屠杀犹太人相比，世界上还有许多人不了解南京大屠杀的历史，南京大屠杀要真正成为全人类的共同记忆，我们还需要付出艰辛的努力。

南京大屠杀从城市记忆到国家民族记忆再到人类共同记忆，反映出人们对南京大屠杀历史认知的深化和对其本质的深层次理解，这种不断深化的历

---

① 参见朱成山、李慧著《第21次是国家公祭》，江苏人民出版社，2015。

史认知和本质理解，顺应了反对战争、维护和平的时代潮流。反对战争、维护和平是全世界人民的共同愿望，建设一个没有战争的世界是全世界人民的美好愿景。二战后，世界上局部战争时有发生，战争罪行仍未消除，一些国家和人民仍然在战争中饱受煎熬。历史的经验教训值得认真汲取，过去的战争暴行需要深刻反思。人们牢记历史、不忘历史悲剧，就是为了从中汲取深刻的经验和教训，避免历史悲剧的重演。从这一角度说，在构建人类命运共同体的今天，南京大屠杀的历史记忆已被赋予了更为深刻的时代内涵和现实意义。

Abstract

Analysis and prospect on development of Jiangsu (*2019*) is an important institutionalized work for Jiangsu Academy of Social Sciences to strengthen decision-making consultation service. It has been written since 1997 and has continued to this day.

This book contains 26 reports, which are divided into economic, social and cultural chapters. The economic part focuses on the construction of a well-off society, advanced manufacturing industry, the development of free trade zone , finance and green developmentin Jiangsu Province; the social part focuses on the construction of social public services, legal construction and the organization of the party; the cultural part focuses on the construction of cultural context and the development of high-quality culture in Jiangsu . Taking the economic, social and cultural development of Jiangsu as the main line, this book combines theoretical research, field research and data analysis to make a in-depth analysis of major social reality problems in Jiangsu, with comprehensive content, multiple perspectives and detailed data. It is not only a summary and Prospect of Jiangsu's economic, social and cultural work, but also a scientific basis for relevant departments to improve the level of governance.

Keywords: Economy; Society; Culture; Jiangsu Province

Contents

I Economic Reports

Abstract: From the aspects of economic development, innovation, people's life, cultural development, democracy and the rule of law, and the construction of ecological civilization, this paper summarizes the construction of the well-off society in 2018 from the perspective of overall and high level, and looks forward to the trend of building a well-off society in an all-round way in 2019. Jiangsu should continue to focus on economic development, especially on consolidating the advantages of innovation and common prosperity. Improve people's livelihood and rural development, and make progress in the regional development pattern and the construction of ecological civilization.

Keywords: Completing the Building of a Well-off Society; The Indicators of a Well-off Society; Jiangsu Province

Abstract: To carry out The socialist modernization pilot project, in order to actively explore the realistic path of socialist modernization through the practice of modernization in some areas. On the whole, the six pilot areas have a good foundation, but they also face difficulties in the transformation of new and old motive forces, the relative lag in human modernization, and the imbalance in the supply of public cultural services. We should launch pilot projects in six areas, namely, modernization of economic development, modernization of democracy and the rule of law, modernization of social development, modernization of cultural development, modernization of ecological civilization and modernization of human beings, and continue to lead by innovation, we will promote high-quality economic development, promote all-round progress to raise the level of regional democracy and the rule of law, promote multi-faceted co-governance and professionalize social governance and the rule of law, uphold the people-oriented principle and guide Jiangsu practice in the new era with culture, and give equal emphasis to prevention and treatment, we will promote the modernization of ecological civilization, adhere to the "two fortification", and promote the all-round development of human beings.

Keywords: Pilot; Modernization; Innovation Driven; Social Governance

On the Tasks and Strategies of Jiangsu Province under the Goal of High-quality Integration in the Yangtze River Delta

Du Yuwei / 030

Abstract: The regional integration of the Yangtze River Delta, which has risen to the Chinese national strategy in 2019, brings new opportunities and new demands. On the basis of summarizing the strategic evolution process and the latest goal orientation of the regional integration development of the Yangtze River Delta, the paper firstly explains and describes the strategic positioning, basic advantages and short boards of the development of Jiangsu Province under the goal of high-quality integration. Then, we consider that under the goal of high-quality integration in the Yangtze River Delta, Jiangsu can take the tasks and achievements on the innovation-driven development of economy, the high-end and efficient development of industry, the coordinated development of regions, the equitable and harmonious development of society and the ecological-priority green development. Finally, we suggest that Jiangsu should implement some strategies, including promoting the infrastructure integration by interconnecting and sharing, promoting the industrial innovation integration by collaborative innovation, promoting the whole-region integration by the metropolitan integration, and promoting the integration of ecological environment by constructing ecological economic corridors.

Keywords: The Yangtze River Delta; Integration; High-quality Development

Countermeasures to Maintain Reasonable Economic Growth Range in Jiangsu Province   *Li Hui* / 047

Abstract: 2019 is the 70th anniversary of the founding of the People's Republic of China. It is also the key year for us to win the high-level building of a moderately prosperous society in an all-round way. Whether Jiangsu's economic growth rate can be maintained within a reasonable growth range is of great significance for Jiangsu to effectively respond to the challenges brought by environmental changes at home and abroad, and to promote the "six high-quality" development. This article analyzes the main characteristics of Jiangsu's economic operation since 2018, and explains the positive and negative factors that affect Jiangsu's economic growth at present and in the future. And it also researches and judges the reasonable economic growth interval of Jiangsu in 2019, and proposes countermeasures to maintain the reasonable economic growth interval and tap the potential of Jiangsu.

Keywords: Growth Interval; New Kinetic Energy; Downward Pressure; Potential

The Strategies for the Construction of an Independent and

Controllable Advanced Manufacturing System in Jiangsu

Shen Hongting / 064

Abstract: Jiangsu is a large province of real economy, with the largest scale of manufacturing industry in China, complete categories of manufacturing industries, complete industrial supporting facilities and the largest manufacturing cluster in China. In recent years, the quality and efficiency of Jiangsu's manufacturing industry have been steadily improved, and the strength of market players has been continuously enhanced. However, there are still a series of problems, such as high external dependence on technology, lack of industry leading enterprises, weak leadership of industrial clusters, lagging construction of platform carriers, and insufficient supply of high-end elements. In the face of the opportunities and challenges brought by the changes in the economic development environment at home and abroad, according to the requirements of the Fourth Plenary Session of the 13th Jiangsu Provincial Committee, this paper puts forward the strategies and suggestions for the construction of an independent and controllable advanced manufacturing system in Jiangsu from the aspects of technological innovation, industrial chain integration, industrial cluster cultivation, information-based guidance, standard assistance, system support, etc.

Keywords: Jiangsu Province; Independent and Controllable; Advanced Manufacturing System

Jiangsu Building and Optimizing the Path of

Ecological Innovation

Lü Yonggang / 078

Abstract: In recent years, Jiangsu have been building and optimizing the innovation ecosystem in an all-round way. The regional innovation capability has been continuously promoted and has been firmly in the forefront of the whole country. It has become a strong support for the development of high quality development in the forefront of the whole country. In the new situation, Jiangsu should build and optimize the innovation ecosystem, actively promote the systematic integration of the characteristic advantages, explore the construction of the best industrial ecology, and promote the key breakthroughs in the innovation ecology. At the same time, Jiangsu should actively expand the source of the innovation subject, optimize the main structure of the innovation, continue to create the "double strong engine" of the government and the market, enhance the efficiency of the allocation of innovation resources, and give priority to the construction of industrial development needs. Industrial innovation ecology; excavate the gene of regional innovation culture, highlight the regional characteristics of innovation culture.

Keywords: Innovation Ecology; Innovation Drive; Innovation Cluster; Jiangsu Province

Research on Policy System Innovation of

Consumption Promotion in Jiangsu   *Fan Wei, Sun Keqiang* / 088

Abstract: The consumption problem is the key research field under the market economy. At present, there are still the following problems in consumption in Jiangsu: the space of physical consumption and service consumption is in urgent need of expansion, the slow growth of income cannot bring consumption demand, and the consumption environment is not ideal enough to restrain consumption willingness. This paper holds that improving residents' income, increasing employment and improving the social security system are the foundation and belong to the consumption-demand side policies. The implementation of industrial policies, fiscal and tax policies, financial policies and regional policies that are conducive to promoting consumption are the support and means and belong to the consumption supply-side policies. Regulating the consumption circulation market and managing the order of the consumption market are the media and guarantee, which belong to the consumption circulation side policy and the consumption security side policy respectively. Through the combination and application of these policies and the formation of policy system innovation, the process of promoting consumption in Jiangsu province can enter a new stage and lay a solid foundation for the development of new Jiangsu province.

Keywords: Consumption Policy; New Consumption; Jiangsu Province

Jiangsu Practice to Solve Problems and Solve New Problems

—Study on Jiangsu's Active Response to Major Economic and

Financial Risk Challenges　　　　　*Ding Jingwen, Jiao Wenting / 099*

Abstract: Facing the complicated situation with increasing risks and challenges at home and abroad, we should take the initiative to solve problems by deepening reform, and change from passive coping to active responding. Proactive response, including proactive defense and aggressiveness, which means not only defense but also seizing the opportunity and the commanding heights. The basic thought is to explore alternative countermeasures, feasible policy suggestions and operable implementation for strengthening the ability to manage risks. It should be guided by the central government's policy on responding to risks and challenges, and based on the characteristics of provincial economic and financial activities and the situation of Jiangsu Province.

Keywords: Economic and Financial Risk; Passive Coping; Active Responding; the Capabilities to Withstand Risks

Thoughts and Countermeasures of Driving Green

Development in Jiangsu Province　　　　*Gao Shan, Cao Mingxia / 119*

Abstract: Green development is one of the five national development concepts. As an important direction of high-quality development in Jiangsu Province, the green development of the whole province has achieved good results, mainly in promoting the green transformation of economic structure, focusing on energy and resource conservation and utilization, the smooth progress of pollution reduction, the remarkable effect of ecological restoration, and the continuous improvement of management methods. etc. Due to endowment and stage constraints, there are still some obstacles, such as heavy industrial structure, high pressure on resources and energy, complex environmental pollution, imperfect incentive mechanism, and pending social action. Facing the macroscopic trend of green economy growth at home and abroad and the major opportunities for ecological civilization construction, Jiangsu Province should innovate ideas in terms of systems, measures, platforms, projects, etc., and put forward some suggestions, such as adjusting and upgrading industrial structure, improving the utilization level of resources and energy, overcoming the difficult problems of ecological governance, improving management mechanism and stimulating the strength of the whole society.

Keywords: Green Development; Pollution Reduction; Ecological Restoration; Jiangsu Province

Study on the Urban — Rural Integrative Development of Jiangsu

Abstract: Urban-rural integrative development is the continuation and deepening of urban-rural development reform, representing the new urban-rural relationship in the new era. At present, the vitality of the rural factor market is enhanced, but more improvement should be done on the integrative urban-rural factor market. The generic infrastructures and public services are already supplied in both urban and rural area, but a more equalized supply system still needs to be constructed. Agriculture industries and income of rural residents has been developing rapidly, but not reached the urban level yet. The key to a better urban-rural integrative development in the future is to make more reform on rural land, attract talents and funds to agriculture and rural areas, and on this basis, more supporting policies on rural development. At the same time, we should establish the integrated management system of urban-rural infrastructure, give priority to the equalization of urban-rural education, and strive to ensure the bottom line of medical care and pension.

Keywords: Urban − Rural Integrative Development; Rural Revitalization; Factor Market; Public Service

China (Jiangsu) Pilot Free Trade Zone Construction
Path and Countermeasures   *Ding Hong* / 147

Abstract: General secretary Xi Jinping pointed out that the construction of pilot free trade zone is a strategic initiative of Central Committee of CPC in promoting reform and opening up in the new era. It is a milestone in our country's process of reform and opening up. On the basis of in-depth summary and evaluation, we should continue to emancipate our minds, actively explore, strengthen overall planning, reform and innovation, constantly improve the development level of the pilot Free Trade Zone, form more replicable and popularized system innovation achievements, and build the pilot free trade zone into a new highland of reform and opening up in the new era. This not only reflects the Central Committee of CPC highly concerns and expectation for the pilot Free Trade Zone, but also points out the direction for the future construction of the pilot free trade zone. Jiangsu is a large economic and open province. When the general secretary visited Jiangsu in December 2014, he requested, "strive to build a new Jiangsu with strong economy, rich people, beautiful environment and high level of social civilization", all of which providing a fundamental compliance for the construction of pilot free trade zone in our province. On the basis of fully grasping the new situation and requirements of reform and opening up in the new era, we must comprehensively deepen the reform and opening up of the pilot Free

Trade Zone, always persist in institutional innovation as the core mission, expanding the opening up in a deeper and wider field as the basic direction, promoting high-quality development as the fundamental requirement, and strive to launch more innovative institutional innovation and opening policies of strong international competitiveness to make the pilot free trade zone an important carrier of Jiangsu deeply integrating into economic globalization.

Keywords: Pilot Free Trade Zone; Institutional Innovation; Jiangsu Province

Jiang Su's New Moves of Constructing the Point of Intersection of the Belt and Road   *Zhang Li* / 163

Abstract: since 2018, with the construction of "the Belt and Road" had shifted from "big freehand brushwork" to "meticulous painting", Jiang Su province has rapidly built the "1 +5 +1" policy framework as the top-level design to promote the construction of the point of intersection of "the Belt and Road" with high quality. In terms of interconnection with alongside countries, many new achievements have been made, such as deeper strategic docking, expanding economic and trade cooperation, closer human-cultural exchanges, benchmarking projects have achieved s results. According to the National Information Center, although the degree of participation in "the Belt and Road" is rising, Jiang Su is still in the second matrix, compared with Guang Dong and Shang Hai of the first matrix, there is still much to improve. Therefore, this article proposes that we should maximum the advantages and make up the weakness, through improving the level of supply chain services, improving the integrated three-dimensional transport network, more in-depth participation in the construction of major projects along the route, the impact of the implementation of the impact of the impact of the intersection construction plan and the exploration of pilot free trade zone innovation and other measures to bring the east and west two directions openness superiority into full and built the point of intersection of "the Belt and Road" of global influence.

II Society Reports

Abstract: The business environment of Jiangsu Province is at the leading level in the Country. No matter in local regulations, government service reform, judicial trials, credit system construction and social security, Jiangsu Province has made remarkable achievements in the past five years. To optimize the business legal environment, Jiangsu Province should make persistent efforts on the basis of past brilliant achievements, continue to optimize the business legal environment, and help Jiangsu's economy develop with high quality.

Abstract: With the goal of making basic public services universal, essential, equitable and sustainable, Jiangsu has fully implemented the list of basic public services, continuously improved its ability in co-construction and quality in sharing, so a basic public service system that covers all people has been built initially in the province, and a series of "Jiangsu standard" have been generated. However, in terms of system construction, standard setting, promotion mechanism and integration, there are still some weak parts in the standardization construction of basic public services in Jiangsu. Therefore, it is necessary to improve the standardization system of basic public services as soon as possible, carry out standardization pilot, form a pattern of multiple participation through standardization and standardization, strengthen the joint force of planning and construction, and actively promote legislation in related areas of basic public services.

Keywords: Basic Public Services; Standardization; Equalization; Jiangsu Standard

The Rises, Difficulties and Countermeasures of Urban and Rural Mutual-help Retirements *He Yu* / 204

Abstract: Urban and rural mutual-help retirements have a time-honored tradition. Four reasons make it revitalized: the dependence of human nature for community life, the real dilemmas of social state, the quality changes of population biology and the drives of government policies. It can be divided into three stages: the spontaneous stage of urban communities, the conscious stage of rural communities and the comprehensive promotion stage of urban and rural communities. There are two main models: time banks and integrating system. Based on the analysis of the situations, typical explorations and major challenges of mutual-help retirements of Jiangsu province, this paper puts forward three policy Suggestions: Firstly, adhere to the auxiliary position; Secondly, establish and improve the policy support systems; Thirdly, accomplish the active layouts of standardization and continuity guarantees.

Keywords: Urban and Rural Mutual-help Retirements; Population Ageing; Jiangsu Province

Key Points, Difficulties and Countermeasures of Housing Improvement in Rural Areas of Northern Jiangsu *Zhang Wei, Tang Wenhao* / 219

Abstract: Improving the living conditions of rural areas in Northern Jiangsu is the key work of high quality development. On the basis of summarizing and analyzing the current situation and measures of rural housing construction in Northern Jiangsu, this study analyzed the key and difficult points of rural housing construction in Northern Jiangsu. It was found that the key points of rural housing construction in Northern Jiangsu lie in legitimate rights of safeguarding farmer and interests, scientific overall planning and design, strengthening the construction of supporting facilities and strengthening process supervision, etc. The difficulties lie in tracing the origin of village history and culture, grassroots level, policy implementation, construction fund raising, introduction of high value-added industries, and adherence to concepts of villager, etc., from which corresponding countermeasures and suggestions are put forward.

Keywords: Rural Housing; Housing Construction; North Jiangsu Province

The Present Situation, Problems and Countermeasures of the Grand Canal Governance by Law *Qian Ningfeng* / 230

Abstract: With the development of the construction of the Grand Canal Cultural Belt, the regional governance of the Grand Canal has become a topic of general concern to academical and practical departments. Regional governance of the Grand Canal must be strengthened in accordance with the law to provide practical legal guarantee for the construction of the Grand Canal Cultural Belt. Historically, the legal governance of the Grand Canal can be roughly established as two stages: the legal governance through the application for heritage and the legal governance through the construction of the Grand Canal Cultural Belt. At present, there is no integration between the construction system of the Grand Canal Cultural Belt and the system of governing by law. It depends more on the self-management of governments at all levels and their departments. There are few considerations on the integration of governing by law into the construction mechanism of the Grand Canal Cultural Belt. The existing legal resources are difficult to meet the requirements of governing the Grand Canal by law directly, and the law enforcement system of the Grand Canal is now unified and centralized, there is still no coverage of the region. In order to achieve the goal of cultural protection, inheritance and utilization of the Grand Canal, the elements of governance according to law must run through the regional governance of the Grand Canal. First, the administration of the Grand Canal according to law should be incorporated into the overall layout of the central and local government construction. Second, we should allocate legislative resources scientifically and speed up the construction of the legal system of the Grand Canal. Third, joint law enforcement or comprehensive law enforcement should be carried out to improve the level of law enforcement in the Grand Canal. Fourth, we should clarify the legal relationship of the Grand Canal and strengthen its judicial guarantee capacity. Fifth, establish the concept of "legal canal" and form the cultural belt of rule of law in the Grand Canal.

Keywords: Grand Canal; Governance; Rule of Law

The Construction Achievement, Operation Analysis and Countermeasure Suggestion of Jiangsu New Era Civilization Practice Center

Miao Guo, *Fan Peipei* / 245

Abstract: The construction of the "Civilization Practice Center in the New Era" is a strategic measurement taken by the Party Central Committee to better unite ideological and cohesive strength, consolidate the party's governing and mass foundations, and promote grassroots propaganda and cultural work and spiritual civilization construction. Since Jiangsu launched a comprehensive pilot in 2017, it has achieved a series of results and valuable experience. This article summarizes the achievements and highlights of the "Jiangsu New Era Civilization Practice Center" from five aspects: standardization of the construction of the center, demonstrating the highlights of the demonstration, branding of distinctive services, full participation in socialization, and coordinated promotion of science and technology. We found shortcomings and shortcomings in the review, further rationalized the future development ideas of the "New Age Civilization Practice Center", and put forward a number of operational countermeasures for the overall promotion of the province.

Keywords: Civilization Practice Center in the New Era; Spiritual Civilization Construction; Jiangsu Province

The Practice Progress and Optimization Path of the Construction of Young Cadres in Jiangsu Province *Cao Hanrong / 258*

Abstract: Finding, cultivating, selecting and using talent young cadres is not only the key project of leadership and cadre team building, and also the national strategic project of Chinese communist party successor and Chinese long-team peace. Jiangsu province has done many creative explorations to achieve significant results in cadre team building. There are also many problems in cadre team building, such as insufficient quantity, single growth experience, invisible steps, or poor connection between cultivation and use. To solve these problems, it is necessary to establish a holistic and systematic approach, broaden channels of selecting cadres, enhance the effectiveness of cultivation, make heavy use of young cadres whom could cope with the development of new era. Only in this way, China can be full of activities.

Keywords: Young Cadres; Cadre Team Building; Jiangsu Province

Operation Status and Optimizing Path of Cadre's Fault Tolerance and Error Correction Mechanism *Cheng Jing / 271*

Abstract: Fault-tolerant and error-correcting mechanism plays a fundamental role in the "Three Mechanisms" by clearly supporting cadres who dare to assume, do things steadfastly and do not seek selfish interests. All parts of Jiangsu have strengthened the operation of the system on the basis of the system of the central government and provincial committees, and achieved certain results. However, in the operating process, there are still many difficulties. Facing the new era, in the process of cadres fault-tolerant and error-correcting mechanism, Jiangsu should refine standards, standardize procedures, strengthen matching, summarize experience and create an atmosphere, so as to make the fault-tolerant and error-correcting mechanism easier to realize.

Keywords: Fault Tolerance and Error Correction; Cadre Incentive; Path Optimization; Jiangsu Province

Ⅲ   Culture Reports

Establishing a High Quality System and Leading High

Quality Development:

—*A Study on the High Quality Development of Jiangsu*

Culture in the New Era   *Cao Yang, Yu Richang* / 283

Abstract: Jiangsu's high-quality cultural development system consists of five main parts: high-quality cultural construction, high-quality cultural brands, high-quality cultural talents, high-quality cultural services and high-quality cultural industries. It organically integrates the corresponding target system, policy system and statistical system, and is supported by corresponding standard system, performance evaluation and performance evaluation methods, etc. At the same time, it is suggested to set up Jiangsu Culture High Quality Development Working Committee to fully integrate the advantageous resources and main functions of relevant departments and cultural industries. It is suggested to set up an expert steering committee for the high-quality development of Jiangsu culture to guide the above five main parts to form a joint force to promote the development of Jiangsu's cultural quality in the forefront of the country.

Keywords: High Quality Development; Culture Development; Jiangsu Province

Jiangsu's Achievements and Experience by Building and Leading Highland through Ideology and Culture

Sun Xiaoyuan, Sun Can / 296

Abstract: Ideology and culture is the precursor of a society, advanced ideology and culture play a leading role in social development. Since the 19th National Congress of the Communist Party of China, Jiangsu attaches great importance to ideology and culture propaganda work and mainstream ideology construction. Jiangsu Province has achieved remarkable results in building and leading highland through the following activities including commemoration of Marx's birthday, construction of Marxist theoretical work platform, theoretical arming of new ideas, ideological and political course construction in colleges and universities, winter training work for Party members and the advancement of civilization practice center in the new era. Therefore, Jiangsu has accumulated rich experience in the following areas, including the role of think tank played by social sciences, grasping the orientation of cultural construction, improving ideological guidance and management, strengthening the construction of social mentality and integrating ideological and cultural resources from grassroots. Jiangsu should strengthen value guidance, cultural cohesion and spiritual impetus based on new tasks and features of cultural construction in the new era to further enhance the role of jiangsu's ideology and culture in leading the highland, thus providing strong ideological guarantee and spiritual support for jiangsu's high-quality development.

Keywords: Strong Culture Province Strategy; Ideology Propaganda Work; Ideology Construction

New Strategies and Achievements in the Construction of Literary and
Artistic Creation Highland   *Wang Tao* / 309

Abstract: In 2018, researchers of literary creation in jiangsu will make new contributions to the construction of a "strong, rich and beautiful" new jiangsu with new atmosphere and new features. The achievements can be divided into six aspects. Focusing on excellent works, winning many awards; We will promote literary propaganda, eulogize the new era and carry forward the revolutionary tradition. Strengthen the construction of literature platform and carry out literature exchange and research at various levels; Focusing on talent training, innovating and improving the incentive mechanism, deepening the interaction between literature and network; Consolidate the position of literature and promote the innovation of literary periodicals. Although jiangsu literature creation research has made remarkable achievements, but some problems still exist: the description of the new era style is not enough, the main writers tend to be aging; The cultural confidence of literary creation research is still insufficient. Writers and critics need to further emancipate their minds. The mainstream research of modern and contemporary literature still pays little attention to the importance of network literature. In view of these problems, we need to constantly strengthen the construction of talent team, improve the structure of the team of writers, to provide a solid backup force for the "literary Soviet army"; Writers and critics should disenchantment themselves with western concepts. Guided by the spirit of general secretary xi jinping's important speech on literature and art, they should reposition the tone of modern and contemporary literature according to the development and changes of China's new era and the current grim international situation. Jiangsu modern and contemporary literature researchers should take the lead in bringing network literature into the mainstream critical discourse and truly put the responsibility of guarding literature into practice.

Keywords: Literature and Art High-quality Goods; Creation Highland; New Strategy; New Achievements

The Research on the Construction of the Grand Canal Cultural Belt in Jiangsu

Li Jie，Yao Le / 319

Abstract：The Millennium Canal started in Jiangsu Province. The Jiangsu section of the Grand Canal has the most diversified characteristics of canal heritage, with a variety of heritage types and abundant quantities. Among them, the core area of the heritage area included in the World Heritage List accounts for about 1/2 of the country, the length of the heritage section accounts for about 1/3 of the country, and the number of heritage sites accounts for about 40% of the country. Jiangsu's research on the construction of the Grand Canal cultural belt has obvious advantages and bright spots in the 8 provinces and cities in the Grand Canal basin. The publicly published academic achievements of the research on the construction of the Grand Canal cultural belt in Jiangsu have the largest number in the 8 provinces and cities in the Grand Canal basin. The proportion of journal articles is the highest. Supported by a professional official think tank, it has formed a distinctive organizational feature for the study of the Jiangsu Grand Canal. It not only attaches importance to academic contributions, theoretical interpretation and academic exchanges, but also emphasizes suggestions for the construction of the cultural belt of the Jiangsu Grand Canal. At present, the bottleneck problem of the research on the construction of the cultural belt of the Grand Canal in Jiangsu Province has emerged. The future research on the construction of the cultural belt of the Grand Canal in Jiangsu Province should further clarify the orientation and objectives of the research on the construction of the cultural belt of the Grand Canal in Jiangsu Province. To further develop the role of think tanks, widely gather advantageous research resources, and improve the level and level of research; Further consolidate the research foundation; Starting canal science personnel training system project in qualified universities; Innovating the domestic and foreign exchange mechanism for the research on the construction of the grand canal cultural belt in Jiangsu.

Keywords：Grand Canal; Cultural Belt Construction; Think Tank Research; Jiangsu Province

Grasp the Overall Characteristics of Jiangsu Culture and Construct the
Logical Basis for Inheritance and Innovation   *Jiang Jian* / 333

Abstract: From the perspective of physical geography, economic geography and cultural geography, taking into account the Beijing Hangzhou Grand Canal, natural disasters and war disasters, to observe the history of Jiangsu's development, we can find that the four characteristics of Jiangsu culture are openness, be lowing, pragmatism and world sentiment, and "Golden mean culture" is the overall expression of Jiangsu culture. In order to inherit and innovate Jiangsu culture, we need to deal with three relations: people and nature, regional culture and Jiangsu culture, and openness and perseverance.

Keywords: Openness ; Be Lowing; Pragmatism; World Sentiment; Golden Mean Culture

National Public Sacrifice and Historical Memory of Nanjing Massacre
Wang Weixing / 344

Abstract: It has been more than 80 years since the happening of Nanjing Massacre. Chinese people never forget this painful history. During and after the war, Nanjing Massacre become well-known with the wide spread of the survivors and the witnesses' memories and diaries as well as the trial to the Japanese war criminals. Gradually, individuals' memories become collectives' memories. Since 1950s, the historical memories of Nanjing Massacre have experienced city memories, country memories. In 2014, the Standing Committee of Chinese national people's Congress decided to establish the "National Day of Sacrifice for the Victims of the Nanjing Massacre", marking the Nanjing Massacre has become the national memory. In 2015, the archives of Nanjing Massacre were inscribed on Memory of World Register by the International Advisory Committee of

UNESCO's Memory of the World Program, which marks the important step of the memory of Nanjing Massacre become the human memory from the country's memory. The evolution of Nanjing Massacre's memory reflects the people's deepening and essential understanding on Nanjing Massacre when we are now constructing the human common destiny, which conforms to the trend of the times and the people's longing on world peace.

Keywords: Nanjing Massacre; National Sacrifice; Historical Memories; Human Common Destiny; The Vision on World Peace

图书在版编目(CIP)数据

2019 年江苏发展分析与展望 / 夏锦文主编 . -- 北京:
社会科学文献出版社, 2020.5
ISBN 978 - 7 - 5201 - 6273 - 9

Ⅰ. ①2… Ⅱ. ①夏… Ⅲ. ①区域经济发展 - 研究报
告 - 江苏 - 2019②社会发展 - 研究报告 - 江苏 - 2019③文
化事业 - 研究报告 - 江苏 - 2019 Ⅳ. ①F127. 53
②D675. 3③G127. 53

中国版本图书馆 CIP 数据核字（2020）第 028807 号

2019 年江苏发展分析与展望

主　　　编／夏锦文

出 版 人／谢寿光
组稿编辑／任文武
责任编辑／连凌云

出　　　版／社会科学文献出版社·城市和绿色发展分社（010）59367143
　　　　　　地址：北京市北三环中路甲 29 号院华龙大厦　邮编：100029
　　　　　　网址：www. ssap. com. cn
发　　　行／市场营销中心（010）59367081　59367083
印　　　装／天津千鹤文化传播有限公司

规　　　格／开 本：787mm × 1092mm　1/16
　　　　　　印 张：24. 25　字 数：369 千字
版　　　次／2020 年 5 月第 1 版　2020 年 5 月第 1 次印刷
书　　　号／ISBN 978 - 7 - 5201 - 6273 - 9
定　　　价／298. 00 元

本书如有印装质量问题，请与读者服务中心（010 - 59367028）联系